VOLLSTRECKUNGSRECHT
Band 1

Stand der Gesetzgebung, Rechtsprechung und Literatur

September 2000

Günter Raddatz
Rechtsanwalt in Münster

ALPMANN UND SCHMIDT Juristische Lehrgänge Verlagsges. mbH & Co. KG
48149 Münster, Annette-Allee 35, 48001 Postfach 1169, Telefon (0251) 98109-0
AS-Online: www.alpmann-schmidt.de

Raddatz, Günter: Bearbeiter
Wittke, Sylvia und Balderi, Lucia: Layout
Vollstreckungsrecht 1
8., völlig neu bearbeitete Auflage 2000
ISBN 3-89476-467-8
©Verlag: Alpmann und Schmidt Juristische Lehrgänge
Verlagsgesellschaft mbH & Co. KG, Münster

Die Vervielfältigung, insbesondere das Fotokopieren der Skripten
ist nicht gestattet (§§ 53, 54 UrhG) und strafbar (§ 106 UrhG).
Im Fall der Zuwiderhandlung wird Strafantrag gestellt.

INHALTSVERZEICHNIS

Einführung 1
- ▶ Neuregelung des Vollstreckungsrechts 1
- ▶ Einzel- und Gesamtvollstreckung 2
- ▶ Der Aufbau des 8. Buches der ZPO 2
- ▶ Die Vollstreckungsorgane 4
- ▶ Das Zwangsvollstreckungsrecht als Prüfungsstoff 4

1. Teil: Voraussetzungen der Zwangsvollstreckung 6

1. Abschnitt: Die allgemeinen Verfahrensvoraussetzungen 7
1. Antrag 7
2. Zuständigkeit 7
3. Deutsche Gerichtsbarkeit 7
4. Zulässigkeit des Rechtsweges 8
5. Parteifähigkeit 8
6. Prozessfähigkeit 9
7. Prozessführungsbefugnis/Vollstreckungsstandschaft 9
   - Fall 1: § 767 bei „isolierter Vollstreckungsstandschaft" 11
   - Fall 2: Vollstreckungsstandsschaft bei Einzugsermächtigung 12
8. Rechtsschutzinteresse 12

2. Abschnitt: Die allgemeinen Voraussetzungen der Zwangsvollstreckung 12
= Titel / Klausel / Zustellung

1. **Titel** 13
   - 1.1 Die wichtigsten Vollstreckungstitel 13
   - 1.2 Vollstreckungsfähiger Inhalt 16
   - 1.3 Titel bei Vollstreckung in Sondervermögen 18
2. **Klausel** 19
   - 2.1 Sinn und Zweck der Vollstreckungsklausel 19
   - 2.2 Die einfache Klausel, §§ 724, 725 20
     - Fall 3: Titel und Klausel bei Zug-um-Zug-Verurteilung gegen Sicherheitsleistung 21
     - Fall 4: Titel und Klausel bei Vorleistungspflicht des Gläubigers und Annahmeverzug des Schuldners 23

2.3	Die titelergänzende Klausel, § 726	24
	Fall 5: Vollstreckbare Ausfertigung bei Bedingung, § 726 Abs. 1	26
	Fall 6: Vollstreckbare Ausfertigung bei einer Zug um Zug abzugebenden Willenserklärung, § 726 Abs. 2	27
2.4	Die titelumschreibende Klausel, §§ 727–729	28
	2.4.1 Rechtsnachfolge auf Seiten des Gläubigers oder des Schuldners, § 727 Abs. 1	29
	Fall 7: Rechtsnachfolge auf der Gläubigerseite Vollstreckbare Ausfertigung eines Vollstreckungsbescheides für eine Erbengemeinschaft	29
	Fall 8: Rechtsnachfolge auf der Gläubigerseite Vollstreckbare Ausfertigung für den Prozessstandschafter und für den Rechtsinhaber bei Abtretung nach Rechtshängigkeit (§ 265)	30
	Fall 9: Rechtsnachfolge auf der Gläubigerseite Geständnisfiktion	32
	Fall 10: Rechtsnachfolger auf der Schuldnerseite Vollstreckbare Ausfertigung gegen den Rechtsnachfolger in die streitbefangene Sache	33
	Fall 11: Rechtsnachfolge auf der Schuldnerseite Titelumschreibung nach Grundbuchberichtigung	35
	Fall 12: Rechtsnachfolge auf der Schuldnerseite Vollstreckbare Ausfertigung gegen den Besitzmittler des Schuldners	36
	2.4.2 Nacherbfolge, § 728 Abs. 1	37
	2.4.3 Testamentsvollstreckung, § 728 Abs. 2	38
	2.4.4 Firmenübernahme, § 729 Abs. 2	38
2.5	Vollstreckbare Ausfertigung vollstreckbarer Urkunden, § 797	38
2.6	Vollstreckbare Ausfertigung eines Prozessvergleichs	40
2.7	Rechtsbehelfe im Klauselerteilungsverfahren	40
▶ Übersicht		40
	2.7.1 Erinnerung gegen die Ablehnung der Erteilung der Vollstreckungsklausel durch den Urkundsbeamten, § 576 Abs. 1	41
	2.7.2 Beschwerde gegen die Ablehnung der Erteilung der Vollstreckungsklausel durch den Rechtspfleger, §§ 567 Abs. 1 ZPO, 11 Abs. 1 RpflG	42
	Fall 13: Weigerung des Rechtspflegers, einem Gesamtschuldner nach Zahlung eine vollstreckbare Ausfertigung gegen den anderen Gesamtschuldner zu erteilen	43
	2.7.3 Beschwerde gegen die Ablehnung der Erteilung der Vollstreckungsklausel durch den Notar, § 54 BeurkG	47

2.7.4 Klauselerteilungsklage, § 731 47
Fall 14: Nachweis der besonderen Voraussetzungen für
eine qualifizierte Klausel 48
2.7.5 Klauselerinnerung = Anrufung des Gerichts, von
dem die Klausel erteilt worden ist, § 732 51
2.7.6 Klauselgegenklage, § 768 52

3. Zustellung 53
   3.1 Zustellung des Titels, § 750 Abs. 1 53
   3.2 Zustellung auch der Vollstreckungsklausel und
        anderer Urkunden, § 750 Abs. 2 54
   3.3 Besonderheiten bei der Sicherungsvollstreckung, § 750 Abs. 3 55
   3.4 Zustellungsempfänger; Form der Zustellung;
        Zustellungsmängel 55

**3. Abschnitt: Die besonderen Voraussetzungen
der Zwangsvollstreckung** 56

1. Eintritt eines Kalendertages, § 751 Abs. 1 56

2. Nachweis der Sicherheitsleistung, §§ 751 Abs. 2, 752 56
   2.1 Grundsatz des § 751 Abs. 2 56
        Fall 15: Sicherheitsleistung durch Bankbürgschaft 57
   2.2 Teilsicherheitsleistung und Teilvollstreckung, § 752 62

3. Zwangsvollstreckung bei Leistung Zug um Zug, §§ 756, 765 62
   Fall 16: Zug-um-Zug-Verurteilung und Untergang
       der Gegenleistung 63
   Fall 17: Fehlende Zug-um-Zug-Einschränkung im Klageantrag
       und Untergang der Gegenleistung 64

4. Abschnitt: Keine (allgemeinen) Vollstreckungshindernisse 66

1. Allgemeine Vollstreckungshindernisse nach § 775 66

2. Vollstreckungseinschränkende oder -ausschließende Vereinbarungen 67

3. Keine Einzelvollstreckung bei Gesamtvollstreckung 69
   3.1 Einzelzwangsvollstreckung vor Beginn
       eines Insolvenzverfahrens 69
   3.2 Einzelzwangsvollstreckung während
       des Insolvenzeröffnungsverfahrens 69
   3.3 Einzelzwangsvollstreckung nach Eröffnung
       des Insolvenzverfahrens 70

▶ Zusammenfassende Übersicht zu den Voraussetzungen
der Zwangsvollstreckung 71

2. Teil: Die Fahrnisvollstreckung, §§ 808–827 72

1. Abschnitt: Die Durchführung der Pfändung 72

1. Voraussetzungen der Zwangsvollstreckung 72
   1.1 Antrag 72
   1.2 Zuständigkeit 73
2. Die Leistungsaufforderung 73
   Fall 18: Bei dem GV wird eingebrochen 73
3. Der Zugriffsbereich für die Pfändung 75
   3.1 Bewegliche Sache 75
      3.1.1 Körperliche bewegliche Sache i.S.d. §§ 808 ff. 75
         3.1.1.1 Scheinbestandteil, § 95 BGB 75
         3.1.1.2 Computersoftware 76
         3.1.1.3 Wertpapiere 77
      3.1.2 Einschränkungen nach § 865 78
         3.1.2.1 Grundstückszubehör 78
            Fall 19: Die Einbauküche in der Zwangsvollstreckung . 78
            Fall 20: Anwartschaftsrecht am Zubehör 80
         3.1.2.2 Erzeugnisse und sonstige Bestandteile 84
            Fall 21: Im Wald gelagertes Holz 84
         3.1.2.3 Rechtsfolge, wenn der GV entgegen dem Verbot des § 865 pfändet 88
      3.1.3 Erweiterung des Zugriffsbereichs: Früchte auf dem Halm, § 810 89
   3.2 Gewahrsam 89
      3.2.1 Gewahrsam des Schuldners 89
      3.2.2 Gewahrsam eines Dritten 93
   3.3 Kein spezielles Vollstreckungshindernis, §§ 811 ff. 95
4. Der eigentliche Pfändungsakt 98
   4.1 Inbesitznahme und Kenntlichmachung, § 808 98
   4.2 Die Zwangsbefugnisse des Gerichtsvollziehers, §§ 758, 758 a 99
      4.2.1 Befugnis des GV zur Durchsuchung und Gewaltanwendung, § 758 99
      4.2.2 Richterliche Anordnung zur Durchsuchung; Vollstreckung zur Nachtzeit sowie an Sonn- und Feiertagen, § 758 a 100
   4.3 Durchschreiten fremden Gewahrsams 102
   4.4 Mitverschluss eines Dritten an dem Behältnis 102
      Fall 22: Banksafe im Mitverschluss der Bank 102
   4.5 Anschlusspfändung, § 826 103
   4.6 Verbot der Überpfändung und der zwecklosen Pfändung, § 803 Abs. 1 S. 2, 2 103

▶ Zusammenfassende Übersicht zum Pfändungsakt 104

2. Abschnitt: Die Rechtswirkungen der Pfändung ... 105

1. Die Verstrickung ... 105
- 1.1 Das öffentlich-rechtliche Gewaltverhältnis ... 105
- 1.2 Die Verstrickung als Folge der Pfändung ... 105
- 1.3 Wegfall der Verstrickung ... 106
- 1.4 Das Verfolgungsrecht des Gerichtsvollziehers ... 107

2. Das Pfändungspfandrecht ... 107

▶ Zusammenfassende Übersicht zu den Rechtswirkungen der Pfändung ... 111

3. Abschnitt: Die Verwertung ... 112

1. Der Normalfall der Verwertung ... 112

2. Der Verwertungsaufschub durch den GV, § 813 a, und durch das VollstrG, § 813 b ... 113
- 2.1 Verwertungsaufschub durch den GV, § 813 a ... 113
- 2.2 Verwertungsaufschub durch das VollstrG, § 813 b ... 113

3. Besondere Formen der Verwertung ... 114
- 3.1 Geld ... 114
- 3.2 Wertpapiere ... 114
- 3.3 Gold- und Silbersachen ... 114
- 3.4 Anordnung einer anderen Art der Verwertung, § 825 ... 115
  - Fall 23: Antrag des Gläubigers auf Eigentumszuweisung nach § 825 ... 115
  - Fall 24: Versteigerung durch privaten, öffentlich bestellten Auktionator ... 120

4. Abschnitt: Auskehr des Erlöses; Verteilungsverfahren ... 122

1. Auskehr des Erlöses ... 122

2. Verteilungsverfahren ... 123
- Fall 25: Widerspruchsklage nach § 878; Rang der Pfändungspfandrechte bei Einwendungen gegen die titulierte Forderung ... 124
- Fall 26: Widerspruchsklage nach § 878; Rang der Pfändungspfandrechte bei mehrfacher Pfändung in eine schuldnerfremde Sache, die der Schuldner vor der Versteigerung erwirbt ... 129
- Fall 27: Widerspruchsklage nach § 878; Rang der Pfändungspfandrechte bei Heilung von formellen Mängeln ... 131

▶ Aufbauschema für die Widerspruchsklage nach § 878 ... 133

5. Abschnitt: Vollstreckung in eine schuldnerfremde Sache 134

1. Ein Dritter ersteigert die schuldnerfremde Sache 134
   Fall 28: Pfändung und Verwertung eines vom Schuldner
   geliehenen Rennrades 134
2. Der Vollstreckungsgläubiger selbst ersteigert die
   schuldnerfremde Sache 139

3. Teil: Die Zwangsvollstreckung wegen Geldforderungen in Forderungen und andere Vermögensrechte 141

1. Abschnitt: Die Zwangsvollstreckung wegen Geldforderungen in Geldforderungen 141

1. Der Pfändungs- und Überweisungsbeschluss – PfÜB 141
2. Voraussetzungen der Zwangsvollstreckung 146
   - 2.1 Antrag 146
   - 2.2 Zuständigkeit 149
   - 2.3 Rechtsschutzbedürfnis 149
3. Der Zugriffsbereich für die Forderungspfändung 150
   - 3.1 Pfändung der angeblichen Forderung 150
   - 3.2 Pfändung einer nicht existenten oder nicht dem Schuldner zustehenden Forderung 150
   - 3.3 Pfändung einer abgetretenen Forderung 150
     Fall 29: Rückabtretung nach Pfändung 151
     Fall 30: Anfechtungsklage nach Pfändung 152
   - 3.4 Pfändung einer künftigen Forderung 154
     Fall 31: Pfändung von fortlaufendem Arbeitseinkommen 155
   - 3.5 Pfändung einer Forderung, auf die sich bei einem Grundstück die Hypothek erstreckt 157
   - 3.6 Pfändung von bedingten, befristeten oder von einer Gegenleistung abhängigen Forderungen 158
   - 3.7 Unpfändbarkeit infolge Unübertragbarkeit 158
     - 3.7.1 Ausschluss der Übertragbarkeit durch Gesetz 158
     - 3.7.2 Ausschluss der Übertragbarkeit bei Inhaltsänderung, § 399, 1. Alt. BGB 159
     - 3.7.3 Abtretungsausschluss durch Vereinbarung mit dem Schuldner, § 399, 2. Alt. BGB 160
   - 3.8 Unpfändbarkeit trotz Übertragbarkeit; eingeschränkte Pfändbarkeit 165
   - 3.9 Pfändungsschutz von Arbeitseinkommen (§ 850) und diesen gleichgestellten Bezügen (§ 850 b) und Vergütungen (§§ 850 h, i) ... 166
   - 3.10 Pfändungsschutz für Sozialleistungen 168
4. Der weitere Ablauf der Forderungspfändung 168

5. Die Rechtswirkungen der Pfändung 169
   5.1 Die Verstrickung 169
   5.2 Das Pfändungspfandrecht 169
   5.3 Die Drittschuldnererklärung, § 840 171
6. Die Rechtsstellung der Beteiligung aufgrund des PfÜB 172
   6.1 Die Rechtsstellung des Vollstreckungsgläubigers 172
   6.2 Die Rechtsstellung des Vollstreckungsschuldners 173
   6.3 Die Rechtsstellung des Drittschuldners 174
       6.3.1 Die Wirkung des Verbots nach
            § 829 Abs. 1 S. 1 (arrestatorium) 174
            Fall 32: Pfändung einer rechtshängigen Forderung 176
       6.3.2 Schutz des Drittschuldners nach § 836 Abs. 2 178
       6.3.3 Die Verteidigungsmöglichkeit des Drittschuldners im
            Einziehungsverfahren 181
7. Mehrfache Pfändung 182
8. Bereicherungsausgleich 182
   8.1 Bereicherungsausgleich bei Zahlung nach Abtretung 182
       Fall 33: Die übersehene Abtretung 182
   8.2 Bereicherungsausgleich bei mehrfacher Forderungspfändung .. 184
       Fall 34: Die übersehene Vorpfändung 184
9. Besonderheiten bei der Pfändung von Geldforderungen, die in
   indossablen Papieren verkörpert oder hypothekarisch gesichert sind 185
   9.1 Die Pfändung von in indossablen Papieren verkörperten
       Forderungen (zB Wechsel) 185
   9.2 Pfändung und Verwertung einer hypothekarisch
       gesicherten Forderung 185

2. Abschnitt: Die Zwangsvollstreckung wegen Geldforderungen in andere als Geldforderungen 187

1. Die Vollstreckung in Ansprüche auf Herausgabe oder Leistung
   körperlicher Sachen, §§ 864–849 187
   1.1 Die Vollstreckung in einen Anspruch des Schuldners auf
       Herausgabe oder Leistung einer beweglichen Sache 187
   1.2 Die Vollstreckung in einen Anspruch des Schuldners auf
       Herausgabe oder Leistung einer unbeweglichen Sache 188
2. Die Vollstreckung wegen Geldforderungen in andere
   Vermögensrechte, §§ 857–859 189
   2.1 Die Regelung in ihren Grundzügen 189
       2.1.1 Selbstständige übertragbare Vermögensrechte 189
       2.1.2 Die Pfändung 190
       2.1.3 Die Verwertung 190

2.2	Examensrelevante Fälle	191
	▶ Miteigentumsanteil an einer beweglichen Sache	191
	▶ Miteigentumsanteil an einem Grundstück	191
	▶ Grundstück im Miteigentum von Eheleuten	192
	▶ Grundstücksnießbrauch	193
	▶ Beschränkte persönliche Dienstbarkeit	194
	▶ Fremdgrundschuld	194
	▶ Offene Eigentümergrundschuld	195
	▶ Verdeckte Eigentümergrundschuld	196
	▶ Miterbenanteil	197
	▶ Anwartschaftsrecht auf Eigentumserwerb an einer beweglichen Sache	198
	▶ Anwartschaftsrecht auf Eigentumserwerb an einem Grundstück	199
	▶ Pfändung eines Anspruchs auf Abtretung einer Forderung	200

3. Abschnitt: Die Vorpfändung, § 845 200

▶ Muster eines vorläufigen Zahlungsverbotes 202

Stichwortverzeichnis 203

LITERATURVERZEICHNIS

Lehrbücher und Monographien:

Baur/Stürner	Zwangsvollstreckungs-, Konkurs- und Vergleichsrecht
	Band I Einzelvollstreckungsrecht, 12. Aufl., Heidelberg 1995
	Band II Insolvenzrecht 12. Aufl., Heidelberg 1990
Behr	Allgemeines Zwangsvollstreckungsrecht, 2. Aufl., Bielefeld 1996
	Grundlagen des Zwangsvollstreckungsrechts, 3. Aufl., 1998
Brox/Walker	Zwangsvollstreckungsrecht, 6. Aufl., Köln, Berlin, Bonn, München 1999
Gerhardt	Grundbegriffe des Vollstreckungs- und Insolvenzrechts, Stuttgart, Berlin, Köln, Mainz 1985
	Vollstreckungsrecht 2. Aufl., Berlin, New York 1982
Gross/Diepold/Hintzen	Musteranträge für Pfändung und Überweisung, 6. Aufl., Köln 1996
Grunsky	Grundzüge des Zwangsvollstreckungs- und Insolvenzrechts, 5. Aufl., Tübingen 1996

Hintzen	Taktik in der Zwangsvollstreckung,
	(I) Vollstreckung in Grundvermögen, 4. Aufl., Köln 1997
	(II) Forderungspfändung, Arbeitseinkommen, Sozialleistungen, Kontenpfändung, 4. Aufl., Köln 1998
	(III) Sachpfändung, eidesstattliche Versicherung, ausgewählte Forderungsrechte, 4. Aufl., Köln 1999
	Zwangsversteigerung, 3. Aufl., Köln 1999
	Handbuch der Immobiliarvollstreckung, 3. Aufl., München 1999
	Vollstreckung durch den Gerichtsvollzieher, Herne, Berlin 2000
Hintzen/Wolf	Handbuch der Mobiliarvollstreckung, 2. Aufl., München 1999
Jauernig	Zwangsvollstreckungs- und Insolvenzrecht, 21. Aufl., München 1999
Keller	Die eidesstattliche Versicherung nach §§ 807, 899 ZPO, 2. Aufl., Bielefeld 2000
Knees	Immobiliarzwangsvollstreckung, 3. Aufl., Neuwied, Kriftel 2000
Lackmann	Zwangsvollstreckungsrecht, 4. Aufl., München 1999
Lippross	Vollstreckungsrecht, 8. Aufl., Neuwied, Kriftel, Berlin 1998

Mohrbutter	Die Zwangsversteigerung- und Zwangsverwaltungspraxis
	Band 1: Gang des Zwangsversteigerungverfahrens bis zur Zuschlagsverteilung, 7. Aufl., Köln, Berlin, Bonn, München 1986
	Band 2: Verteilungsverfahren – Zwangsverwaltung, Zwangsversteigerung von Schiffen und Luftfahrzeugen – Zwangsversteigerung und Zwangsverwaltung in besonderen Fällen, 7. Aufl., Köln, Berlin, Bonn, München 1990
Muth	Zwangsversteigerungspraxis, Neuwied, Frankfurt 1989
Pastor	Die Unterlassungsvollstreckung nach § 890 ZPO, 3. Aufl., Köln, Berlin, Bonn, München 1982
Rosenberg/Gaul/Schilken	Zwangsvollstreckungsrecht, 11. Aufl., München 1997
Schrader/Steinert	Zwangsvollstreckung in das bewegliche Vermögen, 7. Aufl., München 1994
Schuschke	Vollstreckungsrecht 2. Aufl., Köln, Berlin, Bonn, München 1987
Stöber	Forderungspfändung, 12. Aufl., Bielefeld 1999
	Zwangsvollstreckung in das unbewegliche Vermögen ZVG-Handbuch, 7. Aufl., München 1999

Storz	Praxis des Zwangsversteigerungsverfahrens, 8. Aufl., München 2000
Teufel	Zwangsversteigerung und Zwangsverwaltung, 3. Aufl., Bielefeld 1997
Veeser	Der vollstreckbare Anwaltsvergleich, Köln, Berlin, Bonn, München 1994
Weinbörner	Zwangs- und Teilungsversteigerung bei Grundbesitz, 2. Aufl., Freiburg i. Br. 2000
Wertenbruch	Die Haftung von Gesellschaften und Gesellschaftsanteilen in der Zwangsvollstreckung, Köln 2000

Kommentare

Arnold/Meyer-Stolte/Herrmann	Rechtspflegergesetz, 5. Aufl., Bielefeld 1999
Bassenge/Herbst	FGG/RPflG, 8. Aufl., Heidelberg 1999
Baumbach/Lauterbach/Albers/Hartmann	Zivilprozessordnung, 58. Aufl., München 2000
Dallmayer/Eickmann	Rechtspflegergesetz, München 1996
Dassler/Schiffhauer/Gerhardt/Muth	Gesetz über die Zwangsversteigerung und die Zwangsverwaltung, 12. Aufl., Stuttgart, Berlin, Köln 1991

Haarmeyer/Wutzke/Förster/Hintzen	Zwangsverwaltung, München 2000
MünchKomm/ZPO	Münchener Kommentar zur Zivilprozessordnung, Band 2, §§ 355–802, Band 3, §§ 803–1048, München 1992
Musielak	ZPO, München 1999
Schuschke/Walker	Vollstreckung und vorläufiger Rechtsschutz Band I Zwangsvollstreckung, §§ 704–915 k ZPO, 2. Aufl., Köln, Berlin, Bonn, München 1997 Band II Arrest, Einstweilige Verfügung, §§ 916–945 ZPO, 2. Aufl., Köln, Berlin, Bonn, München 1999
Stein/Jonas	Kommentar zur Zivilprozessordnung Band 6, §§ 704–863, 21. Aufl. 1995 Band 7/1, §§ 864–945, 21. Aufl. 1996 Band 7/2, §§ 946–1048, 21. Aufl. 1994 Tübingen
Thomas/Putzo	Zivilprozessordnung, 22. Aufl., München 1999
Zeller/Stöber	Zwangsversteigerungsgesetz, 16. Aufl., München 1999
Zöller	Zivilprozessordnung, 21. Aufl., Köln 1999

Einführung

Neuregelung des Vollstreckungsrechts

Gesetzliche Neuregelungen bringen eine Vielzahl von **Veränderungen des Vollstreckungsrechts**. Hierzu gehören insbes.:

- **Zweites Gesetz zur Änderung zwangsvollstreckungsrechtlicher Vorschriften** (2. Zwangsvollstreckungsnovelle)
  vom 17.12.1997 – BGBl. I S. 3039 –
  in Kraft ab 01.01.1999

- **Gesetz zur Neuregelung des Schiedsverfahrensrechts**
  (Schiedsverfahrens-Neuregelungsgesetz – SchiedsVfG)
  vom 22.12.1997 – BGBl. I S. 3224 –
  in Kraft ab 01.01.1998

- **Gesetz zur Änderung des Gesetzes über die Zwangsversteigerung und die Zwangsverwaltung und anderer Gesetze**
  vom 18.02.1998 – BGBl. I S. 866 –
  in Kraft ab 01.05.1998

- **Drittes Gesetz zur Änderung des Rechtspflegergesetzes und anderer Gesetze**
  vom 06.08.1998 – BGBl. I S. 2030 –
  in Kraft ab 01.10.1998

- **Insolvenzverordnung** (InsO)
  vom 05.10.1994 – BGBl. I S. 2866 –
  in Kraft ab 01.01.1999

  Zuvor: KonkursO und VerglO in den alten, GesamtvollstreckungsO in den neuen Bundesländern

- **Einführungsgesetz zur Insolvenzordnung** (EGInsO)
  vom 5.10.1994 – BGBl. I S. 2911 –
  in Kraft ab 01.01.1999

- **Kindesunterhaltsgesetz** (KindUG)
  vom 06.04.1998 – BGBl. I S. 666 –
  in Kraft ab 01.07.1998

Dieses Skriptum legt die o.g. Neuregelungen zu Grunde.

Wir werden auf die Neuregelungen besonders hinweisen und den Unterschied zu der bisherigen Rechtslage deutlich machen.

Einzel- und Gesamtvollstreckung

I) Unter „**Zwangsvollstreckung**" versteht man die **Einzelzwangsvollstreckung**, bei der der einzelne Gläubiger auf Grund eines Vollstreckungstitels in einzelne pfändbare Vermögensgegenstände seines Schuldners vollstreckt. Vollstrecken mehrere Gläubiger in denselben Gegenstand, gilt das Prioritätsprinzip (vgl. § 804 Abs. 3*): „Wer zuerst kommt, mahlt zuerst."

II) Wenn das Vermögen des Schuldners zur Befriedigung aller Gläubiger nicht ausreicht, tritt an die Stelle der Einzelzwangsvollstreckung die **Gesamtvollstreckung** mit dem Ziel, eine interessengerechte Verteilung des gesamten Schuldnervermögens unter alle Gläubiger zu erreichen. Sie ist in der InsO geregelt.

III) Die nachfolgenden Ausführungen beziehen sich allein auf die Einzelvollstreckung, die im 8. Buch der ZPO und im ZVG geregelt ist.

Der Aufbau des 8. Buches der ZPO

Der systematische Aufbau des 8. Buches der ZPO erleichtert den Überblick über die Zwangsvollstreckung:

I) **Allgemeine Bestimmungen**, §§ 704–802

- ▶ **Klauselverfahren**
- ▶ **Voraussetzungen der Zwangsvollstreckung**, die bei allen Vollstreckungsarten vorliegen müssen
- ▶ **Rechtsbehelfe** der Zwangsvollsteckung

II) **Die einzelnen Vollstreckungsarten**, §§ 803–898

Das Gesetz unterscheidet primär nach dem Inhalt des zu vollstreckenden Titels.

1) **Zahlungstitel** (= Vollstreckung wegen Geldforderungen), §§ 803–882 a.
   Aus Zahlungstiteln ist die Vollstreckung möglich:

   a) **in das bewegliche Vermögen (= Mobiliarvollstreckung)**, §§ 803–863, durch Pfändung von

      – **körperlichen Sachen** (= Fahrnisvollstreckung), §§ 808–827,

      – **Forderungen und anderen Vermögensrechten**, §§ 828–863,

   b) **in das unbewegliche Vermögen (= Immobiliarvollstreckung)**, §§ 864–871 und ZVG

      – **Zwangshypothek**, §§ 864–868,

---

* §§ ohne nähere Angabe sind solche der ZPO.

- **Zwangsversteigerung**, §§ 864–866, 869, §§ 1–145 ZVG,
- **Zwangsverwaltung**, §§ 864–866, 869, §§ 146–161 ZVG.

2) Titel, die **nicht auf Zahlung** gerichtet sind

   a) ZV wegen eines Anspruchs auf **Herausgabe** einer Sache
   - Sache ist bei Schuldner oder einem herausgabebereiten **Dritten**, §§ 883-885
   - Sache ist bei einem nicht herausgabebereiten Dritten, § 886

   b) ZV wegen eines Anspruchs auf
   - Vornahme von **Handlungen**
     - vertretbare Handlungen, § 887
     - unvertretbare Handlungen, § 888
   - **Duldung oder Unterlassung**, § 890

   c) ZV wegen eines Anspruchs auf Abgabe einer **WE**, §§ 894 ff.

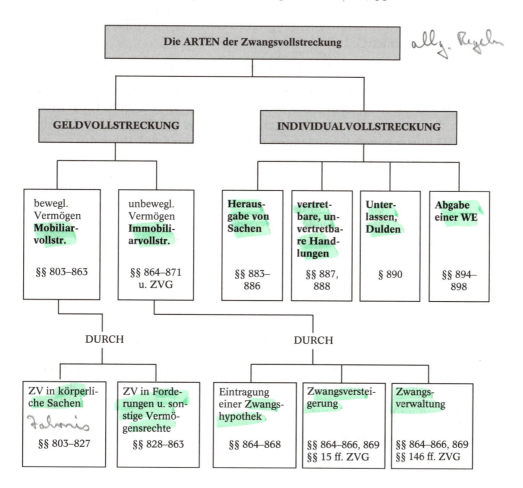

Die Vollstreckungsorgane

Für die Durchführung der Vollstreckung sind je nach Titel und Vollstreckungsobjekt zuständig:

- der **Gerichtsvollzieher** (GV) für Fahrnis- und Herausgabevollstreckung

  § 154 GVG bezeichnet als GV den Beamten, der mit Zustellung, Ladung und Vollstreckung betraut ist. Der GV ist dem Amtsgericht zugeordnet und hat einen örtlichen Zuständigkeitsbereich. Aufträge können dem GV unmittelbar oder durch eine bei dem Amtsgericht einzurichtende Verteilungsstelle übergeben werden. Der GV handelt nicht als Vertreter des Auftraggebers, sondern als selbstständiges Organ der Rechtspflege („Amtstheorie"; BL/Hartmann § 753 Rdnr. 1 m.w.N.).

- das **Vollstreckungsgericht** (VollstrG) für die Forderungsvollstreckung, die Zwangsversteigerung und die Zwangsverwaltung

  VollstrG ist das Amtsgericht, vgl. §§ 764 Abs. 1, 802. Beim VollstrG sind die Geschäfte grds. dem Rechtspfleger übertragen, §§ 3 Ziff. 3 a, 20 Ziff. 17 RpflG. Seine Funktionen sind durch das RpflG abschließend geregelt. Seine Entscheidungen sind Entscheidungen des Gerichts, im Vollstreckungsverfahren also des VollstrG.

- das **ProzessG 1. Instanz** für die Handlungs- und Unterlassungsvollstreckung

  Dies ist der im Erkenntnisverfahren des ersten Rechtszuges berufene und entscheidende Rechtskörper, also evtl. der nach § 348 bestellte Einzelrichter, auch die Kammer für Handelssachen oder das ArbG gemäß § 53 Abs. 1 ArbGG durch seinen Vorsitzenden (BL/Hartmann § 887 Rdnr. 10).

- das **Grundbuchamt** für die Zwangshypothek

  Die Eintragung der Zwangshypothek ist einmal eine Vollstreckungsmaßnahme, zum anderen eine Maßnahme der freiwilligen Gerichtsbarkeit. Das GrdbA wird somit in doppelter Funktion als Vollstreckungsorgan und als Organ der Grundbuchführung tätig.

Das Zwangsvollstreckungsrecht als Prüfungsstoff

I) Im **Ersten juristischen Staatsexamen**

- ist das Zwangsvollstreckungsrecht Prüfungsgegenstand in Wahlfachgruppen,
- in seinen Grundzügen ist es aber auch in allen Bundesländern Prüfungsgegenstand der Pflichtfächer und zwar i.d.R. in der Beschränkung auf

  – Allgemeine Vollstreckungsvoraussetzungen

  – Arten der Zwangsvollstreckung

  – Rechtsbehelfe der Zwangsvollstreckung

Einführung

II) Im **Zweiten juristischen Staatsexamen**

▶ gehört das Zwangsvollstreckungsrecht zu den Pflichtfächern und zum Prüfungsstoff der schriftlichen Prüfung.

III) **Klausuren** haben i. d. R. den Einstieg über Rechtsbehelfe, im ersten Examen überwiegend §§ 766, 767, 771, im zweiten Examen umfassend, auch Klauselverfahren!

▶ Die **Klauselerteilung** erfolgt nicht im Vollstreckungsverfahren, sondern zu dessen Vorbereitung (Brox/Walker Rdnr. 129 m.w.N.). Das Klauselverfahren hat daher auch eigene Rechtsbehelfe. Wir werden diese im Zusammenhang mit dem Klauselverfahren erörtern.

▶ Mit den **Rechtsbehelfen** der Zwangsvollstreckung können Verfahrensfehler gerügt oder Einwendungen materieller Art erhoben werden.

1) Rechtsbehelfe, mit denen **Verfahrensfehler** gerügt werden:

   a) **Vollstreckungserinnerung, § 766** („Art und Weise der Zwangsvollstreckung"): zur Überprüfung von Vollstreckungsmaßnahmen auf ihre Ordnungsmäßigkeit in vollstreckungsverfahrensrechtlicher Hinsicht.

   b) **Sofortige Beschwerde, § 793:** gegen Entscheidungen, die im Zwangsvollstreckungsverfahren ohne mündliche Verhandlung ergehen können (z. B. gegen die Entscheidung des Richters über die Vollstreckungserinnerung).

2) Rechtsbehelfe, mit denen **Einwendungen materieller Art** erhoben werden:

   a) **Vollstreckungsgegenklage, § 767:** bei materiell-rechtlichen Einwendungen gegen den im Vollstreckungstitel titulierten materiellen Anspruch.

   b) **Drittwiderspruchsklage, § 771:** für einen Dritten zur Geltendmachung eines behaupeten die Veräußerung hindernden Rechts an dem Vollstreckungsgegenstand.

   c) **Klage auf vorzugsweise Befriedigung, § 805:** für einen Dritten zur Geltendmachung eines vorrangigen Befriedigungsrechts an einer gepfändeten – beweglichen – Sache.

Insbesondere bei den Rechtsbehelfen, mit denen Verfahrensfehler gerügt werden, kommt es darauf an, ob das Vollstreckungsorgan die Allgemeinen Voraussetzungen der Zwangsvollstreckung sowie die Besonderen Voraussetzungen der jeweiligen Vollstreckungsart beachtet hat.

Eine Erörterung dieser Rechtsbehelfe setzt die Kenntnis der Allgemeinen Voraussetzungen der Zwangsvollstreckung und der Besonderen Voraussetzungen der jeweiligen Vollstreckungsart voraus. Wir werden daher zunächst diese Gebiete behandeln und die Erörterung der Rechtsbehelfe im Vollstreckungsverfahren daran anschließen.

1. Teil: Voraussetzungen der Zwangsvollstreckung

Bei **jeder Art der Zwangsvollstreckung** darf das Vollstreckungsorgan die Vollstreckung nur durchführen, wenn die **Voraussetzungen der Zwangsvollstreckung** vorliegen:

Verfahrens-voraussetzungen	▶ Auch im Vollstreckungsverfahren müssen die **allgemeinen Verfahrensvoraussetzungen** gegeben sein.
Allgemeine Voraussetzungen der ZV (§ 750)	▶ **Titel** Urkunde, die Art und Umfang des zu vollstreckenden Anspruchs, Vollstreckungsgläubiger und -schuldner bestimmt, §§ 704, 794 ▶ **Klausel** amtl. Vermerk der Vollstreckbarkeit auf Titel, §§ 724 ff. ▶ **Zustellung** vor Vollstreckungsbeginn muss Titel zugestellt sein oder gleichzeitig zugestellt werden, § 750 I 1
Besondere Voraussetzungen der ZV	▶ Eintritt eines **Kalendertages**, § 751 I ▶ Nachweis der **Sicherheitsleistung**, § 751 II ▶ ZV bei Leistung **Zug um Zug**, §§ 756, 765
Keine allgemeinen Vollstreckungs-hindernisse	▶ **Einstellung oder Beschränkung** der ZV nach § 775 ▶ Vollstreckungseinschränkende oder -ausschließende **Vereinbarungen** ▶ **Insolvenzverfahren** ▶ **Sonstige gesetzliche Vollstreckungshindernisse**

Daneben müssen die **besonderen Voraussetzungen der jeweiligen Vollstreckungsart** gegeben sein (dazu bei den einzelnen Vollstreckungsarten).

1. Abschnitt: Die allgemeinen Verfahrensvoraussetzungen

Verfahrensvoraussetzungen
- Antrag
- Zuständigkeit
- Deutsche Gerichtsbarkeit
- Zulässigkeit des Rechtsweges
- Parteifähigkeit
- Prozessfähigkeit
- Prozessführungsbefugnis
- Rechtsschutzinteresse

In einer **Klausur** – etwa bei Prüfung einer Erinnerung nach § 766 – kann man sich i.d.R. damit begnügen, Ausführungen zum Antrag, zur Zuständigkeit und eventuell zur Partei- und Prozessfähigkeit zu machen. Auf die übrigen Verfahrensvoraussetzungen ist nur einzugehen, wenn der konkrete Fall Veranlassung gibt.

1. Antrag

Das Vollstreckungsverfahren kommt nur auf Antrag des Gläubigers in Gang (Dispositionsmaxime). Vertretung ist zulässig. Der für das Erkenntnisverfahren bevollmächtigte Anwalt hat nach § 81 auch Vollmacht für das Vollstreckungsverfahren.

Der Gläubiger kann den Antrag jederzeit zurücknehmen und zwar auch ohne Einwilligung des Schuldners (anders als nach § 269!); ebenso kann er auf Rechte aus Vollstreckungsmaßnahmen verzichten.

2. Zuständigkeit

- **Örtlich zuständig** ist grds. das Vollstreckungsorgan, in dessen Bezirk die Vollstreckungsmaßnahme durchzuführen ist (vgl. für den GV § 20 GVO –; für das VollstrG § 764 Abs. 2). Jedoch gibt es Bestimmungen, in denen die örtliche Zuständigkeit anderweitig geregelt ist, z.B. § 828 Abs. 2 für die Vollstreckung in Forderungen.

- Die **funktionelle Zuständigkeit** bestimmt, welche Tätigkeit in der Zwangsvollstreckung dem einzelnen Vollstreckungsorgan gesetzlich zugewiesen ist (s. dazu oben S. 4).

3. Deutsche Gerichtsbarkeit

Der Schuldner muss der deutschen Gerichtsbarkeit unterliegen. Ein Verstoß führt zur Nichtigkeit (StJ/Münzberg Rdnr. 83 vor § 704).

Mitglieder dipl. Missionen, konsularischer Vertretungen und sonstige Exterritoriale sind unter den Voraussetzungen der §§ 18–20 GVG von der deutschen Gerichtsbarkeit befreit. Die Befreiung erstreckt sich grds. auch auf die Vollstreckung (StJ/Münzberg Rdnr. 83 vor § 704).

4. Zulässigkeit des Rechtsweges

Für die Zulässigkeit des Rechtsweges im Vollstreckungsverfahren kommt es rein formal nur darauf an, dass ein Titel vorliegt, der in der ZPO (§§ 704, 794) als Vollstreckungstitel genannt oder auf Grund besonderer Bestimmungen (z. B. § 62 ArbGG) nach den Regeln der ZPO zu vollstrecken ist.

5. Parteifähigkeit

I) Beide Parteien des Vollstreckungsverfahrens müssen **parteifähig** sein. Die Parteifähigkeit bedeutet die Fähigkeit, Partei eines Prozesses, im Vollstreckungsverfahren also, als Gläubiger oder Schuldner Beteiligter eines Vollstreckungsverfahrens sein zu können.

II) Das Vollstreckungsorgan muss die Parteifähigkeit **prüfen**, wenn sie nicht bereits vom Prozessgericht festgestellt worden ist.

Wird aus einem Urteil vollstreckt, dann ist im Erkenntnisverfahren vom Prozessgericht (konkludent) die Zulässigkeit der Klage und damit die Parteifähigkeit der Parteien bejaht worden. Hieran ist das Vollstreckungsorgan gebunden, selbst wenn das Prozessgericht die Frage der Parteifähigkeit falsch entschieden hat. Es ist nicht gebunden, wenn neue Tatsachen eingetreten sind.
Bei anderen Vollstreckungstiteln als Urteilen muss das Vollstreckungsorgan die Parteifähigkeit von Amts wegen prüfen.
Brox/Walker Rdnr. 23; Lackmann Rdnr. 34.

III) Parteifähig ist, wer **rechtsfähig** ist, **§ 50**; es sind dies also alle natürlichen und juristischen Personen.

Die Parteifähigkeit kann sich darüber hinaus aus **speziellen Vorschriften** ergeben (z. B. § 124 Abs. 1 HGB für die OHG, §§ 124 Abs. 1, 161 Abs. 2 HGB für die KG; § 10 ArbGG für die nicht rechtsfähigen Organisationen des Arbeitsrechts; § 3 PartG für politische Parteien).

IV) Nach § 50 Abs. 2 ist der **nicht rechtsfähige Verein passiv parteifähig**. Für das Vollstreckungsverfahren zieht § 735 daraus die Konsequenz, dass ein Titel gegen den Verein zur Zwangsvollstreckung in das Vereinsvermögen ausreicht.
Als Vollstreckungsschuldner hat der nicht rechtsfähige Verein die aktiven Abwehrmittel; er kann also z. B. Erinnerung einlegen oder Vollstreckungsgegenklage erheben.
Hat der beklagte nicht rechtsfähige Verein im Erkenntnisverfahren einen Titel zu seinen Gunsten erlangt (z. B. Kostenentscheidung bei Abweisung des Klägers; Obsiegen auf Grund einer Widerklage), so kann er aus diesem Titel auch vollstrecken. Zu beachten ist jedoch, dass der nicht rechtsfähige Verein nicht selbst Träger von Vermögensrechten sein kann.
Beispiel: Die Klage des K gegen den nicht rechtsfähigen Verein B ist kostenpflichtig abgewiesen worden. –
Der nicht rechtsfähige Verein kann die Kosten gemäß §§ 103 ff. festsetzen lassen (StJ/Bork § 50 Rdnr. 23). Aus dem Kostenfestsetzungsbeschluss (Vollstreckungstitel nach § 794 Abs. 1 Nr. 2) kann er die Zwangsvollstreckung gegen K betreiben. Der Vorstand könnte also den GV

beauftragen, aus dem Kostenfestsetzungsbeschluss in das bewegliche Vermögen des K zu vollstrecken. (Eigentümer des ausgekehrten Erlöses würden die Vereinsmitglieder zur gesamten Hand.)

V) **Verliert der Gläubiger die Parteifähigkeit**, nachdem die Zwangsvollstreckung begonnen hat (Tod, Wegfall der Rechtsfähigkeit bei jur. Personen; OHG wird BGB-Gesellschaft), so ist das für den Fortgang des Verfahrens unerheblich, solange es nicht einer Handlung des Gläubigers bedarf. Die §§ 239 ff. über Unterbrechung und Aussetzung des Verfahrens gelten in der Zwangsvollstreckung nicht (Thomas/Putzo Vorbem § 239 Rdnr. 1). Bedarf es für den Fortgang des Verfahrens einer Gläubigerhandlung, dann muss der Titel (z.B. auf die Erben, auf die Mitglieder des nunmehr nicht rechtsfähigen Vereins, auf die BGB-Gesellschafter) umgeschrieben und nach § 750 zugestellt werden.

VI) Beim **Tod des Schuldners** wird eine begonnene Zwangsvollstreckung ohne weiteres in den Nachlass des Schuldners fortgesetzt, § 779 Abs. 1. Eine **jur. Person** (auch OHG u. KG) bleibt auch **nach Auflösung** zum Zwecke der Liquidation parteifähig, soweit überhaupt noch Vermögensgegenstände vorhanden sind (StJ/Bork § 50 Rdnr. 34 b ff.).

6. Prozessfähigkeit

Prozessfähigkeit ist die Fähigkeit, einen Prozess selbst oder durch einen selbst bestellten Vertreter zu führen (vgl. § 51; Thomas/Putzo § 51 Rdnr. 2). Prozessfähig ist, wer geschäftsfähig ist (§ 52).

Der **Vollstreckungsgläubiger** muss nach einhelliger Auffassung prozessfähig sein, da er Handlungen vornehmen, z.B. den Vollstreckungsantrag stellen muss.

Umstritten ist, ob auch der **Schuldner** immer und in jedem Stadium des Verfahrens prozessfähig oder gesetzlich vertreten sein muss. Dies wird z.T. bejaht (Brox/Walker Rdnr. 25 m.w.N.). Nach der Gegenauffassung ist das nur notwendig, wenn der Schuldner aktiv im Verfahren mitwirkt oder wenn ihm gegenüber eine Handlung vorzunehmen ist, z.B. bei einer Zustellung gem. §§ 829 Abs. 2, 827 Abs. 2, bei der Vollstreckung gem. §§ 887, 890 oder bei der Einlegung von Rechtsbehelfen (BL/Hartmann Grundz. § 704 Rdnr. 40 m.w.N.; vgl. auch OLG Stuttgart Rpfleger 1996, 36).

7. Prozessführungsbefugnis/Vollstreckungsstandschaft

I) **Prozessführungsbefugnis** bedeutet im Erkenntnisverfahren die Befugnis, über das behauptete, im Prozess streitige Recht den Rechtsstreit im eigenen Namen zu führen.

Im Vollstreckungsverfahren liegt die Parallele in der **Vollstreckungsbefugnis**, d.h. der Befugnis, die Zwangsvollstreckung als Vollstreckungsgläubiger betreiben zu können (Brox/Walker Rdnr. 27).

In einer **Klausur** ist die Vollstreckungsbefugnis nur ausnahmsweise zu prüfen, so z. B., wenn mehrere Rechtsinhaber ein Urteil erstritten haben und nur einer von ihnen daraus vollstrecken will.

Beispiel: A, B und C haben in ungeteilter Erbengemeinschaft wegen eines zum Nachlass gehörenden Anspruchs ein Urteil gegen S erstritten, wonach S an die Erben gemeinschaftlich 20.000 DM zu zahlen hat. Aus diesem Urteil will nur A die Zwangsvollstreckung gegen S betreiben. –

So wie gemäß § 2039 BGB der einzelne Miterbe den Prozess beginnen und Leistung an alle Erben gemeinschaftlich verlangen kann, kann auch der einzelne Miterbe die Zwangsvollstreckung betreiben, gleichgültig ob der Vollstreckungstitel von ihm allein oder von allen Erben erwirkt wurde (KG NJW 1957, 1157; Soergel/Wolf, BGB, 12. Aufl. 1992, § 2039 Rdnr. 8; Palandt/Edenhofer, BGB, 58. Aufl., 1999, § 2039 Rdnr. 6; Brox/Walker Rdnr. 27).

II) Im Erkenntnisverfahren ist eine Unterart der **Prozessführungsbefugnis** die **Prozessstandschaft**. Sie liegt vor, wenn eine Partei im eigenen Namen über ein fremdes Recht prozessiert. Sie ist zulässig, wenn sie auf einer ges. Regelung beruht (= ges. Prozessstandschaft) oder wenn sie dem Dritten vom Rechtsträger durch Rechtsgeschäft eingeräumt worden ist und der Dritte ein eigenes schutzwürdiges Interesse daran hat, das fremde Recht im eigenen Namen geltend zu machen (BGHZ 92, 347, 349).

Im Zusammenhang mit der Prozessstandschaft ergibt sich im Vollstreckungsrecht die Frage, wer aus einem Titel im eigenen Namen vollstrecken darf: der Prozessstandschafter, der Rechtsinhaber oder beide?

Nach heute ganz h. M. kann aus einem Titel, den jemand als Prozessstandschafter erstritten hat, dieser auch vollstrecken – **kombinierte Prozess- und Vollstreckungsstandschaft** –. Fraglich ist, ob und unter welchen Voraussetzungen der Rechtsinhaber selbst vollstrecken kann. Diese Frage ist jedoch nicht unter dem Gesichtspunkt der Vollstreckungsstandschaft als selbstständige Verfahrensvoraussetzung zu erörtern, sondern sie deckt sich mit der Frage, wem zu einem in Prozessstandschaft erstrittenen Titel die Vollstreckungsklausel zu erteilen ist.

Becker-Eberhard, In Prozessstandschaft erstrittene Leistungstitel in der Zwangsvollstreckung, ZZP 104 (Bd. 4/1991), S. 413 u. S. 419. Hierzu später Fall 7.

III) Vielfach diskutiert wird die Frage, ob eine sog. **isolierte Vollstreckungsstandschaft** zulässig ist.

Unter isolierter Vollstreckungsstandschaft werden üblicherweise die Fallgruppen verstanden, in denen eine Rückgriffs- oder Drittermächtigung auf eine Person stattfindet, die sich nicht den Titel im Wege der Prozessstandschaft verschafft hat (vgl. dazu Scherer Rpfleger 1995, 89 ff.).

▶ Rückgriffsermächtigung ist dadurch gekennzeichnet, dass der Titelgläubiger seinen titulierten Anspruch einem Dritten übertragen hat, dieser neue Rechtsinhaber jedoch den alten Rechtsinhaber und Titelgläubiger ermächtigt, aus dem Titel zu vollstrecken.

▶ Bei der Drittermächtigung soll ein Dritter, ohne Rechtsinhaber geworden zu sein, im Einvernehmen mit dem Titelgläubiger vollstrecken, etwa weil der Dritte ein eigenes Interesse an der Vollstreckung hat.

Während bei der kombinierten Prozess- und Vollstreckungsstandschaft die Vollstreckungsstandschaft als rechtlich möglich angesehen wird (s. o. [II]), lehnt die h. M. sowohl bei der Rückgriffs- als auch bei der Drittermächtigung die Zulässigkeit einer „isolierten Vollstreckungsstandschaft" ab.

BGHZ 92, 347, 349/350@*; dazu Karsten Schmidt JuS 1962, 260; BGH NJW 1993, 1396, 1399; vgl. ferner Brox/Walker Rdnr. 27; Hintzen/Wolf Rdnr. 24; Schuschke in Schuschke/Walker I § 727 Rdnr. 26; weitere Nachweise bei Scherer Rpfleger 1995, 83, 90 FN 10.

Lehnt man mit der Rspr. u. h. M. die Zulässigkeit der „isolierten Vollstreckungsstandschaft" ab, so führt die fehlende Vollstreckungsbefugnis nicht dazu, dass eine allgemeine Verfahrensvoraussetzung für die Vollstreckung fehlt, vielmehr hat der Schuldner (nur) die Möglichkeit der Vollstreckungsgegenklage nach § 767.

Fall 1: § 767 bei „isolierter Vollstreckungsstandschaft

S hat sich gegenüber G wegen einer Forderung der sofortigen Zwangsvollstreckung unterworfen (§ 794 Abs. 1 Nr. 5). G hat die Forderung sicherheitshalber an seinen Gläubiger Z abgetreten. Z ermächtigt G, die Vollstreckung gegen S zu betreiben.

(I) Voraussetzungen der Zwangsvollstreckung
Die Voraussetzungen für den Beginn der Zwangsvollstreckung durch G liegen vor; trotz der Abtretung hat G die formale Gläubigerstellung nicht eingebüßt: G ist in der vollstreckbaren notariellen Urkunde, einem Vollstreckungstitel nach § 794 Abs. 1 Nr. 5, als Gläubiger benannt. Ihm ist gem. § 797 Abs. 2 S. 1 von dem Notar, der die Urkunde verwahrt, die vollstreckbare Ausfertigung der Urkunde zu erteilen, und zwar selbst dann, wenn die Veränderung der materiellen Rechtslage offenkundig ist.
BGHZ 92, 347, 349/350@; StJ/Münzberg § 727 Rdnr. 44.

(II) Vollstreckungsgegenklage, § 767
Es liegt hier aber ein Fall der sog. **isolierten** Vollstreckungsstandschaft vor (Rückgriffsermächtigung ohne vorausgegangene Prozessstandschaft und ohne Einzugsermächtigung). Die „isolierte Vollstreckungsstandschaft" ist nach der Rspr. und h. M. nicht zulässig (s. o.). Der Schuldner kann daher den Rechtsübergang auf den neuen Gläubiger Z erfolgreich mit der Vollstreckungsgegenklage, § 767, geltend machen.
BGHZ 92, 347, 349, 350@; StJ/Münzberg § 727 Rdnr. 4.

– – –

IV) Anders ist es aber zu beurteilen, wenn im Falle der **Rückermächtigung** die **Vollstreckungsstandschaft** des ursprünglichen Gläubigers von einer entsprechenden **Einzugsermächtigung** des Abtretungsempfängers getragen wird. Hier bleibt für § 767 kein Raum.

---

* Die mit einem @ gekennzeichneten Urteile stehen im Volltext zum kostenlosen Download im Internet bereit: http://www.alpmann-schmidt.de

Fall 2: Vollstreckungsstandschaft bei Einzugsermächtigung

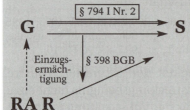

G hat seine Ansprüche gegen S aus einem Kostenfestsetzungsbeschluss (§ 794 Abs. 1 Nr. 2) an RA R abgetreten. In der Abtretungsvereinbarung wurde G für berechtigt erklärt, den Kostenerstattungsanspruch weiter im eigenen Namen geltend zu machen. G vollstreckt gegen S

Einer Vollstreckungsstandschaft nach Abtretung (§ 398 BGB) des titulierten Anspruchs an einen Dritten kann grundsätzlich erfolgreich mit der Vollstreckungsgegenklage (§ 767) entgegengetreten werden (s. o. Fall 1). Eine Ausnahme von diesem Grundsatz ist aber dann gerechtfertigt, wenn die Vollstreckungsstandschaft des ursprünglichen Gläubigers von einer entsprechenden Einziehungsermächtigung des Abtretungsempfängers getragen ist; dann decken sich die prozessualen und materiellen Befugnisse des im Titel als Gläubiger Ausgewiesenen.

BGHZ 120, 387, 395@ f.; OLG Bamberg OLG Report 1999, 82@.

Im vorliegenden Fall ist daher die Vollstreckung durch G trotz der Abtretung der titulierten Forderung nicht unzulässig.

Beachte: Im Falle einer „stillen" Sicherungsabtretung ist der Zedent in der Regel ermächtigt, die Forderung im eigenen Namen einzuziehen (BGHZ 120, 387, 395@).

– – –

8. Rechtsschutzinteresse

Die Vollstreckung setzt ein Rechtsschutzinteresse voraus. In der Regel ergibt es sich aus der Existenz des Titels, und zwar auch dann, wenn es sich um Bagatellforderungen handelt. Ausnahmsweise ist das Rechtsschutzinteresse zu verneinen, wenn der Gläubiger einfacher und billiger zum Vollstreckungsziel gelangen kann oder wenn die Zwangsvollstreckung als Druckmittel zur Erfüllung vollstreckungsfremder Ziele eingesetzt wird.

Brox/Walker Rdnr. 28; Thomas/Putzo Vorbem § 704 Rdnr. 45.

2. Abschnitt: Die allgemeinen Voraussetzungen der Zwangsvollstreckung

Bei jeder Zwangsvollstreckung müssen die allgemeinen Voraussetzungen der Zwangsvollstreckung gegeben sein (§§ 704, 724, 750).

| Allgemeine Voraussetzungen der ZV (§ 750) | ▶ Titel ▶ Klausel ▶ Zustellung | In einer **Klausur**, bei der es um die Zulässigkeit einer Vollstreckungsmaßnahme oder -entscheidung geht (Vollstreckungserinnerung, sofortige Beschwerde), ist das Vorliegen dieser Voraussetzungen immer zu prüfen! |

2. Abschnitt: Die allgemeinen Voraussetzungen der Zwangsvollstreckung

1. Titel

1.1 Ein Vollstreckungstitel ist eine Urkunde, in der das Bestehen des durchzusetzenden materiellen Anspruchs von der zuständigen Stelle festgestellt worden ist. Vollstreckungstitel sind:

I) **Rechtskräftige** oder für **vorläufig vollstreckbar** erklärte **Endurteile**, § 704 Abs. 1.

„Endurteile" (§ 300) sind auch Teilurteile (§ 301), Versäumnisurteile (§ 331), Anerkenntnisurteile (§ 307) sowie Vorbehaltsurteile (§ 302 Abs. 3, § 599 Abs. 3). Die Voraussetzungen, unter denen ein Urteil für **vorläufig vollsteckbar** erklärt werden kann, ergeben sich aus §§ 708 ff.

1) Die 2. Zwangsvollstreckungsnovelle hat unter Berücksichtigung der wirtschaftlichen Entwicklung die vorläufige Vollstreckbarkeit in § 708 Nr. 11 erweitert und die Beträge, bis zu denen Urteile in vermögensrechtlichen Streitigkeiten ohne Sicherheitsleistung für vorläufig vollstreckbar zu erklären sind, um jeweils 1.000 DM auf 2.500 DM bzw. 3.500 DM angehoben (vgl. dazu Hornung Rpfleger 1998, 381, 383; Wolfsteiner DNotZ 1999, 306 ff.).

2) Bei der Vollstreckung aus einem für vorläufig vollstreckbar erklärten Urteil bleibt die Forderung vorerst bestehen; bis zum Eintritt der formellen Rechtskraft hat der Gläubiger die erhaltene Leistung sicherungshalber und zugleich aufschiebend bedingt erfüllungshalber erhalten (Lüke JuS 1996, 185, 188).

3) Die vorläufige Vollstreckbarkeit tritt außer Kraft, wenn und soweit ein Urteil verkündet wird, das die Entscheidung in der Hauptsache oder die Vollstreckbarkeitserklärung aufhebt oder abändert, § 717 Abs. 1. Ist aus dem aufgehobenen oder abgeänderten Urteil bereits vollstreckt worden und hierdurch dem Schuldner ein Schaden entstanden, so hat er einen Schadensersatzanspruch nach § 717 Abs. 2.

4) Wird ein für vorläufig vollstreckbar erklärtes Urteil rechtskräftig, so fallen die Beschränkungen, die sich aus der vorläufigen Vollstreckbarkeit ergeben, weg: Die Zwangsvollstreckung kann ohne eine in der Vollstreckbarkeitserklärung bestimmte Sicherheitsleistung durchgeführt werden; eine bereits geleistete Sicherheit wird gemäß § 715 zurückgewährt.

II) **Vollstreckungstitel des § 794**

1) **Prozessvergleiche, § 794 Abs. 1 Nr. 1**

Hierunter fallen alle Vergleiche, die zur gänzlichen oder teilweisen Beilegung eines Rechtsstreits vor einem deutschen Gericht oder vor einer staatlich anerkannten Gütestelle abgeschlossen werden und vorschriftsmäßig protokolliert (§ 160), vorgelesen und genehmigt (§ 162) worden sind (OLG Köln FamRZ 1994, 1048). Der Vergleich muss in einem bereits anhängigen Verfahren und noch vor dessen rechtskräftigem Abschluss abgeschlossen werden; denn nur dann dient er der Beilegung des Rechtsstreites (BGHZ 15, 190, 195; Thomas/Putzo § 794 Rdnr. 8). Er muss einen vollstreckungsfähigen Inhalt haben.

2) **Kostenfestsetzungsbeschlüsse, § 794 Abs. 1 Nr. 2**

Der Urteilstenor enthält eine Kostenentscheidung, die besagt, welche Partei die Kosten des Rechtsstreits zu tragen hat. Die Höhe des Kostenerstattungsanspruchs der einen gegen die andere Prozesspartei wird in einem besonderen Verfahren vom Rechtspfleger ermittelt und in einem Kostenfestsetzungsbeschluss ermittelt, §§ 103 ff.; § 21 Abs. 1 S. 1 RpflG. Aus diesem Kostenfestsetzungsbeschluss kann vollstreckt werden.

3) **Beschlüsse im vereinfachten Verfahren über den Unterhalt Minderjähriger, § 794 Abs. 1 Nr. 2 a**

Das KindUG hat mit Wirkung ab 01.07.1998 in den §§ 645–660 ein vereinfachtes Verfahren über den Unterhalt Minderjähriger eingefügt. Das vereinfachte Verfahren ist zulässig für Unterhaltsansprüche minderjähriger (ehelicher wie nichtehelicher) Kinder, die mit dem in Anspruch genommenen Elternteil nicht in einem Haushalt leben, soweit die Unterhaltsansprüche nicht das Eineinhalbfache des Regelbetrages übersteigen.
Die Entscheidung ergeht durch Beschluss des Rechtspflegers, § 20 Nr. 10 RpflG. Der Rechtspfleger kann den Antrag zurückweisen (§ 646 Abs. 2), den Unterhalt festsetzen (§ 649) oder einen Unterhaltstitel abändern (§ 655).

4) Beschwerdefähige Entscheidungen, § 794 Abs. 1 Nr. 3

Es muss sich um Entscheidungen handeln, gegen die die Beschwerde abstrakt statthaft ist. Unter § 774 Nr. 3 fallen z.B. Entscheidungen nach §§ 887, 888, 890 und Arreste sowie einstweilige Verfügungen, soweit sie (ohne mündliche Verhandlung) durch Beschluss ergangen sind (Musielak/Lackmann § 794 Rdnr. 44).

5) Einstweilige Anordnungen in Familiensachen, § 794 Abs. 1 Nr. 3 a

nach §§ 127 a (Prozesskostenvorschuss in Unterhaltssachen), 620 S. 1 Nr. 4–9 (einstweilige Anordnungen in Ehesachen), 621 f (Kostenvorschuss in bestimmten Familiensachen) und 644 (einstweiliger Rechtsschutz in selbstständigen Unterhaltsverfahren). Die besondere Erwähnung in § 794 Abs. 1 Nr. 3 a ist erforderlich, weil ein Teil dieser Anordnungen unanfechtbar ist, sodass § 794 Abs. 1 Nr. 3 nicht eingreift.

6) Vollstreckungsbescheide, § 794 Abs. 1 Nr. 4

Der Vollstreckungsbescheid (§ 699) wird im Mahnverfahren (§§ 688 ff.) vom Rechtspfleger erlassen (§ 20 Nr. 1 RpflG). Er steht einem vorläufig vollstreckbaren Versäumnisurteil gleich (§ 700 Abs. 1).

7) Vollstreckbarerklärung von Schiedssprüchen, § 794 Abs. 1 Nr. 4 a

Das schiedsrichterliche Verfahren (§§ 1025 ff.) ist durch das Schiedsverfahrens-Neuregelungsgesetz vom 22.12.1997 mit Wirkung ab 01.01.1998 neu geregelt worden (vgl. dazu Saenger MDR 1999, 662 ff.).

Schiedssprüche des Schiedsgerichts sind erst dann vollstreckbar, wenn sie durch ein staatliches Gericht (OLG, § 1062 I Nr. 4) für vorläufig vollstreckbar erklärt worden sind, § 1060 Abs. 1.

Vergleichen sich die Parteien während des schiedsrichterlichen Verfahrens, hält das Schiedsgericht auf Antrag der Parteien den Vergleich in der Form eines Schiedsspruchs mit vereinbartem Wortlaut fest (§ 1053 Abs. 1 S. 2; früher Schiedsvergleich gemäß § 1044 a a. F.). Auch dieser Schiedsspruch fällt unter § 794 Nr. 4 a (vgl. dazu auch OLG Frankfurt OLG-Report 1999, 294).

8) Vollstreckbarerklärung von Anwaltsvergleichen, § 794 Abs. 1 Nr. 4 b

Der Anwaltsvergleich (§§ 796 a ff.; früher in § 1044 b a. F. geregelt) ist eine besondere Form eines außergerichtlichen Vergleichs der Parteien. Der Anwaltsvergleich kann unter den Voraussetzungen des § 796 a durch das Prozessgericht, das zuständig wäre (§ 796 b) oder durch einen Notar (§ 796 c) für vollstreckbar erklärt werden.

9) Vollstreckbare Urkunden, § 794 Abs. 1 Nr. 5

Zuständig für Aufnahme der Urkunde und Erteilung der vollstreckbaren Ausfertigung (§ 797) sind das AG für die in § 62 BeurkG aufgeführten Ansprüche, im Übrigen der Notar.

a) § 794 Abs. 1 Nr. 5 ist durch die 2. Zwangsvollstreckungsnovelle **neu gefasst** worden.

Nach der bisherigen Regelung des § 794 Abs. 1 Nr. 5 a. F. war eine Zwangsvollstreckung aus materiellen (und gerichtlichen) Urkunden, in denen der Schuldner sich der sofortigen Zwangsvollstreckung unterworfen hat, nur bei Ansprüchen auf Geldzahlung sowie auf Leistung einer bestimmten Menge anderer vertretbarer Sachen oder Wertpapiere zulässig.

Jetzt kommen alle Ansprüche in Betracht, die einer vergleichsweisen Regelung zugänglich sind, nicht auf Abgabe einer Willenserklärung gerichtet sind und nicht den Bestand eines Mietverhältnisses über Wohnraum betreffen. Die Unterwerfungserklärung muss den betroffenen Anspruch konkret bezeichnen.

In der Begründung des Entwurfes der 2. Zwangsvollstreckungsnovelle (Bundestags-Drucksache 13/341) wird als Beispiel angeführt, dass nach bisherigem Recht bei Bauträgerverträgen mit Vollstreckungsunterwerfung nur der Bauträger wegen des Kaufpreisanspruchs aus der Urkunde vollstrecken konnte, während der Käufer für die Durchsetzung seiner Ansprüche auf Erbringung der vom Bauträger werkvertraglich geschuldeten Leistungen auf den kostenungünstigeren und zeitaufwendigeren Weg des gerichtlichen Klageverfahrens angewiesen war. Diese Ungleichheit werde durch die Neuregelung beseitigt.

Der Gesetzgeber sieht aus dem Gesichtspunkt der Vollstreckungsfähigkeit des Titels keine durchgreifenden Bedenken. So folge etwa für das Beispiel des Bauträgervertrages aus § 313 BGB, dass die geschuldete Bauleistung beschrieben und die Beschreibung Gegenstand der Urkunde sein müsse. Allerdings wird auch gesehen, dass sich Nachteile daraus ergeben können, dass bei notariellen Urkunden der Titel – im Gegensatz zur Situation beim Urteil und beim Vergleich – im Vorhinein, also vor Entstehung der konkreten Streitfrage formuliert werden müsse. Dies könnte zu einem erhöhten Bedarf an nachträglicher Klärung, etwa im Wege einer Vollstreckungsgegenklage, führen und damit die mit der Neuregelung angestrebte Entlastung der Gerichte wieder aufheben.

Zur Neuregelung des § 794 Abs. 1 Nr. 5 vgl. auch die Mitteilungen in DNotZ 1999, 1 ff.; Funke NJW 1998, 1029, 1031; Hornung Rpfleger 1998, 381, 390; Schilken InVo 1998, 304, 308; Wolfsteiner DNotZ 1999, 306 ff.

b) Wichtigster Fall der Praxis ist – auch schon nach der bisherigen Fassung – die vollstreckbare Urkunde über **Ansprüche aus einer Hypothek oder Grundschuld** (§ 794 Abs. 1 Nr. 5 letzter Satz).

Nach § 800 ist die Unterwerfungsklausel auch dahin zulässig, dass die Zwangsvollstreckung aus der Urkunde gegen den jeweiligen Eigentümer zulässig sein soll. Hier ist zusätzlich die Eintragung im Grundbuch erforderlich. Eine derartige notarielle Vollstreckungsunterwerfungserklärung in der dinglichen Form des § 800 setzt den Gläubiger in die Lage, fast „aus dem Stand heraus" die Vollstreckung zu betreiben, ohne dass er sich den Titel erst in Form eines Urteils (§ 704) auf Duldung der Zwangsvollstreckung ins Grundstück (§§ 1192 Abs. 1, 1147 BGB) verschaffen muss.

c) Ein viel diskutiertes Problem ist, ob die in **Bauträgerverträgen** vom Erwerber abgegebene **Vollstreckungsunterwerfungsklausel unter Verzicht auf den Nachweis der Fälligkeit** wirksam ist. Der BGH hat sich zu Gunsten der Käufer entschieden und sich der Meinung angeschlossen, eine derartige Unterwerfungsklausel verletze die zwingenden Vorschriften der Makler- und Bauträgerverordnung.

BGH NJW 1999, 51[@] m.N. des Meinungsstandes; vgl. dazu auch Pause NJW 2000, 769 ff.

III) Vollstreckungstitel außerhalb der ZPO sind u.a.:

1) Zuschlagsbeschluss in der Zwangsversteigerung, §§ 93, 132 ZVG

2) Insolvenztabelle, § 201 Abs. 2 S. 1 InsO

3) Insolvenzplan i. V. m. der Eintragung in die Tabelle, § 257 Abs. 1 S. 1 InsO

4) Entscheidungen und Vergleiche der Arbeitsgerichte, §§ 62, 85 ArbGG, § 109 ArbGG

5) Vollstreckbare Urkunden des Jugendamtes, § 60 Abs. 1 SGB VIII

6) Entscheidungen gem. § 16 Abs. 3 HausratsVO

IV) Ausländische Urteile

Voraussetzung ist eine Vollstreckbarkeitserklärung. Diese erhält der ausländische Titel entweder durch ein deutsches Vollstreckungsurteil gemäß §§ 722, 723 oder durch ein staatsvertraglich geregeltes Beschlussverfahren (s. Thomas/Putzo Anhang zu § 723; BGHZ 118, 315; 122, 18).

1.2 Der Titel muss einen **vollstreckungsfähigen Inhalt** haben.

I) Von den Urteilen haben nur **Leistungsurteile** einen vollstreckungsfähigen Inhalt.

Zwar werden auch Feststellungs- und Gestaltungsurteile für vollstreckbar erklärt, aber nicht als Grundlage für eine Zwangsvollstreckung nach §§ 803–898, sondern weil diese Urteile Grundlage anderer staatlicher Maßnahmen sein können, z. B. für die Kostenfestsetzung nach §§ 103 ff., für Eintragungen in öffentliche Bücher, für die Aufhebung bzw. Einstellung von Zwangsvollstreckungsmaßnahmen, §§ 775 ff.

Ein vollstreckungsfähiger Titel liegt nur vor, wenn das, was der Schuldner zu leisten oder zu dulden hat, aus dem Titel eindeutig bestimmt werden kann.

Aus diesem Grunde muss bereits der **Klageantrag** so bestimmt sein (§ 253 Abs. 2 Nr. 2), dass die mit ihm verlangte Entscheidung einen vollstreckungsfähigen Inhalt hat (BGH InVo 1996, 267; BGH WM 1996, 1931; OLG Düsseldorf NJW 1986, 2512; Wolf InVo 5/99 E 3 m. w. N.).

II) Ist bei einem unklaren Titel eine Auslegung durch die Vollstreckungsorgane nicht möglich, so ist dieser Titel **nicht der materiellen Rechtskraft fähig** und deshalb **nicht vollstreckbar** (vgl. dazu BGHZ 122, 16, 17@ f.).

Unter Umständen lässt sich dann durch eine Feststellungsklage Klarheit über den Titelinhalt schaffen. Eine eventuelle Rechtskraft des Urteils steht dem nicht entgegen. Das Rechtsschutzbedürfnis ergibt sich hier gerade aus der mangelnden Vollstreckungsfähigkeit des Urteils (BGHZ 36, 11, 13/14; BGH WM 1997, 1280, 1281 m. w. N.). Das ursprüngliche Leistungsurteil bildet dann zusammen mit dem den Titelinhalt klarstellenden Feststellungsurteil eine ausreichende Vollstreckungsgrundlage.

Ist ein Zahlungstitel nicht der materiellen Rechtskraft fähig, weil nicht erkennbar ist, über welche Ansprüche das Gericht entschieden hat, kann der Schuldner mit einer prozessualen Gestaltungsklage analog § 767 Abs. 1 beantragen, dass die Zwangsvollstreckung aus dem Titel für unzulässig erklärt wird.

BGHZ 124, 164, 170@; Pfälz. OLG Zweibrücken InVo 2000, 68, 69; s. dazu auch noch später zur Vollstreckungsgegenklage.

III) Wird aus einem formell rechtskräftigen Urteil **vollstreckt**, das wegen inhaltlicher Unbestimmtheit nicht der materiellen Rechtskraft fähig ist, so ist die vollstreckende Partei **nicht** analog § 717 Abs. 2 **schadensersatzpflichtig**, da hier –

anders als bei der Vollstreckung aus einem für vorläufig vollstreckbar erklärten Urteil gemäß § 717 – nicht die Bestandsunsicherheit aus der Vorläufigkeit des Titels, sondern ein anderer Mangel in Frage steht.

BGH NJW-RR 1999, 1223@ = JZ 2000, 161 m. Anm. Münzberg S. 162 ff.

IV) Die Frage, ob ein vollstreckungsfähiger Inhalt vorliegt, kann insbesondere in folgenden Fällen von Bedeutung werden:

1) Ein **Titel auf Vornahme einer vertretbaren Handlung** muss, wenn der Schuldner unter mehreren möglichen Maßnahmen die Wahl hat, wenigstens den geschuldeten Leistungserfolg genau angeben.

Daran fehlt es z.B., wenn der Beklagte verurteilt wird, „die Böschung an der Grundstücksgrenze des Klägers so zu befestigen, dass das Grundstück des Klägers in der gleichen Weise belastet werden kann, wie es vor Abgraben der Böschung durch den Beklagten der Fall war" (BGH NJW 1978, 1584).

Dagegen reicht es zur Bestimmtheit des **Titels** aus, wenn der nachzubessernde Mangel genau bezeichnet ist. Wie die Nachbesserung konkret zu erfolgen hat, muss im Titel nicht festgelegt werden (OLG Köln VersR 1993, 1242; OLG Koblenz NJW-RR 1998, 1770; OLG Stuttgart NJW-RR 1999, 792). Dem Beklagten ist es zu überlassen, welche Maßnahme er treffen will, um den Mangel zu beseitigen (BGH NJW 1978, 1584).

Davon zu unterscheiden ist jedoch der für die Einleitung der Vollstreckung erforderliche Antrag bei der Vollstreckung einer vertretbaren Handlung, also der Antrag gemäß § 887 Abs. 1.

Hier ist streitig, ob der Antrag des Vollstreckungsgläubigers auf Ermächtigung zur Ersatzvornahme nicht konkreter sein muss als die Urteilsformel (so etwa OLG München NJW-RR 1988, 22; im Grundsatz ebenso OLG Hamm MDR 1984, 591; ausreichend: Trockenlegung eines Kellers nach den Regeln der Baukunst).

Nach der Gegenmeinung müssen im Vollstreckungsverfahren nach § 887 die zur Herbeiführung der geschuldeten Handlung verlangten Maßnahmen, zu deren Ausführung ermächtigt werden soll, im Antrag genau bestimmt sein (so OLG Köln NJW-RR 1990, 1087; OLG Stuttgart NJW-RR 1999, 791, 792 m.w.N.).

2) Ein **Unterlassungstitel** muss die zu unterlassende Einwirkung so genau beschreiben, dass im Vollstreckungsverfahren geprüft werden kann, ob das Unterlassungsgebot verletzt worden ist. Dabei sind ggf. auch die Gründe der Entscheidung heranzuziehen (OLG Düsseldorf NJW-RR 1999, 791 m.w.N.).

Ein Titel, wonach dem Schuldner untersagt wird, den Gläubiger in der Benutzung der Wegegrunddienstbarkeit zu hindern und zu stören, hat keinen vollstreckungsfähigen Inhalt (OLG Düsseldorf NJW-RR 1999, 791).

3) **Bruttolohntitel** sind nach h.M. vollstreckungsfähig.

Dem Schuldner bleibt es überlassen, etwa bereits gezahlte Lohnsteuer und Sozialbeiträge nachzuweisen und insoweit nach § 775 Nr. 4 u. Nr. 5 die Einstellung bzw. Beschränkung der Zwangsvollstreckung zu erwirken (LG Mainz Rpfleger 1999, 530 m.w.N.; BL/Hartmann Übers. § 803 Rdnr. 2; Thomas/Putzo Vorbem. § 704 Rdnr. 17 m.w.N.).

4) Bei **Wertsicherungsklauseln** ist Vollstreckungsfähigkeit zu bejahen, wenn das Vollstreckungsorgan die Leistung anhand allgemein zugänglicher Berechnungsunterlagen leicht ermitteln kann.

5) Im Falle der **Zug-um-Zug-Verurteilung** muss auch die Gegenleistung eindeutig sein.

Sie muss so bestimmt sein, dass sie ihrerseits Gegenstand einer Leistungsklage und eines Leistungsurteils sein könnte (BGH NJW 1993, 324, s. dazu Karsten Schmidt JuS 1993, 421/422; KG MDR 1997, 1058).

So ist z. B. ein Titel, der die Bauherrin auf Zahlung eines bestimmten Betrages „Zug um Zug gegen die Herstellung eines lotrechten Mauerwerks in dem Gebäude 95 in N" verurteilt, nicht genügend bestimmt. Ein Anwalt, der einen derartigen Titel erwirkt und keine Berufung dagegen einlegt, macht sich wegen Verletzung der anwaltlichen Sorgfaltspflicht schadensersatzpflichtig (OLG Düsseldorf InVo 2000, 55).

6) Ein Vollstreckungstitel, der auf die **Freistellung von einer Verbindlichkeit** gerichtet ist, hat nur dann die für die Zwangsvollstreckung erforderliche Bestimmtheit, wenn die Höhe der Zahlungsverpflichtung, von der freigestellt werden soll, eindeutig aus dem Titel hervorgeht. Wenn es sich bei dem Titel um eine gerichtliche Entscheidung handelt, ist nicht allein auf die Urteilsformel, sondern – soweit dies allein nicht ausreicht – auch auf Tatbestand und Entscheidungsgründe dieser Entscheidung abzustellen

BGH NJW 1994, 460; Saarl. OLG InVo 1999, 360, 361; OLG Stuttgart InVo 2000, 174, 175.

1.3 Titel bei Vollstreckung in Sondervermögen

I) Für die Vollstreckung in das Vermögen einer **BGB-Gesellschaft** (§ 705 BGB) ist ein Titel gegen alle Gesellschafter erforderlich, § 736, nämlich:

▶ ein einziger Titel, in dem alle Gesellschafter als Schuldner aufgeführt sind, oder

▶ verschiedene Titel gegen alle Gesellschafter, wonach diese dem Gläubiger aus demselben Rechtsgrund als Gesamtschuldner haften.

Beispiel: A und B betreiben eine kleine Reparaturwerkstatt (BGB-Gesellschaft). Nach Feierabend gehen beide in eine Gaststätte. Sie provozieren eine Schlägerei und verletzen G. G erwirkt gegen A ein für vorl. vollstreckbar erklärtes Urteil auf Zahlung von 1.200 DM, gegen B einen Vollstreckungsbescheid auf Zahlung der gleichen Summe. –

(1) Wenn G jeweils nur aus einem einzelnen Titel vorgeht, kann er nicht in das Gesellschaftsvermögen der BGB-Gesellschaft, sondern nur in das Privatvermögen des im Titel genannten Schuldners vollstrecken. Zu dem Privatvermögen gehört der Gesellschaftsanteil (Vollstreckung nach § 859).
(2) G kann in das Gesellschaftsvermögen vollstrecken, da er gegen beide Gesellschafter einen Titel hat, der auf demselben Rechtsgrund (eine unerlaubte Handlung) beruht, und da beide Gesellschafter für die jeweils titulierte Forderung als Gesamtschuldner haften (§ 840 BGB). Unerheblich ist, dass hier mehrere getrennte Titel verschiedener Art vorliegen (Thomas/Putzo § 736 Rdnr. 2).
Nach überwiegender Ansicht haftet das Gesellschaftsvermögen (Gesamthandsvermögen) auch solchen Gläubigern sämtlicher Gesellschafter, deren Forderungen ihre Grundlage nicht in einer Gesamthandsverbindlichkeit haben, sondern in beliebigen sonstigen Verpflichtungen der Gesellschafter persönlich (vgl. Baur/Stürner Rdnr. 20.29; StJ/Münzberg § 736 Rdnr. 5; Thomas/Putzo § 736 Rdnr. 2).

Zu Einzelheiten vgl. Behr NJW 2000, 1137 ff.

II) Für eine Zwangsvollstreckung in das Gesellschaftsvermögen einer **OHG** oder **KG** ist ein Titel gegen die OHG oder KG erforderlich; ein Titel gegen alle Gesellschafter genügt nicht (§§ 124 Abs. 1, 161 Abs. 2 HGB).

Wären im vorangegangenen **Beispiel** A und B Gesellschafter einer OHG, so könnte G mit den erlangten Titeln nicht in das Gesellschaftsvermögen der OHG vollstrecken. Er könnte sich auch keinen Titel gegen die OHG verschaffen, da hier keine Gesellschaftsschuld vorliegt. Im Unterschied zur BGB-Gesellschaft scheidet hier also ein Zugriff auf das Gesellschaftsvermögen der OHG aus.

Zu Einzelheiten vgl. Behr NJW 2000, 1137, 1140 ff. (OHG), 1143 ff. (KG).

III) Für die Vollstreckung in das Vermögen eines **nicht rechtsfähigen Vereins** genügt ein gegen den Verein erwirkter Titel, § 735. Mit einem solchen Titel kann aber nur in das Vereinsvermögen vollstreckt werden, das seine Organe als solche in Verwahrung haben, sowie in Vereinsforderungen.

Die Vollstreckung in das Vereinsvermögen ist aber auch möglich, wenn wegen einer Vereinsschuld ein Titel gegen alle Vereinsmitglieder ergangen ist. In diesem Fall kann auch auf Vereinsvermögen zugegriffen werden, welches sich beim einzelnen Mitglied befindet, das nicht Organ des Vereins ist.

IV) Soll bei mehreren Miterben in den **ungeteilten Nachlass** vollstreckt werden, so ist ein Titel gegen alle Miterben notwendig, § 747. Es genügen getrennte Titel, auch solche verschiedener Art (z. B. Urteil, Vollstreckungsbescheid), nur müssen sie auf einem einheitlichen Rechtsgrund beruhen.

Nach h. M. (BGHZ 53, 110, 114 ff. m. w. N.) steht die Vollstreckung in den ungeteilten Nachlass nach § 747 nicht nur den Nachlassgläubigern, sondern auch anderen Gläubigern der Erben offen, denen die Erben aus demselben Rechtsgrund als Gesamtschuldner haften. Hier ist aber § 778 Abs. 2 zu beachten.

2. Klausel

2.1 Zur Zwangsvollstreckung benötigt der Gläubiger grds. eine mit der Vollstreckungsklausel versehene sog. **vollstreckbare Ausfertigung** des Titels. Diese muss er nach § 724 Abs. 1 einholen und dem Vollstreckungsorgan vorlegen. (Original des Titels verbleibt bei den Gerichtsakten oder in der Urkundenrolle des Notars.)

Die Klausel wird in einem **Klauselerteilungsverfahren** (vgl. §§ 724 ff.) erteilt. Dieses Verfahren gehört weder zum Erkenntnis- noch zum Vollstreckungsverfahren. Es geht nach Abschluss des Erkenntnisverfahrens dem Vollstreckungsverfahren voraus und ist dazu bestimmt, eine Voraussetzung für den Beginn der Zwangsvollstreckung zu schaffen.

Dazu im Einzelnen Sauer/Meiendresch Rpfleger 1997, 289 ff.

Die Vollstreckungsklausel lautet im Normalfall: „**Vorstehende Ausfertigung wird dem ... zum Zwecke der Zwangsvollstreckung erteilt**", § 725.

I) Die Vollstreckungsklausel hat einen doppelten **Zweck**:

▶ Einmal wird sichergestellt, dass der Schuldner aus anderen Ausfertigungen des Titels – die ja in beliebiger Zahl erteilt werden können – nicht in Anspruch genommen werden kann. Gegen einen Schuldner und auch gegen mehrere Gesamtschuldner darf grds. nur eine vollstreckbare Ausfertigung im Umlauf sein, §§ 734, 757.

▶ Zum anderen soll sie dem Vollstreckungsorgan die Nachprüfung ersparen, ob ein rechtswirksamer Titel vorliegt und ob dieser vollstreckbar ist.

II) Eine Klausel darf nur erteilt werden, wenn ein **wirksamer Titel** vorliegt. Die Wirksamkeit des Titels ist somit im Klauselerteilungsverfahren zu prüfen.

III) Die **Vollstreckungsklausel ist grds. erforderlich**. Nur **ausnahmsweise** kann **ohne** Vollstreckungsklausel vollstreckt werden.

▶ Wegen der Beschleunigung bei Vollstreckungsbescheiden (§ 796 Abs. 1), Arrestbefehlen und einstw. Verfügungen (§§ 929 Abs. 1, 936): eine Klausel ist hier nur erforderlich, wenn der Titel für oder gegen andere umgeschrieben wird.

▶ Wegen der Unselbstständigkeit bei einem auf den Titel (Urteil, Prozessvergleich) selbst gesetzten Kostenfestsetzungsbeschluss (§§ 105, 795 a).

IV) Die **Erteilung einer weiteren vollstreckbaren Ausfertigung** ist – wenn nicht die zuerst erteilte Ausfertigung (z. B. weil sie beschädigt oder unleserlich geworden ist) zurückgegeben wird – nur unter den Voraussetzungen des § 733 möglich. Der Gläubiger muss ein Interesse an einer nochmaligen vollstreckbaren Ausfertigung haben und es dürfen keine berechtigten Interessen des Schuldners gefährdet werden.

Ein berechtigtes Interesse des Gläubigers an der Erteilung einer weiteren vollstreckbaren Ausfertigung ist z. B. zu bejahen, wenn der Gläubiger Vollstreckungsmaßnahmen gegen Gesamtschuldner gleichzeitig an mehreren Orten bzw. bei funktionell unterschiedlichen Vollstreckungsorganen durchführen will (OLG Karlsruhe OLG-Report 2000, 169).

V) Das Gesetz kennt verschiedene **Arten von Vollstreckungsklauseln**:

Arten der Klauseln	▶ Einfache Klausel, §§ 724, 725 ▶ Titelergänzende Klausel, § 726 ▶ Titelumschreibende Klausel, §§ 727, 729 ▶ Vollstreckbare Ausfertigung vollstreckbarer Urkunden und Anwaltsvergleichen, § 797

2.2 Die einfache Klausel, §§ 724, 725

Die einfache Klausel wird auf Grund eines (formlosen) Antrags des Titelgläubigers vom Urkundsbeamten der Geschäftsstelle des zuständigen Gerichts erteilt, wenn keine besonderen Voraussetzungen vorliegen, die eine qualifizierte Klausel erforderlich machen.

> **Einfache Klausel, §§ 724, 725: UrkB der Geschäftsstelle**
> Voraussetzungen:
> 1. Antrag des Gläubigers
> 2. Titel
>   ▸ formgültig
>   ▸ vollstreckbar: rechtskräftig oder vorläufig vollstreckbar
>   ▸ vollstreckungsfähiger bestimmter Inhalt
> 3. Keine besonderen Voraussetzungen   } *sonst: titelergänzende*
>   i. S. v. § 726   *Klausel, § 726*
>
>   Danach einfache Klausel auch bei:
>   ▸ kalendermäßiger Befristung, §§ 726 I, 751 I
>   ▸ Sicherheitsleistung, §§ 726 I, 751 II
>   ▸ Zug-um-Zug-Verurteilung, § 726 II, es sei denn WE
> 4. Identität der Parteien des Titels   } *sonst: titelumschreibende*
>   und des Vollstreckungsverfahrens   *Klausel, §§ 727–729*

Fall 3: Titel und Klausel bei Zug-um-Zug-Verurteilung gegen Sicherheitsleistung

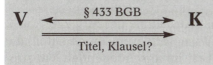

V hat dem K einen Pkw zum Preis von 42.300 DM verkauft. Da K ohne Grund „vom Vertrag Abstand nehmen" will, möchte sich V wegen des Kaufpreises Titel und Klausel verschaffen, um gegen K vollstrecken zu können.

(A) Titel

(I) V hat gegen K einen **Zahlungsanspruch** i. H. v. 42.300 DM aus § 433 Abs. 2 BGB.

(II) Gemäß § 320 Abs. 1 S. 1 BGB kann V die Zahlung nur **Zug um Zug** gegen Übereignung und Übergabe des Pkw und Übergabe des Kfz-Briefes verlangen. Entsprechend dieser materiellen Lage kann V auch nur erreichen, dass K zur Zahlung des Kaufpreises Zug um Zug gegen Lieferung der Ware verurteilt wird.
Stellt V als Kläger den Antrag auf uneingeschränkte Verurteilung des K, so erreicht V nur eine Zug-um-Zug-Verurteilung. Da entgegen dem Klageantrag des V keine unbeschränkte Verurteilung des Beklagten erfolgt, unterliegt V teilweise und ist infolgedessen in diesem Umfang mit seiner Klage abzuweisen (BGHZ 117, 1, 3@ m. w. N.).

(III) Das Urteil ist gem. § 709 S. 1 gegen **Sicherheitsleistung** des Klägers vorläufig vollstreckbar.

(B) **Klausel**, §§ 724, 725. Voraussetzungen sind:

(I) **Antrag** des Gläubigers

Der (formlose) Antrag des Titelgläubigers ist bei dem Prozessgericht zu stellen; zuständig für die Erteilung der einfachen Klausel ist der Urkundsbeamte des Prozessgerichts (§ 724 Abs. 2).

(II) **Titel**

Es muss ein formgültiger Titel vorliegen, der rechtskräftig oder für vorläufig vollstreckbar erklärt ist und der einen bestimmten, vollstreckungsfähigen Inhalt hat. Das ist hier bei der Verurteilung zur Zahlung einer bestimmten Geldsumme und der vorläufigen Vollstreckbarkeit des Urteils der Fall.

(III) **Keine besonderen Voraussetzungen i. S. v. § 726**

Es dürfen nicht die Voraussetzungen des § 726 vorliegen, denn sonst kann der Titel nur unter den dort genannten Voraussetzungen als titelergänzende Klausel vom Rechtspfleger (§ 20 Nr. 12 RpflG) des Prozessgerichts erteilt werden.

(1) Die im Titel angeordnete **Sicherheitsleistung** hindert die Erteilung der (einfachen) Klausel nicht (vgl. §§ 726 Abs. 1, 751 Abs. 2): Die Klausel wird sofort, auch ohne Nachweis der Sicherheitsleistung erteilt. Die Erbringung der Sicherheitsleistung muss das Vollstreckungsorgan gem. § 751 Abs. 2 vor Beginn der Zwangsvollstreckung selbst prüfen.

Sie gehört zu den besonderen Voraussetzungen der Zwangsvollstreckung (s.o S. 57 ff.). Dazu im Einzelnen später Fall 15.

(2) Bei einem **Zug-um-Zug-Titel** wird (mit Ausnahme des in § 726 Abs. 2 geregelten Falles für die Abgabe einer Willenserklärung durch Urteil) die Vollstreckungsklausel sofort erteilt. Erst im anschließenden Vollstreckungsverfahren hat das jeweils zuständige Vollstreckungsorgan dann zu prüfen, ob die Zug um Zug zu erbringende Gegenleistung des Gläubigers erbracht oder der Schuldner in Annahmeverzug ist (vgl. §§ 756, 765).

OLG Celle InVo 2000, 56, 57.

(IV) **Identität**

Die Parteien des Titels und des Vollstreckungsverfahrens müssen identisch sein; sonst kommt nur eine titelumschreibende Klausel gem. § 727 in Betracht. Hier ist die Identität gegeben.

Ergebnis: Dem V wird auf seinen Antrag vom Urkundsbeamten der Geschäftsstelle des Prozessgerichts die (einfache) Vollstreckungsklausel, § 724, mit dem Inhalt des § 725 erteilt.

Fall 4: Titel und Klausel bei Vorleistungspflicht des Gläubigers und Annahmeverzug des Schuldners

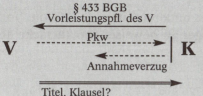

V hat sich zur Lieferung eines Pkw zum 01.05. verpflichtet, K sollte den Kaufpreis am 01.06. zahlen. V bietet dem K den Pkw am 01.05. in Annahmeverzug begründender Weise an. K nimmt nicht ab. V wartet bis zum 01.06. und will sich dann wegen des Kaufpreises Titel und Klausel verschaffen.

(A) Titel

Der Vorleistungspflichtige kann grds. erst dann mit Erfolg klagen, wenn er die **Vorleistung** bewirkt hat, da anderenfalls die geforderte Leistung noch nicht fällig ist, was das Gericht von Amts wegen zu berücksichtigen hat.

§ 259 eröffnet die Möglichkeit der Klage auf künftige Leistung, wenn den Umständen nach die Besorgnis gerechtfertigt ist, dass der Schuldner sich der rechtzeitigen Leistung entziehen werde.

Die Interessen des Vorleistungspflichtigen werden zusätzlich in § 322 Abs. 2 BGB geschützt: Er kann auf Leistung nach Empfang der Gegenleistung klagen, wenn der andere Teil im **Verzug der Annahme** (§ 293 BGB) ist.

Nach h. M. gehören die Tatsachen, aus denen sich der Annahmeverzug des Beklagten ergibt, zur Begründetheit der Klage des vorleistungspflichtigen Klägers (Staudinger/Otto, BGB, 13. Bearb. 1995, § 322 Rdnr. 18).

Der in Annahmeverzug befindliche K ist somit trotz der Vorleistungspflicht des V zur Leistung (Zahlung des Kaufpreises) nach Empfang der Gegenleistung (Lieferung des Pkw) zu verurteilen.

BGHZ 88, 91, 94@; Soergel/Wiedemann, BGB, 12. Aufl. 1990, § 322 Rdnr. 27 m.w.N. in FN 19; Staudinger/Otto § 322 Rdnr. 18.

(B) Klausel nach §§ 724, 725?

Für die Klauselerteilung ist § 322 Abs. 3 BGB wichtig. Danach findet auf die Zwangsvollstreckung § 274 Abs. 2 BGB Anwendung. Diese Verweisung gilt nicht nur für den Fall des § 322 Abs. 1 BGB, sondern auch für den hier einschlägigen § 322 Abs. 2 BGB (Leistung nach Empfang der Gegenleistung).

Heute allg. Ansicht, vgl. Staudinger/Otto § 322 Rdnr. 22 m.w.N. unter Aufgabe der a.A. Staudinger/Kaduk, BGB, 11. Aufl., § 322 Rdnr. 17/18.

Das führt – wie im Fall der Zug-um-Zug-Verurteilung (s.o. Fall 3) – auch hier zur Klauselerteilung nach § 724 Abs. 2 und Anwendung der §§ 756, 765.

OLG Karlsruhe MDR 1975, 938; Palandt/Heinrichs, BGB, 59. Aufl. 2000, § 322 Rdnr. 4; Staudinger/Otto § 322 Rdnr. 22; StJ/Münzberg § 726 Rdnr. 17; Zöller/Stöber § 726 Rdnr. 8 a.

Dem V ist somit, wenn der Annahmeverzug in den Urteilsgründen festgestellt ist die (einfache) Klausel gemäß §§ 724 Abs. 2, 725 vom Urkundsbeamten der Geschäftsstelle zu erteilen.

– – –

2.3 Die titelergänzende Klausel, § 726

▶ **§ 726 Abs. 1**

Ist nach dem Inhalt des Urteils oder eines anderen Titels (§ 795) die Vollstreckung vom **Eintritt einer vom Gläubiger zu beweisenden Tatsache** abhängig

– mit **Ausnahme**
  - der Erbringung einer **Sicherheitsleistung**, §§ 726 Abs. 1, 751 Abs. 2 (s.o. Fall 3),
  - der **Zug um Zug** zu bewirkenden Leistung (s.o. Fall 3), aber: § 726 Abs. 2 WE (s.u.),
  - des Eintritts eines bestimmten **Kalendertages**, § 751 Abs. 1,

so muss der Gläubiger vor Erteilung der Klausel durch öffentliche oder öffentlich beglaubigte Urkunden beweisen, dass die Tatsache eingetreten ist, es sei denn, dass der Eintritt offenkundig ist (§ 291) oder vom Schuldner zugestanden wird.

1) **Urteile** dürfen nur in der Weise mit einer die Vollstreckung einschränkenden Bedingung versehen werden, dass die Vollstreckung von einem **künftigen**, d.h. nach Schluss der mündlichen Verhandlung eintretenden Ereignis abhängen soll; dies folgt aus § 767 Abs. 2.

Da die Vorschrift des § 767 Abs. 2 für **Prozessvergleiche** nicht gilt, sind die Parteien bei Abschluss eines Prozessvergleichs nicht gezwungen, die Vollstreckbarkeit des in diesem Titel geregelten Anspruchs nur von künftigen Ereignissen abhängig zu machen; es steht ihnen frei, die Vollstreckbarkeit auch vom Nachweis eines in der **Vergangenheit** liegenden Sachverhalts abhängig zu machen. Auch in diesem Falle ist vor Erteilung der Klausel der Nachweis gemäß § 726 Abs. 1 zu führen (OLG Köln InVo 2000, 102[@]).

2) Kann der Nachweis nicht durch öffentliche oder öffentlich beglaubigte Urkunden geführt werden, bleibt dem Gläubiger nur die Klauselklage gemäß § 731 (OLG Köln InVo 2000, 102[@]).

3) Welche **Folgen** hat es, wenn in den Fällen der qualifizierten Vollstreckungsklausel des § 726 **nicht der zuständige Rechtspfleger, sondern der Urkundsbeamte der Geschäftsstelle** die Klausel erteilt?

Überwiegend wird die Unwirksamkeit der erteilten Klausel angenommen.

So insbes. OLG Hamm NJW-RR 1987, 957 u. Rpfleger 1989, 466; OLG Zweibrücken NJW-RR 1997, 882; KG InVo 2000, 65, 67[@] m.w.N.

Das Vollstreckungsorgan habe die offenbare Unwirksamkeit der erteilten Klausel bei der Prüfung der Zwangsvollstreckungsvoraussetzungen wie auch auf Grund einer von einem Verfahrensbeteiligten erhobenen Erinnerung gemäß § 766 von Amts wegen zu beachten (OLG Hamm Rpfleger 1989, 466, 465).

Demgegenüber wird zum Teil unter Hinweis darauf, dass nach dem Gesetz grds. auf den Urkundsbeamten der Geschäftsstelle die Aufgabe übertragen ist, die vollstreckbare Ausfertigung zu erteilen (§ 724), die Unwirksamkeit jedenfalls in den Fällen verneint, in denen lediglich ein Fall der unrichtigen Sachbearbeitung – tatsächlicher oder rechtlicher Art – durch den Urkundsbeamten der Geschäftsstelle vorliegt. Der Schuldner sei auf die speziellen Rechtsbehelfe der §§ 732, 768 verwiesen (OLG Zweibrücken OLG-Report 1997, 176).

▶ **§ 726 Abs. 2**

Der Beweis der Erfüllung einer **Zug um Zug** zu bewirkenden Leistung ist ausnahmsweise bereits vor Erteilung der Klausel zu erbringen, wenn die dem Schuldner obliegende Leistung in der **Abgabe einer Willenserklärung** liegt (Grund: § 894 Abs. 1 S. 2). Hier ist eine vom Rechtspfleger zu erteilende ergänzende Klausel notwendig.

Ist dem Gläubiger der Beweis des Eintritts der Tatsache nicht durch öffentliche oder öffentlich beglaubigte Urkunden möglich und ist die Tatsache auch nicht offenkundig, dann darf der Rechtspfleger die Klausel nicht erteilen. Dem Gläubiger bleibt dann die Möglichkeit, Klage auf Erteilung der Klausel gemäß § 731 zu erheben (s. dazu unten Fall 14).

Die Vorschrift des § 726 Abs. 2, wonach ausnahmsweise bereits im Klauselerteilungsverfahren zu prüfen ist, ob die Zug um Zug zu erbringende Leistung des Gläubigers erbracht oder der Schuldner in Annahmeverzug ist, folgt in ihrem Schutzzweck aus den Rechtswirkungen des § 894 Abs. 1 S. 2 und ist auf die **Abgabe einer Willenserklärung durch Urteil** zugeschnitten. Auf Prozessvergleiche und Urkunden, die eine Verpflichtung zur Abgabe einer Willenserklärung enthalten, sind der § 726 Abs. 2 und der § 894 dagegen nicht anzuwenden (ganz h. M., vgl. OLG Frankfurt Rpfleger 1980, 291; OLG Koblenz Rpfleger 1997, 445; Zöller/Stöber § 726 Rdnr. 8). In diesen Fällen ist nach § 888 zu vollstrecken oder der Anspruch auf Abgabe der Willenserklärung ggf. mit Leistungsklage durchzusetzen (BGH NJW 1986, 2704).

Titelergänzende Klausel, § 726: Rechtspfleger (§ 20 Nr. 12 RpflG)

Voraussetzungen:

1. Antrag des Gläubigers ⎫
2. Titel ⎬ wie bei § 724

3. **Besondere Voraussetzungen § 726**

   ▶ **§ 726 I**
   – Vollstreckung vom Eintritt einer Tatsache abhängig
   • *Ausnahmen:*
     kalendermäßige Befristung, §§ 726 I, 751 I ⎫
     Sicherheitsleistung, §§ 726 I, 751 II ⎬ § 724 s.o. S. 20 ff.
     Zug-um-Zug-Verurteilung, § 726 II, es sei denn WE ⎭
   – Gläubiger hat Tatsache zu beweisen
   – Beweis des Eintritts der Tatsache
     durch öffentl. o. öffentl. beglaubigte Urkunden, es sei denn, offenkundig o. zugestanden

   ▶ **§ 726 II**
   – Verurteilung des Schuldners zur Abgabe einer WE Zug um Zug gegen eine Leistung des Schuldners
   – Beweis der Befriedigung o. des Annahmeverzugs des Schuldners durch ... (s.o.)

4. Identität der Parteien des Titels ⎫ *sonst: titelumschreibende*
   und des Vollstreckungsverfahrens ⎭ *Klausel, §§ 723–729*

Fall 5: Vollstreckbare Ausfertigung bei Bedingung, § 726 Abs. 1

G hat gegen S ein Urteil auf (künftige, § 259) Leistung erstritten, wonach S ein auf seinem Grundstück stehendes Gebäude abbrechen muss, sobald die baurechtlich erforderliche Abbruchgenehmigung erteilt ist. Das Urteil ist gegen Sicherheitsleistung vorläufig vollstreckbar. Unter welchen Voraussetzungen kann G eine vollstreckbare Ausfertigung des Urteils erhalten?

Die Erteilung der Klausel könnte sich hier wegen der Bedingung (Abbruchgenehmigung) nach § 726 richten. Voraussetzungen sind:

(I) **Antrag** des G beim Prozessgericht. Zuständig zur Erteilung einer titelergänzenden Klausel ist gem. § 20 Nr. 12 RpflG der Rechtspfleger des Prozessgerichts.

(II) **Titel**

(1) G hat einen formgültigen Titel (Urteil).

(2) Der Titel ist für vorläufig vollstreckbar erklärt.

(3) Der Inhalt ist bestimmt und (vertretbare Handlung) gem. § 887 vollstreckbar.

(III) **Besondere Voraussetzungen des § 726 Abs. 1**

(1) Die **Vollstreckung** muss **vom Eintritt einer Tatsache abhängig** sein.

(a) Als solche kommt die Sicherheitsleistung wegen §§ 726 Abs. 1, 751 Abs. 2 nicht in Betracht (s.o. Fall 3).

(b) Der titulierte Anspruch (Abbruchpflicht des S) ist aufschiebend bedingt, denn der Abbruch darf erst erfolgen, wenn die Abbruchgenehmigung erteilt ist. Die Vollstreckung ist also nach dem Inhalt des Urteils von dem Eintritt einer Tatsache i.S.d. § 726 Abs. 1 abhängig.

(2) Die **Beweislast** für den Eintritt der Tatsache muss **beim Gläubiger** liegen. Die Beweislast liegt grundsätzlich beim Gläubiger. Sie liegt nur ausnahmsweise beim Schuldner, wenn die Nichterfüllung eines Anspruchs die Bedingung darstellt; denn für die Erfüllung trägt grundsätzlich der Schuldner die Beweislast (Thomas/Putzo § 726 Rdnr. 3). Im vorliegenden Fall trägt G die Beweislast.

(3) Der **Eintritt** der Tatsache muss **durch öffentliche oder öffentlich beglaubigte Urkunden bewiesen** sein, es sei denn, dass er **offenkundig** oder **zugestanden** ist.

Hat S den Antrag auf Erteilung der Abbruchgenehmigung bereits gestellt, so kann G von der Behörde gemäß § 792 die Erteilung der Urkunde anstelle des Schuldners verlangen.

Hat S den Antrag auf Erteilung der Abbruchgenehmigung noch nicht gestellt, so hilft § 792 nicht; denn die Erteilung der Abbruchgenehmigung ist nicht Erteilung einer Urkunde, sondern einer Erlaubnis (Verwaltungsakt). Diesen Antrag muss S selber stellen. G kann in einem neuen Prozess den S auf Stellung des Antrags verklagen. Ein obsiegendes Urteil kann G nach § 888 vollstrecken. Wenn daraufhin auf Antrag des S die Genehmigung erteilt wird, kann sich G die Urkunde über § 792 verschaffen.

(IV) **Identität** der Parteien des Titels und des Vollstreckungsverfahrens ist gegeben.

Ergebnis: G kann nur unter den genannten Voraussetzungen eine titelergänzende Klausel gem. § 726 Abs. 1 erhalten.

– – –

> **Fall 6: Vollstreckbare Ausfertigung bei einer Zug um Zug abzugebenden WE, § 726 Abs. 2**
>
> Urteil: Abgabe einer WE Zug um Zug gegen Zahlung
>
> G ⟶ S
>
> §§ 433, 313 BGB
>
> S ist rechtskräftig verurteilt, gegenüber G die Auflassungserklärung (§ 925 BGB) bzgl. eines bestimmten Grundstücks abzugeben, Zug um Zug gegen Zahlung des Kaufpreises durch G. G möchte die Vollstreckungsklausel haben.

Die Erteilung der Klausel könnte sich hier bei der Zug-um-Zug-Verurteilung zur Abgabe einer Willenserklärung nach **§ 726 Abs. 2** richten. Voraussetzungen sind:

(I) **Antrag** des G beim Prozessgericht (Rechtspfleger, § 20 Nr. 12 RpflG)

(II) Formgültiger, vollstreckbarer und bestimmter **Titel** ist gegeben.

(III) **Besondere Voraussetzungen des § 726 Abs. 2**

Nach der Fiktion des § 894 Abs. 1 S. 1 gilt bei der Verurteilung des Schuldners zur Abgabe einer **Willenserklärung** diese Willenserklärung als abgegeben, sobald das Urteil die Rechtskraft erlangt hat. Bei einer **Zug-um-Zug-Verurteilung** tritt diese Wirkung ein, sobald nach den Vorschriften der §§ 726, 730 eine vollstreckbare Ausfertigung des rechtskräftigen Urteils erlangt ist, § 894 Abs. 1 S. 2.

Im vorliegenden Fall kann G eine Vollstreckungsklausel daher nur erlangen, wenn der Beweis, dass S hinsichtlich seiner Kaufpreisforderung befriedigt oder im Verzug der Annahme ist, durch öffentliche oder öffentlich beglaubigte Urkunden geführt wird, § 726 Abs. 2.

(IV) **Identität** der Parteien und des Vollstreckungsverfahrens ist gegeben.

Ergebnis: Wenn G gegenüber dem Rechtspfleger den o.g. Beweis erbringen kann, wird dieser dem G die (titelergänzende) Klausel gem. § 726 Abs. 2 erteilen.

– – –

2.4 Die titelumschreibende Klausel, §§ 727–729

Bei der Zwangsvollstreckung müssen die Parteien (Gläubiger, Schuldner) grundsätzlich im Titel namentlich benannt sein, § 750 Abs. 1. In gewissen Fällen wird durch eine titelumschreibende Klausel die Vollstreckung für und gegen andere als die im Titel genannten Parteien ermöglicht.

Sinn der Titelumschreibung ist es, eine neue Klage zu ersparen, indem ein einfacherer und schnellerer Weg zur Vollstreckung aus dem bereits vorhandenen Titel eröffnet wird. Ist die Umschreibung möglich, fehlt für eine neue Klage das Rechtsschutzbedürfnis.

BGH NJW 1957, 1111; Baur/Stürner Rdnr. 17.6; Brox/Walker Rdnr. 115

Titelumschreibende Klausel, §§ 727–729; Rechtspfleger (§ 20 Nr. 12 RpflG)

Voraussetzungen:

1. Antrag des Gläubigers
2. Titel
3. Keine besonderen Voraussetzungen i.S.v. § 726 } *sonst: titelergänzende Klausel, § 726*
4. **Fehlende Identität der Parteien des Titels und des Vollstreckungsverfahrens**

Voraussetzungen der §§ 727–729

▶ Hauptfall § 727: Für und gegen Rechtsnachfolger
  – Rechtsnachfolge oder Besitzverhältnis
    • auf der Gläubigerseite
      - - für Rechtsnachfolger nach Rechtshängigkeit bzw. nach Errichtung des Titels
    • auf der Schuldnerseite
      - - gegen Rechtsnachfolger, soweit Rechtskrafterstreckung, § 325,
      - - oder gegen Besitzer, der den Besitz an der streitbefangenen Sache nach Rechtskraft erworben hat und der den Besitz für den Schuldner oder dessen Rechtsnachfolger mittelt.
  – Rechtsnachfolge oder Besitzverhältnis müssen offenkundig oder durch öffentliche oder öffentl. beglaubigte Urkunden nachgewiesen sein.

▶ § 728: Nacherben u. Testamentsvollstrecker → § 727 entspr.
▶ § 729: Vermögens- u. Firmenübernehmer → § 727 entspr.

2.4.1 Rechtsnachfolge auf Seiten des Gläubigers oder des Schuldners, § 727 Abs. 1

Fall 7: Rechtsnachfolge auf der Gläubigerseite.
Vollstreckbare Ausfertigung eines Vollstreckungsbescheides für eine Erbengemeinschaft

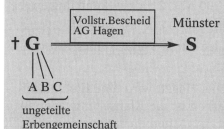

G hat gegen den in Münster wohnhaften S bei dem für NRW zuständigen zentralen Mahngericht in Hagen einen Vollstreckungsbescheid über 3.500 DM erwirkt. G ist gestorben. Erben in ungeteilter Erbengemeinschaft sind A, B und C. A will aus dem Vollstreckungsbescheid gegen S vollstrecken.

Vollstreckungsbescheide bedürfen der Vollstreckungsklausel nur im Fall der titelumschreibenden Klausel, § 796 Abs. 1, also im vorliegenden Fall, da A als Rechtsnachfolger des Titelgläubigers vollstrecken will.
Voraussetzungen der titelumschreibenden Klausel nach § 727 sind:

(I) **Antrag**
Der Antrag ist an die für die Erteilung zuständige Stelle zu richten. Zuständig hierfür ist der Rechtspfleger (§ 20 Nr. 12 RpflG), und zwar nach h. M. des Amtsgerichts, das den Vollstreckungsbescheid erlassen hat (§ 724 Abs. 2), bei einem **zentralen Mahngericht** (§ 689 Abs. 3) also dieses.

BGH NJW 1993, 3141; OLG Hamm Rpfleger 1994, 30; Hintzen/Wolf Rdnr. 61; Thomas/Putzo § 796 Rdnr. 1; Zöller/Stöber § 796 Rdnr. 1; a.A. OLG Koblenz Rpfleger 1994, 307, wonach das „fiktive Prozessgericht" des § 796 Abs. 3, das für eine Entscheidung im Streitverfahren zuständig gewesen wäre, auch für die Umschreibung eines Vollstreckungsbescheides zuständig ist (hier wäre es das AG Münster!); abl. Anm. hierzu Hintzen Rpfleger 1994, 307 f.

Nach h. M. ist im vorliegenden Fall somit das AG Hagen als zentrales Mahngericht zuständig.

(II) **Titel**
Der Vollstreckungsbescheid steht einem für vorläufig vollstreckbar erklärten Versäumnisurteil gleich (§ 700 Abs. 1), ist also ein vollstreckbarer Titel (§ 794 Abs. 1 Nr. 4).

(III) Besondere Voraussetzungen i. S. v. **§ 726** sind **nicht** erforderlich.

(IV) **Fehlende Identität** der Parteien des Titels und des Vollstreckungsverfahrens
Voraussetzungen des **§ 727**

(1) Die Erben A, B und C sind unmittelbar mit dem Erbfall **Rechtsnachfolger** des G (§§ 1922, 1942 BGB) **auf der Gläubigerseite** geworden.
Die Rechtsnachfolge muss nach einem bestimmten Zeitpunkt stattgefunden haben. Ist der Vollstreckungstitel im Klageverfahren erstritten,

so muss – wie sich aus der Verweisung in § 727 auf § 325 ergibt – der Wechsel der Anspruchsinhaberschaft **nach Eintritt der Rechtshängigkeit** des Anspruchs erfolgt sein.

BGHZ 120, 387, 392@; Baur/Stürner Rdnr. 17.8; Zöller/Stöber § 727 Rdnr. 19.

Im Mahnverfahren wird bei Erlass eines Vollstreckungsbescheides der Eintritt der Rechtshängigkeit gem. § 700 Abs. 2 rückwirkend fingiert, bezogen auf die Zustellung des Mahnbescheides (§ 693 Abs. 1).

(2) Die Erben müssen die Rechtsnachfolge durch Vorlage eines Erbscheins (§ 2353 BGB) nachweisen.

Ergebnis: Der Rechtspfleger des Amtsgerichts Hagen wird eine titelumschreibende Klausel gem. § 727 erteilen. Bei Miterben ist die Klausel entweder allen Erben gemeinsam zu erteilen oder dem einzelnen Miterben mit dem Inhalt, dass Leistung nur an alle Erben gemeinschaftlich erfolgen kann (§ 2039 BGB).

– – –

> **Fall 8: Rechtsnachfolge auf der Gläubigerseite.**
> **Vollstreckbare Ausfertigung für den Prozessstandschafter und für den Rechtsinhaber bei Abtretung nach Rechtshängigkeit (§ 265)**
>
>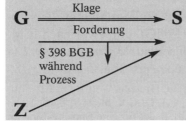
>
> G klagt eine Forderung gegen S ein. Während des Prozesses tritt G die Forderung an Z ab. Auch dies trägt G im Prozess vor. Z weiß von dem Prozess, unternimmt aber nichts. Welches Urteil ergeht? Wer erhält die Vollstreckungsklausel?

(A) **Titel**

(I) Die Rechtshängigkeit schließt das Recht der Parteien nicht aus, die streitbefangene Forderung abzutreten, § 265 Abs. 1. Eine solche Abtretung nach Rechtshängigkeit hat grds. keinen Einfluss auf den Prozess, § 265 Abs. 2 S. 1; dieser wird daher grds. zwischen den Parteien weitergeführt. Die Partei, die abgetreten hat, macht nunmehr im Wege der **gesetzlichen Prozessstandschaft** im eigenen Namen ein fremdes Recht (des Zessionars) geltend.

BGH NJW 1986, 3206, 3207@; Zöller/Vollkommer vor § 50 Rdnr. 33; Zöller/Greger § 265 Rdnr. 6; Thomas/Putzo § 265 Rdnr. 12.

(II) Nach der herrschenden **Relevanztheorie** ist die Abtretung jedoch insoweit von prozessualer Relevanz, dass der Klageantrag der neuen materiellen Rechtslage anzupassen ist.

BGH NJW 1979, 924; 1986, 3206, 3207@; Thomas/Putzo § 265 Rdnr. 13; Zöller/Greger § 265 Rdnr. 6; streitig.

G muss somit auf Leistung an Z klagen.

Ergebnis zu (A): Auf die Klage des G gegen S ergeht nach Umstellung des Klageantrages ein Urteil, wonach S verurteilt wird, an Z zu zahlen.

(B) Klausel

Wenn der Beklagte – wie im Fall des § 265 Abs. 2 S. 1 bei Befolgung der heute herrschenden Relevanztheorie (s. o.) – zur Leistung an den Rechtsinhaber verurteilt wird, so ist innerhalb der Literatur umstritten, wer zur Vollstreckung und zum Empfang der (einfachen) Klausel befugt ist: der Kläger (Prozessstandschafter) oder der Rechtsnachfolger?

Vgl. dazu die Nachweise bei Becker-Eberhard, In Prozessstandschaft erstrittene Leistungstitel, AcP 104 (Bd. 4/1991), S. 424 in FN 42 u. 43.

Die Rspr. und heute wohl h. M. stellt auf die Parteistellung im Erkenntnisverfahren ab. Das führt zu folgenden Ergebnissen:

(I) **Klausel für Prozessstandschafter G nach § 724 Abs. 2**

Hat der Prozessstandschafter im eigenen Namen ein Urteil erlangt, so kann er als Titelgläubiger den zuerkannten fremden Anspruch auch im eigenen Namen vollstrecken. Er erhält demgemäß auch die zur Zwangsvollstreckung erforderliche Vollstreckungsklausel gemäß § 724 Abs. 2.

BGHZ 92, 347, 349[@]; OLG Düsseldorf OLG Report 1997, 167, 168[@]; Zöller/Vollkommer vor § 50 Rdnr. 40 m. w. N.; im Einzelnen hierzu Becker-Eberhard, In Prozessstandschaft erstrittene Leistungstitel in der Zwangsvollstreckung, ZZP 104 (Bd. 4/1994, S. 413 ff., 418 m. w. N.).

Dies gilt auch im Fall der Verurteilung des Schuldners zur Zahlung an den Rechtsinhaber

Zöller/Vollkommer vor § 50 Rdnr. 56 m. w. N.; Becker-Eberhard a. a. O. S. 426 m. w. N.

Dem G ist somit vom Urkundsbeamten der Geschäftsstelle die (einfache) Klausel gem. § 724 Abs. 2 zu erteilen.

(II) **Klausel für Rechtsinhaber Z nach § 727**

(1) Durch die Abtretung (§ 398 BGB) ist Z Rechtsnachfolger des Gläubigers G geworden. Dies geschah während des Prozesses, also nach Rechtshängigkeit. Es liegen somit die Voraussetzungen des § 727 vor.

(2) Diese Rechtsnachfolge muss offenkundig oder durch öffentliche oder öffentlich beglaubigte Urkunden nachgewiesen sein. Hat die Partei den eingeklagten Anspruch nach Eintritt der Rechtshängigkeit abgetreten und hat sie den Rechtsstreit in gesetzlicher Prozessstandschaft für den neuen Gläubiger gem. § 265 Abs. 2 fortgeführt, dann wirkt das Urteil gem. § 325 für und gegen den Rechtsnachfolger.

BGH NJW 1984, 806[@] = JR 1984, 287 m. Anm. Gerhardt S. 288 ff.

Die Rechtsnachfolge ist allerdings noch nicht durch das Urteil i. S. v. § 727 nachgewiesen (BGH NJW 1984, 806). Der Rechtsnachfolger muss daher für den Erhalt der Klausel nach § 727 seine Rechtsnachfolge anderweitig nachweisen oder, wenn er dies nicht kann, nach § 731 auf die Erteilung der Klausel klagen.

Vgl. BGH NJW 1984, 806[@]; Becker-Eberhard a. a. O. S. 437 m. w. N.

(III) Es muss die **Gefahr der Doppelvollstreckung** vermieden werden, die besteht, wenn sowohl dem G als auch dem Z eine Vollstreckungsklausel erteilt wird. Dies gilt umso mehr, als sich hier der S nicht (anders als bei der Vollstreckung im Fall der sog. isolierten Vollstreckungsstandschaft, s. o. Fall 1) mit der Vollstreckungsabwehrklage (§ 767) gegen eine Vollstreckung durch G oder Z wehren kann.

Vgl. dazu Becker-Eberhard a. a. O. S. 435 u. 438.

Im Ergebnis ist man sich einig, dass für G und Z nicht gleichzeitig die Vollstreckungsmöglichkeit bestehen darf.

Zum Teil erfolgt die Einschränkung dahin, dass die Vollstreckungsklausel dann auf den Rechtsnachfolger umzuschreiben ist, wenn der Prozessstandschafter die Vollstreckung ablehnt oder verzögert oder wenn sie aus einem anderen Grund von ihm nicht durchgeführt werden kann (so BGH NJW 1983, 1678; Zöller/Vollkommer vor § 50 Rdnr. 40).

Nach Becker-Eberhard a. a. O. S. 438 muss der Prozessstandschafter, der bereits eine Klausel besitzt, diese an den Nachfolger zur Titelumschreibung herausgeben, oder es ist die neue Klausel nach § 733 als „weitere Ausfertigung" zu erteilen. Hat der Prozessstandschafter noch keine Klausel erhalten, sperrt die Titelumschreibung auf den Rechtsnachfolger die Klauselerteilung an den Rechtsvorgänger.

— — —

Fall 9: Rechtsnachfolge auf der Gläubigerseite Geständnisfiktion?

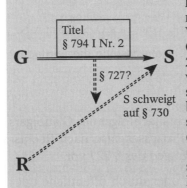

In einem vorangegangenen Prozess hatte der rechtsschutzversicherte G die kostenpflichtige Verurteilung des S erstritten. Zu Gunsten des G ist ein Kostenfestsetzungsbeschluss i. H. v. 2.100 DM gegen S ergangen. Der Rechtsschutzversicherer R des G beantragt, ihm eine vollstreckbare Ausfertigung des Kostenfestsetzungsbeschlusses zu erteilen, weil er die dem G entstandenen Kosten beglichen habe. Er – R – sei daher kraft gesetzlichen Forderungsübergangs (§ 67 VVG) Inhaber des Kostenerstattungsanspruchs geworden. Der Antrag wurde S zur Stellungnahme zugeleitet. S äußerte sich nicht.

(I) Die Klausel ist gemäß § 727 zu erteilen, wenn die Rechtsnachfolge **offenkundig** oder durch öffentliche oder öffentlich beglaubigte Urkunden **nachgewiesen** ist. Der Nachweis durch Urkunden ist nicht erfolgt. Von einer Offenkundigkeit der Rechtsnachfolge könnte nur ausgegangen werden, wenn neben dem Bestehen eines Versicherungsverhältnisses auch die den Übergang der Ansprüche bewirkende Zahlung des Versicherers allgemein- oder gerichtskundig wären. Das ist hier nicht der Fall.

(II) Nach h. M. ist die Erteilung der vollstreckbaren Ausfertigung zulässig, wenn der Schuldner die Rechtsnachfolge, etwa im Rahmen seiner Anhörung (§ 730) gemäß § 288, **zugesteht**.

Zöller/Stöber § 727 Rdnr. 20; Schuschke in Schuschke/Walker § 727 Rdnr. 31, jeweils m. w. N.; a. A. HansOLG Hamburg MDR 1997, 1156[@].

(III) Umstritten ist, ob diese Voraussetzungen auch dann angenommen werden können, wenn der Schuldner im Rahmen seiner Anhörung den ihm dort mitgeteilten Tatsachen nicht entgegentritt, § 138 Abs. 3.

Zum Meinungsstand vgl. die umfassende Darstellung bei Zöller/Stöber § 727 Rdnr. 20; ähnlich in Thomas/Putzo § 726 Rdnr. 6; MünchKomm/ZPO/Wolfsteiner § 726 Rdnr. 50.

(1) Nach einer Ansicht findet die **Geständnisfiktion gemäß § 138 Abs. 2 im Klauselverfahren keine Anwendung**.

§ 138 Abs. 3 sei auf ein kontradiktorisches Verfahren zugeschnitten, das innerhalb eines bestehenden Prozessverhältnisses jeder Partei besondere Pflichten auferlege. An einem derartigen pflichtenbehafteten Prozessrechtsverhältnis fehle es im Klauselerteilungsverfahren. Eine Erklärungspflicht des Schuldners ergebe sich auch nicht auf Grund der in § 730 vorgesehenen Anhörung.

OLG Braunschweig MDR 1995, 94; OLG Hamm Rpfleger 1994, 72; OLG Köln, 19. Zivilsenat, MDR 1993, 381; 1995, 94; OLG Nürnberg NJW-RR 1993, 1340; Hans-OLG Hamburg MDR 1997, 1156@; StJ/Münzberg § 730 Rdnr. 3; Thomas/Putzo § 726 Rdnr. 6; jeweils m.w.N.

(2) Nach der **Gegenmeinung** kann dem Rechtsnachfolger einer titulierten Forderung eine **vollstreckbare Ausfertigung** des Titels auch dann erteilt werden, **wenn der Schuldner den dazu vorgetragenen Tatsachen nicht entgegentritt**.

§ 138 ist im Verfahren nach § 727 anwendbar

Der bei der Anwendung des § 727 im Vordergrund stehende Gesichtspunkt der Prozessökonomie rechtfertige es, eine Klauselumschreibung gemäß § 727 auch dann zuzulassen, wenn der Schuldner im Rahmen seiner Anhörung keine Einwendungen gegen die Rechtsnachfolge des Neugläubigers erhoben habe.

OLG Celle Rpfleger 1989, 467; OLG Koblenz MDR 1997, 883; OLG Köln, 20. Zivilsenat, OLG Report 1997, 41@ m.w.N.; OLG Bamberg JurBüro 1992, 194 für § 727, anders aber OLG Bamberg OLG Report 1998, 315@ für § 726!

Folgt man dieser Ansicht, muss der Rechtspfleger die von R beantragte Klauselumschreibung vornehmen.

– – –

Fall 10: Rechtsnachfolge auf der Schuldnerseite
Vollstreckbare Ausfertigung gegen den Rechtsnachfolger in die streitbefangene Sache

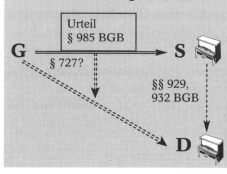

G hat gegen S ein rechtskräftiges Urteil auf Herausgabe eines Klaviers (§ 985 BGB) erstritten. Während des Prozesses hat S das Klavier an D veräußert. G verlangt die Umschreibung des Titels gegen D. Der vom Rechtspfleger gemäß § 730 gehörte D erklärt, dass er beim Erwerb des Klaviers den S für den Eigentümer gehalten und dass er auch von dem Prozess nichts gewusst habe.

Titelumschreibung nach § 727? Voraussetzungen:

(I) **Antrag** des G beim Prozessgericht (Rechtspfleger § 20 Nr. 12 RpflG)

(II) **Titel:** Es liegt ein vollstreckbares Urteil (§ 704 Abs. 1) vor.

(III) **Besondere Voraussetzungen nach § 726** sind **nicht** erforderlich.

(IV) **Fehlende Identität** der Parteien des Titels und des Vollstreckungsverfahrens
Voraussetzungen des § 727?

(1) D müsste **Rechtsnachfolger** des in dem Urteil bezeichneten **Schuldners** S der in Streit befangenen Sache sein. Das ist der Fall, denn D hat gem. **§§ 929, 932 BGB** von S das Eigentum an dem Klavier, um dessen Herausgabe im Prozess gestritten wurde, erlangt.

(2) Das **Urteil** müsste **gegen D nach § 325 Abs. 1 wirksam** sein.

(a) Die Voraussetzungen des § 325 Abs. 1 liegen vor, da D nach Eintritt der Rechtshängigkeit Rechtsnachfolger des S geworden ist.

(b) D beruft sich auf § 325 Abs. 2
Nach § 325 Abs. 2 gelten die Gutglaubensvorschriften des BGB entsprechend bei doppelter Gutgläubigkeit: an das Recht des Rechtsvorgängers (hier: an das Eigentum des S) und das Nichtbestehen der Rechtshängigkeit (hier: an die Nichtexistenz des Rechtsstreits G - S). Bei doppelter Gutgläubigkeit hat D das Eigentum an dem Klavier erworben, und er braucht es nicht im Wege der Zwangsvollstreckung an G herauszugeben.

Diesen Einwand kann D aber nicht im Klauselverfahren geltend machen. **§ 325 Abs. 2 ist bei Erteilung der Klausel nicht zu prüfen.** D hat nur die Möglichkeit, seinen Erwerb mit der Klauselerinnerung (§ 732) oder der Klage gegen die Erteilung der Klausel (§ 768) geltend zu machen.

Baur/Stürner Rdnr. 17.11; Brox/Walker Rdnr. 118; Thomas/Putzo § 727 Rdnr. 15.

Der Rechtspfleger wird somit dem G die titelumschreibende Klausel erteilen.

– – –

**Fall 11: Rechtsnachfolge auf der Schuldnerseite
Titelumschreibung nach Grundbuchberichtigung**

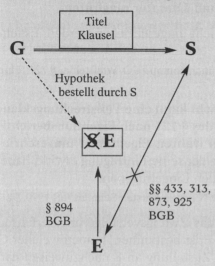

Auf Grund eines zwischen E und S geschlossenen Vertrages war S als Eigentümer im Grundbuch eingetragen worden. Der Vertrag – Kaufvertrag mit Auflassung – ist wegen Geschäftsunfähigkeit des E nichtig. S hat als Buchberechtigter dem (gutgläubigen) G eine Hypothek bestellt. Auf Grund des dinglichen Anspruchs hat sich G gegen S einen vollstreckbaren Titel verschafft. Dem G wurde die Vollstreckungsklausel erteilt. Auf Antrag des G ist die Zwangsversteigerung des Grundstücks angeordnet worden. Nachdem dies geschehen war, ist E im Wege der Berichtigung wieder als Eigentümer eingetragen worden. Welche Auswirkungen hat dieser Umstand auf das Zwangsversteigerungsverfahren?

(I) Nach § 28 ZVG hat das Vollstreckungsgericht das Zwangsversteigerungsverfahren aufzuheben oder einstweilen einzustellen, wenn dem Gericht ein aus dem Grundbuch ersichtliches Recht bekannt wird, welches der Zwangsversteigerung oder der Fortsetzung des Verfahrens entgegensteht.

Bei Aufhebung erlischt die durch die Anordnung der Zwangsversteigerung des Grundstücks (§ 15 ZVG) eingetretene Beschlagnahme (§ 20 ZVG). Bei der einstweiligen Einstellung bleibt die Beschlagnahme bestehen (vgl. dazu Zeller/Stöber § 28 Rdnr. 7).

(1) Die Anordnung der Zwangsversteigerung war rechtmäßig: Die allgemeinen Voraussetzungen der Zwangsvollstreckung nach § 750 – Titel, Klausel, Zustellung – lagen vor. Für die Verfolgung des Rechts aus der Hypothek gilt zu Gunsten des Gläubigers der im Grundbuch Eingetragene als Eigentümer, § 1148 S. 1 BGB. Das war hier der S.

(2) Die allgemeinen Voraussetzungen der Zwangsvollstreckung müssen entgegen dem engen Wortlaut des § 750 (der diese Voraussetzungen nur für den Beginn der Zwangsvollstreckung verlangt) auch für die Fortsetzung einer Vollstreckung vorliegen.
Mit der Grundbuchberichtigung endet die Vermutung des § 1148 S. 1 BGB zu Gunsten des S. Das jetzt eingetragene Eigentum des E steht der Fortsetzung des Zwangsversteigerungsverfahrens entgegen, obwohl G die Hypothek vom Nichtberechtigten S gutgläubig (§ 892 BGB) erworben hat.

(II) Fraglich ist, ob das Hindernis durch eine **Titelumschreibung nach Grundbuchberichtigung** behoben werden kann.

Die Frage, ob § 727 auf den „wahren Eigentümer", der im Wege der Grundbuchberichtigung als Eigentümer eingetragen wird, entsprechend anwendbar ist, ist in Rechsprechung und Literatur umstritten.

(1) Nach einer Ansicht kann der Titel nicht umgeschrieben werden. Es fehle an einer Rechtsänderung.

StJ/Münzberg § 727 Rdnr. 31 a FN 158; MünchKomm/ZPO/Wolfsteiner § 727 Rdnr. 34.

(2) **Nach der ganz überwiegenden Ansicht kann eine Vollstreckungsklausel in entsprechender Anwendung des § 727 nach Eigentumsberichtigung vom Bucheigentümer auf den wahren Eigentümer umgeschrieben werden.** Der wahre Eigentümer, der seine Eintragung erwirkt habe, gelte als Nachfolger des im Grundbuch Eingetragenen.

OLG Hamm OLG Report 1999, 109[@] m.w.N.; dazu Karsten Schmidt JuS 1999, 921.

Das Vollstreckungsgericht wird daher das Zwangsversteigerungsverfahren einstweilen einstellen und dem G eine Frist bestimmen, binnen welcher G die Umschreibung der Klausel und die Zustellung an E nachzuweisen hat. Bringt G diese zur Fortsetzung der Vollstreckung erforderlichen Vollstreckungsunterlagen bei, wird das Zwangsversteigerungsverfahren gegen E von Amts wegen fortgesetzt.

Vorteile für G: Die Beschlagnahmewirkungen bestehen fort. Das bis zur Einstellung durchgeführte Zwangsversteigerungsverfahren hat Wirksamkeit gegen E und muss nicht mehr wiederholt werden.

– – –

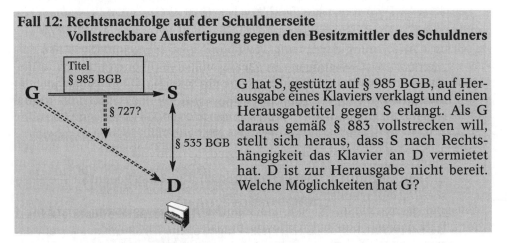

Fall 12: Rechtsnachfolge auf der Schuldnerseite
Vollstreckbare Ausfertigung gegen den Besitzmittler des Schuldners

G hat S, gestützt auf § 985 BGB, auf Herausgabe eines Klaviers verklagt und einen Herausgabetitel gegen S erlangt. Als G daraus gemäß § 883 vollstrecken will, stellt sich heraus, dass S nach Rechtshängigkeit das Klavier an D vermietet hat. D ist zur Herausgabe nicht bereit. Welche Möglichkeiten hat G?

(A) Nach **§ 886** könnte sich G den Herausgabeanspruch des S gegen D aus dem Mietvertrag S - D pfänden und überweisen lassen. Das brächte G aber nicht weiter, denn damit hätte er noch keinen Vollstreckungstitel gegen D. Wenn D das Klavier trotzdem nicht herausgäbe, müsste ihn G aus dem gepfändeten Anspruch auf Herausgabe verklagen. Dieser Klage fehlt allerdings das Rechtsschutzbedürfnis, wenn G die Möglichkeit hat, den Herausgabetitel, den er gegen S hat, gegen D umschreiben zu lassen, weil eine solche Titelumschreibung im Verhältnis zu einer neuen Klage ein einfacherer und schnellerer Weg ist.

(B) Für eine direkte, auf § 985 BGB gestützte **Herausgabeklage** gegen D fehlt ebenfalls das Rechtsschutzbedürfnis, wenn die Möglichkeit der Titelumschreibung gegeben ist.

(C) Möglichkeit der **Titelumschreibung nach § 727**?

(I) **Nach § 727 Abs. 1 ist die Titelumschreibung gegen denjenigen Besitzer der in Streit befangenen Sache möglich, gegen den das Urteil nach § 325 wirksam ist.**

(1) D ist **Besitzer** des Klaviers. Das Klavier ist die **streitbefangene Sache**; denn bei dinglichen Klagen (§ 985 BGB) ist der herauszugebende Gegenstand die streitbefangene Sache, da die Sachlegitimation des Klägers auf einem dinglichen Recht beruht.

Zöller/Greger § 265 Rdnr. 3; Thomas/Putzo § 265 Rdnr. 3.

Beachte: § 727 scheidet mangels § 325 aus, wenn nur ein **Anspruch** (und nicht die Sache) **streitbefangen** war, so z.B., wenn der Titel G gegen S nicht auf § 985 BGB (Sache), sondern auf einem Lieferungsanspruch aus § 433 BGB beruht. In diesem Fall hat G nur die Möglichkeit, den Rückgabeanspruch S gegen D gem. § 886 zu pfänden.

(2) Die Rechtskrafterstreckung gem. § 325 Abs. 1 greift ein gegen Personen, die nach dem Eintritt der Rechtshängigkeit „den Besitz der in Streit befangenen Sache in solcher Weise erlangt haben, dass eine der Parteien oder ihr Rechtsnachfolger mittelbarer Besitzer geworden ist."

D hat den Besitz an dem Klavier nach Rechtshängigkeit in einer Weise erlangt, dass der Beklagte S – der im Titel genannte Schuldner – mittelbarer Besitzer (Vermieter) geworden ist. Die Rechtskraft des Herausgabeurteils erstreckt sich daher gemäß § 325 gegen D.

(II) G kann also gemäß § 727 eine Titelumschreibung gegen D bewirken, wenn das die Rechtskrafterstreckung bewirkende Besitzverhältnis **bei Gericht offenkundig ist oder durch öffentliche oder öffentlich beglaubigte Urkunden nachgewiesen** wird. Wenn D nach Anhörung durch den Rpfleger (§ 730) die Anmietung des Klaviers nach Rechtshängigkeit zugesteht, wird die Klausel erteilt.

Falls D nicht zugesteht, kann G nach § 731 bei dem ProzessG des 1. Rechtszuges Klage auf Erteilung der Vollstreckungsklausel gegen D erheben (dazu unten Fall 14). Die Möglichkeit einer solchen Klauselklage nimmt dem G das Rechtsschutzbedürfnis für eine auf § 985 BGB gestützte Herausgabeklage gegen D (vgl. StJ/Münzberg § 731 Rdnr. 6).

– – –

2.4.2 Nacherbfolge, § 728 Abs. 1

Bei Eintritt des Nacherbfalles ist bei einem den Nachlass betreffenden Titel für oder gegen den Vorerben eine Titelumschreibung für oder gegen den Nacherben (§ 2100 BGB) nach § 727 nicht möglich, weil der Nacherbe nicht Rechtsnachfolger des Vorerben ist, sondern – ebenso wie der Vorerbe – Rechtsnachfolger

(= Erbe) des Erblassers. § 728 Abs. 1 regelt daher die **Titelumschreibung** besonders: Ist gegenüber dem Vorerben **ein nach § 326 dem Nacherben gegenüber wirksames Urteil** ergangen, so sind auf die Erteilung einer vollstreckbaren Ausfertigung für und gegen den Nacherben die Vorschriften des § 727 entsprechend anzuwenden.

§ 326 regelt die **Rechtskraftwirkung eines Urteils bei Nacherbfolge**.

Aus dem Zusammenspiel der §§ 728 Abs. 1 und 328 ergeben sich folgende Möglichkeiten für eine Titelumschreibung:

▶ Der Gläubiger klagt eine Nachlassverbindlichkeit gegen den Vorerben ein. Die Klage wird abgewiesen. Das klageabweisende Urteil wirkt zu Gunsten des Nacherben, sofern es vor dem Eintritt der Nacherbfolge rechtskräftig wurde, § 326 Abs. 1. Der Nacherbe kann den Titel auf sich umschreiben lassen, § 728 Abs. 1 i.V.m. § 727.

Dagegen scheidet eine Titelumschreibung gegen den Nacherben aus, da § 326 Abs. 1 nur eine Rechtskraftwirkung für den Nacherben anordnet.

▶ Der Vorerbe klagt gegen den Besitzer auf Herausgabe eines der Nacherbfolge unterliegenden Gegenstandes.

– Der Klage wird stattgegeben.
Das Urteil wirkt zu Gunsten des Nacherben, sofern es vor dem Eintritt der Nacherbfolge rechtskräftig wurde, § 326 Abs. 1. Es kann dann der Nacherbe den Titel auf sich umschreiben lassen, § 728 Abs. 1 i.V.m. § 727.

– Die Klage wird abgewiesen.
Das Urteil wirkt gegen den Nacherben, sofern es vor dem Eintritt der Nacherbfolge rechtskräftig wurde und der Vorerbe befugt war (vgl. §§ 2112 ff., 2136 BGB), ohne Zustimmung des Nacherben über den Gegenstand zu verfügen, § 326 Abs. 2. Es kann dann der Besitzer den Titel gegen den Nacherben umschreiben lassen, § 728 Abs. 1 i.V.m. § 727.

2.4.3 Testamentsvollstreckung, § 728 Abs. 2

▶ Für die Umschreibung eines **für oder gegen den Testamentsvollstrecker ergangenen Titels** für oder gegen die Erben stellt § 728 Abs. 2 auf die in § 327 geregelte Rechtskraftwirkung ab. Bei Rechtskraftwirkung kann der Titel gemäß § 728 Abs. 2 i.V.m. § 727 umgeschrieben werden.

▶ Liegt ein **für oder gegen den Erblasser ergangener Titel** vor und soll für oder gegen den Testamentsvollstrecker eine vollstreckbare Ausfertigung erfolgen, gilt **§ 749** mit der Verweisung auf §§ 727, 730–732.

2.4.4 Firmenübernahme, § 729 Abs. 2

Im Falle der Haftung durch Firmenübernahme gemäß § 25 Abs. 1 S. 1 HGB ist die Erteilung einer vollstreckbaren Ausfertigung gegen den Firmenübernehmer unter den Voraussetzungen des § 729 Abs. 2 möglich.

Ein ASt nach § 729 Abs. 2 muss mit den Mitteln des § 727 Abs. 1 nicht nur nachweisen oder durch Offenkundigkeit belegen, dass der neue Unternehmensträger die Firma des alten Unternehmensträgers, also seinen Namen, unter dem er seine Geschäfte betrieben hat, § 17 Abs. 1 HGB, fortführt, sondern auch, dass das bisherige Unternehmen in seinem wesentlichen Bestand fortgeführt wird (SchlOLG InVo 2000, 208).

2.5 Vollstreckbare Ausfertigung vollstreckbarer Urkunden, § 797

§ 797 regelt das Klauselverfahren bei vollstreckbaren gerichtlichen und notariellen Urkunden des **§ 794 Abs. 1 Nr. 5**.

Nach ganz h.M. gilt § 797 dagegen nicht bei dem vor Gericht abgeschlossenen Vergleichen des § 794 Abs. 1 Nr. 1 (Zöller/Stöber § 797 Rdnr. 1; Thomas/Putzo § 797 Rdnr. 22). Vgl. dazu noch unten 2.6.

Praktische Bedeutung hat § 797 daher insbes. für die **Vollstreckungsklauseln bei notariellen Urkunden**.

Einzelheiten hierzu Sauer/Meiendresch Rpfleger 1997, 289, 290.

I) Zuständig für die Erteilung der Vollstreckungsklausel ist grds. der Notar, der die Urkunde verwahrt, § 797 Abs. 2 S. 1.

II) Der Notar ist grundsätzlich auf die Prüfung der **formellen** Voraussetzungen für die Erteilung der Klausel beschränkt.

OLG Frankfurt OLG Report 1997, 131, 132[@] m.w.N.

Lehnt der Notar die Erteilung der Vollstreckungsklausel ab und kommt es deshalb zu einem Beschwerdeverfahren gemäß § 54 BeurkG, ist der Umfang der Prüfungspflicht des Beschwerdegerichts der gleiche wie der des Notars (OLG Frankfurt OLG Report 1997, 131, 132[@]).

III) Zu einer **sachlich-rechtlichen** Prüfung des titulierten Anspruchs selbst ist der Notar grds. nicht berechtigt.

Überwiegend wird aber angenommen, dass der Notar die Erteilung einer vollstreckbaren Ausfertigung ausnahmsweise ablehnen darf, wenn durch öffentliche bzw. öffentlich beglaubigte Urkunden nachgewiesen oder für ihn sonst offenkundig ist, dass der notariell-rechtliche Anspruch nicht (mehr) besteht.

OLG Frankfurt OLG-Report 1997, 131, 132[@] m.w.N., Sauer/Meiendresch Rpfleger 1997, 289, 290; BayObLG InVO 2000, 101.

Beispiele:

In einem notariellen Grundstückskaufvertrag hat sich der Käufer hinsichtlich des Kaufpreisanspruches des Verkäufers der sofortigen Zwangsvollstreckung unterworfen. Der Verkäufer beantragt beim beurkundenden Notar die Erteilung der Vollstreckungsklausel. Der Notar weiß wegen der Abwicklung des Geschäfts über sein Notaranderkonto, dass der titulierte Anspruch erloschen ist. – Nach der überwiegenden Ansicht darf der Notar die Erteilung der Klausel ablehnen.

Fraglich ist, ob der Notar die Klauselerteilung auch dann verweigern darf, wenn das Erlöschen des materiell-rechtlichen Anspruchs nicht durch öffentliche oder öffentlich beglaubigte Urkunden nachgewiesen und auch nicht für den Notar offenkundig ist, der Gläubiger das vom Schuldner behauptete Erlöschen bestreitet und auf der Erteilung einer vollstreckbaren Ausfertigung besteht. Nach OLG Frankfurt (OLG Report 1997, 131, 132[@]) hat der Notar die Klausel zu erteilen. Nach LG Bonn (NotBZ 1997, 136) ist der Notar berechtigt, die Klauselerteilung zu verweigern.

IV) Erteilt der Notar unzulässig eine vollstreckbare Ausfertigung einer Urkunde, verletzt er seine Amtspflicht. Dennoch besteht keine Notarhaftung gemäß §§ 19 Abs. 1 S. 3 BNotO, 839 Abs. 3 BGB, wenn der Geschädigte die nach § 732 mögliche Klauselerinnerung unterlässt.
OLG Düsseldorf VersR 1997, 758.

2.6 Vollstreckbare Ausfertigung eines Prozessvergleichs (§ 794 Abs. 1 Nr. 1)

I) Gemäß § 795 finden auf den Prozessvergleich die §§ 724 ff. Anwendung. Es ist daher im einfachen Klauselerteilungsverfahren der Urkundsbeamte der Geschäftsstelle, bei der qualifizierten Klausel der Rechtspfleger zuständig.

II) Umstritten ist, ob der Rechtpfleger auch dann zuständig ist, wenn der Prozessvergleich unter Widerrufsvorbehalt geschlossen worden ist.
Zum Streitstand vgl. Sauer/Meiendresch Rpfleger 289, 290.

2.7 Rechtsbehelfe im Klauselerteilungsverfahren

Das Klauselerteilungsverfahren gehört noch nicht zum Vollstreckungsverfahren; denn mit der Klausel soll erst eine der erforderlichen Voraussetzungen für den Beginn der Zwangsvollstreckung geschaffen werden.

Infolgedessen gelten die Rechtsbehelfe des Zwangsvollstreckungsverfahrens – §§ 766, 793 – für das Klauselerteilungsverfahren nicht, sondern:

Rechtsbehelfe im Klauselerteilungsverfahren	
des Gläubigers bei Versagung der Klauselerteilung	des Schuldners gegen die Erteilung der Klausel oder eines Dritten, gegen den die Klausel umgeschrieben worden ist
in allen Fällen	
▶ *Erinnerung, § 576 I* bei Verweigerung der Klauselerteilung durch den UrkB d. Geschäftsstelle ▶ *Beschwerde nach §§ 567 I ZPO, 11 I RpflG* bei Verweigerung der Klauselerteilung durch den Rechtspfleger ▶ *Beschwerde nach § 54 BeurkG* bei Verweigerung der Klauselerteilung durch den Notar	▶ *Klauselerinnerung nach § 732* unabhängig davon, wer die Klausel erteilt hat, also auch bei Erteilung der Klausel durch den Rechtspfleger
neben den oben angeführten Rechtsbehelfen besondere Rechtsbehelfe bei qualifizierten **Klauseln**	
▶ *Klauselerteilungsklage, § 731* bei Beweisbedürftigkeit der besonderen Voraussetzungen der qualifizierten Klausel	▶ *Klauselgegenklage, § 768* bei materiellen Einwendungen gegen die Erteilung der qualifizierten Klausel

*Beachte: Bei dem Klauselerteilungsverfahren handelt es sich um **typische Klausurprobleme** des Zweiten Staatsexamens. Die Klausuren haben i.d.R. den Einstieg über die Rechtsbehelfe des Klauselerteilungsverfahrens. Im Rahmen der Begründetheit des Rechtsbehelfs ist dann zu prüfen, ob die beantragte Klausel erteilt werden musste oder nicht.*

2.7.1 Erinnerung gegen die Ablehnung der Erteilung der Vollstreckungsklausel durch den Urkundsbeamten, § 576 Abs. 1

Der **Gläubiger** kann bei **Verweigerung der Klauselerteilung durch den Urkundsbeamten der Geschäftsstelle** (einfache Klausel, § 724) **Erinnerung nach § 576** einlegen.

Die Erinnerung ist schriftlich oder zu Protokoll der Geschäftsstelle des Prozessgerichts, dem der Urkundsbeamte angehört, einzulegen. Sie ist nicht fristgebunden.

▶ Wenn der Urkundsbeamte die Erinnerung für begründet hält, ist er befugt und verpflichtet, der **Erinnerung abzuhelfen**, d.h. die beantragte Klausel zu erteilen.

Dies ergibt sich aus der entspr. Anwendung des § 571 und des § 11 Abs. 2 S. 2 RpflG (Brox/Walker Rdnr. 128).

▶ Hilft der Urkundsbeamte nicht ab, hat er die Sache dem **Richter vorzulegen**. Der Richter kann abhelfen. Wenn er dem Begehren des Gläubigers nicht stattgibt, weist er die Erinnerung durch Beschluss zurück. Gegen diesen Beschluss gibt es die **einfache Beschwerde** nach den allgemeinen Vorschriften (§§ 576 Abs. 2, 567 ff.).

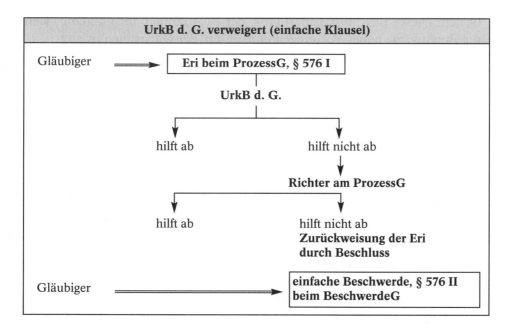

2.7.2 Beschwerde gegen die Ablehnung der Erteilung der Vollstreckungsklausel durch den Rechtspfleger, §§ 567 Abs. 1 ZPO, 11 Abs. 1 RpflG

I) Bei Versagung der Klausel durch den **Rechtspfleger**, der gemäß § 3 Nr. 3 a, § 20 Nr. 12, 13 RpflG für das sog. **qualifizierte** Klauselerteilungsverfahren zuständig ist, hat der **Gläubiger** die **Beschwerde, §§ 567 ZPO, 11 Abs. 1 RpflG**.
Zöller/Stöber § 724 Rdnr. 13, Thomas/Putzo § 724 Rdnr. 14; Brox/Walker Rdnr. 129.

Gegen die Entscheidungen des Rechtspflegers ist gemäß § 11 Abs. 1 RpflG nunmehr – nach der Änderung von § 11 RpflG durch das 3. ÄnderungsG zum RpflG vom 06.08.1998 (BGBl. I 2030), in Kraft seit dem 01.10.1998 – das **Rechtsmittel** gegeben, das nach den **allgemeinen verfahrensrechtlichen Vorschriften zulässig** ist, also grds. nicht mehr wie nach früherem Recht die besondere Rechtspflegererinnerung (Ausnahme: § 11 Abs. 2 RpflG). Da der Rechtspfleger durch die Ablehnung der Klauselerteilung ein das Verfahren betreffendes Gesuch zurückgewiesen hat, das keine mündliche Verhandlung erforderte (s. § 730), ist das allgemeine Rechtsmittel daher die **Beschwerde, § 567 Abs. 1**.

▶ Wenn der **Rechtspfleger** die Beschwerde für begründet hält, ist er befugt und verpflichtet, ihr **abzuhelfen**, d.h. die beantragte Klausel zu erteilen.

▶ Wenn der **Rechtspfleger** der Beschwerde **nicht abhilft**, hat das **im Rechtszug zunächst höhere Gericht zu entscheiden**, § 568 Abs. 1. Der Rechtspfleger hat diesem Gericht die Beschwerde vorzulegen, und zwar nunmehr unmittelbar, nicht unter Einschaltung des Richters an dem Gericht, an dem er tätig ist. Die Nichtabhilfeentscheidung des Rechtspflegers ist grds. durch Beschluss zu treffen. Dieser Beschluss bedarf grds. der Begründung, insbes. dann, wenn die Beschwerde neues Vorbringen enthält, auf das einzugehen ist.
OLG Hamm MDR 1988, 871; BL/Albers § 571 Rdnr. 8; Musielak/Ball § 571 Rdnr. 6; Thomas/Putzo § 571 Rdnr. 10.

Fehlt eine notwendige Begründung, kann der Nichtabhilfebeschluss entspr. § 539 aufzuheben und die Sache an das Erstgericht zur erneuten Beschlussfassung über die Nichtabhilfe und zur Nachholung der Begründung zurückzugeben sein; das Beschwerdegericht kann aber auch entspr. § 540 von einer Zurückverweisung absehen und selbst entscheiden, wenn dies sachdienlich ist. Entscheidendes Sachdienlichkeitskriterium ist für § 540 die Entscheidungsnähe, sodass bei Entscheidungsreife das Beschwerdegericht grds. eine eigene Sachentscheidung zu treffen hat.
BGH NJW 1986, 2437

II) **Die Entscheidung des Beschwerdegerichts**

▶ Ist die Beschwerde begründet, lautet der Tenor:
„Auf die Beschwerde des Gläubigers vom ... wird die Entscheidung des Rechtspflegers des ... (Gerichts) vom ... aufgehoben. Der Rechtspfleger wird angewiesen, die vom Gläubiger beantragte Klausel zu erteilen."

▶ Ist die Beschwerde unbegründet, wird sie zurückgewiesen (s. dazu den folgenden Fall).

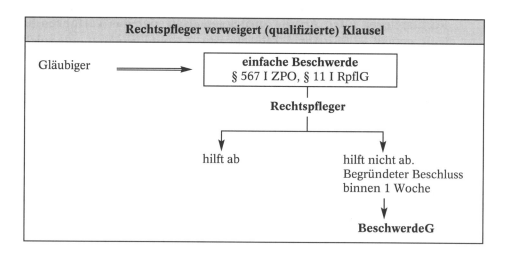

Fall 13: Weigerung des Rechtspflegers, einem Gesamtschuldner nach Zahlung eine vollstreckbare Ausfertigung gegen den anderen Gesamtschuldner zu erteilen

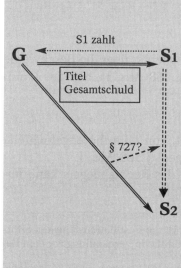

Durch rechtskr. Urteil des Amtsgerichts waren S1 und S2 als Gesamtschuldner zur Zahlung von 2.000 DM an G verurteilt worden. S1 zahlte die 2.000 DM an G, wobei er sich eine notariell beglaubigte Quittung über diese Zahlung geben und auch den Titel aushändigen ließ. Als S2 der Aufforderung des S1, ihm 1.000 DM zu erstatten, nicht nachkam, beantragte S1 beim Rpfleger des Amtsgerichts, den Titel des G gegen S2 in Höhe von 1.000 DM auf ihn – S1 – umzuschreiben, weil insoweit nach § 426 Abs. 2 S. 1 BGB die Forderung des G gegen S2 auf ihn übergegangen sei. Dabei nahm er auf das Urteil, das die gesamtschuldnerische Verurteilung aussprach, Bezug, und er legte auch die notariell beglaubigte Quittung vor. S2, dem der Rpfleger Gelegenheit zur Stellungnahme gab (§ 730), erklärte, das Urteil habe zu Unrecht die Gesamtschuld festgestellt. Der Rpfleger lehnte es ab, die Klausel zu erteilen, da die Rechtsnachfolge nicht nachgewiesen sei. Hiergegen legte S1 mit Schreiben Beschwerde ein. Der Rpfleger half nicht ab, erließ einen begründeten Beschluss und legte die Sache binnen einer Woche dem Beschwerdegericht vor.

(A) **Zulässigkeit der Beschwerde**

(I) Statthaftigkeit der Beschwerde

(1) Durch die Ablehnung der Erteilung der Vollstreckungsklausel hat der Rechtspfleger einen **Antrag zurückgewiesen, der das Verfahren betrifft**; gemäß §§ 567 Abs. 1 ZPO, 11 Abs. 1 RpflG ist gegen eine solche Entscheidung grds. die Beschwerde statthaft.

(2) Eine **anderweitige Regelung** würde gelten, wenn die **Vollstreckungserinnerung gemäß § 766** gegeben wäre, die für ihren Anwendungsbereich nach h. M. eine **Sondervorschrift** zu § 11 RpflG darstellt.

S. hierzu Thomas/Putzo § 766 Rdnr. 2 m.w.N.

Im Falle des § 766 muss der **Richter** des Gerichts, dem der Rechtspfleger angehört, über die Erinnerung entscheiden, die nicht dem Beschwerdegericht vorgelegt werden kann; erst gegen die Entscheidung des Richters ist die Beschwerde nach § 793 statthaft. Wird die Erinnerung dem Beschwerdegericht vorgelegt, so liegt keine zulässige Beschwerde vor; das Beschwerdegericht gibt in einem solchen Fall die Sache zurück, damit zunächst der Richter des erstinstanzlichen Gerichts entscheidet.

Die Erinnerung nach § 766 ist gegen **Vollstreckungsmaßnahmen** gegeben. Das Verfahren auf Erteilung der **Vollstreckungsklausel** ist aber noch kein Teil der Zwangsvollstreckung, sondern ist dem Vollstreckungsverfahren vorgelagert. Die Vollstreckungsklausel ist zwar eine Voraussetzung der Zwangsvollstreckung; **ihre Erteilung ist aber noch keine Vollstreckungsmaßnahme**, da mit ihr noch nicht unmittelbar der titulierte Anspruch durchgesetzt – also z.B. noch nicht auf das Vermögen des Schuldners zugegriffen – wird.

Baumbach/Lauterbach/Hartmann, Grundzüge vor § 704 Rdnr. 51, § 724 Rdnr. 13; Stein-Jonas/Münzberg § 724 Rdnr. 16 m.w.N.

(II) **Zuständigkeit**

Bei Nichtabhilfe durch den Rechtspfleger entscheidet über die Beschwerde das im Rechtszug zunächst höhere Gericht (§ 568 Abs. 1), hier das Landgericht.

(III) **Wirksame Einlegung der Beschwerde**

(1) Die Beschwerde ist grds. bei dem Gericht, von dem die angefochtene Entscheidung erlassen worden ist, einzulegen, § 569 Abs. 1.
Die Beschwerde gegen eine Entscheidung des Rechtspflegers kann immer ohne Anwalt eingelegt werden, § 13 RpflG.

Zöller/Gummer § 569 Rdnr. 14.

Für weitere Erklärungen beim Beschwerdegericht ist die Postulationsfähigkeit erforderlich nach Maßgabe von § 573 Abs. 2. Für die mündliche Verhandlung vor dem Beschwerdegericht ist sie immer erforderlich.

(2) **Form**

Die Beschwerde ist schriftlich einzulegen, § 569 Abs. 1. Sie kann auch zu Protokoll der Geschäftsstelle erklärt werden, wenn im zu Grunde liegenden Verfahren kein Anwaltszwang bestand, § 569 Abs. 2 S. 2.

(3) **Frist**

Die Beschwerde ist unbefristet.

(4) **Rechtsschutzinteresse**

S1 ist durch die Ablehnung der Klauselerteilung betroffen und hat daher ein Rechtsschutzinteresse an einer gerichtlichen Entscheidung.

(5) **Erinnerungs- und Beschwerdebefugnis**

Sie sind ebenfalls zu bejahen, da die Entscheidung zum Nachteil des Antragstellers von seinem Antrag abweicht.

Ergebnis: Die Beschwerde ist zulässig.

(B) **Begründetheit der Beschwerde**

Die Beschwerde ist begründet, wenn der – hier nach §§ 3 Nr. 3 a, 20 Nr. 12 RpflG zuständige – Rpfleger die Klausel hätte erteilen müssen.

(I) Zur Entscheidung über den Antrag auf Erteilung der titelumschreibenden Vollstreckungsklausel war gemäß § 20 Nr. 12 RpflG der **Rechtspfleger zuständig**.

(II) **Musste der Rechtspfleger die Klausel erteilen?**

Der Rechtspfleger musste die Klausel erteilen, wenn die Voraussetzungen für eine Titelumschreibung vorlagen:

(1) **Antrag des Gläubigers**

Nach § 724 Abs. 2 wird die Vollstreckungsklausel vom Gericht des 1. Rechtszuges erteilt und vom Gericht der höheren Instanz nur dann, wenn das Verfahren dort noch anhängig ist. Hier ist das Urteil des AG rechtskräftig. Der Antrag auf Erteilung der Klausel ist daher beim zuständigen Gericht – dem AG – gestellt worden.

(2) **Titel**

Das rechtskräftige Urteil des AG ist ein formgültiger, vollstreckbarer Titel (§ 704 Abs. 1) mit vollstreckungsfähigem Inhalt.

(3) **Keine besonderen Voraussetzungen i. S. d. § 726**

Die Vollstreckung ist nicht vom Eintritt einer Tatsache abhängig.

(4) **Fehlende Identität der Parteien des Titels und des Vollstreckungsverfahrens Voraussetzungen des § 727**

(a) Erste Voraussetzung ist **Rechtsnachfolge auf der Gläubiger- oder Schuldnerseite**. Ein Rechtsnachfolger auf der Gläubigerseite ist u. a. der Neugläubiger nach Forderungsübergang kraft Gesetzes. Ein solcher Forderungsübergang vom Gläubiger auf den befriedigenden Gesamtschuldner erfolgt nach § 426 Abs. 2 S. 1 BGB. S1 ist daher durch die Zahlung Rechtsnachfolger des G i. H. v. 1.000 DM geworden, wenn S1 und S2 Gesamtschuldner sind und keine von § 426 Abs. 1 S. 1 BGB ab-

weichende Ausgleichungspflicht zwischen den Gesamtschuldnern besteht.
Der Übergang der Forderung wäre – falls die o.g. Voraussetzungen vorlägen – nach Rechtshängigkeit eingetreten.

(b) Eine solche **Rechtsnachfolge** hat aber S1 dem Gericht nicht **in der Form des § 727 nachgewiesen**, noch ist sie offenkundig. Trotz des rechtskräftigen Urteils, das S1 und S2 als Gesamtschuldner zur Zahlung an G verurteilt hat, steht im Verhältnis zwischen S1 und S2 <u>nicht</u> fest, dass eine Gesamtschuld besteht. Ein zwischen dem Gläubiger und mehreren Gesamtschuldnern ergehendes Urteil erwächst nur insoweit in Rechtskraft, als sich die Beteiligten des Rechtsstreits als Parteien gegenüberstanden. Die Rechtskraftwirkung erstreckt sich daher nicht auf das Verhältnis der Gesamtschuldner untereinander. Das rechtskräftige Urteil stellt daher nicht einmal dem Grund nach einen Ausgleichsanspruch des S1 gegen S2 fest. Im Übrigen sagt dieses Urteil auch über die Höhe eines etwa bestehenden Ausgleichsanspruches nichts aus. Denn die Ausgleichspflicht zu gleichen Anteilen kommt nur bei Fehlen jedes anderen Verteilungsmaßstabs in Betracht und ist praktisch die Ausnahme (Palandt/Heinrichs, 58. Aufl. 1999, § 426 Rdnr. 7). Es muss daher für die Erteilung der Vollstreckungsklausel dem Rpfleger nachgewiesen werden, dass S1 und S2 Gesamtschuldner sind und wie sich die Ausgleichspflicht nach dem Innenverhältnis gestaltet. Weder das Urteil noch die notariell beglaubigte Quittung sagen darüber etwas aus. Aus den vorliegenden Urkunden lässt sich daher nicht entnehmen, ob der Anspruch in Höhe von 1.000 DM auf S1 übergegangen ist. Es fehlt somit an den Voraussetzungen des § 727.

Der Rpfleger hat daher den Antrag zu Recht abgelehnt.
SchlHOLG OLG Report 1999, 42[@] m.w.N.; Schuschke in Schuschke/Walker § 727 Rdnr. 8; Zöller/Stöber § 727 Rdnr. 7; a.A. MünchKomm/ZPO/Wolfsteiner § 727 Rdnr. 17.

Die Beschwerde ist nicht begründet.

(C) **Entscheidung des Gerichts**
Die Beschwerde ist durch Beschluss zurückzuweisen.
Die Kosten treffen bei der Zurückweisung einer Beschwerde gemäß § 97 Abs. 1 den unterliegenden Beschwerdeführer, hier also den S1.
Ein Ausspruch über die vorläufige Vollstreckbarkeit ist in den Beschluss nicht aufzunehmen, da gemäß §§ 708 ff. nur Urteile, nicht aber Beschlüsse eines solchen Ausspruchs bedürfen.
Zur Formulierung der Entscheidung: Die Parteien sind entsprechend dem Sprachgebrauch des Gesetzes in §§ 724 ff. für das Klauselerteilungsverfahren als „Gläubiger" und „Schuldner" zu bezeichnen.

Die Beschwerdekammer wird folgenden **Beschluss** erlassen:

„Landgericht...
- ... T ... -
(... C ... AG ...)

Beschluss

in Sachen

des S1 ...   , Gläubigers,

gegen

den S2 ...   , Schuldner.

Die Beschwerde des Gläubigers gegen den Beschluss des Rechtspflegers des Amtsgerichts ... vom 5. März ... Aktz. ... wird auf Kosten des Gläubigers zurückgewiesen.

Gründe

Der Gläubiger, der durch Urteil des Amtsgerichts ... vom ... (Aktz. ...) als Gesamtschuldner neben S2 zur Zahlung von 2.000 DM an den Kläger G verurteilt worden war, hat, nachdem er den G befriedigt hatte, bei dem Rechtspfleger des Amtsgerichts ... die Umschreibung des Titels in Höhe von 1.000 DM auf sich beantragt ...
(folgt weitere Sachschilderung)
Die Beschwerde ist zulässig ...
Sie ist jedoch unbegründet ...
Die Kostenfolge ergibt sich aus § 97 Abs. 1 ZPO.

... , den ...
Landgericht - Beschwerdekammer -
Unterschriften der Richter

– – –

2.7.3 Beschwerde gegen die Ablehnung der Erteilung der Vollstreckungsklausel durch den Notar, § 54 BeurkG

Der Notar ist zuständig zur Erteilung der vollstreckbaren Ausfertigung einer notariellen Urkunde. Hat der Notar die Erteilung der Vollstreckungsklausel abgelehnt, ist die Beschwerde gegeben. Über sie entscheidet die Zivilkammer des Landgerichts, in dessen Bezirk der Notar seinen Sitz hat (§ 54 BeurkG, §§ 20 ff. FGG).

2.7.4 Klauselerteilungsklage

Die Klage aus § 731 kommt in Betracht, wenn die Erteilung einer qualifizierten Klausel durch den Rpfleger im normalen Wege nicht erreicht werden kann, weil der erforderliche Nachweis nicht durch öffentliche oder öffentlich beglaubigte Urkunden geführt werden kann.

Fall 14: Nachweis der besonderen Voraussetzungen für eine qualifizierte Klausel

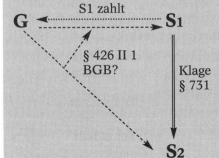

In dem vorangegangenen Fall hat S1, nachdem der Rechtspfleger die Erteilung der Klausel abgelehnt hat, sofort beim AG gegen S2 Klage erhoben mit dem Antrag festzustellen, dass der Titel (genaue Bezeichnung) in Höhe von 1.000 DM auf ihn – S1 – umzuschreiben sei.

(A) **Zulässigkeit der Klage**

(I) **Statthaftigkeit**

Die Klauselklage ist gem. § 731 statthaft im Hinblick auf die Erteilung einer qualifizierten Klausel.

Dem Wortlaut des § 731 nach ist die Klauselerteilungsklage nur für die Erteilung der Klausel zu Urteilen vorgesehen. Über § 795 findet § 731 aber auch auf die Titel des § 794 Anwendung.

Die Erteilung der einfachen Klausel kann mit der Klauselerteilungsklage nicht verlangt werden! Es muss sich daher aus dem Vorbringen des Klägers ergeben, dass grds. die §§ 726, 727 anwendbar sind (Lackmann Rdnr. 754).

(II) **Allgemeine Verfahrensvoraussetzungen**

Es müssen die allgemeinen Verfahrensvoraussetzungen vorliegen, insbes.:

(1) **Antrag**

Der Klageantrag lautet (wie der stattgebende Urteilstenor) i.d.R.

„Die Vollstreckungsklausel zum (genau bezeichneten Titel) ist für (oder gegen) den Kläger (oder Beklagten) zu erteilen."

(2) **Zuständigkeit**

Gem. § 731 ist bei Urteilen und Vergleichen (§ 794 Abs. 1 Nr. 1) das Prozessgericht 1. Instanz zuständig, und zwar ausschließlich (§ 802).

Bei Vollstreckungsbescheiden ist gem. § 796 Abs. 3 für die Klauselumschreibung im Klagewege das Gericht zuständig, das für die Entscheidung im Streitverfahren zuständig gewesen wäre. Das gilt – anders als bei der Klauselerteilung durch den Rechtspfleger gem. §§ 726, 727 (s.o. Fall 7) – auch, wenn der Vollstreckungsbescheid von einem zentralen Mahngericht (§ 689 Abs. 3) erlassen worden ist.

(3) **Parteien**

Kläger ist derjenige, der die Klausel begehrt; Beklagter derjenige, gegen den sie begehrt wird (und nicht etwa der Staat). Hier sind somit S1 als Kläger und S2 als Beklagter die richtigen Parteien.

(4) **Rechtsschutzinteresse**

Nach h.M. handelt es sich um eine Feststellungsklage.

BL/Hartmann § 731 Rdnr. 1; Zöller/Stöber § 731 Rdnr. 4; MünchKomm/ZPO/Wolfsteiner § 731 Rdnr. 4; Thomas/Putzo § 731 Rdnr. 1 m.w.N.; a.A. z.B Schuschke in Schuschke/Walker § 731 Rdnr. 2; StJ/Münzberg § 731 Rdnr. 8; s. auch Gerhardt VollstrR § 5 V 2: prozessuale Gestaltungsklage.

Es gilt daher nach h.M. für das Rechtsschutzbedürfnis § 256 Abs. 1. Aber auch, wenn man in der Klauselerteilungsklage eine prozessuale Gestaltungsklage sieht, ist diese subsidiär, wie sich aus § 731: „Kann ... nicht geführt werden", ergibt.

Lackmann Rdnr. 755.

▶ Die Klauselerteilungsklage ist daher unzulässig, wenn die zum Nachweis erforderlichen Urkunden vorhanden oder vom Kläger leicht zu beschaffen sind.

▶ Streitig ist, inwieweit der Kläger zunächst versucht haben muss, die Klausel im Klauselerteilungsverfahren zu erhalten.

Dazu im Einzelnen Hoffmann Jura 1995, 411/412.

– Eine Ansicht verlangt, dass die Klausel zunächst beantragt und gegen die ablehnende Entscheidung erfolglos Erinnerung – nach der Änderung des § 11 RpflG jetzt Beschwerde – eingelegt wurde.

BL/Hartmann § 731 Rdnr. 2; Thomas/Putzo § 731 Rdnr. 6.

– Die extreme Gegenansicht hält nicht einmal einen erfolglosen Antrag auf Erteilung der Klausel für erforderlich.

Brox/Walker Rdnr. 133.

– Eine dritte Ansicht hält es für erforderlich, aber auch für ausreichend, dass ein erfolgloser Antrag beim Rechtspfleger gestellt wurde. Die Durchführung des Beschwerdeverfahrens ist nicht erforderlich.

Lackmann Rdnr. 756; Hoffmann Jura 1995, 411/412 m.w.N.

Für die letztere Ansicht, die eine Verdoppelung der gerichtlichen Verfahren vermeidet, spricht der Gedanke der Prozesswirtschaftlichkeit.

Im vorliegenden Fall ist daher das Rechtsschutzbedürfnis gegeben.

Ergebnis: Die Klage ist zulässig.

(B) **Begründetheit der Klage**
Die Klage auf Erteilung der Vollstreckungsklausel ist begründet, wenn die allgemeinen Voraussetzungen der Klauselerteilung vorliegen, die besonderen Voraussetzungen (§§ 726, 727) bewiesen sind und wenn der Beklagte sich nicht mit Einwendungen erfolgreich verteidigt hat.

(I) Die **allgemeinen Voraussetzungen der Klauselerteilung** (§ 724) (Antrag, Titel) liegen vor.

(II) Nachweis der **besonderen Voraussetzungen** (hier des § 727)

Es muss das Vorliegen der besonderen Voraussetzungen für die begehrte qualifizierte Klausel, also der Eintritt der Tatsache (§ 726 Abs. 1) oder die Rechtsnachfolge (§ 727) usw. bewiesen sein. Der Nachweis kann durch jedes prozessual zulässige Beweismittel geführt werden. Im vorliegenden Fall muss das Bestehen einer Gesamtschuldnerschaft zwischen S1 und S2 sowie die behauptete Ausgleichshöhe von 1.000 DM und damit der Übergang der titulierten Forderung in dieser Höhe (§ 426 Abs. 2 BGB) zur Überzeugung des Gerichts bewiesen sein.

Ob dem S1 dieser Nachweis gelingt, ist Tatfrage.

(III) **Keine Einwendungen**

Die Klage auf Erteilung der Klausel ist unbegründet, wenn nach Maßgabe des § 767 zulässige Einwendungen (vgl. § 767 Abs. 2) vorliegen. Soweit der Schuldner im Stande ist, derartige Einwendungen schon bei der Klauselklage des Gläubigers verteidigungsweise geltend zu machen, muss er es tun, da er auf solche Einwendungen eine spätere Vollstreckungsgegenklage nach § 767 nicht mehr stützen kann, § 767 Abs. 3.

StJ/Münzberg § 731 Rdnr. 13; Thomas/Putzo § 731 Rdnr. 7; Schuschke in Schuschke/Walker § 731 Rdnr. 7; Brox/Walker Rdnr. 134.

Hierdurch soll vermieden werden, dass zunächst auf Grund der Klauselklage des Gläubigers die Klausel erteilt wird und dann später aus Gründen, die bereits bei der Klauselklage vorlagen, auf Grund einer Vollstreckungsgegenklage des Schuldners nach § 767 die Zwangsvollstreckung für unzulässig erklärt wird.

Im vorliegenden Fall sind keine derartigen Einwendungen des S2 ersichtlich.

(IV) **Urteilstenor**

Ist – wie hier – der Klage stattzugeben, so lautet der Tenor:

„Die Vollstreckungsklausel zum ... (genaue Titelbezeichnung) ist ... (für den Kläger oder gegen den Beklagten) zu erteilen."

Die Kostenentschädigung ergeht nach §§ 91 ff., die Entscheidung über die vorläufige Vollstreckbarkeit nach § 708.

(V) **Erteilung der Klausel**

Umstritten ist, ob der Rechtspfleger oder der Urkundsbeamte der Geschäftsstelle zuständig ist.

▶ Nach einer Ansicht ist es der Rechtspfleger, da es eine qualifizierte Klausel bleibe.

BL/Hartmann § 731 Rdnr. 1; MünchKomm/ZPO/Wolfsteiner § 731 Rdnr. 6; Schuschke in Schuschke/Walker § 731 Rdnr. 9; StJ/Münzberg § 731 Rdnr. 16.

▶ Nach der Gegenmeinung hat der Urkundsbeamte die vollstreckbare Ausfertigung des ersten Urteils zu erteilen, da jetzt ein Fall des § 724 vorliege.

Baur/Stürner I Rdnr. 18.19; Brox/Walker Rdnr. 135; Thomas/Putzo Rdnr. 9; Zöller/Stöber § 731 Rdnr. 6.

– – –

2.7.5 Klauselerinnerung = Anrufung des Gerichts, von dem die Klausel erteilt worden ist, § 732

Ist die (einfache oder qualifizierte) Vollstreckungsklausel erteilt worden, dann steht dem **Schuldner** oder demjenigen, gegen den die Klausel erteilt worden ist, die **Erinnerung** gemäß **§ 732 Abs. 1** zu.

Streitig war, ob die Erteilung der qualifizierten Klausel durch den Rechtspfleger mit der Klauselerinnerung oder mit der Rechtspflegererinnerung gemäß § 11 RpflG a. F. anfechtbar war. Dieser Streit ist durch die Neufassung des § 11 RpflG gegenstandslos geworden. Es ist nur noch die Klauselerinnerung gemäß § 732 statthaft.

I) Nach der überwiegend vertretenen Auffassung sind in dem Erinnerungsverfahren nach § 732 der Urkundsbeamte (einfache Klausel) oder der Rechtspfleger (qualifizierte Klausel) zur **Abhilfe** berechtigt; sie dürfen, bevor sie die Sache dem Richter vorlegen, selbst der Erinnerung abhelfen. Im Falle einer solchen Abhilfe stehen der Gegenpartei die allgemeinen Rechtsbehelfe des Klauselverfahrens zu. Die Sache ist dann so anzusehen, als habe der Urkundsbeamte bzw. der Rechtspfleger die Erteilung der Klausel von Anfang an verweigert.

LAG Düsseldorf InVo 1998, 119; Zöller/Stöber § 732 Rdnr. 14; Schuschke in Schuschke/Walker § 732 Rdnr. 10.

II) Erfolgt keine Abhilfe, entscheidet das **Prozessgericht** (und nicht etwa das Vollstreckungsgericht!).

Zuständig ist das Gericht, dessen UrkB oder Rpfleger die Klausel erteilt hat (§ 732 Abs. 1 S. 1), oder das AG, in dessen Bezirk der Notar seinen Sitz hat (§ 797 Abs. 3). Die Entscheidung des Gerichts, die ohne mündliche Verhandlung ergehen kann (§ 732 Abs. 1 S. 2), erfolgt durch Beschluss. Der Beschluss ist mit der einfachen Beschwerde, §§ 567, 576 Abs. 2, anfechtbar.

Für die Begründetheit der Erinnerung ist maßgeblich, ob – abgestellt auf den Zeitpunkt der Entscheidung – eine Einwendung gegen die Zulässigkeit der Vollstreckungsklausel geltend gemacht werden kann. Es kommen formelle und materielle Einwendungen in Betracht:

▶ formelle Fehler im Klauselerteilungsverfahren, z.B. Fehlen eines Titels;

▶ besondere materielle Voraussetzungen für die Klauselerteilung, z.B. fehlende Rechtsnachfolge.

Nicht dagegen fallen unter § 732 solche materiellen Einwendungen, die sich gegen den titulierten Anspruch selbst richten. Für solche materiellen Einwendungen steht die Vollstreckungsgegenklage gemäß § 767 zur Verfügung.

III) Die unterlegene Partei kann die einfache Beschwerde nach § 567 einlegen. Eine weitere Beschwerde ist nicht statthaft, § 568 Abs. 3.

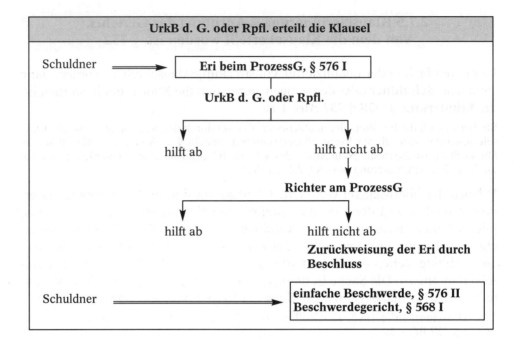

2.7.6 Klauselgegenklage, § 768

Die Klage gegen die Zulässigkeit der Vollstreckungsklausel gemäß § 768 ist eine beschränkte Vollstreckungsgegenklage, daher mit gleicher Rechtsnatur wie die Klage gemäß § 767: Gestaltungsklage.

I) Zulässigkeit

1) Statthaftigkeit:
Mit der Klage nach § 768 kann der Vollstreckungsschuldner gegen die erteilte Klausel nur einwenden, dass die **materiellen** Voraussetzungen für die Erteilung einer titelumschreibenden Klausel oder einer Klausel, deren Erteilung vom Eintritt einer besonderen Bedingung abhängig ist, nicht vorliegen.

Der Vollstreckungsschuldner kann das Fehlen der Voraussetzungen für die Erteilung der Vollstreckungsklausel auch mit der Klauselerinnerung gemäß § 732 geltend machen. Für die Rüge des Fehlens der formellen Voraussetzungen ist dies die einzige Möglichkeit für den Vollstreckungsschuldner. Für die in § 768 aufgeführten materiellen Voraussetzungen ist außerdem auch, nach Wahl des Schuldners, die Klage gemäß § 768 gegeben. – Vgl. zum Verhältnis von § 732 zu § 768: Zöller/Stöber § 732 Rdnr. 12; Thomas/Putzo § 732 Rdnr. 8.

So kann z.B. die Einwendung des Fehlens eines wirksamen Vollstreckungstitels nicht gemäß §§ 767, 768, sondern nur gemäß §§ 732, 766 geltend gemacht werden (OLG Frankfurt InVo 1998, 235).

2) Zuständigkeit
Grds. ist ausschließlich zuständig das Prozessgericht des ersten Rechtszuges, §§ 768, 767 Abs. 1.

Für das Verfahren bei vollstreckbaren Urkunden und Anwaltsvergleichen ist gemäß § 797 Abs. 5 örtlich zuständig grds. das Gericht des allgemeinen Gerichtsstandes des Schuldners (§§ 13–19, gemäß § 802 ausschließlich). Die sachliche Zuständigkeit richtet sich hier nach dem Streitwert gemäß §§ 23 Nr. 1, 71 GVG: Amts- oder Landgericht (BL/Hartmann § 797 Rdnr. 11).

3) **Allgemeine Zulässigkeitsvoraussetzungen:**

a) **Richtige Parteien:** Die Klage ist von dem aus der angegriffenen Klausel verpflichteten Vollstreckungsschuldner gegen den aus der Klausel berechtigten Vollstreckungsgläubiger zu richten.

b) **Klageantrag:** Zu richten auf Unzulässigkeit aus der bestimmten Vollstreckungsklausel.

c) **Rechtsschutzbedürfnis:**

aa) Dass der Kläger auch die Klauselerinnerung gemäß § 732 erheben kann (s. o. I] 1]), schließt das Rechtsschutzbedürfnis für die Klage aus § 768 nicht aus (echtes Wahlrecht!)

StJ//Münzberg § 768 Rdnr. 1, § 732 Rdnr. 6; Thomas/Putzo § 732 Rdnr. 8.

bb) Das Rechtsschutzbedürfnis für die Klage aus § 768 besteht bereits dann, wenn sich ein mit der Klausel versehener Titel in den Händen des Gläubigers (= Beklagten) befindet; die Zwangsvollstreckung braucht nicht begonnen zu haben und auch nicht angedroht zu sein. Es fällt weg, wenn die Vollstreckung als Ganzes beendet ist.

Einwendungen gegen die materiellen Voraussetzungen für eine qualifizierte Klausel, die mit der Erinnerung erfolglos geblieben sind, können – da die Erinnerung nach § 732 mehr ein summarisches Verfahren darstellt – noch einmal durch Klage nach § 768 zur Nachprüfung gestellt werden.

II) **Begründetheit**

Die Klage ist begründet, **wenn die materiellen Voraussetzungen** der erteilten qualifizierten Klausel im Zeitpunkt der letzten mündlichen Verhandlung **nicht vorgelegen haben**, wenn z. B. bei einer Titelumschreibung nach § 727 keine Rechtsnachfolge stattgefunden hat.

Beachte: Für die Einwendungen des Schuldners gegen die Erteilung der Klausel gilt nicht die Zeitgrenze gem. § 767 Abs. 2; denn § 768 verweist nur auf § 767 Abs. 1 und 3; die Einwendungen sind daher hinsichtlich ihrer Entstehung nicht zeitlich begrenzt.

3. Zustellung

3.1 Zustellung des Titels, § 750 Abs. 1

I) **Grundsatz: Vorherige oder gleichzeitige Zustellung**

Vor dem Vollstreckungsbeginn muss nach § 750 Abs. 1 das Urteil bereits zugestellt sein oder wenigstens **gleichzeitig** zugestellt werden. Das gilt entsprechend für die anderen Vollstreckungstitel, § 795. Damit soll gewährleistet werden, dass der Schuldner, der ja nicht immer von der Existenz des Titels Kenntnis zu haben braucht, davon erfährt und ggf. die Zwangsvollstreckung durch Erfüllung abwenden kann.

Für die in der Praxis häufige Geldvollstreckung in das bewegliche Vermögen – **Mobiliarvollstreckung** – gilt folgendes:

▶ Bei der Zwangsvollstreckung in körperliche Sachen genügt es, wenn der Gerichtsvollzieher den Titel und die Vollstreckungsklausel (in den Fällen des § 750 Abs. 2) bei Beginn der Zwangsvollstreckung zustellt.

▶ Bei der Forderungspfändung muss die Zustellung beim Antrag auf Erlass des Pfändungs- und Überweisungsbeschlusses nachgewiesen werden.

II) **Ausnahmen vom Erfordernis vorheriger Zustellung:**

▶ Bei Arrest und einstweiliger Verfügung;

wegen der Eilbedürftigkeit kann nach §§ 929 Abs. 3, 936 die Zustellung innerhalb einer Woche nach Vollstreckungsbeginn (Vollziehung des Arrestes bzw. der einstweiligen Verfügung) nachgeholt werden;

▶ bei der Vorpfändung nach § 845 Abs. 1 S. 3,

weil auch sie nur die Wirkung eines Arrestes hat, sofern die Pfändung der Forderung innerhalb drei Wochen bewirkt wird, § 845 Abs. 2 S. 1.

III) **Ausnahmsweise Wartefrist nach Zustellung:**

Ausnahmsweise ordnet das Gesetz zum Schutz des Schuldners zwischen Zustellung des Vollstreckungstitels und Beginn der Zwangsvollstreckung eine Wartefrist an. Hierzu zählen insbes.:

▶ Sicherungsvollstreckung nach §§ 720 a, 750 Abs. 3

Sie darf erst 2 Wochen nach der Zustellung beginnen, § 750 Abs. 3. Der Schuldner soll Zeit haben, die Vollstreckung durch eigene Sicherheitsleistung abzuwenden. (Zu den Besonderheiten der Sicherungsvollstreckung s. noch unten 3.2).

▶ Beschlüsse nach § 798

Hierzu zählen u.a. Beschlüsse, die Anwaltsvergleiche für vollstreckbar erklären (§§ 796 b, 796 c).

Wird die Wartefrist nicht eingehalten, wird die Vollstreckung erst mit Ablauf der 2. Wochenfrist wirksam und sie verschafft erst von diesem Zeitpunkt an den Rang.

Thomas/Putzo § 798 Rdnr. 3

3.2 Zustellung auch der Vollstreckungsklausel und anderer Urkunden, § 750 Abs. 2

Grds. braucht nur der Titel zugestellt zu werden, nicht die mit der Klausel versehene vollstreckbare Ausfertigung. Anders ist es im Falle einer **qualifizierten Klausel**. Hier müssen neben dem Titel **auch die Klausel** sowie die **Urkunden, auf Grund derer sie erteilt wurde**, zugestellt werden, § 750 Abs. 2.

3.3 Besonderheiten bei der Sicherungsvollstreckung, § 750 Abs. 3

Bei einem nach § 709 gegen Sicherheitsleistung für vorläufig vollstreckbar erklärten Urteil darf zwar bereits vor erfolgter Sicherheitsleistung die Vollstreckungsklausel erteilt werden, der Beginn der Zwangsvollstreckung hängt aber grundsätzlich davon ab, dass die Sicherheit geleistet und dies dem Vollstreckungsorgan und dem Schuldner nachgewiesen wird.

Von diesem Grundsatz macht § 720 a eine **Ausnahme:** Aus einem nur gegen Sicherheit vorläufig vollstreckbaren Urteil, das den Schuldner zur Geldzahlung verurteilt, darf der Gläubiger – ohne die Sicherheit geleistet zu haben – die sog. **Sicherungsvollstreckung** betreiben: Er muss zwei Wochen vorher Titel und Klausel zustellen (§ 750 Abs. 3) und darf dann bewegliches Vermögen pfänden und bei unbeweglichem Vermögen eine Sicherungshypothek eintragen lassen, § 720 a Abs. 1. Die Verwertung darf allerdings erst nach Sicherheitsleistung oder nach Rechtskraft des Urteils betrieben werden.

Heftig umstritten ist nun, ob die in § 750 Abs. 3 vorausgesetzte Zustellung der Klausel

▶ nur in den besonderen Fällen des § 750 Abs. 2, also nur bei der qualifizierten Klausel notwendig ist,

so z.B. Baur/Stürner Rdnr. 15.17 m.w.N.; Walker in Schuschke/Walker I § 750 Rdnr. 31; StJ/Münzberg § 750 Rdnr. 5;

▶ oder ob § 750 Abs. 3 für die Sicherungsvollstreckung die Zustellung auch der einfachen Klausel verlangt,

so z.B. OLG Hamm Rpfleger 1989, 378; OLG Karlsruhe Rpfleger 1991, 51, 52; OLG Düsseldorf MDR 1997, 392[@] m.w.N.; Thomas/Putzo § 750 Rdnr. 18; MünchKomm/ZPO/Arnold § 750).

3.4 Zustellungsempfänger; Form der Zustellung; Zustellungsmängel

I) **Zustellungsempfänger** ist der Schuldner, bei dessen Prozessunfähigkeit sein gesetzlicher Vertreter, § 171. Ist ein Prozessbevollmächtigter bestellt, so ist, solange der Rechtsstreit noch anhängig ist, an diesen zuzustellen, § 176.

II) Das Gesetz unterscheidet die Zustellung **von Amts wegen** (§§ 208–213 a) und **im Parteibetrieb** (§§ 166–207).

Für den Regelfall sieht das Gesetz die Zustellung von Amts wegen vor (vgl. § 317 Abs. 1 S. 1 für Urteile u. § 329 Abs. 3 für Beschlüsse, die einen Vollstreckungstitel bilden). Bei einer Amtszustellung führt der Gläubiger dem Vollstreckungsorgan gegenüber den Nachweis über die Zustellung durch die Bescheinigung, die er nach § 213 a auf Antrag von der Geschäftsstelle erhält. Um die Zustellung von Urteilen und Beschlüssen zur Einleitung der Vollstreckung zu beschleunigen, ist auch ihre Zustellung im Parteibetrieb zulässig, § 750 Abs. 1 S. 2. Zustellungsorgan ist dann der GV. Der zustellende GV kann gleichzeitig auch mit der Vollstreckung beauftragt werden, die er dann – wenn die sonstigen Voraussetzungen vorliegen – unmittelbar nach der Zustellung beginnen darf. Wird der GV dagegen nur mit der Zustellung beauftragt, erhält der Gläubiger die Zustellungsurkunde nach § 190 Abs. 4, die er dann dem Vollstreckungsorgan (z.B. bei Forderungspfändung dem VollstreckungsG) zum Nachweis der Zustellung mit den sonstigen Vollstreckungsunterlagen zuleiten muss.

III) **Zustellungsmängel** machen den Vollstreckungsakt nicht nichtig, sondern nur mit der Erinnerung, § 766, anfechtbar.

BGHZ 66, 79; StJ/Münzberg § 750 Rdnr. 7, 45; Thomas/Putzo § 750 Rdnr. 13.

3. Abschnitt: Die besonderen Voraussetzungen der Zwangsvollstreckung

In bestimmten Fällen hängt die Vollstreckbarkeit nach dem Inhalt des Titels von besonderen Vollstreckungsvoraussetzungen ab.

Besondere Voraussetzungen der ZV
- ▶ Eintritt eines Kalendertages, § 751 Abs. 1
- ▶ Nachweis der Sicherheitsleistung durch den Gläubiger
- ▶ Vom Gläubiger Zug um Zug zu bewirkende Gegenleistung

Diese besonderen Vollstreckungsvoraussetzungen werden noch nicht im Klauselerteilungsverfahren geprüft. Vor Beginn der Zwangsvollstreckung müssen diese Umstände jedoch vom Vollstreckungsorgan (GV, VollstreckungsG usw.) festgestellt werden, §§ 751 Abs. 1 u. 2, 756, 765.

1. Eintritt eines Kalendertages, § 751 Abs. 1

Ein Titel kann die Einschränkung enthalten, dass die Zwangsvollstreckung erst beginnen darf, nachdem ein datumsmäßig genannter oder bestimmbarer (z. B. 14 Tage nach Zustellung) Kalendertag abgelaufen ist. Die Vorschrift wird praktisch bei Urteilen auf künftige Leistungen (§§ 257–259), bei Vergleichen mit vereinbarter späterer Fälligkeit oder bei der Gewährung einer Räumungsfrist nach § 721.

Beispiel: Der Beklagte ist verurteilt, 5.000 DM an den Kläger in monatlichen Raten von 500 DM, fällig jeweils am 15. eines jeden Monats, zu zahlen. –

Die Vollstreckungsklausel wird ohne Beachtung der Fälligkeit für den gesamten Titel erteilt. Die Zwangsvollstreckung bezüglich der jeweils fällig werdenden Monatsrate darf nach § 751 Abs. 1 erst am 16. eines jeden Monats beginnen.

2. Nachweis der Sicherheitsleistung, §§ 751 Abs. 2, 752

2.1 Grundsatz des § 751 Abs. 2

Nicht sofort rechtskräftig werdende Urteile sind, wenn kein Fall des § 708 vorliegt, grds. nur **gegen** eine der Höhe nach zu bestimmende **Sicherheitsleistung für vorläufig vollstreckbar zu erklären**, § 709. Die Vollstreckungsklausel wird jedoch erteilt, ohne dass vorher überprüft wird, ob Sicherheit geleistet wurde, § 726 Abs. 1.

Aus diesen Urteilen darf (wenn sie nicht inzwischen rechtskräftig geworden sind und die Rechtskraft nachgewiesen ist) **mit der Vollstreckung nur begonnen** werden, **wenn die Sicherheitsleistung durch öffentliche oder öffentlich beglaubigte Urkunde nachgewiesen wird und eine Abschrift dieser Urkunde dem Schuldner bereits zugestellt ist oder gleichzeitig zugestellt wird, § 751 Abs. 2**.

Bei Zahlungstiteln darf allerdings ohne vorherige Sicherheitsleistung die sog. **Sicherungsvollstreckung** gemäß § 720 a betrieben werden. Sie führt nur zu einer Sicherung des Gläubigers durch Pfändung, nicht zur Befriedigung. Die Verwertung ist erst nach Sicherheitsleistung zulässig.

Hat das Gericht über die Art der Sicherheitsleistung nichts bestimmt (§ 108 Abs. 1 S. 1) und haben auch die Parteien darüber keine besondere Vereinbarung getroffen, so ist die Sicherheit durch Hinterlegung von Geld oder hinterlegungsfähigen Wertpapieren zu leisten (§ 108 Abs. 1 S. 2).

Die Erklärung über die vorläufige Vollstreckbarkeit lautet in der Praxis häufig:
„Das Urteil ist gegen eine Sicherheitsleistung in Höhe von ..., die auch durch selbstschuldnerische Bürgschaft einer Großbank oder öffentlichen Sparkasse erbracht werden kann, vorläufig vollstreckbar."

Fall 15: Sicherheitsleistung durch Bankbürgschaft

G hat ein Zahlungsurteil gegen S, das gegen Sicherheitsleistung in Höhe von 10.000 DM, die auch durch Bankbürgschaft erbracht werden kann, für vorläufig vollstreckbar erklärt worden ist. G ließ sich von der B-Bank eine schriftliche Bürgschaftserklärung über 10.000 DM (Bürgschaftsangebot der B-Bank gegenüber S) geben. Diese Erklärung wurde vom Anwalt des G dem Anwalt des S gegen Empfangsbekenntnis gemäß § 198 zugestellt. Dieses Empfangsbekenntnis händigte G zusammen mit der vollstreckbaren Ausfertigung des Urteils dem Gerichtsvollzieher (GV) aus mit dem Antrag, dem S das vollstreckbare Urteil zuzustellen und bei S zu vollstrecken. GV pfändete bei S ein Klavier. Hiergegen legte S beim Vollstreckungsgericht Erinnerung (§ 766) ein. Zur Begründung führt S aus, die Voraussetzungen für eine Vollstreckung lägen nicht vor:
1) Es sei noch kein Bürgschaftsvertrag zu Stande gekommen, da er – S – das Bürgschaftsangebot der B-Bank nicht angenommen habe. Außerdem sei die Bürgschaftserklärung der B-Bank nur privatschriftlich, aber nicht in der gemäß § 751 Abs. 2 erforderlichen Form abgegeben worden.
2) Die Beibringung der Sicherung sei nicht in der Form des § 751 Abs. 2 geführt worden.

> 3) Es sei außerdem entgegen § 751 Abs. 2 keine Abschrift der Urkunde zugestellt worden, mit der der Nachweis über die Sicherheitsleistung geführt worden sei. Sind die angeführten Gesichtspunkte geeignet, die – zulässig eingelegte – Erinnerung zu begründen?

Es handelt sich um eine Erinnerung gegen eine Zwangsvollstreckungsmaßnahme des Gerichtsvollziehers (GV) – die Pfändung des Klaviers – und damit um eine **Vollstreckungserinnerung gemäß § 766**.

Die Entscheidung über die Erinnerung obliegt gem. § 20 Nr. 17 a RpflG dem Richter des Vollstreckungsgerichts; die Entscheidung ergeht durch Beschluss.

(A) **Zulässigkeit der Erinnerung**

*Die **Klausuren** im Examen sind regelmäßig so angelegt, dass auch die Zulässigkeit der Erinnerung zu prüfen ist. Die Voraussetzungen und das Prüfungsschema für die Erinnerung erörtern wir im Einzelnen in Heft 2.*

Hier ist in der Aufgabenstellung vorgegeben, dass S die Erinnerung zulässig eingelegt hat.

(B) **Begründetheit der Erinnerung**

Die Erinnerung ist begründet, wenn die für die Vornahme der Pfändung vom Gerichtsvollzieher zu beachtenden Voraussetzungen nicht vorliegen.

*Dabei hat eine **umfassende Prüfung der Vollstreckungsmaßnahme auf ihre Verfahrensmäßigkeit** zu erfolgen, nicht nur hinsichtlich der erhobenen Verfahrensrügen (Koch JR 1966, 416).*
*Es ist daher in einer **Klausur** umfassend zu prüfen,*

▶ ob die Verfahrensvoraussetzungen vorliegen (s.o. 1. Abschnitt),

▶ ob die allgemeinen Voraussetzungen der ZV gegeben sind (s.o. 2. Abschnitt),

▶ ob die besonderen Voraussetzungen der ZV erfüllt sind (dieser Abschnitt),

▶ ob Vollstreckungshindernisse vorliegen (s. dazu im folgenden Abschnitt)

▶ und ob der konkrete Vollstreckungsakt fehlerfrei vorgenommen worden ist (dazu hier 2. Teil: Die Fahrnisvollstreckung).

Vgl. hierzu Brox/Walker Rdnr. 1211; Walker in Schuschke/Walker I § 766 Rdnr. 26.

Maßgebend sind hierbei die Verhältnisse zur Zeit der Erinnerungsentscheidung.
OLG Köln OLGZ 1988, 216; Thomas/Putzo § 766 Rdnr. 23; StJ/Münzberg § 766 Rdnr. 42; Säcker NJW 1966, 2345.

(I) **Allgemeine Verfahrensvoraussetzungen:**

   (1) **Antrag**
      G hat beim GV einen Vollstreckungsantrag gestellt.

   (2) **Zuständigkeit**
      Für die beantragte Pfändung beweglicher Sachen ist der GV gemäß §§ 753 Abs. 1, 803 Abs. 1 das zuständige Vollstreckungsorgan.

(II) **Allgemeine Voraussetzungen der Zwangsvollstreckung: Titel, Klausel, Zustellung**

(1) **Titel**
Gepfändet worden ist auf Grund eines für vorläufig vollstreckbar erklärten Urteils i. S. d. § 704 Abs. 1.

(2) **Klausel**
Nach dem Sachverhalt lag eine „vollstreckbare Ausfertigung" des Urteils vor. Demnach hat G eine (einfache) Vollstreckungsklausel gem. §§ 724, 725 erhalten.

(3) **Zustellung**
Die bei der Pfändung durch den GV gleichzeitig erfolgte Zustellung des Titels reicht hier aus (s. o. 2. Abschnitt, 3.).

(III) **Besondere Voraussetzungen der Zwangsvollstreckung**
Die Vollstreckung aus dem Urteil hing von einer dem Gläubiger obliegenden **Sicherheitsleistung** ab. In diesem Fall darf gemäß § 751 Abs. 2 mit der Vollstreckung erst begonnen werden, wenn drei Voraussetzungen erfüllt sein:

▶ Die erforderliche Sicherheitsleistung – hier: Bürgschaft – muss beigebracht sein,

▶ die Beibringung muss durch eine öffentliche oder öffentlich beglaubigte Urkunde nachgewiesen werden,

▶ und es muss eine Abschrift der Urkunde zugestellt sein oder gleichzeitig mit dem Vollstreckungsakt zugestellt werden.

(1) Ist die erforderliche Sicherheit – die Bürgschaft – beigebracht worden?

(a) Bürgschaftsvertrag?
Die Leistung der Sicherheit durch eine Bankbürgschaft setzt voraus, dass zwischen dem bürgenden Kreditinstitut und dem Sicherungsberechtigten – hier dem S – ein Bürgschaftsvertrag zu Stande kommt, § 765 Abs. 1 BGB.

(aa) Angebot der Bank?
Das Angebot der Bank wird dem Sicherungsberechtigten dadurch gemacht, dass der hierzu von der Bank ermächtigte Sicherungsverpflichtete bzw. sein Prozessbevollmächtigter dem Sicherungsberechtigten die Bürgschaftserklärung übergibt, und zwar das Original der Bürgschaftsurkunde, wenn die Bürgschaft durch die Rückgabe des Originals der Urkunde auflösend bedingt ist.
Da die bürgende Bank die Bürgschaftserklärung in Abwesenheit des Sicherungsberechtigten abgibt, ist ihre Erklärung in dem Zeitpunkt wirksam, in dem sie dem Sicherungsberechtigten zugeht, § 130 Abs. 1 BGB. Der Zugang bei dem Sicherungsberechtigten wird mit der Übergabe an den Prozessbevollmächtigten des Sicherungsberechtigten bewirkt, von dessen Empfangsvollmacht auszugehen ist.

OLG Karlsruhe MDR 1996, 525; StJ/Bork § 108 Rdnr. 26; Zöller/Herget § 108 Rdnr. 11.

Als Surrogat für den Zugang der Willenserklärung nach § 130 BGB sieht § 132 BGB die förmliche Zustellung durch den Gerichtsvollzieher vor. Die förmliche Zustellung durch den Gerichtsvollzieher vermittelt nach § 132 BGB die Möglichkeit des fingierten Zugangs, den es im Rahmen des § 130 BGB nicht gibt. In diesem Zusammenhang ist es streitig, ob die Zugangsfiktion des § 132 Abs. 1 BGB auch durch eine Zustellung von Anwalt zu Anwalt vermittelt werden kann. Die wohl überwiegende Meinung bejaht dies.

OLG Frankfurt NJW 1978, 1441, 1442; OLG Koblenz MDR 1993, 470@ m.w.N.; BL/Hartmann § 108 Rdnr. 15 m.w.N.; Walker in Schuschke/Walker I § 751 Rdnr. 10; Thomas/Putzo § 751 Rdnr. 6; a.A. OLG Karlsruhe MDR 1996, 525; LG Aurich DGVZ 1990, 10; Zöller/Herget § 108 Rdnr. 11 m.w.N.

Die Frage der Zugangsfiktion, für die alleine eine förmliche Zustellung nach § 132 BGB erforderlich wäre, stellt sich jedoch in der Regel bei der Übergabe an den Prozessbevollmächtigten des Sicherungsberechtigten nicht, da der Prozessbevollmächtigte der sicherungsberechtigten Partei in aller Regel empfangsbevollmächtigt ist. Das Angebot der Bank ist dann mit Zugang bei ihm wirksam, und zwar unabhängig davon, ob ihm die Bürgschaftserklärung durch einfachen oder eingeschriebenen Brief oder im Wege der Zustellung von Anwalt zu Anwalt zugeht.

OLG Karlsruhe MDR 1996, 525; StJ/Bork § 108 Rdnr. 26.

Im vorliegenden Fall liegt somit ein wirksames Angebot der Bank gegenüber S vor.

(bb) Annahme der Bürgschaftserklärung durch S?
Einer Annahme des Angebotes durch den Schuldner bedarf es im Falle der Sicherheitsleistung nicht. Die Annahmeerklärung wird vielmehr durch die Anordnung des Gerichts über die Sicherheitsleistung ersetzt („Zwangsvertrag"); anderenfalls könnte der Schuldner durch Nichtannahme des Bürgschaftsangebots die Erfüllung der besonderen Vollstreckungsvoraussetzungen des § 751 Abs. 2 und damit die Zwangsvollstreckung selbst verhindern.

OLG Hamm MDR 1975, 763; OLG Hamburg MDR 1982, 588; BL/Hartmann § 108 Rdnr. 13; StJ/Bork § 108 Rdnr. 27; Zöller/Herget § 108 Rdnr. 10; die dogmatische Konstruktion ist umstritten, s. Kotzur DGVZ 1990, 65 m.w.N.

Es ist somit ein Bürgschaftsvertrag zwischen der B-Bank und S zu Stande gekommen.

(b) Form?
Gemäß § 766 BGB ist Schriftform der Bürgschaftserklärung erforderlich. Diese Form ist eingehalten worden. Darüber hinaus ist für die Beibringung der Bürgschaft trotz des anderslautenden Wortlauts des § 751 Abs. 2 nicht erforderlich, dass die Bürgschaftsurkunde selbst als öffentliche bzw. öffentlich beglaubigte Urkunde errichtet wird. Es genügt eine Privaturkunde.

H. M., vgl. OLG Frankfurt NJW 1966, 1521@ mit abl. Anm. Wüllerstorff; OLG Hamburg MDR 1982, 588; OLG Hamm NJW 1975, 2025; Brox/Walker Rdnr. 169; Walker in Schuschke/Walker I § 751 Rdnr. 10; StJ/Münzberg § 751 Rdnr. 12; a. A. BL/Hartmann § 751 Rdnr. 5 m.w.N.

(2) Ist die Beibringung der Sicherheit durch öffentliche oder öffentlich beglaubigte Urkunde nachgewiesen?

Der Bürgschaftsvertrag kam mit dem Zugang der Bürgschaftserklärung der B-Bank bei S zu Stande (s.o). Es muss dieser Zugang durch eine öffentliche Urkunde nachgewiesen werden. Das hier dem GV zum Nachweis des Zugangs der Bürgschaftserklärung übergebene Empfangsbekenntnis des Anwalts nach § 198 Abs. 2 gilt als öffentliche Urkunde und entspricht der Zustellungsurkunde des § 190. Es ist somit die Beibringung der Sicherheit in der Form des § 751 Abs. 2 nachgewiesen worden.

(3) Nach § 751 Abs. 2 muss eine Abschrift der Nachweisurkunde dem Schuldner zugestellt werden.
Nachweisurkunde ist hier das Empfangsbekenntnis. Nach dem Wortlaut des § 751 Abs. 2 müsste dieses dem S zugestellt werden. Es ist dem S aber bereits die Bürgschaftserklärung ordnungsgemäß zugegangen und dem GV das Empfangsbekenntnis des Prozessbevollmächtigten des S (§ 198 Abs. 2) ausgehändigt worden. Sowohl S als auch der GV haben also sichere Gewissheit darüber, dass die Bürgschaft beigebracht ist. Es wäre ein unnötiger Formalismus, die erfolgte Zustellung noch einmal dem Schuldner nachzuweisen.
OLG Koblenz MDR 1993, 470@ m.w.N.; StJ/Münzberg § 751 Rdnr. 12; insoweit ist § 751 Abs. 2 auf Sicherheitsleistungen zugeschnitten, die durch Handlungen gegenüber einem Dritten, etwa durch Hinterlegung eines Geldbetrages bei der Hinterlegungsstelle, zu bewirken sind.

Es sind somit die besonderen Voraussetzungen der Zwangsvollstreckung (hier: Nachweis der Sicherheitsleistung) erfüllt.

(IV) **Vollstreckungshindernisse** liegen nicht vor.

(V) Es sind auch keine Anhaltspunkte für eine Beanstandung des Vorgehens des GV bei **Durchführung der Pfändung** ersichtlich.

Die Erinnerung ist daher unbegründet.

(C) Die Entscheidung über die Erinnerung:

Amtsgericht ...
... M ...

Beschluss
In der Zwangsvollstreckungssache

des ... G ...

Gläubigers,

– Verfahrensbevollmächtigte: Rechtsanwalt ...

gegen

den ... S ...

Schuldner,

– Verfahrensbevollmächtigter: Rechtsanwalt ...

Die Erinnerung des Schuldners gegen die vom Gerichtsvollzieher in ... am ... unter der DR Nr. ... bei dem Schuldner vorgenommenen Pfändung eines Klaviers wird zurückgewiesen.

Die Kosten des Verfahrens treffen den Schuldner.

Gründe

Der Gläubiger ...

....

....

Die Kostenentscheidung beruht auf §§ 91, 97 ZPO.

....., den ...

Das Amtsgericht

Unterschrift des Richters

– – –

2.2 Teilsicherheitsleistung und Teilvollstreckung, § 752

Mit der Änderung des Vollstreckungsrechts zum 01.01.1999 wurde der neue § 752 eingeführt. Er erlaubt eine teilweise Zwangsvollstreckung nach Leistung eines Teils der erforderlichen Sicherheitsleistung. § 752 S. 1 bestimmt, dass sich die Höhe der Sicherheitsleistung nach dem Verhältnis des Teilbetrages zum Gesamtbetrag bemisst.

§ 83 Ziff. 2 der Geschäftsanweisung für Gerichtsvollzieher (GVGA) enthält Formeln für die Berechnung. Zu Berechnungsbeispielen vgl. Nies MDR 2000, 131, 132.

Zu dem neu eingefügten § 752 vgl ferner: Hornung Rpfleger 1998, 381, 384; Steder InVo 2000, 85 ff.; Schilken InVo 1998, 304, 307.

3. Zwangsvollstreckung bei Leistung Zug um Zug, §§ 756, 765

Bei einer Verurteilung zur Leistung Zug um Zug wird grds. (Ausnahme: Urteil auf Abgabe einer WE) die Vollstreckungsklausel unabhängig davon erteilt, ob die Gegenleistung erbracht ist oder nicht (§ 726 Abs. 2), weil anderenfalls der Gläubiger zunächst seine eigene Leistung erbringen, also vorleisten müsste, um eine vollstreckbare Ausfertigung zu erhalten.

Deshalb wird § 726 Abs. 2 ergänzt durch die §§ 756, 765:

▶ § 756 für die Pfändung durch den Gerichtsvollzieher

– § 756 Abs. 1

• Die Vollstreckung darf erst beginnen, wenn die Befriedigung des Schuldners durch öffentliche oder öffentlich beglaubigte Urkunden nachgewiesen wird und eine Abschrift dieser Urkunden bereits zugestellt ist oder gleichzeitig zugestellt wird.

• Bei der GV-Vollstreckung genügt es auch, dass dem Schuldner vor Beginn der Vollstreckung die ihm gebührende Leistung durch den GV in einer den Annahmeverzug begründenden Weise angeboten wird.

– § 756 Abs. 2

Der Gerichtsvollzieher darf mit der Zwangsvollstreckung beginnen, wenn der Schuldner auf das **wörtliche Angebot des Gerichtsvollziehers erklärt**, dass er **die Leistung nicht annehmen werde**.

§ 756 Abs. 2 ist durch die 2. Zwangsvollstreckungsnovelle neu eingefügt worden. Nach der bisher allein geltenden Regelung (heute § 756 Abs. 1) müsste der vollstreckungswillige Gläubiger dem Schuldner vor Beginn der Zwangsvollstreckung die geschuldete Leistung in einer den Annahmeverzug begründenden Weise anbieten. Dies setzt ein **tatsächliches Angebot** der Gegenleistung durch den Gläubiger voraus (entsprechend § 294 BGB). Das tatsächliche Angebot verursachte häufig – im Ergebnis oft nutzlose – erhebliche Kosten. § 756 Abs. 2 hat daher (in Anlehnung an § 295 BGB) die Möglichkeit der Zwangsvollstreckung bei Leistung Zug um Zug erweitert: Der Gerichtsvollzieher darf mit der Zwangsvollsteckung beginnen, wenn der Schuldner auf das **wörtliche Angebot** erklärt, dass er die Leistung des Gläubigers nicht annehmen werde. Die Neuregelung greift nicht ein, wenn der Schuldner abwesend ist oder auf das wörtliche Angebot schweigt (Hornung Rpfleger 1998, 381, 384).

▶ **§ 765 bei anderen Vollstreckungsmaßnahmen** (z. B. Pfändungsbeschluss, § 829)

Die Vorschrift des § 765 entspricht inhaltlich dem § 756. Auch sie berücksichtigt den ab 01.01.1999 geltenden Abs. 2 des § 756 und passt den § 765 insofern an, als die Zwangsvollstreckung unter den gleichen Voraussetzungen (Ablehnung der vom Gerichtsvollzieher wörtlich angebotenen Gegenleistung) beginnen darf.

Fall 16: Zug-um-Zug-Verurteilung und Untergang der Gegenleistung

Wie im Fall 4 (s.o. S. 23) hat der vorleistungspflichtige V den zu liefernden Pkw in Annahmeverzug begründender Weise angeboten. K hat nicht abgenommen. V verklagt K mit dem Antrag, den K zur Zahlung des Kaufpreises zu verurteilen, Zug um Zug gegen Lieferung des (genau bezeichneten) Pkw. Es ergeht ein entsprechendes Urteil. Das Urteil ist rechtskräftig. V hat sich eine Vollstreckungsklausel gemäß §§ 724, 725 erteilen lassen. Er beauftragt den GV mit der Zustellung und Zwangsvollstreckung. Dabei teilt V dem GV mit, dass der Pkw dem K jetzt nicht mehr geliefert werden könne, da er während des Klageverfahrens durch einen von V nicht zu vertretenden Umstand vollständig ausgebrannt sei.

(I) Die Voraussetzungen für den Beginn der Zwangsvollstreckung nach § 756 sind **nicht** gegeben. Der Annahmeverzug kann nicht durch eine öffentliche oder öffentlich beglaubigte Urkunde nachgewiesen werden; im Übrigen liegt jetzt auch kein Annahmeverzug des K mehr vor, denn wenn die Gegenleistung unmöglich wird, ist der Annahmeverzug beendet (BGH NJW 1992, 1172, 1173). Auch scheidet ein Anerbieten der Gegenleistung nach deren Unmöglichkeit aus.

(II) Materiellrechtlich ist der Anspruch des V auf Zahlung des Kaufpreises nicht erloschen, da die Unmöglichkeit der Lieferung aus einem von V nicht zu vertretenden Umstand während des Annahmeverzuges des K eingetreten ist, § 324 Abs. 2 BGB. Der Zahlungsanspruch besteht jetzt uneingeschränkt, d.h. ohne Verpflichtung des V zur Erbringung der Gegenleistung.

(III) Zulässig ist eine neue Leistungsklage des V unter Verzicht auf eine Zwangsvollstreckung aus dem ersten Urteil und eine Verurteilung zur Leistung schlechthin oder eine neue Klage auf Zulassung der Zwangsvollstreckung ohne Gegenleistung.

BGH NJW 1992, 1172, 1173 m.w.N.

Die Rechtskraft des bereits vorliegenden Urteils steht einer solchen neuen Klage nicht im Wege, da wegen der Veränderung des Klageantrages ein anderer Streitgegenstand vorliegt: Der Antrag im Vorprozess verfolgte eine eingeschränkte Verurteilung „Zug um Zug gegen Lieferung von ...", während der Antrag in dem neuen Prozess auf eine uneingeschränkte Verurteilung gerichtet ist.

– – –

Fall 17: Fehlende Zug-um-Zug-Einschränkung im Klageantrag und Untergang der Gegenleistung

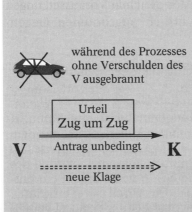

In dem ersten Prozess hat V die Verurteilung des K zur Zahlung des Kaufpreises ohne die Einschränkung „Zug um Zug gegen Lieferung des Pkw" beantragt mit der Begründung, infolge des Annahmeverzuges des K stehe diesem kein Zurückbehaltungsrecht zu. Während des Prozesses brannte der Pkw ohne Verschulden des V vollständig aus. V unterließ es, dies bei Gericht vorzutragen. Das Gericht verurteilte den K rechtskräftig zur Zahlung, jedoch nur Zug um Zug gegen Lieferung des Pkw. Der Gerichtsvollzieher lehnte die von V beantragte Zwangsvollstreckung wegen Fehlens der Voraussetzungen des § 756 ab.
In einem neuen Rechtsstreit sucht V darum nach, die Zwangsvollstreckung ohne das Anerbieten der Gegenleistung zuzulassen.

Der Zulässigkeit einer neuen Klage kann der von Amts wegen zu berücksichtigende **Einwand der rechtskräftigen Entscheidung über den Streitgegenstand** entgegenstehen.

Nach dem von der Rspr. und h.M. vertretenen prozessualen **zweigliedrigen Streitgegenstandsbegriff** werden Inhalt und Umfang des Streitgegenstandes sowohl durch den Antrag als auch gleichrangig durch den zu seiner Begründung vorgetragenen Lebenssachverhalt (Klagegrund) festgelegt. Die beiden Komponenten – Antrag und Lebenssachverhalt – bestimmen zusammen den Streitgegenstand; ändert sich auch nur eines dieser beiden Bestimmungsmerkmale, ändert sich auch der Streitgegenstand.

BGH NJW-RR 1993, 238, 239 m.w.N.; Thomas/Putzo Einl. II Rdnr. 25; MünchKomm/ZPO/Lüke vor § 253 Rdnr. 31.

Der Einwand der rechtskräftigen Entscheidung greift somit nicht durch, wenn mit der neuen Klage ein anderer Anspruch und/oder ein anderer Klagegrund geltend gemacht wird.

(I) Der **Klageantrag** ist in beiden Prozessen gleich. Beantragt wurde und wird die Zuerkennung des unbeschränkten Zahlungsanspruchs.

(II) Fraglich ist, ob sich der **Klagegrund** unterscheidet. Man könnte dies deshalb annehmen, weil V im Vorprozess den Wegfall der Zug-um-Zug-Beschränkung mit dem Annahmeverzug des K begründet hat, während nunmehr das während des Annahmeverzuges des K eingetretene, von V nicht zu vertretende Unvermögen des V die uneingeschränkte Verurteilung des K rechtfertigen soll.
Nach Ansicht des BGH unterscheidet sich der Klagegrund nicht.

Nach der Rspr. sind zum Klagegrund „alle Tatsachen zu rechnen, die bei einer natürlichen, vom Standpunkt der Parteien ausgehenden Betrachtungsweise zu dem durch den Vortrag des Kl. zur Entscheidung gestellten Tatsachenkomplex gehören" (BGH NJW 1992, 1172, 1173[@]).

Dabei ist in erster Linie auf den Klägervortrag abzustellen. Nach Ansicht des BGH muss es dem Kläger aber verwehrt sein, durch – bewusst oder unbewusst – unvollständigen Vortrag die Rechtskraft zu umgehen.

„Hat er es im Vorprozess unterlassen, Tatsachen vorzutragen, die bei natürlicher Anschauung zu dem angesprochenen Lebenssachverhalt gehörten, wirkt die materielle Rechtskraft auch gegenüber einer neuen Klage, die auf die nunmehr vorgetragenen Tatsachen gestützt wird. ... Dies gilt insbes. hinsichtlich solcher Tatsachen, die nur eine Ergänzung des im Vorprozess vorgetragenen Tatsachenstoffs darstellen oder die damals als unschlüssig erkannte Klage erst schlüssig machen" (BGH NJW 1992, 1172, 1174[@]).

Folgt man der BGH-Entscheidung in der weiten Auslegung des Klagegrundes (in dem vom BGH zu entscheidenden Fall wurde wegen Wandlung auf Rückzahlung des Kaufpreises geklagt und der Zug um Zug zurückzugebende Pkw war bei einem Brand schwer beschädigt worden), so gehört der Untergang der Gegenleistung zu dem Tatsachenkomplex, den V bereits im Vorprozess dem Gericht zu unterbreiten hatte. Demgemäß unterscheidet sich der Klagegrund des Vorprozesses nicht von dem des jetzt angestrengten Prozesses.

Es liegt somit **derselbe Streitgegenstand** vor. Einer neuen Klage auf Zulassung der Zwangsvollstreckung ohne das Anerbieten der Gegenleistung steht die Rechtskraft des Vorurteils entgegen.
Die Klage des V in dem **neuen Rechtsstreit** wird als **unzulässig** abgewiesen

V kann somit seinen materiellrechtlichen Anspruch auf Zahlung ohne Gegenleistung nicht mehr durchsetzen. Dies beruht darauf, dass er sich im Vorprozess zweimal falsch verhalten hat: Zum einen hat er fälschlicherweise eine uneingeschränkte Verurteilung verlangt; hätte er im Vorprozess eine eingeschränkte Verurteilung beantragt, hätte das neue Verfahren einen anderen Streitgegenstand – anderen Antrag! – gehabt. Zum anderen hat er es während des Vorprozesses unterlassen, dem Gericht die Tatsache des zufälligen Untergangs des Pkw zu unterbreiten; wäre dies geschehen, hätte V im Vorprozess eine uneingeschränkte Verurteilung des K erreicht.

– – –

4. Abschnitt: Keine (allgemeinen) Vollstreckungshindernisse

Abgesehen von besonderen Vollstreckungshindernissen bei einzelnen Verfahrensarten und Vollstreckungsmaßnahmen (z. B. Unpfändbarkeit einer Sache, § 811) – worauf wir noch bei den einzelnen Vollstreckungsarten eingehen – gibt es Vollstreckungshindernisse allgemeiner Art, die dem Beginn oder der Fortsetzung jeder Zwangsvollstreckung entgegenstehen. Sie sind vom Vollstreckungsorgan nur zu beachten, wenn sie ihm nachgewiesen werden oder dienstlich zu seiner Kenntnis gelangen.

Allgem. Vollstreckungs- hindernisse	▸ Einstellung oder Beschränkung der ZV nach § 775 ▸ Vollstreckungseinschränkende oder -ausschließende Vereinbarungen ▸ Gesamtvollstreckung

1. Allgemeine Vollstreckungshindernisse nach § 775

▸ **§ 775 Nr. 1: Vollstreckungshindernde Entscheidungen**

Urteile oder Beschlüsse, die den Titel oder seine Vollstreckbarkeit aufheben (z. B. Berufungsurteil, das die Klage abweist) oder die Zwangsvollstreckung für unzulässig erklären (z. B. auf Vollstreckungsgegenklage, § 767, oder auf Drittwiderspruchsklage, § 771) oder die Einstellung der Zwangsvollstreckung anordnen (z. B. endgültige Einstellung auf Grund der Erinnerung gemäß § 766)

▸ **§ 775 Nr. 2: Einstweilige Einstellung o. Fortsetzung gegen Sicherheitsleistung**

durch gerichtliche Entscheidung (z. B. Erinnerung, § 766; oder §§ 572 Abs. 3, 707, 719, 732 Abs. 2, 769, 770; oder im Vollstreckungsschutzverfahren, § 765 a)

Wird z. B. gegen ein für vorläufig vollstreckbar erklärtes Endurteil Einspruch, Berufung oder Revision eingelegt, so kann gem. § 719 Abs. 1, 2 i.V.m. § 707 die Zwangsvollstreckung einstweilen eingestellt werden. Dies führt zu einem Vollstreckungshindernis i.S.d. § 775 Nr. 2.

Der Beschluss des Prozessgerichts, z. B. nach § 719, wirkt unmittelbar. Z. B. darf und muss ein Drittschuldner, dem ein PfÜB zugestellt worden ist, keine Zahlungen mehr an den Pfändungsgläubiger leisten, wenn ihm ein Beschluss des Prozessgerichts vorliegt, durch den die Zwangsvollstreckung aus dem der Pfändung zu Grunde liegenden Vollstreckungstitel einstweilen eingestellt wurde (§§ 719, 707). Es ist also nicht zusätzlich ein diesen Beschluss umsetzender Einzelbeschluss erforderlich (OLG Frankfurt InVo 1999, 149[@], dazu Fink/Ellefret MDR 1998, 1272; Thomas/Putzo § 775 Rdnr. 8).

Die eng auszulegende Ausnahmevorschrift des § 765 a (Vollstreckungsschutz) kann bei Maßnahmen eines jeden Vollstreckungsorgans eingreifen (Thomas/Putzo § 765 a Rdnr. 4). Die 2. Zwangsvollstreckungsrechtsnovelle hat durch Einfügung des § 765 a Abs. 1 S. 2, wonach das Vollstreckungsgericht befugt ist, die in § 732 Abs. 2 bezeichneten Anordnungen zu erlassen, dem Vollstreckungsgericht die gesetzliche Befugnis eingeräumt, in Fällen kurzfristigen Entscheidungsbedarfs einstweilige Anordnungen zu erlassen; das betrifft insbes. die Befugnis, die Zwangsvollstreckung gegen Sicherheitsleistung einstweilen einzustellen (§ 765 a Abs. 1 S. 1). Neu eingefügt ist auch § 765 a Abs. 3: der Schuldner muss bei der Räumungsvollstreckung den Antrag auf Räumungsschutz spätestens zwei Wochen vor dem festgesetzten Räumungstermin stellen (vgl. dazu Funke NJW 1998, 1029, 1030).

▸ **§ 775 Nr. 3: Geleistete Sicherheit**

Dem Schuldner war nachgelassen, die Vollstreckung durch Sicherheitsleistung oder Hinterlegung abzuwenden. Er weist die erfolgte Sicherheitsleistung oder Hinterlegung durch öffentliche Urkunde nach.

▸ **§ 775 Nr. 4: Befriedigung und Stundung**

Nachweis durch eine öffentliche Urkunde oder durch eine vom Gläubiger ausgestellte Urkunde.

▸ **§ 775 Nr. 5: Bank- oder Sparkassenbeleg**

Nach der Neufassung ist die Zwangsvollstreckung einzustellen oder zu beschränken, wenn der Schuldner einen Einzahlungs- oder Überweisungsbeleg einer Bank oder Sparkasse vorlegt, auf dem als Empfänger der Gläubiger vermerkt ist.

Dies gilt auch für die an die Stelle der Post getretene Postbank (Funke NJW 1998, 1029, 1031).

Der Beleg muss – obwohl das nicht mehr ausdrücklich gesagt wird – aus der Zeit nach Erlass des Titels stammen (David MDR 1998, 1085).

§ 775 Nr. 5 erfasst auch die Zahlung des Antragsgegners im Mahnverfahren, die vor Erlass des Vollstreckungsbescheides angewiesen, aber erst danach dem Konto des Antragstellers gutgeschrieben wurde (Hornung Rpfleger 1998, 381, 388).

Diese Fälle hindern das Vollstreckungsorgan, eine Zwangsvollstreckung zu beginnen. Die Auswirkungen auf eine bereits erfolgte Vollstreckungsmaßnahme sind unterschiedlich (vgl. § 776).

2. Vollstreckungseinschränkende oder -ausschließende Vereinbarungen

Vollstreckungsvereinbarungen sind vollstreckungseinschränkende und -ausschließende Absprachen, in denen sich der Gläubiger gegenüber dem Schuldner verpflichtet hat, von einem Titel ganz oder teilweise keinen Gebrauch zu machen.

Vereinbarungen über den titulierten Anspruch – das materielle Recht –, z.B. Stundung, Teilerlass usw., sind keine Vollstreckungsverträge; hieraus sich ergebende Einwendungen sind mit der Vollstreckungsgegenklage geltend zu machen!

I) Vollstreckungsvereinbarungen sind **grundsätzlich zulässig**, da der Gläubiger als Herr des Zwangsvollstreckungsverfahrens von der Vollstreckung eines Titels absehen und sich dazu auch in gewissem Umfang verpflichten kann.

Zulässig sind Vollstreckungsvereinbarungen aber nur insoweit, als die Vollstreckungsbefugnis in der Disposition des Gläubigers steht. Die Parteien können daher nicht die Vollstreckungsart abändern, also z. B. nicht vereinbaren, dass eine vertretbare Handlung entgegen § 887 durch Zwangsgeld erzwungen werden soll (OLG Hamm MDR 1968, 333/334).

▶ Zulässig sind Vereinbarungen, die die Vollstreckungsbefugnis des Gläubigers zeitlich beschränken.

BGH NJW 1968, 700; OLG Hamm MDR 1977, 675; OLG München Rpfleger 1979, 466; Baur/Stürner Rdnr. 10.8; Zöller/Stöber vor § 704 Rdnr. 25.

▶ Zulässig sind Vereinbarungen, die einzelne Vollstreckungsmodalitäten ausschließen (z. B. der Schuldner soll nicht zur eidesstattlichen Versicherung gezwungen werden) oder die eine Zwangsvollstreckung gegenständlich beschränken (z. B. Arbeitslohn soll nicht gepfändet werden, oder die Vollstreckung soll nur in das Geschäftsvermögen, nicht in das Privatvermögen erfolgen).

Baur/Stürner Rdnr. 10.7; Zöller/Stöber vor § 704 Rdnr. 25 m. w. N.

▶ Zulässig ist auch der teilweise oder vollständige Verzicht des Gläubigers auf die Vollstreckung, soweit die Vereinbarung erst nach der Entstehung des Titels getroffen wird.

Allgem. Ansicht, vgl. BGH NJW 1991, 2295 m. w. N.

▶ Umstritten ist, ob auch ein vorheriger Verzicht wirksam ist.

Nein: BGH NJW 1968, 700; Baur/Stürner Rdnr. 10.8 m. w. N.; ja: Brox/Walker Rdnr. 202.

II) Fraglich ist, mit welchem **Rechtsbehelf** der Schuldner einen Verstoß gegen eine Vollstreckungsvereinbarung geltend machen kann.

*Diese Frage ist Gegenstand von **Klausuren** im zweiten Staatsexamen!*

▶ **1. Ansicht: Allein Erinnerung (analog) § 766**

So u. a. OLG Karlsruhe NJW 1974, 2242; OLG Hamm MDR 1977, 675; Baur/Stürner Rdnr. 10.7; MünchKomm/ZPO/Karsten Schmidt § 766 Rdnr. 33; StJ/Münzberg § 766 Rdnr. 21.

Zwar werde eigentlich nicht die Art und Weise des Vorgehens des Vollstreckungsorgans gerügt, sondern das abredewidrige Verhalten des Gläubigers. Die Vereinbarung habe aber auf das Verfahren als solches Einfluss und mache die Vollstreckung entgegen der Vereinbarung verfahrensfehlerhaft und rechtswidrig.

▶ **2. Ansicht: Allein Vollstreckungsgegenklage (analog) § 767 Abs. 1**

und zwar ohne die Einschränkung des § 767 Abs. 2

So u. a. BGH NJW 1968, 700; OLG Hamburg MDR 1972, 335; OLG Karlsruhe MDR 1998, 1433@; Rosenberg/Gaul/Schilken § 33 VI.

Gründe: Es handele sich um materiellrechtliche Einwendungen, die nicht das formelle Vollstreckungsverfahren beträfen; es werde keine vollstreckungsrechtliche Norm verletzt.

▶ **3. Ansicht: Beide Möglichkeiten, je nach dem Inhalt der Vereinbarung:**

– **Erinnerung, § 766,** wenn nur der Verfahrensablauf durch die Vereinbarung betroffen wird;

– **Vollstreckungsgegenklage, § 767,** wenn die Vollstreckbarkeit des Anspruchs schlechthin berührt ist

so Walker in Schuschke/Walker I § 766 Rdnr. 9; s. auch Brox/Walker Rdnr. 208.

3. Keine Einzelvollstreckung bei Gesamtvollstreckung

Die Gesamtvollstreckung dient der gleichmäßigen Befriedigung der an der Gesamtvollstreckung beteiligten Gläubiger. Diese sollen während der Dauer der Gesamtvollstreckung keine Einzelzwangsvollstreckung durchführen.

Zum Verhältnis zwischen Einzelvollstreckung und Insolvenzrecht vgl. Vallender ZIP 1997, 1993 ff.

3.1. Einzelvollstreckung vor Beginn eines Insolvenzverfahrens

Vor Beginn eines Insolvenzverfahrens, etwa wenn sich die wirtschaftliche Krise des Schuldners abzeichnet, ist die Einzelzwangsvollstreckung möglich, und zwar selbst dann noch, wenn bereits ein Insolvenzantrag gestellt worden ist. Der Vollstreckungsgläubiger kann aber in zwei Fällen seine Rechtsposition wieder verlieren:

▶ **„Rückschlagssperre" des § 88 InsO**

Nach § 88 InsO wird die Sicherung, die ein Insolvenzgläubiger im letzten Monat vor dem Antrag auf Eröffnung des Insolvenzverfahrens oder nach diesem Antrag durch Zwangsvollstreckung an dem zur Insolvenzmasse gehörenden Vermögen des Schuldners erlangt hat, mit der Eröffnung des Verfahrens unwirksam.

▶ **Anfechtung nach dem AnfG, § 131 InsO**

Auch eine durch Zwangsvollstreckung erlangte Deckung ist **inkongruent**, da trotz des Vollstreckungstitels ein materieller Anspruch auf Sicherung „in der Art" besteht (vgl. § 141 InsO)

Eine Anfechtung dieser Sicherung nach § 131 Abs. 1 InsO ist jedoch entbehrlich, wenn sie im letzten Monat vor dem Eröffnungsantrag oder nach Antragstellung durch Zwangsvollstreckung erlangt worden ist, weil dann die „Rückschlagssperre" des § 88 InsO eingreift (s.o.)

Zwangsvollstreckungsmaßnahmen, die innerhalb des zweiten oder dritten Monats vor dem Eröffnungsantrag vorgenommen worden sind, kann ein Insolvenzverwalter unter den – zusätzlichen – Voraussetzungen des § 131 Abs. 1 Nr. 2 und 3 InsO anfechten.

3.2 Einzelvollstreckung während des Insolvenzeröffnungsverfahrens

▶ Um eine Verminderung der Masse und der Abweisung des Insolvenzantrages mangels Masse entgegenzuwirken, kann das Insolvenzgericht nach **§ 21 Abs. 2 Nr. 3 InsO** Maßnahmen der Zwangsvollstreckung gegen den Schuldner untersagen oder einstweilen einstellen, soweit nicht unbewegliche Gegenstände betroffen sind.

▶ **§ 49 InsO** ermöglicht eine abgesonderte Befriedigung aus unbeweglichen Gegenständen. Der Insolvenzverwalter hat jedoch nach **§§ 30 d ff., 153 b ff. ZVG** weitgehende Antragsbefugnisse, die einstweilige Einstellung der Zwangsversteigerung bzw. Zwangsverwaltung zu erreichen.

3.3 Einzelzwangsvollstreckung nach Eröffnung des Insolvenzverfahrens

Das Zwangsvollstreckungsverfahren wird nach h. M. von § 240 nicht erfasst
KG NJW-RR 2000, 1075@ m.w.N.; BL/Hartmann § 240 Rdnr. 8

Die Einschränkungen der Einzelvollstreckung ergeben sich aus der InsO.

▶ **Vollstreckungsverbot für Insolvenzgläubiger, § 89 Abs. 1 InsO**

wegen einer Insolvenzforderung (§ 38 InsO) darf die Zwangsvollstreckung weder in die Insolvenzmasse (vgl. § 35 InsO) noch in das sonstige Vermögen des Schuldners erfolgen.

Das Vollstreckungsverbot des § 89 Abs. 1 InsO entspricht dem früheren § 14 KO.

▶ **Vollstreckung aus einem Titel über eine Forderung, die keine Insolvenzforderung darstellt**

– Aussonderungsberechtigte (§§ 47 f. InsO), Absonderungsberechtigte (§§ 49 ff. InsO) und Massegläubiger (§§ 54 ff. InsO) dürfen die Einzelzwangsvollstreckung betreiben.

Ein gegen den Schuldner erlassener Titel ist gegen den Insolvenzverwalter gem. § 727 umzuschreiben.

– Andere Gläubiger können nicht in die Insolvenzmasse vollstrecken, vgl. § 91 InsO.

Das Vollstreckungsorgan hat das Vollstreckungsverbot von Amts wegen zu beachten. Bei einer trotzdem erfolgten Einzelvollstreckung hat bei Verletzung des § 89 InsO der **Insolvenzverwalter** die Möglichkeit der **Erinnerung, § 766**, oder der **Drittwiderspruchsklage, § 771**: Bei einer Vollstreckung in das insolvenzfreie Vermögen (§ 36 ff. InsO) kann der **Schuldner Erinnerung, § 766**, einlegen.

Brox/Walker Rdnr. 194.

Zusammenfassende Übersicht: Voraussetzungen der Zwangsvollstreckung

Allgemeine Verfahrensvoraussetzungen	*Im Regelfall nur zu prüfen:*	
	▶ **Antrag**	Vertretung zulässig; Anwalt § 81
	▶ **Zuständigkeit**	– örtlich: grds. Bezirk der Vollstreckung – funktionell = welches Organ?
Allgemeine Voraussetzungen der ZV	*Immer zu prüfen:*	

	▶ **Titel**	– formgültiger Titel: §§ 704, 794, 801; außerhalb ZPO
		– rechtskräftig o. für vorläufig vollstreckbar erklärt
		– vollstreckungsfähiger Inhalt
		– bei Vollstreckung in Sondervermögen
		  • in Vermögen BGB-Ges. → Titel gegen alle Gesellsch., § 736
		  • in Vermögen OHG, KG → Titel gegen OHG, KG, § 124 HGB
		  • in Vermögen nr. Verein → Titel gegen Verein, § 735, o. alle Mitgl.
		  • in ungeteilten Nachlass → Titel gegen alle Miterben, § 747

	▶ **Klausel**	– einfache Klausel, §§ 724, 725, wenn nicht qualif. Klausel
		– qualifizierte Klausel
		  • titelergänzende, § 726
		  • titelumschreibende, §§ 727–729

	▶ **Zustellung**	– grds. vorherige Zustellung des Titels – auch der Klausel, wenn qualifizierte Klausel GV kann bei Pfändung gleichzeitig zustellen.
Besondere Voraussetzungen der ZV	*Im Einzelnen nur zu prüfen, wenn konkreter Anlass besteht, sonst pauschal feststellen, dass keine besonderen Vollstreckungsvoraussetzungen erforderlich sind.*	
	▶ **Kalendertag**	– § 751 I
	▶ **Sicherheitsleistung**	– durch öffentl. begl. Urk. + vorherige o. gleichzeitige Zustellung d. Abschrift dieser Urk., § 751 II
	▶ **Zug um Zug**	– bei Vollstr. durch GV, § 756 • bei Vollstr. durch anderes Vollstreckungsorgan, § 765
Keine (allgem.) Vollstr.-hindernisse	*Im Einzelnen nur zu prüfen, wenn konkreter Anlass, sonst pauschal feststellen, dass allgemeine Vollstreckungshindernisse nicht eingreifen.*	
	▶ **§ 775**	– Einstellung o. Beschränkung der ZV nach Katalog des § 775
	▶ **Vereinbarungen**	– Vollstreckungshindernde oder -ausschließende Vereinbarungen im Rahmen der Dispositionsmaxime
	▶ **Insolvenzverfahren**	– §§ 88, 89 InsO

2. Teil: Die Fahrnisvollstreckung, §§ 808–827

Die Fahrnisvollstreckung ist die Zwangsvollstreckung **wegen Geldforderungen in körperliche Sachen des beweglichen Vermögens**. Sie geschieht durch den Gerichtsvollzieher, indem dieser die Sache in Besitz nimmt, § 808.

1. Abschnitt: Die Durchführung der Pfändung

Pfändet der Gerichtsvollzieher nicht ordnungsgemäß, führt dies in besonderen Fällen zur Nichtigkeit, im Regelfall zur Anfechtbarkeit der Pfändung. Der Rechtsbehelf ist dann die **Vollstreckungserinnerung nach § 766**.

*Die folgenden Erörterungen sind somit in **Klausuren** von Bedeutung, wenn sich der Schuldner oder auch ein Dritter mit einem Rechtsbehelf gegen einen formellen Fehler des Gerichtsvollziehers bei der Durchführung der Pfändung wendet. Der **statthafte Rechtsbehelf** ist die **Vollstreckungserinnerung nach § 766**. Sie ist begründet, wenn die Durchführung der Fahrnisvollstreckung durch den Gerichtsvollzieher fehlerhaft ist.*

Die Frage, ob die Durchführung der Pfändung ordnungsgemäß ist, ist unter folgenden Gesichtspunkten zu prüfen:

Ordnungs-gemäße Durchführung der Pfändung	▶ Voraussetzungen der Zwangsvollstreckung 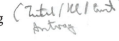
	▶ Leistungsaufforderung
	▶ Zugriffsbereich für die Pfändung
	▶ Pfändungsakt

1. Voraussetzungen der Zwangsvollstreckung

Wie jedes Vollstreckungsorgan hat auch der GV zunächst zu prüfen, ob die **Voraussetzungen der Zwangsvollstreckung** (vgl. oben 1. Teil) gegeben sind.

1.1 Erforderlich ist ein **Antrag**, in § 753 ungenau „Auftrag" genannt

Zur Antragstellung nach neuem Recht im Einzelnen vgl. Nies MDR 1999, 525 ff. mit Formular S. 531.

Der Antrag ist an keine Form gebunden; er kann vom Gläubiger, seinem ges. Vertreter oder Bevollmächtigten schriftlich oder mündlich gestellt werden. Der Antrag ist eine empfangsbedürftige prozessuale WE gegenüber dem GV. Der Gläubiger kann den Antrag widerrufen oder einschränken (StJ/Münzberg § 754 Rdnr. 10). Durch den Antrag entsteht zwischen dem Gläubiger und dem bei der Zwangsvollstreckung hoheitlich handelnden GV ein öffentlich-rechtliches Verhältnis. Gleichwohl bestehen im gewissen Umfang Weisungsbefugnisse des Gläubigers, nämlich insoweit, als sich diese im Rahmen der gesetzlichen Vorschriften und der Dienstanweisung (GVGA) halten. Das Unterlassen einer danach vorzunehmenden Vollstreckungsmaßnahme ist eine Amtspflichtverletzung gegenüber dem Gläubiger.

1.2 Die örtliche **Zuständigkeit** des GV ergibt sich aus der auf Grund des § 154 GVG von den Landesjustizverwaltungen bundeseinheitlich erlassenen Gerichtsvollzieherordnung (GVO). Nach § 20 GVO ist der GV zuständig innerhalb des ihm zugewiesenen GV-Bezirks. Ein Verstoß des GV gegen seine örtliche Zuständigkeit führt nicht zur Unwirksamkeit der Vollstreckungsmaßnahme (§ 20 Nr. 2 GVO), sondern nur zur Anfechtbarkeit mit der Erinnerung gemäß § 766.
Funktionell zuständig für die Zwangsvollstreckung wegen Geldforderungen in körperliche Sachen des beweglichen Vermögens ist der GV. Ein Verstoß gegen die funktionelle Zuständigkeit führt nach h. M. zur Nichtigkeit der Vollstreckungsmaßnahme mit der Folge, dass keine Verstrickung eintritt (BL/Hartmann § 753 Rdnr. 10 – sachliche Zuständigkeit –; StJ/Münzberg vor § 704 Rdnr. 70; Brox/Walker Rdnr. 364).

2. Die Leistungsaufforderung

Vor der Pfändung muss der GV den Schuldner **zur freiwilligen Leistung auffordern** (§§ 754 ZPO, 105 Nr. 2 GVGA). Zahlt der Schuldner (einschl. Kosten), händigt der GV ihm die vollstreckbare Ausfertigung aus, und zwar mit einer darauf gesetzten Quittung (§ 757 Abs. 1). Teilzahlungen vermerkt der GV auf dem in seinen Händen verbleibenden Schuldtitel; der Schuldner erhält eine gesonderte Quittung.

I) Die Ermächtigung zur **Empfangnahme freiwilliger Leistung** ergibt sich im Innenverhältnis (Gläubiger – GV) aus dem Vollstreckungsauftrag i. V. m. der Übergabe der vollstreckbaren Ausfertigung des Titels, § 754. Im Außenverhältnis (GV gegenüber dem Schuldner oder einem Dritten) wird die Ermächtigung des GV unwiderlegbar vermutet, solange sich der GV im Besitz der vollstreckbaren Ausfertigung befindet, **§ 755**. Die Vorschrift des § 755 bedeutet jedoch **keine Gefahrtragungsregel**.

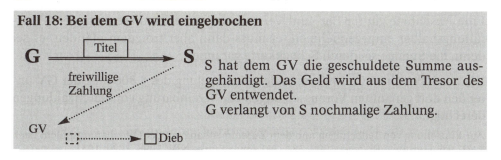

Fall 18: Bei dem GV wird eingebrochen

S hat dem GV die geschuldete Summe ausgehändigt. Das Geld wird aus dem Tresor des GV entwendet.
G verlangt von S nochmalige Zahlung.

(I) Nach einer Meinung handelt der GV bei der Entgegennahme freiwilliger Zahlungen nicht – wie bei Vollstreckungshandlungen – als hoheitlich handelnde Amtsperson, sondern als Vertreter des Gläubigers, sog. **Vertretertheorie**.

OLG Frankfurt NJW 1963, 773, 774; Blomeyer § 4 III 1 b u. § 47 II 1; StJ/Münzberg § 753 Rdnr. 7 ff.; Palandt/Heinrichs, BGB, 59. Aufl. 2000, Einf. v. § 164 Rdnr. 10; BGB-RGRK/Steffen, 12. Aufl. 1982, vor § 164 Rdnr. 12.

Der GV nimmt danach bei Geldzahlungen das Übereignungsangebot des Schuldners als Vertreter des Gläubigers an. Den Besitz erhält er als Besitzmittler des Gläubigers. Die Übereignung vollzieht sich daher nach § 929 S. 1 BGB in dem Augenblick, in dem der GV das Geld erhält. Der Schuldner wird durch Zahlung an den GV frei, ein späterer Verlust geht zu Lasten des Gläubigers.

(II) Die heute wohl überwiegende Meinung sieht dagegen den GV auch bei der Entgegennahme freiwilliger Leistungen als hoheitlich handelnde Amtsperson an, sog. **Amtstheorie**.

Baur/Stürner Rdnr. 8.7; Brox/Walker Rdnr. 314; Walker in Schuschke/Walker I § 754 Rdnr. 7; Zöller/Stöber § 754 Rdnr. 6; Staudinger/Schilken, BGB, 13. Bearb. 1995, Vorbem. zu §§ 164 ff. Rdnr. 97.

Der Eigentumsübergang auf den Gläubiger vollzieht sich erst dadurch, dass der GV das Geld kraft Hoheitsaktes dem Gläubiger übergibt.

(1) Daraus wird teilweise gefolgert, dass der Schuldner bei freiwilligen Leistungen an den GV die Gefahr für den Verlust des Geldes trägt.

OLG Celle MDR 1990, 846; BL/Hartmann § 815 Rdnr. 8; Zöller/Stöber § 755 Rdnr. 4.

(2) Andere wenden § 815 Abs. 3 analog an mit der Folge, dass der Gläubiger bei freiwilligen Leistungen des Schuldners an den GV die Gefahr für den Verlust des Geldes trägt.

Baur/Stürner Rdnr. 8.7; Brox/Walker Rdnr. 314; Geißler DGVZ 1991, 166.

– – –

II) Die Ermächtigung nach §§ 754, 755 deckt nicht die Annahme einer Ersatzleistung, die der Schuldner an Erfüllungs Statt oder erfüllungshalber anbietet (z.B. Wechsel), es sei denn, eine solche ist im Titel vorgesehen oder der GV ist vom Gläubiger besonders ermächtigt.

Eine Ausnahme gilt für Bar- und Verrechnungsschecks; diese muss der GV erfüllungshalber entgegennehmen, er muss dann aber trotzdem pfänden, es sei denn, die Summe sei durch Scheckkarte garantiert. = EC-Scheck = gilt immer

III) Nach der ab 01.01.1999 geltenden Neuregelung des § 806 b ist der GV unter den dort genannten Voraussetzungen zur Vereinbarung von Ratenzahlungen berechtigt.

Zur Einziehung von Teilbeträgen und dem Zusammenhang mit der Offenbarungspflicht nach § 807 vgl. Hornung, Rpfleger 1998, 381, 391 sowie Funke NJW 1998, 1029, 1031.

3. Der Zugriffsbereich für die Pfändung

War die Aufforderung zur Leistung vergeblich oder hat der Schuldner nicht vollständig gezahlt, beginnt der GV mit der Vollstreckung. Dabei hat er die besonderen Vorschriften der Gerichtsvollzieherpfändung zu beachten.

Der GV darf nur pfänden, soweit der **Zugriffsbereich** für die Pfändung gegeben ist.

Zugriffsbereich für die Pfändung	▶ **bewegliche Sache**
	  – körperliche Sache i. S. d. § 808
	  – Einschränkung gemäß § 865 (Haftungsverband der Hypothek)
	  – Erweiterung gemäß § 810 (Früchte auf dem Halm)
	▶ Gewahrsam, §§ 808, 809
	▶ kein spezielles Vollstreckungshindernis: Unpfändbarkeit, §§ 811 ff.

3.1 Bewegliche Sache

3.1.1 Körperliche bewegliche Sache i. S. d. §§ 808 ff.

Zulässiges Zugriffsobjekt für die Pfändung durch den GV ist grds. eine **bewegliche Sache**. Die Vollstreckung in das sonstige bewegliche Vermögen (Forderungen und sonstige Rechte) oder in unbewegliche Sachen (Immobiliarvollstreckung) fällt dagegen nicht in den Zuständigkeitsbereich des GV.
Folgende Besonderheiten sind zu beachten:

3.1.1.1 Scheinbestandteil, § 95 BGB
Ein Scheinbestandteil eines Grundstücks unterliegt der Zwangsvollstreckung in das bewegliche Vermögen.

Beispiel: Wegen eines Werklohnanspruches auf Bezahlung eines Grabsteins lässt der Steinmetz den von ihm hergestellten und errichteten Grabstein pfänden. Der Grabstein ist mit der Grabeinfassung verdübelt. Die Einfassung ist in Beton verlegt, sodass sie jedenfalls hierdurch und durch die Schwerkraft fest mit dem Friedhofsgelände verbunden ist. –
Bei dem Grabstein handelt es sich um einen sog. Scheinbestandteil (§ 95 Abs. 1 BGB) des – im Eigentum der Gemeinde stehenden – Friedhofsgrundstücks. Die Aufstellung des Grabsteins auf einem öffentlichen Friedhof erfolgt in Ausübung eines – von dem Friedhofsträger gewählten – Nutzungsrechtes an der Grabstelle (§ 95 Abs. 1 S. 2 BGB) und, da dieses Recht zeitlich befristet ist, auch nur zu einem vorübergehenden Zweck (§ 95 Abs. 1 S. 2 BGB; vgl. OLG Köln OLGZ 1993, 113[@]; diese Entscheidung behandelt auch die weiteren Fragen, welche Angehörigen sich gegen die Pfändung eines Grabsteins mit der Vollstreckungserinnerung [§ 766] zur Wehr setzen können – Erinnerungsbefugnis – und ob der Pfändung eines Grabsteins der Pfändungsschutz nach § 811 Nr. 13 oder Gedanken der Pietät entgegenstehen). (Zu OLG Köln s. auch Pauly JuS 1996, 682 ff.)

3.1.1.2 Computersoftware

I) Bei Computern wird zwischen Hard- und Software unterschieden:

Zur **Hardware** gehören sämtliche physikalischen Teile einer Datenverarbeitungsanlage (Zentraleinheit, Tastatur, Bildschirm, Drucker etc.).

Software ist der Sammelbegriff für das Computerprogramm und die dazugehörigen schriftlichen Unterlagen (Bedienungsanleitungen, Einsatzvorschriften etc.). Das Computerprogramm ist eine Befehlssequenz, die in der Weise verkörpert ist, dass die Hardware die Befehle ausführen kann. Es ist als vollständige Anweisung zur Lösung eines Problems durch einen Rechner zu begreifen. I.d.R. ist das Programm auf einem Datenträger gespeichert.

Mit Ausnahme des Computerprogramms handelt es sich um körperliche bewegliche Sachen i.S.v. § 90 BGB.

▶ Die Zwangsvollstreckung in **Hardware** erfolgt grds. durch Sachpfändung gem. §§ 808 ff. Dies gilt jedenfalls insofern, als sich das Computerprogramm auf von der Hardware getrennten Datenträgern befindet. Falls dagegen der eigentliche Datenträger vom Rechner nicht zu trennen ist, ergeben sich die gleichen vollstreckungsrechtlichen Probleme wie bei der Software.

Roy/Palm NJW 1995, 690, 691.

Ausnahmsweise kann Hardware bei größeren EDV-Anlagen Zubehör i.S.v. § 97 BGB sein und der Hypothekenhaftung gem. §§ 1120–1122 BGB unterliegen. Es kann dann die Mobiliarvollstreckung nach § 865 ausgeschlossen sein (Roy/Palm NJW 1995, 690, 691; zu § 865 s.u.).

▶ Bei der **Software** ist es problematisch, ob die Vorschriften über die Sachpfändung Anwendung finden, da selbst dann, wenn das Programm auf einem Datenträger gespeichert ist, der Wert des Programms in dem informellen Gut besteht, das die Befehlssequenz darstellt.

Paulus DGVZ 1990, 151, 153; Roy/Palm NJW 1995, 690, 691.

Es ist daher umstritten, nach welchen Vorschriften die Zwangsvollstreckung zu erfolgen hat:

– Doppelpfändung

  • Datenträger nach den Vorschriften der Sachpfändung gem. § 808

  • Programm nach u.U. modifizierten Grundsätzen der Urheberrechtspfändung

    Vgl. dazu Paulus in Lehmann, Rechtsschutz und Verwertung von Computerprogrammen, 2. Aufl. 1993, S. 831, 841 ff. m.w.N.

– Rechtspfändung bzgl. der Software gem. § 857, verbunden mit einer Hilfspfändung des Datenträgers analog § 836 Abs. 3,

    so für den Regelfall Baur/Stürner Rdnr. 32.42; vgl. ferner StJ/Brehm § 857 Rdnr. 22 a.

– Sachpfändung des Datenträgers analog § 808; diese erfasst auch das Computerprogramm.

    So die heute h.M.; vgl. StJ/Münzberg § 808 Rdnr. 1 a m.w.N. in FN 7; vgl. ferner Franke MDR 1996, 236 f; Paulus ZIP 1996, 2 ff.; Roy/Palm NJW 1995, 690 ff.

II) Nach h. M. ist somit die **Software** sowohl bei datenträgergebender als auch bei datenträgerloser Übertragung des Programms vom Gerichtsvollzieher im Wege der **Sachpfändung** analog §§ 808 ff. zu pfänden.

Daneben können aber weitere Maßnahmen erforderlich sein:

1) Software unterliegt i.d.R. dem Urheberschutzrecht, §§ 69 a ff. UrhG.

Bei der Zwangsvollstreckung gegen den Urheber sind die – nach § 34 UrhG übertragbaren – Nutzungsrechte gem. §§ 857 Abs. 3, 828 ff. unter Beachtung der §§ 112 ff. UrhG zu pfänden. Ist der Vollstreckungsschuldner lediglich Nutzungsberechtigter der Software, gelten die §§ 112 ff. UrhG nicht. Die Pfändung von Standardprogrammen kann wegen des Erschöpfungsgrundsatzes (§ 69 c Nr. 3 S. 2 UrhG) i.d.R. ohne urheberrechtliche Beschränkungen durchgeführt werden. Handelt es sich bei den Computerprogrammen um Arbeitnehmerentwicklungen, muss der Gläubiger den Anspruch des Schuldners gegen den Rechtsinhaber auf Erteilung der Zustimmung mitpfänden oder – falls ein solcher Anspruch nicht besteht – die Pfändung wegen § 803 Abs. 2 unterlassen.

Vgl. hierzu im Einzelnen Roy/Palm NJW 1995, 690, 691 ff.; Paulus ZIP 1996, 2, 3 ff.

2) Wegen des Datenschutzes ist es ratsam, dass sich der Vollstreckungsgläubiger auch einen Titel nach § 887 verschafft, der ihn ermächtigt, auf Kosten des Schuldners vom Schuldner erstellte, dem Datenschutz unterliegende Dateien von einem EDV-Fachmann vom Datenträger entfernen zu lassen (Roy/Palm NJW 1995, 690, 696).

3.1.1.3 Wertpapiere

Bei der Pfändung und Verwertung von Wertpapieren geht es letztlich nicht um die Urkunde als solche, sondern um die in dem Papier verbriefte Forderung. Bei der Zwangsvollstreckung ist auf die Art des Wertpapieres abzustellen:

I) **Orderpapiere** (z.B. Wechsel, Namensscheck)

§ 831: Der GV nimmt das Papier in Besitz (§ 808 Abs. 2), dies bewirkt auch die Pfändung der Forderung, ohne dass ein Pfändungsbeschluss nach § 829 erlassen werden muss. Die Verwertung erfolgt über § 835 (anders als bei § 821!).

Brox/Walker Rdnr. 694, 695; Thomas/Putzo § 831 Rdnr. 1, 2.

II) **Inhaberpapiere** (z.B. Inhaberaktie, Inhaberscheck)

Die Pfändung erfolgt durch den GV nach § 808. Die Verwertung erfolgt wie bei anderen beweglichen Sachen durch den GV, wobei § 821 zu beachten ist.

Brox/Walker Rdnr. 692; Walker in Schuschke/Walker I § 821 Rdnr. 1.

III) **Rektapapiere** (z.B. Anweisung des BGB, kaufm. Orderpapiere ohne Orderklausel)

Anders als bei den Order- und Inhaberpapieren folgt bei ihnen nicht das Recht aus dem Papier dem Recht am Papier, sondern es folgt das Recht am Papier dem Recht aus dem Papier. Die verbriefte Forderung wird also durch Abtretung (§ 398 BGB) übertragen, das Eigentum am Papier geht kraft Gesetzes gem. § 952 BGB mit über.

▶ Nach einer Meinung wird daher die Forderung nach §§ 829 ff. gepfändet, während das Papier nur im Wege der Hilfspfändung dem Forderungsinhaber weggenommen wird (§ 836 Abs. 3 S. 2).

Walker in Schuschke/Walker I § 821 Rdnr. 1.

▶ Nach h.M. erfolgt bei Rektapapieren die Pfändung grds. wie die Pfändung anderer beweglicher Sachen durch den GV, die Verwertung nach § 821.

Brox/Walker Rdnr. 693; MünchKomm/ZPO/Schilken § 821 Rdnr. 2; StJ/Münzberg § 821 Rdnr. 2, 3; Hintzen/Wolf Rdnr. 393.

Eine Besonderheit gilt für die **Hypotheken-, Grundschuld- und Rentenschuldbriefe** gem. §§ 830, 857 Abs. 6. Gepfändet wird die gesicherte Forderung durch einen PfÜB, § 829. Zur Pfändung der Forderung ist aber zusätzlich die Übergabe des Briefes an den Gl. erforderlich. Der Brief wird vom GV im Wege der Hilfspfändung weggenommen, § 830 Abs. 1 S. 2.

IV) **Qualifizierte Legitimationspapiere i.S.d. § 808 BGB** (z.B. Sparkassenbuch)

Die Forderung wird durch PfÜB (§§ 828 ff.) gepfändet. Die Papiere werden im Wege der Hilfspfändung vom GV weggenommen, § 836 Abs. 3.

Hintzen/Wolf Rdnr. 393; StJ/Münzberg § 821 Rdnr. 5.

3.1.2 Einschränkungen nach § 865

Grundstückszubehör und sonstige zum Haftungsverband der Hypothek gehörende Gegenstände können unter den Voraussetzungen des § 865 nicht im Wege der Fahrnisvollstreckung durch den GV gepfändet werden, sondern sie unterliegen nur der Immobiliarvollstreckung.

3.1.2.1 Grundstückszubehör

I) **Im Haftungsverband der Hypothek stehendes Grundstückszubehör ist gem. § 865 Abs. 2 S. 1 der Mobiliarvollstreckung schlechthin entzogen**

Fall 19: Die Einbauküche in der Zwangsvollstreckung

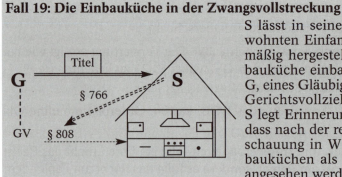

S lässt in seinem von ihm in W bewohnten Einfamilienhaus aus serienmäßig hergestellten Teilen eine Einbauküche einbauen. Im Auftrage des G, eines Gläubigers des S, pfändet der Gerichtsvollzieher die Einbauküche. S legt Erinnerung ein. Er weist nach, dass nach der regionalen Verkehrsanschauung in W und Umgebung Einbauküchen als Grundstückszubehör angesehen werden.

Die Erinnerung gemäß § 766 ist zulässig. Sie ist begründet, wenn der GV die Küche nicht im Wege der Mobiliarzwangsvollstreckung pfänden durfte.

(I) Der GV durfte die Küche nicht pfänden, wenn sie über **§ 94 Abs. 2 BGB** wesentlicher Bestandteil des Hauses und damit gemäß § 94 Abs. 1 BGB **wesentlicher Bestandteil des Grundstücks** geworden ist. Dann müsste die

Küche zur Herstellung des Gebäudes eingefügt worden sein. Hierfür kommt es darauf an, ob nach der Verkehrsanschauung erst ihre Einfügung dem Gebäude seine besondere Eigenart bzw. ein bestimmtes Gepräge gibt, ohne die das Gebäude nicht als hergestellt gilt, oder ob die Einbauküche dem Baukörper besonders angepasst ist und deswegen mit ihm eine Einheit bildet.

BGH NJW-RR 1990, 586, 587[@]; OLG Düsseldorf VersR 1995, 559 m.w.N.

Diese Voraussetzungen liegen bei einer aus serienmäßig hergestellten Teilen zusammengesetzten Einbauküche nicht vor, da sie abgebaut, abtransportiert und ohne wesentliche Beschädigungen in einer anderen Küche mit gleicher Funktion wieder aufgebaut werden kann.

Wegen der „Mobilität" einer Einbauküche der hier vorliegenden Art ist sie auch nicht wesentlicher Bestandteil des Gebäudegrundstücks nach § 93.

BGH NJW-RR 1990, 586, 587[@]; OLG Düsseldorf VersR 1995, 559.

(II) Die Einbauküche könnte als **Grundstückszubehör** gem. **§ 865 Abs. 2 S. 1** unpfändbar sein.

(1) Die Küche müsste **Zubehör** des Grundstücks sein.

Die Voraussetzungen der Zubehöreigenschaft nach § 97 Abs. 1 S. 1 BGB liegen vor.

Bei der Einbauküche handelt es sich um eine bewegliche Sache, die, ohne Bestandteil der Hauptsache zu sein (s.o.), dem wirtschaftlichen Zweck der Hauptsache (Hausgrundstück) zu dienen bestimmt ist und in einem dieser Bestimmung entsprechenden räumlichen Verhältnis steht (vgl. dazu BGH NJW-RR 1990, 586; OLG Düsseldorf VersR 1995, 559; LG Hagen Rpfleger 1999, 341[@]).

Nach § 97 Abs. 1 S. 2 BGB ist trotz Vorliegens der Voraussetzungen des § 97 Abs. 1 S. 1 BGB eine Sache nicht Zubehör, wenn sie nach der an dem betreffenden Ort geltenden regionalen Verkehrsanschauung nicht als Zubehör angesehen wird.

Die Frage, ob eine Einbauküche im Verkehr als Zubehör neuzeitlicher Wohnhäuser zu betrachten ist, wird in Rechtsprechung und Literatur

▶ teils bejaht

so z.B. OLG Köln VersR 1980, 51, 52; OLG Celle NJW-RR 1989, 913, 914; LG Hagen Rpfleger 1999, 341, 342[@]; MünchKomm/BGB/Holch, 3. Aufl. 1993, § 97 Rdnr. 30 a; Palandt/Heinrichs BGB, 55. Aufl. 1996, § 97 Rdnr. 11.

▶ teils verneint

OLG Frankfurt ZMR 1988, 136; OLG Karlsruhe NJW-RR 1988, 459, 460; OLG Hamm NJW-RR 1989, 333; OLG Zweibrücken Rpfleger 1993, 169; OLG Düsseldorf VersR 1995, 559.

Die Beweislast trägt derjenige, der sich auf das Fehlen einer solchen Verkehrsanschauung beruft.

BGH NJW-RR 1990, 586, 588[@]; OLG Düsseldorf VersR 1995, 559, 560.

Im vorliegenden Fall ist nach dem Sachverhalt für W und Umgebung von dem Bestehen einer solchen Verkehrsanschauung auszugehen. Die Einbauküche des S ist daher Grundstückszubehör i.S.d. § 97 Abs. 1 BGB.

(2) Das Pfändungsverbot für Zubehör nach § 865 Abs. 2 S. 1 erstreckt sich nur auf solche Zubehörstücke, die im **Haftungsverband der Hypothek** stehen, **§ 865 Abs. 1**.

(a) Die Küche muss **in den Haftungsverband gelangt** sein. Das bestimmt sich nach **§ 1120 BGB**.

Die Prüfung ist abstrakt vorzunehmen, unabhängig davon, ob das Grundstück mit Hypotheken belastet ist oder nicht.

In den Haftungsverband der Hypothek gelangen **die dem Grundstückseigentümer gehörenden Zubehörstücke**, § 1120, 2. Halbs. BGB. Die Einbauküche steht im Eigentum des S und ist folglich gemäß § 1120 BGB in den Haftungsverband der Hypothek gelangt.

(b) Die Küche darf **nicht wieder aus dem Haftungsverband ausgeschieden** sein, §§ 1121, 1122 BGB.

Da die Einbauküche weder vom Grundstück entfernt oder veräußert wurde (§ 1121 BGB), noch die Zubehöreigenschaft aufgehoben worden ist (§ 1122 Abs. 2 BGB), stand sie zum Zeitpunkt der Pfändung auch noch im Haftungsverband der Hypothek.

Ergebnis: Als im Haftungsverband stehendes Zubehör ist die Küche gemäß § 865 Abs. 2 S. 1 der Pfändung durch den GV schlechthin entzogen. Die Erinnerung ist begründet.

– – –

Fall 20: Anwartschaftsrecht am Zubehör

Im obigen Fall ist dem S die Einbauküche unter Eigentumsvorbehalt geliefert worden. S hat den Kaufpreis noch nicht bezahlt. Der GV pfändet im Auftrag des G die Einbauküche. Hiergegen legt S Erinnerung ein.

Die gepfändete Einbauküche war hier zwar Grundstückszubehör, der Grundstückseigentümer S hatte daran aber noch kein Eigentum, sondern nur ein Anwartschaftrecht.

(I) Das **Anwartschaftsrecht des Grundstückseigentümers auf Eigentumserwerb an einem Zubehörstück fällt in den Haftungsverband i.S.d. § 1120 BGB.**

BGHZ 35, 85[@]; Palandt/Bassenge, BGB, 59. Aufl. 2000, § 1120 Rdnr. 8.

Gegen eine Pfändung des Anwartschaftsrechts würde also das Pfändungsverbot des § 865 Abs. 2 durchgreifen. Im vorliegenden Fall ist aber nicht das Anwartschaftsrecht, sondern nur das Zubehörstück als Sache gepfändet worden; denn die Pfändung des Anwartschaftsrechtes hätte nach der herrschenden Theorie der Doppelpfändung neben der Sachpfändung auch die Rechtspfändung nach § 857 erfordert, die hier nicht geschehen ist.

(II) Hier ist das Zubehörstück als **Sache** gepfändet worden.

(1) Nach einem Teil des Schrifttums fällt das Zubehörstück selbst nicht in den Haftungsverband, denn der Wortlaut des § 1120 BGB verlangt Eigentum des Grundstückseigentümers an dem Zubehörstück.
Baur/Stürner Rdnr. 28.3; StJ/Münzberg § 865 Rdnr. 28.

Nach dieser Ansicht verstößt die hier vorgenommene Sachpfändung nicht gegen § 865 Abs. 2. Die Erinnerung ist daher unbegründet. (Der Küchenlieferant, der noch Vorbehaltseigentümer ist, hat allerdings die Drittwiderspruchsklage nach § 771.)

(2) Nach der Gegenmeinung ist das Zubehörteil bereits dann gemäß § 865 Abs. 2 S. 1 unpfändbar, wenn der Grundstückseigentümer nur ein Anwartschaftsrecht daran erlangt hat.
Brox/Walker Rdnr. 216; Walker in Schuschke/Walker I § 865 Rdnr. 3; Liermann JZ 1962, 658 ff.

Nach dieser Ansicht ist die Erinnerung des S begründet. (Der Vorbehaltseigentümer kann die Drittwiderspruchsklage nach § 771 erheben.) Die Ansicht entspricht dem Schutzzweck des § 865 und ist deshalb vorzugswürdig. Nur wenn bereits das Anwartschaftsrecht an Zubehörteilen unter das Pfändungsverbot des § 865 Abs. 2 S. 1 fällt, ist die wirtschaftliche Einheit von Grundstück und mithaftendem Zubehör zu bewahren.

– – –

II) Dem Grundstückseigentümer gehörendes Grundstückszubehör kann vom GV gepfändet werden, wenn es im Zeitpunkt der Pfändung bereits aus dem Haftungsverband der Hypothek ausgeschieden war; denn das Pfändungsverbot des § 865 Abs. 2 S. 1 bezieht sich wegen seiner Bezugnahme auf § 865 Abs. 1 nur auf das (noch) im Haftungsverband der Hypothek stehende Zubehör.

1) Enthaftung durch Veräußerung und Entfernung, § 1121 BGB
Eine Enthaftung tritt ein, wenn Veräußerung und Entfernung (unabhängig von der Reihenfolge) geschehen sind, ohne dass vorher eine Grundstücksbeschlagnahme – durch Anordnung der Zwangsversteigerung (§ 20 Abs. 1, 2 ZVG) oder der Zwangsverwaltung (§ 146 Abs. 1 ZVG) – erfolgt ist.

Enthaftung nach § 1121 BGB also bei folgender Reihenfolge:

- ▶ Veräußerung – Entfernung – Grundstücksbeschlagnahme
- ▶ Entfernung – Veräußerung – Grundstücksbeschlagnahme

Beispiel: Eine Druckmaschine (Zubehör eines Druckereigrundstückes) wird am 1. Februar veräußert und am 3. Februar vom Erwerber abgeholt. Am 10. Februar wird sie von einem Gläubiger des Erwerbers gepfändet. –

Die Maschine, die nach § 1120 BGB in den Haftungsverband des Druckereigrundstückes gefallen war, ist am 3. Februar aus dem Haftungsverband ausgeschieden, § 1121 Abs. 1 BGB. Sie kann – falls sie beim Erwerber nicht erneut als Zubehör in den Haftungsverband des Erwerbers gefallen ist – im Wege der Mobiliarvollstreckung gepfändet werden.

Die gleiche Rechtslage besteht, wenn das Druckereigrundstück des Veräußerers am 5. Februar beschlagnahmt worden ist (Anordnung der Zwangsversteigerung oder Zwangsverwaltung des Grundstücks), denn auch dann war die Druckmaschine veräußert und vom Grundstück entfernt, bevor das Grundstück in Beschlag genommen worden ist.

2) Enthaftung ohne Veräußerung, § 1122 BGB

Zubehörstücke werden enthaftet, wenn die Zubehöreigenschaft innerhalb der Grenzen einer ordnungsgemäßen Wirtschaft aufgehoben wird, bevor sie in Beschlag genommen werden; auf Entfernung und Veräußerung kommt es also nicht an (§ 1122 Abs. 2 BGB). Enthaftung gemäß § 1122 BGB also bei folgender Reihenfolge:

▶ Entwidmung von Zubehör im Rahmen
ordnungsgemäßer Wirtschaft   – Grundstücksbeschlagnahme

Beispiel: S betreibt auf seinem Grundstück ein Hotel und hält für den Hotelbetrieb einen Kleinbus. Als der Bus steuerlich abgeschrieben ist, schafft sich S einen neuen Kleinbus an. Den alten Bus behält er; er wird fortan von dem im gleichen Hause wohnenden Sohn privat genutzt. G, ein Gläubiger des S, lässt durch den GV den alten Kleinbus pfänden. S legt Erinnerung ein. –

Der Hotelomnibus war zunächst Grundstückszubehör (RGZ 47, 200; Palandt/Heinrichs, BGB, 59. Aufl. 2000, § 97 Rdnr. 12). Er gehört dem Grundstückseigentümer S und fiel somit gem. § 1120 BGB in den Haftungsverband der Hypothek.

Eine Enthaftung nach § 1121 BGB ist nicht eingetreten, da der Bus weder vom Grundstück entfernt noch veräußert worden ist.

Es ist jedoch eine Enthaftung ohne Veräußerung nach § 1122 BGB eingetreten, da der Bus im Rahmen einer ordnungsgemäßen Wirtschaft (Ausmusterung aus dem Betrieb nach Abschreibung) durch Entwidmung aus dem Haftungsverband der Hypothek ausgeschieden ist.
Die Erinnerung des S ist daher unbegründet.

Gegenbeispiel: Da sich der Hotelbetrieb nicht mehr lohnt, will S das Hotel in Eigentumswohnungen umwandeln. Er stellt daher den Hotelbetrieb ein. Nunmehr lässt G durch den GV den bis zur Betriebsstillegung als Hotelomnibus genutzten Kleinbus pfänden. –

Die endgültige Stillegung des gesamten auf einem Hotelgrundstück durchgeführten Hotelbetriebes und die damit verbundene Aufhebung der Zubehöreigenschaft der Betriebseinrichtung gehen über die Grenzen einer ordnungsgemäßen Wirtschaft hinaus und führen deshalb nicht zu einer Haftungsfreistellung der bisherigen Zubehörgegenstände (BGH NJW 1996, 835, 836[@] m.w.N.). Die Pfändung durch den GV verstößt daher gegen § 865 Abs. 2 S. 1 (vgl. hierzu K. Schmidt JuS 1996, 647: „Der Fall könnte als Hausarbeit oder als – schwierige – Examensklausur ausgedacht sein").

3) Enthaftung infolge Gutgläubigkeit des Erwerbers

In den Fällen, in denen die Grundstücksbeschlagnahme vor der Entfernung oder Veräußerung liegt und auch keine Entwidmung nach § 1122 BGB eingetreten ist, kann ausnahmsweise eine Enthaftung des Grundstückszubehörs auf Grund des guten Glaubens des Erwerbers eintreten.

Die Regelungen für die Enthaftung durch Gutglaubenserwerb sind unterschiedlich, je nach der Reihenfolge zwischen Veräußerung, Entfernung und Grundstücksbeschlagnahme.

a) Reihenfolge:

▶ Entfernung – Grundstücksbeschlagnahme – Veräußerung

Die Grundstücksbeschlagnahme durch Anordnung der Zwangsversteigerung oder Zwangsverwaltung stellt hinsichtlich der von ihr mit erfassten Sachen ein relatives Veräußerungsverbot i. S. d. §§ 135, 136 BGB zu Gunsten des die Zwangsvollstreckung in das Grundstück betreibenden Gläubigers dar (§§ 23 Abs. 1 S. 1, 146 Abs. 1 ZVG). Die der Beschlagnahme nachfolgende Veräußerung ist eine Verfügung i. S. d. §§ 135, 136 BGB. Die Beschlagnahme ist daher dem Erwerber der beweglichen Sache gegenüber unwirksam, wenn ihm gegenüber das Veräußerungsverbot gar nicht eingreift. Nach der allgemeinen Regel des § 135 Abs. 2 BGB greift das Veräußerungsverbot (nur) dann nicht ein, wenn der Erwerber der beweglichen Sache hinsichtlich der Beschlagnahme **gutgläubig** war, also weder von der Grundstücksbeschlagnahme Kenntnis hatte noch insoweit grob fahrlässig gehandelt hat.

Die allgemeine Regelung nach §§ 135, 136 BGB wird durch die Sondervorschrift in **§ 23 ZVG** eingeschränkt und erweitert:

▶ Sowohl bei der Zwangsversteigerung als auch bei der Zwangsverwaltung ist die **Gutgläubigkeit eingeschränkt** (§§ 23 Abs. 2, 146 Abs. 1 ZVG): Die Kenntnis des Versteigerungsantrags steht der Kenntnis der Beschlagnahme gleich; ist der Versteigerungsvermerk eingetragen, so wird die Beschlagnahme – auch soweit sie mithaftende bewegliche Sachen betrifft – unwiderleglich als bekannt vermutet.

▶ **Erweitert** ist die **Erwerbsmöglichkeit** bei Anordnung der **Zwangsversteigerung**: Über die von der Grundstücksbeschlagnahme mit ergriffenen bewegl. Sachen kann in den Grenzen ordnungsgemäßer Wirtschaft auch bei Kenntnis des Erwerbers von der Beschlagnahme wirksam verfügt werden (§ 23 Abs. 1 S. 2 ZVG). (Diese Erweiterung der Erwerbsmöglichkeit besteht nicht bei der Anordnung der Zwangsverwaltung, § 148 Abs. 1 S. 2 ZVG.)

b) Reihenfolge:

▶ Veräußerung – Grundstücksbeschlagnahme – Entfernung

Um eine Unwirksamkeit der Beschlagnahme gegenüber dem Erwerber der Sache zu bewirken, hilft hier die Gutglaubensvorschrift des § 135 Abs. 2 BGB nicht, da die Entfernung keine Verfügung darstellt. Diese Lücke wird durch § 1121 Abs. 2 S. 2 BGB ausgefüllt: Der Erwerber der beweglichen Sache wird geschützt, wenn er bei der Entfernung in Ansehung der Grundstücksbeschlagnahme gutgläubig ist. Auch hier gilt wiederum die Einschränkung und Erweiterung der Erwerbsmöglichkeit nach § 23 ZVG.

c) **Reihenfolgen**:

▶ Grundstücksbeschlagnahme – Entfernung – Veräußerung

▶ Grundstücksbeschlagnahme – Veräußerung – Entfernung

Hier ist das in der Beschlagnahme der Sache liegende Veräußerungsverbot gegenüber dem Erwerber der beweglichen Sache unwirksam, wenn er sowohl im Zeitpunkt der Veräußerung (§§ 135, 136 BGB) als auch der Entfernung (§ 1121 Abs. 2 S. 2 BGB) gutgläubig ist (mit der Einschränkung des § 23 Abs. 2 ZVG) oder wenn die Erweiterung der Erwerbsmöglichkeit nach § 23 Abs. 1 S. 2 ZVG vorliegt.

3.1.2.2 Erzeugnisse und sonstige Bestandteile

I) **Vom Boden getrennte Erzeugnisse oder sonstige Grundstücksbestandteile, die im Haftungsverband der Hypothek stehen, sind vor der Grundstücksbeschlagnahme pfändbar, § 865 Abs. 2 S. 2.**

Fall 21: Im Wald gelagertes Holz

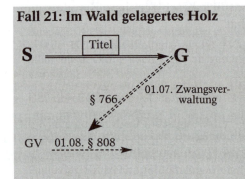

Grundstückseigentümer S schlägt am 01.06. in seinem Wald Holz und stapelt es am Wegesrand auf. Am 01.07. wird über das Waldgrundstück die Zwangsverwaltung angeordnet. Am 01.08. lässt Gläubiger G wegen eines Zahlungstitels das im Wald liegende Holz durch den Gerichtsvollzieher pfänden. S legt Erinnerung ein.

Die Erinnerung gem. § 766 ist zulässig. Sie ist begründet, wenn der GV das Holz nicht im Wege der Mobiliarvollstreckung pfänden durfte. Die Pfändung könnte gegen § 865 Abs. 2 S. 2 verstoßen.

(I) Bei dem Holz handelt es sich um ein vom Grundstück getrenntes **Erzeugnis**, nämlich um einen organisch gewachsenen Stoff, der aus dem Grundstück entnommen wurde.

(II) Vom Grundstück getrennte Erzeugnisse und sonstige Bestandteile gelangen nach § 1120 BGB in den **Haftungsverband der Hypothek**, es sei denn, dass sie mit der Trennung nach §§ 954–957 BGB in das Eigentum eines anderen als des Grundstückseigentümers oder des Grundstücksbesitzers gelangt sind. Im vorliegenden Fall greift die Ausnahme nicht ein, S hat nach § 953 das Eigentum an den getrennten Erzeugnissen erworben. Das Holz fiel daher gem. § 1120 BGB in den Haftungsverband.
Eine Enthaftung nach §§ 1121, 1122 BGB ist nicht erfolgt, da das Holz vor der Beschlagnahme weder veräußert noch vom Grundstück entfernt wurde.

(III) Vor der Pfändung ist die Grundstücksbeschlagnahme durch Anordnung der Zwangsverwaltung (§§ 146, 151 ZVG) erfolgt. Diese erfasste auch die bereits vom Grundstück getrennten Erzeugnisse, §§ 20, 21 Abs. 1, 148 Abs. 1 S. 1 ZVG.

Ergebnis: Das Holz konnte gem. § 865 Abs. 2 S. 2 nicht (mehr) gepfändet werden. Die Erinnerung des S ist begründet.

– – –

II) **Enthaftung** bei Erzeugnissen und Bestandteilen:

1) Enthaftung durch Veräußerung und Entfernung, § 1121 BGB

- ▸ Veräußerung – Entfernung – Grundstücksbeschlagnahme
- ▸ Entfernung – Veräußerung – Grundstücksbeschlagnahme

2) Enthaftung ohne Veräußerung, § 1122 BGB

- ▸ dauernde Entfernung von ordnungsgemäß getrennten Erzeugnissen und Bestandteilen – Grundstücksbeschlagnahme

Beispiel: Bauer B erntet Getreide und lagert es im Silo der Genossenschaft ein, von wo aus es später verkauft werden soll. Danach wird sein landwirtschaftliches Grundstück im Wege der Immobiliarzwangsvollstreckung beschlagnahmt. Nunmehr wird das Getreide von einem Gläubiger des B im Silo der Genossenschaft, deren Geschäftsführer herausgabebereit war (§ 809), gepfändet. B legt Erinnerung ein mit der Begründung, die Pfändung verstoße gegen § 865 Abs. 2. –

Das Getreide war als getrenntes Erzeugnis, das dem Bauern B gehörte, nach § 1120 BGB beim Ernten (Trennung) als bewegliche Sache in den Haftungsverband gelangt. Da das Abernten im Rahmen einer ordnungsgemäßen Wirtschaft erfolgte und das Getreide von dem Grundstück für dauernd entfernt worden ist, bevor das Grundstück beschlagnahmt wurde, ist es nach § 1122 Abs. 1 BGB aus dem Haftungsverband ausgeschieden. Ein Verstoß gegen § 865 Abs. 2 liegt nicht vor. Die Erinnerung ist unbegründet.

3) Beschlagnahme erfasst land- und forstwirtschaftliche Erzeugnisse nicht

Eine vor Veräußerung oder Entfernung liegende Grundstücksbeschlagnahme verhindert die Enthaftung nicht, wenn die Grundstücksbeschlagnahme die konkrete bewegliche Sache überhaupt nicht erfasst. Dies ist bei der Zwangsverwaltung und Zwangsversteigerung verschieden:

- ▸ die Anordnung der Zwangsverwaltung umfasst den gesamten Haftungsverband, §§ 20, 21 Abs. 1, 148 Abs. 1 S. 1 ZVG;
- ▸ die Anordnung der Zwangsversteigerung erfasst nicht die vom Boden getrennten land- und forstwirtschaftlichen Erzeugnisse, §§ 20, 21 Abs. 1 ZVG.

Beispiel: Forstwirt F schlägt Holz in einer der ordnungsgemäßen Wirtschaft nicht entsprechenden Weise. Er lagert es bei dem Holzhändler H ein. Danach wird über sein Forstgrundstück die Zwangsversteigerung angeordnet. Danach veräußert F das Holz an H. Bei H wird es von einem Gläubiger des H gepfändet. –

Die Pfändung ist wirksam, wenn nicht das Verbot des § 865 entgegensteht. Das Holz ist als dem Grundstückseigentümer F gehörendes getrenntes Erzeugnis in den Haftungsverband des Grundstücks F gelangt, § 1120 BGB.

(1) Eine Enthaftung ist nicht schon bei der Entfernung vom Grundstück nach § 1122 Abs. 1 BGB erfolgt, weil das Abholzen keine ordnungsgemäße Grundstücksbewirtschaftung war.
(2) Eine Enthaftung ist hier aber bei der der Entfernung nachfolgenden Veräußerung erfolgt, weil zu diesem Zeitpunkt das Holz nicht beschlagnahmt war. Die vorherige Grundstücksbeschlagnahme durch Anordnung der Zwangsversteigerung erstreckte sich nämlich gemäß §§ 20, 21 Abs. 1 ZVG nicht auf die vom Boden getrennten forstwirtschaftlichen Erzeugnisse. Die Pfändung des Holzes bei H durch einen Gläubiger des H verstößt daher nicht gegen § 865.

Die Zwangsverwaltung kann, vgl. § 866 Abs. 2, zugleich neben der Zwangsversteigerung betrieben werden. Die beiden Verfahren laufen dann selbstständig nebeneinander. Dies ist auch bzgl. des Umfangs der Grundstücksbeschlagnahme zu beachten.

Beispiel: F hat am 01.06. in einer der ordnungsgemäßen Wirtschaft entsprechenden Weise Holz geschlagen und auf seinem Grundstück gelagert. Am 01.07. wird über das Grundstück die Zwangsversteigerung angeordnet. Am 01.08. pfändet der GV im Auftrage eines Gläubigers G des F das Holz. Am 01.09. wird die Zwangsverwaltung über das Grundstück angeordnet. Am 01.10. will GV die Zwangsvollstreckung für G durch Verwertung fortsetzen. –

(1) Die Anordnung der Zwangsversteigerung hat nicht die vom Boden getrennten forstwirtschaftlichen Erzeugnisse erfasst (§ 21 Abs. 1 ZVG). Der GV konnte daher das Holz pfänden.
(2) Die Anordnung der Zwangsverwaltung umfasst den gesamten Haftungsverband (§ 148 Abs. 1 S. 1 ZVG), also auch das Holz, da es noch nicht vom Grundstück entfernt war. Die Beschlagnahme im Wege der Zwangsverwaltung hat die Wirkung eines Veräußerungsverbotes, § 23 Abs. 1 S. 1 ZVG, und zwar eines relativen Veräußerungsverbotes i. S. d. §§ 135, 136 BGB. Der weiteren Durchführung der Zwangsvollstreckung durch den GV durch Verwertung des Holzes könnte daher § 772 entgegenstehen.
(a) Nach einer Meinung darf wegen § 772 nicht verwertet werden. Der Pfandgläubiger muss sein Recht nach § 37 Nr. 4 ZVG anmelden (Thomas/Putzo § 865 Rdnr. 4; BL/Hartmann § 865 Rdnr. 12).
(b) Die Gegenmeinung will § 772 in Fällen der Grundstücksbeschlagnahme nur dann anwenden, wenn der die Immobiliarvollstreckung betreibende Gläubiger im Verhältnis zum pfändenden Gläubiger das rangbessere Recht hat (StJ/Münzberg § 865 Rdnr. 25 ff.; Zöller/Stöber § 865 Rdnr. 10). Der GV darf daher bei der Beschlagnahme durch einen rangschlechteren Gläubiger (§ 10 ZVG) verwerten, so z.B., wenn im vorliegenden Fall die Zwangsverwaltung von einem persönlichen Gläubiger des F betrieben wird, dem der Schuldner bis zur Anordnung der Zwangsverwaltung materiellrechtlich nicht mit dem Holz gehaftet hat.

4) Enthaftung infolge Gutgläubigkeit des Erwerbers

Auch bezüglich der Erzeugnisse und Bestandteile kommt eine Enthaftung auf Grund des guten Glaubens des Erwerbers in Betracht.

a) Reihenfolge

▶ Entfernung – Grundstücksbeschlagnahme – Veräußerung

Das in der Beschlagnahme liegende Veräußerungsverbot (§§ 135, 136 BGB) greift gem. § 135 Abs. 2 BGB gegenüber einem gutgläubigen Erwerber nicht ein, wobei – wie beim Zubehör, s. o. – zu beachten ist, dass

▶ die Gutgläubigkeit gem. §§ 23 Abs. 2, 146 Abs. 1 ZVG eingeschränkt und

▶ die Erwerbsmöglichkeit bei Anordnung der Zwangsversteigerung gem. § 23 Abs. 1 S. 2 ZVG erweitert ist.

Beispiel: Forstwirt F hatte Holz in einer der ordnungsgemäßen Wirtschaft nicht entsprechenden Weise geschlagen. Er hatte das Holz am 15.01. bei H eingelagert. Am 01.02. wurde das Forstgrundstück des F durch Anordnung der Zwangsverwaltung beschlagnahmt. Der Zwangsverwaltungsvermerk wurde am 05.02. im Grundbuch eingetragen (§ 146 i.V.m. § 19 ZVG). Am 10.02. veräußerte F das eingelagerte Holz an H, der von der inzwischen angeordneten Zwangsverwaltung keine Kenntnis hatte. Bei H wird das Holz am 15.02. von einem Gläubiger des H gepfändet. –

Die Pfändung ist wirksam, wenn nicht das Verbot des § 865 entgegensteht.
Das Holz ist als dem Grundstückseigentümer F gehörendes getrenntes Erzeugnis in den Haftungsverband des Grundstücks gelangt, § 1120.
Eine Enthaftung ist nicht schon bei der Entfernung am 15.01. gem. § 1122 Abs. 1 BGB eingetreten, weil das Abholzen keine ordnungsgemäße Grundstücksbewirtschaftung war.
Die Anordnung der Zwangsverwaltung ergreift den gesamten Haftungsverband (§§ 20, 21 Abs. 1, 148 Abs. 1 ZVG), zu dem auch das Holz gehörte. Das durch die Beschlagnahme begründete rel. Veräußerungsverbot (§§ 23, 146 ZVG, §§ 135, 136 BGB) wirkt hier auch gegenüber H: Da der Zwangsverwaltungsvermerk vor Veräußerung des Holzes im Grundbuch eingetragen war, wird nach § 23 Abs. 2 (i.V.m. § 146 ZVG) die Kenntnis von der Beschlagnahme unwiderleglich vermutet. Es ist somit keine Enthaftung eingetreten. Da das Holz – Erzeugnis – weiter im Haftungsverband steht, gilt § 865 Abs. 1. Damit besteht hier das Pfändungsverbot nach § 865 Abs. 2.

b) Reihenfolge:

▶ Veräußerung – Grundstücksbeschlagnahme – Entfernung

Der Erwerber wird geschützt, wenn er bei Entfernung in Ansehung der Grundstücksbeschlagnahme gutgläubig war, § 1121 Abs. 2 S. 2 BGB. Es gilt auch hier die Einschränkung des § 23 Abs. 2 ZVG und die Erweiterung nach § 23 Abs. 1 S. 2 ZVG.

c) Reihenfolgen:

▶ Grundstücksbeschlagnahme – Entfernung – Veräußerung

▶ Grundstücksbeschlagnahme – Veräußerung – Entfernung

Der Erwerber wird geschützt, wenn er bei Veräußerung (§§ 135, 136 BGB) und Entfernung (§ 1121 Abs. 2 S. 2 BGB) gutgläubig ist.

Grundstückszubehör, das dem Grundeigentümer gehört, § 1120	**Vom Boden getrennte Erzeugnisse u. sonstige Bestandteile,** die mit der Trennung in das Eigentum des Eigentümers oder des Eigenbesitzers des Grundstücks gelangt sind
▶ grds. nicht pfändbar, § 865 II 1 ▶ **Ausnahmen** (d.h. pfändbar): – **Enthaftung** nach §§ 1121, 1122 BGB • Vor Grundstücksbeschlagnahme entfernt und veräußert, § 1121 BGB • Vor Grundstücksbeschlagnahme im Rahmen ordnungsgemäßer Wirtschaft entwidmet, § 1122 II BGB	▶ Vor der Grundstücksbeschlagnahme pfändbar, § 865 II 2 ▶ **Ausnahmen** (d.h. auch nach Grundstücksbeschlagnahme pfändbar): – **Enthaftung** nach §§ 1121, 1122 BGB • Vor Grundstücksbeschlagnahme entfernt und veräußert, § 1121 BGB • Vor Grundstücksbeschlagnahme dauernde Entfernung von ordnungsgemäß getrennten Erzeugnissen und Bestandteilen, § 1122 I BGB
– Erwerber ist hins. Grundstücksbeschlagnahme **gutgläubig** • Entfernung – Beschlagn. – Veräußerung § 135 II BGB bei Veräußerung • Veräußerung – Beschlagn. – Entfernung § 1121 II 2 BGB bei Entfernung • Beschlagn. – Veräußerung – Entfernung ⎱ § 135 II BGB bei Veräußerung und Beschlagn. – Entfernung – Veräußerung ⎰ § 1121 II 2 BGB bei Entfernung	
wobei Gutgläubigkeit eingeschränkt gem. §§ 23 II, 146 I ZVG Erwerbsmöglichkeit bei Zwangsversteigerung erweitert, § 22 I 2 ZVG	
	– die Grundstücksbeschlagnahme im Wege der **Zwangsversteigerung** erfasst nicht die vom Boden getrennten land- u. forstwirtschaftlichen Erzeugnisse, §§ 20, 21 I ZVG

3.1.2.3 Rechtsfolge, wenn der GV entgegen dem Verbot des § 865 pfändet

I) Nach der Rspr. in Zivilsachen (RGZ 135, 197, 206; 259; OLG München MDR 1957, 428) und einem Teil der Lit. (z.B. BL/Hartmann § 865 Rdnr. 13; Zöller/Stöber § 865 Rdnr. 11) ist eine gegen § 865 Abs. 2 verstoßende Vollstreckungsmaßnahme schlechthin nichtig, sodass nicht einmal eine Verstrickung entsteht. Diese Ansicht wird nicht ausdrücklich aus einer funktionellen Unzuständigkeit des GV, sondern allgemein aus der Schwere des Verstoßes hergeleitet.

II) Nach der h. M. im Schrifttum (vgl. z. B. Baur/Stürner Rdnr. 28.3; Brox/Walker Rdnr. 207 u. 229; Jauernig § 22 II 3; StJ/Münzberg § 865 Rdnr. 36) ist die Pfändung jedoch nur rechtswidrig und damit **anfechtbar**.

3.1.3 Erweiterung des Zugriffsbereichs: Früchte auf dem Halm, § 810

Obgleich es sich noch um unbewegliche Sachen handelt, gestattet § 810 die Pfändung von Grundstücksfrüchten (und zwar nur von solchen, die periodisch geerntet werden, wie z. B. Getreide, Kartoffeln, Obst, nicht dagegen Holz) einen Monat vor der gewöhnlichen Reife, falls diese Früchte noch nicht von einer Grundstücksbeschlagnahme ergriffen worden sind.

I) Grundsätzlich werden Früchte auf dem Halm sowohl durch die Anordnung der Zwangsverwaltung als auch, da sie ja noch nicht getrennt sind, von der Zwangsversteigerung erfasst.

Die Früchte auf dem Halm dürfen daher vom GV grds. nur gepfändet werden, wenn noch keine Grundstücksbeschlagnahme erfolgt ist (§ 810 Abs. 1 S. 1) und dann auch nur im zeitlichen Rahmen des § 810 Abs. 1 S. 2.

Erfolgt die Pfändung, so kann ein Gläubiger, der ein Recht auf Befriedigung aus dem Grundstück hat, gemäß § 810 Abs. 2 der Pfändung mit der Drittwiderspruchsklage widersprechen, sofern nicht die Pfändung für einen im Falle der Zwangsvollstreckung in das Grundstück vorgehenden Anspruch erfolgt ist. Der Kreis der Gläubiger, die im Falle der Zwangsversteigerung und Zwangsverwaltung „ein Recht auf Befriedigung aus dem Grundstück" haben, sowie deren Rangfolge untereinander wird durch §§ 9, 10 ZVG bestimmt.

II) Eine Ausnahme von dem Grundsatz, dass die Früchte auf dem Halm von der Grundstücksbeschlagnahme erfasst werden, besteht nach § 23 Abs. 3 ZVG für den Pächter: „Das Recht des Pächters auf den Fruchtgenuss wird von der Beschlagnahme nicht berührt." (Merksatz: Der Pächter erntet immer!)

Gläubiger des Pächters dürfen daher Früchte auf dem Halm, die sich der Pächter gemäß § 956 BGB aneignen darf, trotz einer Immobiliarvollstreckung in den zeitlichen Grenzen des § 810 Abs. 1 S. 2 pfänden.

III) Früchte auf dem Halm dürfen nicht gepfändet werden, wenn sie nach ihrer Trennung als unpfändbare Sache nach § 811 oder als Grundstückszubehör nach § 865 Abs. 2 S. 1 unpfändbar sind.

3.2 Gewahrsam

Der GV darf nur eine solche bewegliche Sache (mit den Einschränkungen des § 865 und den Erweiterungen des § 810, s. o.) pfänden, die sich im Gewahrsam des Schuldners oder eines herausgabebereiten Dritten befindet.

3.2.1 Gewahrsam des Schuldners, § 808

I) Grundsätzlich dient der Befriedigung des Gläubigers nur das **Vermögen des Schuldners**. Das Vollstreckungsrecht muss aber durchschlagkräftig und leistungsfähig sein, die Vollstreckungsorgane sollen bei der Prüfung der Vollstreckungsvoraussetzungen nicht überfordert werden. Das Vollstreckungsrecht knüpft daher an Formalien an:

- Das Vollstreckungsorgan prüft nicht mehr den materiellrechtlichen Anspruch, sondern begnügt sich mit der **vollstreckbaren Ausfertigung des Titels**.

  Einwendungen gegen den Anspruch können nur noch mit der Vollstreckungsgegenklage, § 767, geltend gemacht werden.

- Für den Erlass eines Pfändungs- und Überweisungsbeschlusses prüft das Vollstreckungsgericht nicht die Existenz der zu pfändenden Forderung, sondern es wird die **angebliche Forderung** des Schuldners gegen einen Drittschuldner gepfändet.

  Steht die Forderung dem Schuldner in Wahrheit nicht zu, ist der PfÜB „ein Schlag ins Leere". = Pfändung ins Leere

- Für die Pfändung einer beweglichen Sache reicht es grds. aus, dass der Schuldner die Sache in **Gewahrsam** hat, auf sein Eigentum kommt es bei der Pfändung grds. nicht an.

  Ist ein Dritter Eigentümer, muss er sich mit der Drittwiderspruchsklage, § 771, wehren.

Zugriffsbereich für den GV ist daher nach § 808 grundsätzlich eine im **Gewahrsam des Schuldners** befindliche Sache.

Eine Berücksichtigung der materiellen Rechtslage durch den GV ist nur ausnahmsweise notwendig, nämlich

- wenn der Schuldner nach dem Inhalt des Schuldtitels nicht mit seinem eigenen Vermögen, sondern mit dem seiner Verwaltung unterliegenden fremden Vermögen haftet, z.B. Testamentsvollstrecker, Konkursverwalter; hier muss der GV prüfen, ob die zu pfändende Sache zu dem haftenden Vermögen gehört.
  Zöller/Stöber § 808 Rdnr. 4; s. dazu § 118 Nr. 4 GVGA.

- wenn es für den GV evident ist, dass die Sache nicht zum Schuldnervermögen gehört, z.B. Kundenfahrzeuge in einer Reparaturwerkstatt.
  BGH LM Nr. 2 zu § 808; LG Bonn MDR 1987, 770; Zöller/Stöber § 808 Rdnr. 3; Lüke JuS 1996, 185, 187.

II) **Gewahrsam** bedeutet die tatsächliche Herrschaft einer Person über eine Sache. Die tatsächliche Sachherrschaft muss in einer nach außen leicht erkennbaren Weise der Person zugeordnet werden können, auf die es ankommt. In etwa entspricht der Begriff des Gewahrsams dem des unmittelbaren Besitzes i.S.v. § 854 Abs. 1 BGB.
LG Frankfurt NJW-RR 1988, 1215@; Zöller/Stöber § 808 Rdnr. 5; StJ/Münzberg § 808 Rdnr. 8.

1) Keinen Gewahrsam haben daher der **Besitzdiener** (§ 855 BGB) und **der fiktive Erbschaftsbesitzer** (§ 857 BGB).

2) Ist eine **juristische Person** Schuldnerin, so ist auf den Gewahrsam ihrer Organe abzustellen; denn der Besitz der Organe wird der juristischen Person zugerechnet, sog. Organbesitz (BGHZ 57, 166@). Das Gleiche gilt für den nichtrechtsfähigen Verein.

Es muss sich aber um einen Organgewahrsam der jur. Person handeln, die Sache darf sich also nicht im Eigengewahrsam des Organs befinden (wie z.B. die private Aktentasche, die der Geschäftsführer in seinem Büro aufbewahrt). Maßgeblich für die Zuordnung zum Organgewahrsam oder Eigengewahrsam sind für den GV die äußeren Umstände unter Berücksichtigung der allgemeinen Lebensauffassung.

3) Bei der Pfändung aus einem Titel, der sich gegen eine **Personenhandelsgesellschaft** (OHG, KG) richtet (vgl. §§ 124, 161 Abs. 2 HGB), ist zu unterscheiden:

a) Für die geschäftsführenden Gesellschafter gelten die gleichen Regeln wie für Organe der jur. Personen. Es gilt somit der Gesellschaftergewahrsam des geschäftsführenden Gesellschafters (nicht aber sein Eigengewahrsam) als Gewahrsam der Gesellschaft (BGHZ 86, 340, 344@).

b) Umstritten ist, ob auch der Gewahrsam des Kommanditisten vollstreckungsrechtlich der KG zuzurechnen ist, wenn dem Kommanditisten die Ausübung des Besitzes zur Besorgung von Gesellschaftsangelegenheiten überlassen worden ist.

Dies wird von der h.M. bejaht, da auch hier der tatsächliche Besitz des Beauftragten nach der Verkehrsanschauung dem Auftraggeber als Alleingewahrsam zuzurechnen sei.

KG NJW 1977, 1160@; Walker in Schuschke/Walker I § 808 Rdnr. 2; Brox/Walker Rdnr. 245; MünchKomm/ZPO/Schilken § 808 Rdnr. 10.; a.A. StJ/Münzberg § 808 Rdnr. 16.

4) Wird aus einem Titel gegen einen Minderjährigen oder eine sonst unter gesetzlicher Vertretung stehende Person (z.B. Mündel) vollstreckt, so ist der Gewahrsam des **gesetzlichen Vertreters** in Sachen des Vertretenen nicht als Fremd-, sondern als Schuldnergewahrsam anzusehen.

BL/Hartmann § 808 Rdnr. 13; Thomas/Putzo § 808 Rdnr. 6.

5) Die **Gewahrsamsvermutung** bei der Vollstreckung gegen einen **Ehegatten, § 739**

§ 1362 BGB stellt zu Gunsten der Gläubiger sowohl des Ehemannes als auch der Ehefrau die widerlegbare Vermutung auf, dass die im Besitz eines Ehegatten oder beider Ehegatten befindlichen beweglichen Sachen dem Ehegatten gehören, der der Schuldner ist.

Diese Vermutung gilt nicht bei Getrenntleben hinsichtlich Sachen im Besitz des Ehegatten, der nicht Schuldner ist (§ 1362 Abs. 1 S. 2 BGB).

Sie gilt ferner nicht, soweit es sich um zum persönlichen Gebrauch bestimmte Sachen handelt; hier wird vielmehr das Eigentum des Ehegatten vermutet, für dessen Gebrauch sie bestimmt sind (§ 1362 Abs. 2 BGB). Allerdings trifft die Beweislast für die persönliche Gebrauchsbestimmung den Ehegatten, der das Eigentum für sich in Anspruch nimmt. Es besteht z.B. auch kein Erfahrungssatz des Inhalts, dass in einer Normalehe Frauenschmuck i.d.R.

zum ausschließlichen Gebrauch der Ehefrau bestimmt ist, sondern es müssen dies die besonderen Umstände des Einzelfalls bestätigen (BGHZ 2, 82, 84; OLG Nürnberg MDR 2000, 704@).

Aus der Vermutung des § 1362 BGB zieht § 739 die vollstreckungsrechtliche Konsequenz für den Gewahrsam: Soweit die Eigentumsvermutung des § 1362 BGB reicht, gilt bei einer Vollstreckung gegen einen Ehegatten (Schuldner) nur dieser als Gewahrsamsinhaber. Nach h. M. handelt es sich bei § 739 um eine **unwiderlegbare Vermutung**, die selbst dann eingreift, wenn die widerlegbare Vermutung des § 1362 BGB entkräftet wird: Es sollen die Eigentumsverhältnisse, an die § 1362 BGB anknüpft, vom GV bei der Pfändung nicht geprüft werden.

OLG Düsseldorf DGVZ 1981, 114; OLG Celle OLG Report 1999, 292@; Brox/Walker Rdnr. 239; StJ/Münzberg § 739 Rdnr. 22; Thomas/Putzo § 739 Rdnr. 9; a. A. z. B. MünchKomm/Gernhuber, 3. Aufl. 1993, § 1363 Rdnr. 19.

Der Ehegatte, der nicht Schuldner ist, kann sich – wenn § 739 eingreift – gegen die Pfändung ihm gehörender Sachen nach h. M. nur mit der **Drittwiderspruchsklage** wehren.

Beispiel: Auf Grund eines Zahlungstitels gegen den Ehemann E pfändet der GV in der ehelichen Wohnung einen im Zimmer der Ehefrau F liegenden Perserteppich. Die F widerspricht. Sie sei schon vor der Eheschließung alleinige unmittelbare Besitzerin und Eigentümerin des Teppichs gewesen. Dies könne E bezeugen. –
(1) Nach h. M. ist § 739 eine unwiderlegbare Vermutung für den Gewahrsam des Ehegatten, der Schuldner ist. Nach h. M. schlägt also eine Widerlegung der widerlegbaren Vermutung des § 1362 BGB nicht zurück auf § 739 . Daraus folgt, dass kein Fehler des Vollstreckungsorgans vorliegt und dass auch mit dem Nachweis des Eigentums eine erfolgte Pfändung nicht im Wege der Erinnerung angegriffen werden kann.
(2) Nach h. M. kommt nur die Drittwiderspruchsklage nach § 771 in Betracht. Bei der Drittwiderspruchsklage, bei der die Vermutung des § 1362 BGB zu widerlegen ist, braucht der nicht schuldende Ehegatte lediglich seinen Eigentumserwerb, dagegen nicht den Fortbestand seines Eigentums zu beweisen (BGH NJW 1976, 238; 1992, 1162@).
Nach h. M. (BGH NJW 1992, 1162, 1163@ m. w. N.) lässt § 1362 BGB die Möglichkeit unberührt, sich für die Zeit vor der Ehe auf § 1006 Abs. 2 BGB zu berufen. Das Vorbringen der F ist daher geeignet, die Vermutung des § 1362 BGB zu widerlegen. Die F wird mit der Drittwiderspruchsklage Erfolg haben.

In Vorbereitung der 2. Zwangsvollstreckungsnovelle hatte die Arbeitsgruppe vorgeschlagen, § 1362 BGB und § 739 auf **eheähnliche Gemeinschaften** entsprechend anzuwenden.

Dieser Vorschlag wurde nicht verwirklicht.

Vgl. dazu David MDR 1998, 1083; Hornung Rpfleger 1998, 381, 382.

Es verbleibt somit bei der bisherigen Rechtslage: Die h. M. lehnt die analoge Anwendung des § 739 i. V. m. § 1362 BGB ab.

OLG Köln NJW 1989, 1737; Baur/Stürner Rdnr. 19.9; Brox/Walker Rdnr. 241; Schuschke in Schuschke/Walker I Einf. vor §§ 739–745 Rdnr. 3 m. w. N.; a. A. MünchKomm/Wacke, 3. Aufl. 1993, § 1362 Rdnr. 11; MünchKomm/ZPO/Arnold § 739 Rdnr. 19; Thran NJW 1995, 1458 ff.

Die in der Schuldnerwohnung lebende Gefährtin muss aber als Mitgewahrsamsinhaberin der Pfändung nach § 809 zustimmen.

3.2.2 Gewahrsam eines Dritten, § 809

I) Sachen des Schuldners, die sich im Gewahrsam eines Dritten befinden, können ohne Duldungstitel gegen den Dritten nur gepfändet werden, wenn der Dritte **zur Herausgabe bereit** ist, § 809.

Beispiel: Als der GV auf Grund eines Zahlungstitels des G bei S pfänden will und keine pfändbaren Sachen vorfindet, erklärt ihm S, dass er Eigentümer eines Klaviers sei. Dieses Klavier habe er an seinen Nachbarn D vermietet und es auch schon wiederholt herausverlangt, da der Mietvertrag abgelaufen sei. GV könne dieses Klavier bei D pfänden. GV begibt sich daraufhin zu D. Dieser erklärt, gegen die Pfändung habe er an sich nichts; aber das Klavier dürfe bei ihm nicht weggeholt werden, da seine Kinder Klavierunterricht hätten und das Instrument benötigten. Zur weiteren Benutzung sei er auch berechtigt, da der Mietvertrag mit S in Wahrheit noch nicht abgelaufen sei.

(1) Der GV darf nicht pfänden. An dem Klavier besteht Fremdgewahrsam, und es liegt keine Herausgabebereitschaft i.S.d. § 809 vor. Die Herausgabebereitschaft i.S.d. § 809 muss sich auf die Herausgabe zur Verwertung und nicht nur auf die Pfändung beziehen (Thomas/Putzo § 809 Rdnr. 3).

(2) Um an das Klavier des S heranzukommen, muss G den Herausgabeanspruch des S gegen D (z.B. aus §§ 556, 985 BGB) pfänden (§§ 829, 846, 847). Gibt D das Klavier trotz der Pfändung des Herausgabeanspruchs nicht an den GV (§ 847) heraus, so muss sich G – wenn das noch nicht mit dem Pfändungsbeschluss zusammen geschehen ist – nach § 835 die gepfändeten Herausgabeansprüche zur Einziehung überweisen lassen. Der Überweisungsbeschluss ist aber noch kein Vollstreckungstitel gegen den Drittschuldner. Einen solchen Herausgabetitel gegen den Drittschuldner muss sich G erst noch beschaffen, wenn D nicht freiwillig leistet. Der Überweisungsbeschluss berechtigt den G, im eigenen Namen den D auf Grund der materiellen Herausgabeansprüche (z.B. §§ 556, 985 BGB) auf Herausgabe des Klaviers an den GV zu verklagen. Ein obsiegendes Herausgabeurteil ist dann ein gegen D gerichteter Vollstreckungstitel auf Herausgabe der Sache an den GV. Dieser Titel wird nach § 883 vollstreckt (Brox/Walker Rdnr. 256; BL/Hartmann § 809 Rdnr. 6 u. § 847 Rdnr. 6).

II) Im Erinnerungsverfahren trägt der **Gläubiger** für die Erfüllung der Pfändungsvoraussetzungen nach § 808 – Gewahrsam des Schuldners bzw. Besitzdienerschaft eines Dritten – die v**olle Beweislast**, und zwar unabhängig davon, wie der GV die Besitzverhältnisse bewertet hat. Wenn daher der GV von einem **Eigengewahrsam eines Dritten** hätte ausgehen müssen, wäre zur Durchführung der Pfändung die **Herausgabebereitschaft** des Dritten i.S.d. § 809 erforderlich gewesen.

Beispiel: G betreibt die Zwangsvollstreckung gegen S, der unter der angegebenen Anschrift nicht erreichbar ist. Der GV hat einen Pkw Golf gepfändet, den die Tochter T des S unmittelbar zuvor benutzt und in unmittelbarer Nähe des Hauses auf der Straße abgestellt hatte. Die T hatte vor der Pfändung gegenüber dem GV unter Vorlage eines Briefes geltend gemacht, ihr Vater habe ihr das Fahrzeug seinerzeit – für 1 Jahr versicherungs- und kostenfrei – geschenkt. Gleichwohl nahm der GV das Fahrzeug, die Schlüssel und den Kraftfahrzeugschein zum Zwecke der Pfändung in Besitz. Die T legte gegen die Pfändung Erinnerung (§ 766) ein. Nachträglich hat sich herausgestellt, dass S im Kraftfahrzeugbrief als Eigentümer und im Kraftfahrzeugschein als Halter eingetragen war.

Die Erinnerung der T (§ 766) ist begründet und es ist die Pfändung für unzulässig zu erklären (§ 775 Nr. 1) und die Aufhebung der Pfändung des Kfz durch den GV anzuordnen (§ 776 S. 1), weil der GV die Gewahrsamsverhältnisse am Pfandobjekt fehlerhaft beurteilt und die fehlende Herausgabebereitschaft der T nicht beachtet hat. Ein Kfz, das sich nicht in den Räumlichkeiten oder auf befriedeten Besitztum des Schuldners befindet, sondern von einem Dritten benutzt wird, der auch die Fahrzeugpapiere besitzt, ist für die Pfändung nicht ohne weiteres dem Gewahrsam des Schuldners zuzurechnen. Da die T unter Berufung auf eine Schenkung unter Vorlage des Briefes eigene Eigentumsrechte für sich in Anspruch genommen hatte, konnte der GV auch nicht davon ausgehen, dass die T lediglich Besitzdienerin des S war. Der GV hat somit gegen § 809 verstoßen (OLG Düsseldorf InVo 1997, 74@)

III) Nach einer Meinung ist das Fehlen der Herausgabebereitschaft unbeachtlich, wenn der Dritte sich vor der Pfändung im kollusiven Zusammenwirken mit dem Schuldner den Gewahrsam verschafft hat, um die Sache dem Vollstreckungszugriff zu entziehen.

LG Berlin DGVZ 1969, 71; LG Stuttgart DGVZ 1969, 168; BL/Hartmann § 809 Rdnr. 2; Zöller/Stöber § 809 Rdnr. 5.

Die Gegenmeinung lehnt diese Auffassungen ab, weil der GV das weder überschauen noch zuverlässig prüfen könne. *m. E richtig*

Baur/Stürner Rdnr. 28.10; Thomas/Putzo § 809 Rdnr. 4; MünchKomm/ZPO/Schilken § 809 Rdnr. 6 m.w.N.

IV) Nach der h.M. ist der Gerichtsvollzieher selbst Drittgewahrsamsinhaber i.S.d. § 809, wenn er bereits die tatsächliche Sachherrschaft über die (nochmals) zu pfändende Sache hat. Das ist der Fall, wenn er die Sache auf Grund einer bereits vorgenommenen Pfändung in seine Pfandkammer geschafft hat oder wenn die Sache an ihn als Sequester übergeben worden ist.

LG Berlin DGVZ 1954, 57; LG Kleve DGVZ 1977, 173; BL/Hartmann § 809 Rdnr. 2; Hintzen/Wolf Rdnr. 415; Brox/Walker Rdnr. 250; einschränkend MünchKomm/ZPO/Schilken § 809 Rdnr. 5.

Wenn nun der GV von einem anderen Vollstreckungsgläubiger beauftragt wird, diese Sache (nochmals) zu pfänden, so muss gemäß § 809 seine eigene Bereitschaft auf die Herausgabe zur Pfändung und Verwertung bestehen. Diese Bereitschaft kann aber nicht im Belieben des GV stehen, denn er hat ja den Gewahrsam als Organ der Rechtspflege im Interesse des zunächst pfändenden Vollstreckungsgläubigers bzw. des die Sequestration begünstigenden Gläubigers erhalten. Der GV muss daher prüfen, ob die Pfändung der Sache zulässig gewesen wäre, bevor er den Gewahrsam erlangt hat, und ob die Pfändung sich mit dem Zweck vereinbaren lässt, zu dessen Erreichung er den Gewahrsam erlangt hat.

Brox/Walker Rdnr. 250; Gerlach ZZP 89, 294, 320 ff.; StJ/Münzberg § 809 Rdnr. 2.

1) Ist dies der Fall, so muss der GV als Drittgewahrsamsinhaber seine Herausgabebereitschaft bejahen und (nochmals) pfänden.

Beispiele:

1. Der Gerichtsvollzieher hat für den Vollstreckungsgläubiger G 1 bei dessen Vollstreckungsschuldner S gemäß § 808 Wertpapiere gepfändet und in die Pfandkammer gebracht. Nunmehr erhält der Gerichtsvollzieher von einem anderen Vollstreckungsgläubiger (G 2) auch den Auftrag, die Wertpapiere zu pfänden. –

Würden sich die für G 1 gepfändeten Wertpapiere noch im Gewahrsam des S befinden, müsste der Gerichtsvollzieher die Wertpapiere für G 2 nochmals pfänden. Er muss daher auch jetzt die Anschlusspfändung für G 2 vornehmen.

2. Der Gerichtsvollzieher hat für den Vollstreckungsgläubiger G 1 Wertpapiere nicht bei dessen Vollstreckungsschuldner S, sondern bei einem Dritten (D) mit dessen Herausgabebereitschaft nach § 809 gepfändet und die Papiere in seine Pfandkammer gebracht. Nunmehr soll er diese Wertpapiere im Auftrage eines anderen Vollstreckungsgläubigers G 2 aus einem gegen D gerichteten Titel pfänden. –

Wäre D Gewahrsamsinhaber geblieben, so hätte der Gerichtsvollzieher aus einem gegen D selbst gerichteten Titel unabhängig von der Herausgabebereitschaft des D nach § 808 die Wertpapiere nochmals pfänden können. Er muss daher auch jetzt – selbst gegen den Willen des D – die Pfändung vornehmen.

2) Dagegen darf der GV nicht auf Grund eigener Herausgabebereitschaft pfänden, wenn die Pfändung vor seiner Gewahrsamserlangung nicht zulässig gewesen wäre oder wenn die jetzige Pfändung die geschützten Interessen desjenigen verletzt, für den der GV den Gewahrsam erlangt hat.

Beispiele:

1. Der Gerichtsvollzieher hat für den Vollstreckungsgläubiger G 1 Wertpapiere nicht bei dessen Vollstreckungsschuldner S, sondern bei einem Dritten D mit dessen Zustimmung nach § 809 gepfändet und in seine Pfandkammer gebracht. Nunmehr soll er die Wertpapiere für einen anderen Vollstreckungsgläubiger, G 2, des Vollstreckungsschuldners S pfänden. –

Befand sich bei der Erstpfändung die Sache im Gewahrsam eines Dritten D, so ist auch bei der Pfandkammeranschlusspfändung für einen anderen Gläubiger des Vollstreckungsschuldners der D Dritter i. S. d. § 809. Der Gerichtsvollzieher darf die Pfandkammeranschlusspfändung daher nur dann vornehmen, wenn der D auch für eine Vollstreckung zu Gunsten des G 2 herausgabebereit ist; denn die bisherige Herausgabebereitschaft des D bezog sich nur auf die Pfändung zu Gunsten des G 1 (OLG Düsseldorf OLGZ 1973, 50 ff.; Brox/Walker Rdnr. 251; Zöller/Stöber § 826 Rdnr. 3).

2. Im Wege einer einstweiligen Verfügung war dem Schuldner S aufgegeben worden, zur Sicherung eines Herausgabeanspruchs des G 1 ein Bild an den Gerichtsvollzieher GV als Sequester in Verwahrung zu geben. S kam dieser Anordnung nach, der GV nahm das Bild in seine Pfandkammer. Jetzt beauftragt G 2, ein anderer Gläubiger des S, den Gerichtsvollzieher, wegen eines Zahlungsanspruches das Bild zu pfänden. –

Der Gerichtsvollzieher muss hier die Herausgabebereitschaft nach § 809 versagen, weil er mit einer Pfändung des Bildes zu Gunsten des G 2 den mit der Sequestration verfolgten Zweck beeinträchtigen würde, den Herausgabeanspruch des G 1 sicherzustellen (Brox/Walker Rdnr. 252).

3.3 Kein spezielles Vollstreckungshindernis, §§ 811 ff.

Eine Vollstreckung darf nicht erfolgen, wenn ein Vollstreckungshindernis besteht. Insoweit ist zwischen den allgemeinen Vollstreckungshindernissen, die für jede Art der Vollstreckung gelten und bereits oben besprochen wurden (s. 1. Teil, 4. Abschnitt), und den speziellen Vollstreckungshindernissen zu unterscheiden. Bei der Vollstreckung wegen Geldforderungen sind dies die **Pfändungsverbote nach §§ 811, 812**. Der GV muss sowohl die allgemeinen Vollstreckungshindernisse als auch die speziellen Vollstreckungshindernisse der §§ 811 ff. beachten.

§ 811 schließt bestimmte Gegenstände von der Pfändung aus, um im öffentlichen Interesse eine Kahlpfändung des Schuldners zu vermeiden.

I) Die in der Praxis wichtigsten Fälle sind:

1) **§ 811 Abs. 1 Nr. 1:** Die dem **persönlichen Gebrauch** oder dem **Haushalt dienenden Sachen** sind unpfändbar, soweit der Schuldner ihrer zu einer seiner Berufstätigkeit und seiner Verschuldung angemessenen bescheidenen Lebens- und Haushaltsführung bedarf.

So gehört heute nach allgemeiner Auffassung ein Fernsehgerät selbst dann zu den Sachen, die der Schuldner zu einer bescheidenen und einfachen Lebensführung braucht, wenn er daneben noch ein Rundfunkgerät besitzt. Denn Rundfunk und Fernsehen sind unterschiedliche Erscheinungsformen drahtloser Informationsdienste, und dem Schuldner muss die Möglichkeit zugestanden werden, sich der vorhandenen Informationsdienste zu bedienen. Ein Fernsehgerät ist daher nach § 811 Nr. 1 grds. unpfändbar (BFH NJW 1990, 1871; dazu Lüke/Beck JuS 1994, 22 ff.; Zöller/Stöber § 811 Rdnr. 15 m.w.N.). Jedoch kann ein Farbfernsehgerät nach § 811 a gegen ein Schwarz-Weiß-Gerät ausgetauscht werden (OLG Stuttgart NJW 1987, 196 f. m.w.N.; Walker JZ 1994, 990, 993).

Hausrat, der nicht schon unter § 811 Nr. 1 fällt, soll nach § 812 nicht gepfändet werden, wenn ersichtlich ist, dass die Verwertung nur einen Erlös erzielen würde, der zu dem Wert außer Verhältnis steht.

2) **§ 811 Abs. 1 Nr. 5:** Unpfändbar sind die zur Fortsetzung einer **persönlichen Erwerbstätigkeit** (Gegensatz: Erwerb aus Kapitalnutzung) erforderlichen Sachen.

§ 811 Nr. 5 gilt nicht zu Gunsten jur. Personen, denn die Vorschrift soll die persönliche Arbeitsfähigkeit schützen. Eine OHG oder KG kann den Schutz des § 811 Nr. 5 dann in Anspruch nehmen, wenn Gegenstand des Unternehmens kein kaufmännischer Warenvertrieb ist und wenn alle Gesellschafter ihren Erwerb aus körperlicher Arbeit im Betrieb der OHG oder KG ziehen.

OLG Oldenburg NJW 1964, 505; StJ/Münzberg § 811 Rdnr. 43 m.w.N.

3) **§ 811 Abs. 2: Pfändungsprivileg für den Vorbehaltsverkäufer**

Die Unpfändbarkeit nach § 811 Abs. 1 setzt grds. nicht voraus, dass der Schuldner Eigentümer der Sache ist, sondern sie soll – unabhängig von der Eigentumslage – Besitz- und Gebrauchsmöglichkeit für den Schuldner erhalten. Der Pfändungsschutz des § 811 Abs. 1 wirkt daher grds. auch gegen den Eigentümer der Sache. Der Eigentümer kann daher in diesen Fällen nur die Herausgabevollstreckung nach § 883 betreiben, wo § 811 nicht eingreift. Nach h.M. gelten diese Grundsätze auch dann, wenn der Gläubiger die Sache dem Schuldner unter Eigentumsvorbehalt verkauft hat oder als Sicherungseigentümer wegen der gesicherten Forderung in die (nach § 811 Abs. 1 unpfändbare) Sache vollstrecken will.

Die 2. Zwangsvollstreckungsnovelle hat ein Privileg für den – einfachen – Eigentumsvorbehalt geschaffen. Der neu eingeführte § 811 Abs. 2 gestattet dem Verkäufer einer durch Eigentumsvorbehalt gesicherten Geldforderung, wenn er wegen dieser vollstreckt, bei den Pfändungsverboten des § 811 Abs. 1 Nr. 1, 4, 5 und 7 die Pfändung, wenn er die Vereinbarung des Eigentumsvorbehalts durch Urkunden nachweist. Er ist in diesen Fällen also nicht mehr gezwungen, sich einen Herausgabetitel zu verschaffen, um gem. § 883 an die Sache heranzukommen.

Die Annahme beschränkt sich auf den einfachen Eigentumsvorbehalt. § 811 Abs. 2 erfasst nicht den erweiterten Eigentumsvorbehalt und gilt nicht für den Sicherungseigentümer.

Vgl. hierzu Brox/Walker Rdnr. 296 ff.; Hornung Rpfleger 1998, 381, 393; Funke NJW 1998, 1029, 1031; Schilken InVo 1998, 304, 309.

4) Durch das Gesetz zur Verbesserung der Rechtsstellung des Tieres im bürgerlichen Recht (BGBl. I 1990, 1762 ff.) ist **§ 811 c** eingefügt worden. Danach sind Haustiere, die nicht zu Erwerbszwecken gehalten werden, der Pfändung nicht unterworfen. Das Vollstreckungsgericht muss jedoch gemäß § 811 c Abs. 2 eine Ausnahme für sog. Luxustiere zulassen.

II) Eine gegen § 811 verstoßende Pfändung ist mit der **Erinnerung** gemäß § 766 anfechtbar. Ändern sich die für § 811 maßgebenden Umstände zwischen der Pfändung und der Entscheidung über die Erinnerung, so gilt:

1) Wird die bei der Pfändung unpfändbare Sache pfändbar (z.B. die Erforderlichkeit zur Erwerbstätigkeit fällt wegen Betriebsaufgabe weg), so ist das bei der Entscheidung über die Erinnerung zu berücksichtigen, denn grds. ist auf die Verhältnisse zur Zeit der Entscheidung abzustellen; die Erinnerung ist dann unbegründet.

2) Im umgekehrten Fall – die den § 811 begründenden Umstände treten erst nach der Pfändung ein – ist jedoch nach h.M. auf den Zeitpunkt der Pfändung abzustellen.

Beispiel: Der GV pfändet bei S ein Fernsehgerät „Sony". Der S hatte noch ein zweites Gerät. Nach der Pfändung wird dieses zweite Gerät bei S gestohlen. S legt nunmehr gegen die Pfändung des „Sony" Erinnerung ein. –

(1) Nach h.M. (LG Berlin Rpfleger 1977, 262; LG Bochum DGVZ 1980, 37; BL/Hartmann § 811 Rdnr. 13; Thomas/Putzo § 811 Rdnr. 3; Zöller/Stöber § 811 Rdnr. 9) ist allein der Zeitpunkt der Pfändung maßgebend, weil es der Schuldner nicht in den Händen haben dürfe, durch spätere Manipulationen nachträglich (etwa durch Veräußerung des Zweitgerätes) die Voraussetzungen des § 811 herbeizuführen. Der für § 766 geltende allgemeine Grundsatz, dass die zum Zeitpunkt der Entscheidung vorliegenden Umstände maßgebend sind, könne hier nicht durchgeführt werden. Nach dieser Ansicht ist die Erinnerung des S unbegründet. In Härtefällen kann der Schuldner jedoch den Vollstreckungsschutzantrag nach § 765 a stellen (Thomas/Putzo § 811 Rdnr. 3).
(2) Die Gegenmeinung (StJ/Münzberg § 811 Rdnr. 17) stellt – auch hier – auf den Zeitpunkt der Entscheidung über die Erinnerung ab, gibt jedoch dem Schuldner die Beweislast dafür, dass die Unpfändbarkeit ohne rechtsmissbräuchliches Verhalten nachträglich eingetreten ist. Im vorliegenden Fall könnte S diesen Beweis führen, seine Erinnerung hätte Erfolg.

III) Bedeutsam ist oft, inwieweit ein **Verzicht** des Schuldners auf den Pfändungsschutz des § 811 möglich ist.

1) Ein vorheriger Verzicht des Schuldners auf den Schutz des § 811 ist unwirksam.

RGZ 72, 181, 183; OLG Köln Rpfleger 1969, 439; Thomas/Putzo § 811 Rdnr. 5; BL/Hartmann § 811 Rdnr. 4 m.w.N.

2) Die wohl h.M. hält auch den Verzicht bei oder nach der Pfändung für unwirksam.

BayObLG NJW 1950, 697, 698 f; Brox/Walker Rdnr. 304; StJ/Münzberg § 811 Rdnr. 8; Zöller/Stöber § 811 Rdnr. 10; Thomas/Putzo § 811 Rdnr. 5; einschränkend KG NJW 1960, 682; Jauernig § 32 II A.

V) Die **Austauschpfändung, § 811 a**, ermöglicht den Zugriff auf eine dem Pfändungsschutz des § 811 Nr. 1, 5 und 6 unterfallende Sache, wenn der Gläubiger dem Schuldner vor der Wegnahme der Sache ein dem Verwendungszweck genügendes Ersatzstück oder den zu dessen Beschaffung notwendigen Geldbetrag zur Verfügung stellt. Der Gläubiger muss die Austauschpfändung beim Vollstreckungsgericht beantragen. Sie ist nur auf Grund eines entsprechenden Beschlusses des Vollstreckungsgerichts (Rpfleger) zulässig (§ 811 a Abs. 2 S. 1). Auch ohne vorherigen Beschluss des Vollstreckungsgerichts ist nach § 811 b eine vorläufige Austauschpfändung möglich, wenn zu erwarten ist, dass das Vollstreckungsgericht die Austauschpfändung für zulässig erklären wird.

Eine Austauschpfändung kann aber gemäß § 811 a Abs. 2 S. 2 nur dann zugelassen werden, wenn zu erwarten ist, dass der Vollstreckungserlös den Wert des Ersatzstückes erheblich übersteigt. Bei der Beurteilung ist auf die Gesamtlage abzustellen; ein Mindestwert für den Wertunterschied ist in Zahlen nicht allgemein festzusetzen.

4. Der eigentliche Pfändungsakt

4.1 Inbesitznahme und Kenntlichmachung, § 808

Die Pfändung geschieht nach § 808 Abs. 1 dadurch, dass der GV die Sache in seinen Besitz nimmt.

I) Regelmäßig belässt der GV die Sache im Gewahrsam des Schuldners. Er muss dann die Pfändung durch Anlegen eines Pfandsiegels oder „auf sonstige Weise" kenntlich machen.

Die Kenntlichmachung „auf sonstige Weise" geschieht insbesondere durch Anbringung einer vom GV unterzeichneten, mit Dienstsiegel versehen, die Pfandstücke bezeichnenden Pfandanzeige (Pfandtafel). Es muss dabei deutlich sein, welche Gegenstände von der Pfändung ergriffen werden sollen. Bei der Pfändung eines Warenstapels (z.B. einer Anzahl von Konservenkisten) genügt die Anbringung einer Pfandanzeige an dem Warenstapel nur dann, wenn an der Identität der gepfändeten Sachen kein Zweifel besteht; die Pfändung ist daher unwirksam, wenn bei einem Stapel von 400 Kisten 300 Kisten als gepfändet bezeichnet werden, ohne dass die 300 Kisten gesondert gelagert werden (OLG Stuttgart NJW 1959, 992; Baur/Stürner Rdnr. 28.16).

Fehlt es an der Anlegung des Pfandsiegels oder der Kenntlichmachung (Verstoß gegen § 808 Abs. 2 S. 2), ist die Pfändung unheilbar nichtig. Die Pfändung bleibt jedoch bestehen, wenn später eine erfolgte Kenntlichmachung durch eine Handlung des Schuldners (z.B. Ablösen des Pfandsiegels) oder durch zufällige Umstände wegfällt.

▶ Wenn die Sache im Gewahrsam des Schuldners verbleibt, entsteht folgende Besitzlage:

- Der Schuldner ist unmittelbarer Fremdbesitzer (nicht etwa nur Besitzdiener).
- Der GV ist mittelbarer Fremdbesitzer 1. Stufe.
- Der Gläubiger ist mittelbarer Fremdbesitzer 2. Stufe.
- Der Schuldner ist mittelbarer Eigenbesitzer 3. Stufe.

II) Wegnehmen muss der GV nach § 808 Abs. 2 grds. Geld, Kostbarkeiten und Wertpapiere, andere Gegenstände dann, wenn zu befürchten ist, dass anderenfalls die Befriedigung des Gläubigers gefährdet wird.

▶ Wenn der GV die Sache nach § 808 Abs. 2 wegnimmt, entsteht folgende Besitzlage:

- Der Gerichtsvollzieher ist unmittelbarer Fremdbesitzer.
- Der Gläubiger ist mittelbarer Fremdbesitzer 1. Stufe.
- Der Schuldner ist mittelbarer Eigenbesitzer 2. Stufe.

III) Bei der Einlagerung gepfändeter, aber gem. § 808 Abs. 2 S. 1 nicht im Gewahrsam des Schuldners verbleibender Sachen schließt der GV – wie bei der Verwahrung beweglicher Sachen bei der Räumungsvollstreckung gem. § 885 Abs. 3 – Verwahrungsveträge zum Zwecke der Einlagerung nach der neueren BGH-Rspr. regelmäßig nicht im eigenen Namen, sondern als Vertreter des Justizfiskus, falls nicht ein anderes vereinbart wird.

Vgl. dazu BGH NJW 1999, 2597@ = JZ 2000, 359 mit Anm. Berger S. 361 ff.

4.2 Die Zwangsbefugnisse des Gerichtsvollziehers, §§ 758, 758 a

Die Zwangsbefugnisse des GV sind abschließend in den §§ 758, 758 a geregelt.
Brox/Walker Rdnr. 373.

4.2.1 Befugnisse des GV zur Durchsuchung und Gewaltanwendung, § 758

I) Nach § 758 Abs. 1 ist der GV befugt, die **Wohnung** und die **Behältnisse** des Schuldners zum Zwecke des Auffindens pfändbarer Sachen, die der Schuldner von sich aus nicht vorzeigen will, zu **durchsuchen**. Dabei ist für die Wohnungsdurchsuchung aber grds. eine richterliche Anordnung erforderlich, § 758 a Abs. 1, und für die Vollstreckung zur Nachtzeit sowie an Sonn- und Feiertagen § 758 a Abs. 4 zu beachten (s. dazu unten 4.2.2).

1) **Wohnung** ist nach der weiten Auslegung des Begriffs, die das Bundesverfassungsgericht nach Art. 13 GG vertritt und von der h.M. auch für §§ 758, 758 a angewendet wird, nicht nur der zu Wohnzwecken benutzte Raum, sondern darunter fallen auch die zu Geschäftszwecken benutzten Räume (z.B. Läden, Lagerhallen, Fabrikationsräume, Werkstätten) einschließlich der Nebenräume (z.B. Flure, Keller, Speicher, Garagen), ferner auch das befriedete Besitztum (wie z.B. Höfe, Gärten usw.).

BVerfGE 32, 54, 72/73@; 42, 212, 219; Brox/Walker Rdnr. 319; StJ/Münzberg § 758 Rdnr. 2 FN 2; Zöller/Stöber § 758 a Rdnr. 4; Seip NJW 1994, 352, 355; MünchKomm/ZPO/Arnold § 758 Rdnr. 9.

2) **Behältnisse** sind alle zur Aufbewahrung einer Sache dienenden Räumlichkeiten, die nicht dazu bestimmt sind, von Menschen betreten zu werden, wie z. B. Schränke, Koffer, Kassetten, aber auch Taschen in Kleidungsstücken, sodass der GV auch diese durchsuchen darf, um eine sog. Taschenpfändung vorzunehmen.

OLG Köln OLGZ 1980, 352; Brox/Walker Rdnr. 319; MünchKomm/ZPO/Arnold § 758 Rdnr. 97.

3) **Durchsuchung** ist das ziel- und zweckgerichtete Suchen, um etwas aufzuspüren, was der Wohnungsinhaber von sich aus nicht offenlegen oder herausgeben will.

BVerfGE 51, 97, 106 f@; BVerwGE 47, 31, 37; Brox/Walker Rdnr. 324; Zöller/Stöber § 758 Rdnr. 2.

Allein das Betreten einer „Wohnung" ist demnach kein „Durchsuchen": zum „Durchsuchen" wird aber das Betreten gegen den Willen des Wohnungsberechtigten, weil der Eingriff in die Unverletzlichkeit der „Wohnung" schutzwürdig ist. Mit Rücksicht auf den Schutzzweck des Art. 13 Abs. 2 GG ist daher eine „Durchsuchung" auch dann gegeben, wenn innerhalb der Wohnung pfändbare Sachen offen zutage liegen oder wenn der GV weiß, dass sich die zu pfändende Sache in der Wohnung befindet, das Betreten der Wohnung aber gegen den Willen des Berechtigten geschieht.

Baur/Stürner Rdnr. 8.14; Brox/Walker Rdnr. 325.

II) Der GV ist nach **§ 758 Abs. 2** befugt, verschlossene Haustüren, Zimmertüren und Behältnisse **öffnen zu lassen**.

Abgesehen von Eilfällen ist die Öffnung dem Schuldner vorher schriftlich anzukündigen; sie hat i. d. R. unter Hinzuziehung eines Fachmannes (z. B. eines Schlossers) zu erfolgen.

III) Widerstand darf der GV durch **Gewaltanwendung**, notfalls mit Unterstützung polizeilicher Vollzugsorgane, brechen, **§ 758 Abs. 3**. Unter den Voraussetzungen des **§ 759** ist die Zuziehung von **Zeugen** erforderlich.

4.2.2. Richterliche Anordnung zur Durchsuchung; Vollstreckung zur Nachtzeit sowie an Sonn- und Feiertagen, § 758 a

§ 758 a ist durch die 2. Zwangsvollstreckungsnovelle eingefügt worden. Damit hat der Gesetzgeber die Vorgaben des Bundesverfassungsgerichts zu Art. 13 Abs. 2 GG die auch schon bislang Auslegungs- und Prüfungsmaßstab für die Zulässigkeit einer Maßnahme nach § 758 waren, umgesetzt.

I) **Durchsuchung einer Wohnung ohne Einwilligung**

1) Nach der Rechtsprechung des Bundesverfassungsgerichts zu Art. 13 Abs. 2 GG ist für die Durchsuchung einer Wohnung, die der Gerichtsvollzieher zum

Zwecke der Pfändung einer beweglichen Sache vornimmt, eine besondere **richterliche Anordnung** erforderlich.

BVerfGE 51, 97 ff.@.

Dieser Grundsatz ist nunmehr in § 758 a Gesetz geworden.

Dazu Schilken InVo 1998, 304 ff.; Funke NJW 1998, 1030; Hornung Rpfleger 1998, 381, 385.

▶ Im Normalfall darf die Wohnung des Schuldners ohne dessen Einwilligung **nur nach richterlicher Anordnung** durchsucht werden, § 758 a Abs. 1 S. 1.

▶ Nur bei Gefährdung des Durchsuchungserfolges ist die Durchsuchungsanordnung **ausnahmsweise entbehrlich**, § 758 a Abs. 1 S. 2.

Damit wurden die Befugnisse des GV im Vergleich zu der bis zum 01.01.1999 geltenden Regelung erweitert; denn nach der bis dahin geltenden gesetzlichen Regelung und h. M. wurde jedenfalls bei der Vollstreckung aus einem nicht richterlichen Titel (z. B. Zuschlagsbeschluss des Rechtspflegers, Prozessvergleich) immer eine richterliche Durchsuchungsanordnung für erforderlich erachtet (vgl. Walker in Schuschke/Walker I § 885 Rdnr. 8).

2) Die richterliche Durchsuchungsanordnung muss vom Gläubiger beantragt werden. Zuständig ist der **Richter** bei dem Amtsgericht, in dessen Bezirk die Durchsuchung vorgenommen werden soll.

§ 20 Nr. 17 RpflegerG, wonach Geschäfte im Zwangsvollstreckungsverfahren, soweit sie von dem Vollstreckungsgericht zu erledigen sind, auf den Rechtspfleger übertragen sind, greift nicht ein (Brox/Walker Rdnr. 328).

3) **Rechtsbehelfe:**

▶ Eine Durchsuchung, welche ohne erforderliche Durchsuchungsanordnung durchgeführt worden ist, ist mit der **Erinnerung, § 766,** anfechtbar.

▶ Die Erteilung oder Verweigerung einer beantragten Durchsuchungsanordnung durch den Richter ist eine richterliche Entscheidung, und zwar nach h. M. auch dann, wenn die Erlaubnis ohne Anhörung des Schuldners erteilt wird, weil der Richter die Voraussetzungen für ein Eindringen in den grundrechtlich geschützten Wohnraum von Amts wegen zu beachten hat.

OLG Saarbrücken Rpfleger 1993, 146, 147; Brox/Walker Rdnr. 309 u. 1184; Lackmann Rdnr. 156.

Da die Entscheidung des Richters ohne mündliche Verhandlung ergehen kann, findet gegen sie die Beschwerde statt, und zwar nach h. M. die **sofortige Beschwerde, § 793**.

OLG Hamm NJW 1984, 1972@; Brox/Walker Rdnr. 309; Hintzen/Wolf Teil C Rdnr. 51; a. A. Zöller/Stöber § 758 a Rdnr. 36: einfache Beschwerde.

II) **Vollstreckung zur Nachtzeit und an Sonn- und Feiertagen**

1) Nach § 758 a Abs. 4 ist – im Gegensatz zu der bisherigen Regelung in § 761 a. F. (aufgehoben seit 01.01.1999) – für eine Vollstreckungshandlung des GV zur Nachtzeit und an Sonn- und Feiertagen eine richterliche Erlaubnis nur bei Vollstreckungshandlungen in Wohnungen erforderlich.

Außerhalb von Wohnungen (in dem weiteren Sinne des § 758 Abs. 1, s.o. 4.2.1, I), 1) ist für eine Vollstreckungshandlung zur Nachtzeit und an Sonn- und Feiertagen eine richterliche Anordnung nicht erforderlich, jedoch darf die Vollstreckungshandlung für den Schuldner und die Mitgewahrsamsinhaber keine unbillige Härte darstellen und es darf der zu erwartende Erfolg nicht in einem Missverhältnis zu dem Eingriff stehen.

2) Für die Erteilung der richterlichen Erlaubnis ist (wie bei der Durchsuchungsanordnung, s.o.) der Amtsrichter zuständig, in dessen Bezirk die Vollstreckungshandlung vorgenommen werden soll.

3) Die Rechtsbehelfe sind diejenigen wie bei der richterlichen Anordnung zur Wohnungsdurchsuchung (s.o.).

4.3 Durchschreiten fremden Gewahrsams

Muss der GV die Wohnung (Flur, Zimmer) eines Dritten nur durchschreiten, um in einen Raum des Schuldners zu gelangen, um dort zu pfänden, so braucht er hierzu weder die Einwilligung des Dritten nach § 809, noch ist eine richterliche Anordnung nach § 758 a in Bezug auf den Dritten erforderlich.

Brox/Walker Rdnr. 326; Hintzen/Wolf Teil C Rdnr. 22.

4.4 Mitverschluss eines Dritten an dem Behältnis

Fall 22: Banksafe im Mitverschluss der Bank

S hat bei der B-Bank einen Banksafe gemietet, in dem er Goldmünzen aufbewahrt. Zur Öffnung des Safes müssen zwei Schlüssel eingesetzt werden, von denen sich einer im Besitz des Schuldners, der andere im Besitz der Bank befindet. Nachdem sich der GV, der im Auftrag eines Gläubigers des S den Safeinhalt pfänden will, in den Besitz des Schuldnerschlüssels gesetzt hat, verweigert ihm die Bank ihre Mitwirkung bei der Öffnung des Safes.

Da die Bank zur Öffnung des Schließfaches mitwirken muss, handelt es sich um mehr als um ein bloßes Durchschreiten fremden Gewahrsams und auch um mehr als eine ausschließlich gegen den Schuldner gerichtete Vollstreckungsmaßnahme in der „Wohnung" des Dritten. Die Mitwirkung zur Öffnung des Schließfachs kann daher über § 758 selbst dann nicht erzwungen werden, wenn eine richterliche Anordnung zum Betreten der Geschäftsräume der Bank eingeholt ist. Bei Weigerung der Bank muss der Gläubiger zusätzlich den Anspruch des Schuldners gegen die Bank auf Mitwirkung bei der Öffnung nach §§ 857 Abs. 3, 829 pfänden und sich zur Ausübung überweisen lassen.

LG Berlin DR 1940, 1639/1640; Baur/Stürner Rdnr. 28.7; Brox/Walker Rdnr. 326; vgl. auch LG Aurich MDR 1990, 932 betr. Pfändung des Zugangsrechts bei Alleingewahrsam des Gastwirtes an dem in der Gaststätte aufgestellten Spielautomaten und Alleingewahrsam des Schuldners an dem im Automaten befindlichen Geld als Aufsteller des Automaten.

Weigert sich die Bank dann immer noch, muss G die Bank auf Mitwirkung verklagen, damit er einen unmittelbaren Titel (auf Vornahme einer unvertretbaren Handlung, § 888) gegen die Bank erhält.

– – –

4.5 Anschlusspfändung, § 826

I) Eine bereits gepfändete Sache kann – sei es für einen anderen Gläubiger des Schuldners, sei es für eine andere titulierte Forderung desselben Gläubigers – nochmals gepfändet werden. Für eine solche Anschlusspfändung ist eine weitere selbstständige Pfändung nach § 808 zwar möglich, aber nicht erforderlich. Nach § 826 kann die Anschlusspfändung in der Weise erfolgen, dass der GV eine Erklärung in das Protokoll aufnimmt, dass er die Sache auch für seinen neuen Auftraggeber pfände.

II) Die Anschlusspfändung gemäß § 826 setzt nach h. M. voraus:

1) Sie muss sich gegen denselben Schuldner richten.

2) Die Erstpfändung muss zu einer Verstrickung der Pfandsache geführt haben, und diese Verstrickung muss im Zeitpunkt der Anschlusspfändung noch fortbestehen. Dagegen berührt eine spätere Aufhebung der Erstpfändung – etwa auf Grund einer Erinnerung – eine zwischenzeitlich wirksam erfolgte Anschlusspfändung nicht. In diesem Falle rückt die Anschlusspfändung entsprechend im Range vor.

3) Der GV muss – hier Wirksamkeitsvoraussetzung – über die Anschlusspfändung ein (neues) Protokoll errichten, § 826 Abs. 1.

III) Geschah die Erstpfändung nach § 809 mit Zustimmung des Dritten, so ist nach h. M. die erneute Zustimmung des Dritten erforderlich, weil die Herausgabebereitschaft bei der Erstpfändung individuelle Gründe haben kann.

Brox/Walker Rdnr. 344; StJ/Münzberg § 826 Rdnr. 6; Zöller/Stöber § 826 Rdnr. 3; Hintzen/Wolf Teil C Rdnr. 173; a. A. BL/Hartmann § 826 Rdnr. 3.

4.6 Verboten ist eine **Überpfändung**, § 803 Abs. 1 S. 2, und eine **zwecklose Pfändung**, § 803 Abs. 2.

Der GV muss den voraussichtlichen Verwertungserlös schätzen und mit der Vollstreckungsforderung vergleichen. Nachgewiesene Teilzahlungen sind zu berücksichtigen. Keine Überpfändung ist gegeben bei nur einem einzigen, wenn auch wertvollen pfändbaren Gegenstand. Als zwecklos verboten ist die Pfändung, wenn der zu erwartende Erlös lediglich die Zwangsvollstreckungskosten decken würde.

Zusammenfassende Übersicht zum Pfändungsakt

Pfändung

▶ **Inbesitznahme und Kenntlichmachung durch GV**

§ 808 I GV begründet tatsächliche Sachherrschaft

§ 808 II GV belässt i. d. R. Sache im Gewahrsam des Sch. u. macht Pfändung kenntlich (Pfandsiegel o. ä.; ohne Kenntlichmachung nichtig); in bes. Fällen nimmt GV Sache weg (z. B. Geld, Kostbarkeiten, Wertpapiere)

Durchsuchung und Gewaltanwendung

▶ **Durchsuchung und Gewaltanwendung nach § 758**
GV ist befugt

§ 758 I Wohnung und Behältnisse des Schuldners zum Zwecke der Pfändung zu **durchsuchen**,

§ 758 II Türen und Behältnisse **öffnen zu lassen**,

§ 758 III Widerstand mit **Gewalt** zu brechen.

Richterliche Anordnung

▶ **Richterliche Anordnung, § 758 a**

§ 758 a I **Durchsuchung der Wohnung** ohne Einwilligung grds. nur auf richterliche Anordnung, anders nur, wenn Erfolg gefährdet wäre.

§ 758 a IV Bei Vollstreckung zur **Nachtzeit und an Sonn- und Feiertagen** ist richterliche Erlaubnis nur bei Vollstreckungshandlungen in Wohnungen erforderlich; im Übrigen keine unbillige Härte und Verhältnismäßigkeit.

Durchschreiten Mitverschluss

▶ Bloßes **Durchschreiten fremden Gewahrsams** ist zulässig auch gegen den Willen des Dritten

▶ Ist der Inhalt eines Behältnisses im Alleingewahrsam des Sch. u. hat Dritter **Mitverschluss am Behältnis**, muss Gl. bei Weigerung des Dritten den Anspruch des Sch. gegen den Dritten auf Mitwirkung pfänden u. sich überweisen lassen (Banksafe)

Anschlusspfändung

▶ **Zwei Wege**, eine bereits gepfändete Sache nochmals zu pfänden:
– erneute selbstständige Pfändung, §§ 808, 809, oder
– Anschlusspfändung gemäß § 826

▶ **Voraussetzungen** der Anschlusspfändung nach § 826:
– gegen denselben Schuldner
– Sache ist im Zeitpunkt der Anschlusspfändung verstrickt
– Protokolle des GV

▶ Geschah **Erstpfändung nach § 809**, muss nach h. M. auch bei der Anschlusspfändung die Herausgabebereitschaft des Dritten vorliegen (str.)

Pfändungsverbote

▶ § 803 I 2 Verbot der **Überpfändung**

▶ § 803 II Verbot einer **zwecklosen Pfändung**

2. Abschnitt: Die Rechtswirkungen der Pfändung

1. Die Verstrickung

1.1 Die Verstrickung ist das mit der Pfändung begründete **öffentlich-rechtliche Gewaltverhältnis** über den gepfändeten Gegenstand, das durch § 136 Abs. 1 StGB (Verstrickungsbruch) strafrechtlich geschützt ist. Zivilrechtlich begründet die Verstrickung zu Gunsten des pfändenden Gläubigers ein relatives Veräußerungsverbot gegenüber Verfügungen des Vollstreckungsschuldners nach §§ 135, 136 BGB.

1.2 Die Verstrickung **entsteht als Folge jeder wirksamen Pfändung**.

Ist die Pfändung fehlerhaft, d.h. fehlt eine der Voraussetzungen der Zwangsvollstreckung oder verletzt der GV die speziell für die Pfändung körperlicher Sachen bestehenden Vorschriften, dann ist der Vollstreckungsakt i.d.R. nicht nichtig, sondern nur mit der Erinnerung gemäß § 766 anfechtbar. Es gilt auch hier die allgemeine Regel, dass Hoheitsakte bei Fehlen einer Voraussetzung grds. wirksam sind und erst im Wege der Rechtsbehelfe ihre Aufhebung erreicht werden muss. Auch bei einer anfechtbaren Pfändung tritt die Verstrickung des gepfändeten Gegenstandes ein; sie dauert an, bis sie aufgehoben wird. Nichtigkeit eines Vollstreckungsaktes ist nur anzunehmen, wenn es sich nicht nur um einen besonders schweren, sondern zusätzlich um einen bei verständiger Würdigung aller in Betracht kommenden Umstände offenkundigen Fehler handelt.
BGH NJW 1993, 735, 736; Baur/Stürner Rdnr. 11.3; Hintzen/Wolf Teil C Rdnr. 177.

▶ Bei der Pfändung durch den GV können **Nichtigkeitsgründe** sein:

- Pfändung durch einen funktionell unzuständigen GV

- Titel fehlt schon der äußeren Form nach.
  BGHZ 70, 313, 317; Brox/Walker Rdnr. 364.

- Nichtigkeit liegt vor bei Verstößen gegen ganz wesentliche Formvorschriften, z.B. wenn die nach § 808 vorgeschriebene Besitzergreifung unterblieben oder nicht deutlich genug kenntlich gemacht worden ist. Eine Anschlusspfändung ist nichtig, wenn schon die Erstpfändung zu keiner Verstrickung geführt hat oder wenn die Anschlusspfändung nicht ordnungsgemäß protokolliert worden ist.
  Baur/Stürner Rdnr. 11.3; Hintzen/Wolf Rdnr. 487.

▶ Dagegen führen folgende Verstöße des GV nach h.M. nur zur **Anfechtbarkeit** mit der **Vollstreckungserinnerung, § 766**

- Die Person, gegen die vollstreckt wird, ist im Titel nicht namentlich bezeichnet.
  BGHZ 30, 173, 175; Brox/Walker Rdnr. 363.

- Es fehlt die Vollstreckungsklausel.
  Baur/Stürner Rdnr. 12.3; Hintzen/Wolf Teil C Rdnr. 180.

- Die vor oder gleichzeitig bei der Pfändung erforderliche Zustellung ist nicht (ordnungsgemäß) erfolgt.
  Brox/Walker Rdnr. 363; Hintzen/Wolf Teil C Rdnr. 180.

- Es fehlt eine besondere Voraussetzung der Zwangsvollstreckung (s. o. 1. Teil, 3. Abschnitt), z. B. die erforderliche Sicherheitsleistung.
  Hintzen/Wolf Teil C Rdnr. 180.

- Die Pfändung erfolgt trotz Vorliegens eines Vollstreckungshindernisses (s. o. 1. Teil, 4. Abschnitt).
  Brox/Walker Rdnr. 363; Hintzen/Wolf Teil C Rdnr. 180.

- Der GV macht bei der Pfändung einen Fehler
  - falsche Beurteilung des Gewahrsams i. S. d. § 808,
  - Pfändung einer im Drittgewahrsam befindlichen Sache (§ 809) ohne Herausgabebereitschaft des Dritten (s. o. S. 93 f.),
  - Pfändung von unpfändbaren Gegenständen i. S. d. § 811,
  - Pfändung entgegen dem Verbot des § 865,
  - Verstoß gegen die Pfändungsverbote des § 803, also bei Überpfändung oder bei zweckloser Pfändung,
  - Verstoß bei Durchsuchung, Gewaltanwendung (§ 758) sowie bei Verstoß gegen die Pflicht der Zuziehung von Zeugen (§ 759) oder Pfändung ohne die erforderliche richterliche Durchsuchungsanordnung.

1.3 Wegfall der Verstrickung (= Entstrickung)

I) Die **Verstrickung endet**, sobald die **Verwertung des Pfandgegenstandes beendet** ist, z. B. bei der Versteigerung mit Ablieferung der Sache an den Ersteher, § 817 Abs. 2. Im Wege der dinglichen Surrogation entspr. § 1247 S. 2 BGB tritt der Erlös an die Stelle der verwerteten Sache, so dass bis zur Aushändigung des Erlöses an den Gläubiger (§ 819) sich die Verstrickung an dem Erlös fortsetzt.

II) Sie endet, wenn der **GV** die **Pfändung aufhebt**. Dazu genügt nicht allein eine entsprechende Erklärung, sondern die Aufgabe des Besitzes muss äußerlich vollzogen werden.

Der GV darf nicht eigenmächtig die Pfändung aufheben, sondern nur auf Anweisung des Vollstreckungsgerichts oder des Gläubigers. Für die Entstrickung kommt es aber nicht darauf an, ob der GV eine derartige Befugnis zur Aufhebung der Vollstreckung hatte (RGZ 161, 109, 114; Baur/Stürner Rdnr. 27.3).

III) Ob allein die **Freigabeerklärung des Gläubigers** zum Wegfall der Verstrickung führt, ist umstritten.

Zum Teil wird dies über eine entspr. Anwendung des § 843 bejaht (RGZ 57, 323, 325 f.; 161, 109, 114; BGH KTS 59, 157 f.); die h. M. in der Literatur lehnt dies ab: Die Entstrickung muss auch bei einer Freigabeerklärung des Gläubigers noch durch den GV vollzogen werden (so z. B. Baur/Stürner Rdnr. 9.16; Brox/Walker Rdnr. 369 m. w. N.).

IV) Umstritten ist, ob die Verstrickung dadurch entfällt, dass ein Dritter die gepfändete Sache **gutgläubig lastenfrei erwirbt**, §§ 135 Abs. 2, 936 BGB. (Der Schuldner veräußert die Sache nach Ablösung des Pfandsiegels an einen gutgläubigen Dritten.) Dies wird von der h. M. bejaht.

BL/Hartmann § 804 Rdnr. 4; Thomas/Putzo § 803 Rdnr. 11; StJ/Münzberg § 804 Rdnr. 43; Brox/Walker Rdnr. 370; a. A. MünchKomm/ZPO/Schilken § 803 Rdnr. 37; Baur/Stürner Rdnr. 27.4.

1.4 Verfolgungsrecht des Gerichtsvollziehers

Fraglich ist, ob die auf der Verstrickung beruhende staatliche Verfügungsmacht den GV berechtigt, eine Sache, die nach der Pfändung in den Gewahrsam eines Dritten gelangt ist, diesem gegen dessen Willen wieder wegzunehmen.

Die h. M. lehnt ein sog. Verfolgungsrecht des GV mangels einer Ermächtigungsgrundlage für die Ausübung von Zwang gegen dritte Personen ab.

LG Bochum DGVZ 1990, 73; Brox/Walker Rdnr. 373; Pawlowski AcP 175, 189, 197 f.; Zöller/Stöber § 809 Rdnr. 3; MünchKomm/ZPO/Schilken § 808 Rdnr. 24 a; a. A. LG Saarbrücken DGVZ 1975, 170; Thomas/Putzo § 809 Rdnr. 8.

2. Das Pfändungspfandrecht

I) Nach § 804 Abs. 1 erwirbt der Gläubiger durch die Pfändung ein Pfandrecht an dem gepfändeten Gegenstand. Dieses Pfändungspfandrecht gewährt dem Gläubiger „dieselben Rechte wie ein durch Vertrag erworbenes Faustpfandrecht", § 804 Abs. 2, 1. Halbs. Wegen dieser Formulierung des Gesetzes ist umstritten, ob für die Begründung des Pfändungspfandrechts lediglich eine wirksame Verstrickung erforderlich ist oder ob weitere materiellrechtliche Voraussetzungen hinzukommen müssen. **Pfändungspfandrechtstheorien**:

1) Nach der früher vertretenen **privatrechtlichen Theorie** (RGZ 60, 70, 72; 126, 12, 16; Wolff/Raiser, Sachenrecht, 10. Bearb. [1957], § 167 III FN 7) waren für das Entstehen eines Pfändungspfandrechts neben der Pfändung noch die allgemeinen Voraussetzungen für das Entstehen eines Pfandrechts (Bestehen der Forderung, Akzessorietät) erforderlich. Nach dieser Theorie ist das Pfändungspfandrecht die wesentliche Wirkung der Pfändung, so dass sich die weitere Vollstreckung als Verwirklichung des Pfändungspfandrechts darstellt. Diese Theorie ist mit der öffentlich-rechtlichen Struktur der Zwangsvollstreckung nicht vereinbar und wird daher heute nicht mehr vertreten.

2) Nach der **öffentlich-rechtlichen Theorie** ist das **Pfändungspfandrecht** rein öffentlich-rechtlicher Natur. Es entsteht als **notwendige Folge der öffentlich-rechtlichen Verstrickung**, ohne dass weitere Voraussetzungen vorliegen müssen, also unabhängig davon, ob die zu vollstreckende Forderung besteht und ob der Vollstreckungsgegenstand zum Vermögen des Schuldners gehört. Das öffentlich-rechtliche Pfändungspfandrecht berechtigt den Vollstreckungsgläubiger zur **weiteren Verwertung**. Daraus folgt u. a., dass bei der Versteigerung schuldnerfremder Sachen der Ersteher originär Eigentum erwirbt, und zwar unabhängig von seiner Gut- oder Bösgläubigkeit.

Das Pfändungspfandrecht hat nicht die Wirkungen eines bürgerlich-rechtlichen Pfandrechts. Es gibt daher kein materielles Recht auf Befriedigung, sondern nur das – möglicherweise durch Rechtsmittel auflösend bedingte – formelle Recht, die Verwertung nach den Regeln der Zwangsvollstreckung zu betreiben. So steht z. B. bei der Pfändung einer schuldnerfremden Sache dem Vollstreckungsgläubiger materiellrechtlich auf Grund des Pfändungspfandrechts ein Befriedigungsrecht nicht zu (so die meisten Vertreter der öffentlich-rechtlichen Theorie, vgl. dazu BGHZ 119, 75, 82 ff.@).

Vertreter der öffentlich-rechtlichen Theorie sind z. B.: OLG Frankfurt NJW 1953, 1853; BL/Hartmann Übers. § 803 Rdnr. 8 u. § 804 Rdnr. 1; Thomas/Putzo § 803 Rdnr. 8; Zöller/Stöber § 804 Rdnr. 2; StJ/Münzberg § 804 Rdnr. 1 ff.; vgl. auch die Darstellung bei Staudinger/Wiegand, BGB, 13. Bearb. 1957, Anhang zu § 1257 Rdnr. 16 ff.

3) Nach der **gemischten privatrechtlich-öffentlich-rechtlichen Theorie** hat das Pfändungspfandrecht privatrechtlichen Charakter; Grundlage für die Verwertung ist jedoch die öffentlich-rechtliche Verstrickung.

a) Die auf die Pfändung folgenden Vollstreckungsakte, insbesondere die **Verwertung**, beruhen allein auf dem **öffentlich-rechtlichen Akt der Verstrickung** (RGZ 156, 395, 398: „Nicht das Pfandrecht, sondern die Pfändung ist die Grundlage der Verwertung"). Daraus folgt, dass bei der Versteigerung schuldnerfremder Sachen der Ersteher unabhängig von seiner Gutgläubigkeit kraft Hoheitsaktes das Eigentum erwirbt.

b) Das **Pfändungspfandrecht** ist entscheidend für die materielle Berechtigung des Vollstreckungsgläubigers, also dafür, ob er das, was er infolge der Vollstreckung erlangt, auch **behalten darf**. Es ist sozusagen der materielle Rechtsgrund. Das Pfändungspfandrecht wird als dritte Art eines privatrechtlichen Pfandrechts angesehen, auf das grundsätzlich die Regeln des BGB anzuwenden sind. Nur tritt an die Stelle der rechtsgeschäftlichen Verpfändung die ordnungsgemäße Pfändung.

Die Entstehung des Pfändungspfandrechts hat daher zweierlei zur Voraussetzung:

▶ Pfändung unter Beachtung der wesentlichen Vollstreckungsvoraussetzungen

  Das Pfändungspfandrecht kommt nicht zur Entstehung, wenn wesentliche Vollstreckungsvoraussetzungen, wie z. B. Zustellung oder Klausel, fehlen. Nur die Nichtbeachtung von reinen Ordnungsvorschriften, wie z. B. das Nichthinzuziehen von Zeugen (§ 759) oder die mangelhafte Protokollierung bei der Erstpfändung (§ 762), ist unschädlich.

▶ Vorliegen der materiellen Voraussetzungen (§§ 1204 ff. BGB) für die Entstehung eines Pfandrechts (mit Ausnahme der rechtsgeschäftlichen Bestellung)

  – Es muss die zu sichernde Forderung bestehen (Akzessorietät!).

    Eine Besonderheit gilt insoweit, als eine in einem rechtskräftigen oder vorläufig vollstreckbaren Titel festgestellte Forderung ausreicht, selbst wenn sie materiellrechtlich nicht besteht.

  – Die Pfandsache muss zum Vermögen des Schuldners gehören.

Bei der Pfändung einer schuldnerfremden Sache entsteht kein Pfändungspfandrecht, sondern nur das auf der Verstrickung beruhende formelle Verwertungsrecht. Das Gleiche gilt bei der nach h.M. zulässigen (BGHZ 15, 171, 173) Pfändung gläubigereigener Sachen.

Die gemischte Theorie wird – z.T. mit Differenzierungen – vertreten von: RGZ 156, 395, 397 ff.; BGHZ 23, 293, 299; 56, 339, 351; OLG Braunschweig MDR 1972, 57, 58; Baur/Stürner Rdnr. 27.10; Baur, in Baur/Stürner, SachenR, 17. Aufl. 1999, § 55 Rdnr. 49; Brox/Walker Rdnr. 393; Walker in Schuschke/Walker I Vor §§ 803, 804 Rdnr. 13; MünchKomm/ZPO/Schilken § 804 Rdnr. 6. Vgl. auch die Darstellung des Meinungsstandes bei BGHZ 119, 75, 86/87@; in dieser Entscheidung hat der BGH zu den Theorien über die Rechtsnatur des Pfändungspfandrechts nicht weiter Stellung genommen, vgl. BGHZ 119, 75, 91@.

II) Die öffentlich-rechtliche und die gemischte Theorie kommen in den meisten Fällen mit unterschiedlicher Begründung zu demselben Ergebnis.

Vgl. Werner JR 1971, 278, 283 ff.; Brox/Walker Rdnr. 386 ff.; Lipp JuS 1988, 119 ff.:

1) Herausgabe- und Ersatzansprüche gegen Dritte:
Der Pfändungsgläubiger ist gegen Beeinträchtigungen durch Dritte wie ein Eigentümer geschützt, und zwar nach der gemischten Theorie unmittelbar nach §§ 1204, 1227 BGB, weil das Pfändungspfandrecht als privatrechtliches Pfandrecht anzusehen ist, nach der öffentlich-rechtlichen Theorie entsprechend § 1227 BGB, weil das Pfändungspfandrecht dem Gläubiger eine schützenswerte pfandrechtsähnliche Rechtsstellung gibt.

2) Eigentumserwerb des Erstehers an der ersteigerten Sache:
Auch dann, wenn ein Pfändungspfandrecht nicht besteht, erlangt der Ersteher – unabhängig von seiner Gut- oder Bösgläubigkeit – kraft Hoheitsaktes Eigentum an der ersteigerten Sache, und zwar nach der gemischten Theorie, weil die Verwertung allein auf dem öffentlichen Akt der Verstrickung beruht, nach der öffentlich-rechtlichen Theorie, weil das prozessuale Pfändungspfandrecht als Grundlage der Verwertung als notwendige Folge der Verstrickung entsteht.

3) Bei der **Versteigerung einer schuldnerfremden Sache** kommen als Ansprüche des Dritten gegen den Vollstreckungsgläubiger u.a. in Betracht ein Schadensersatzanspruch aus § 823 Abs. 1 BGB oder ein Bereicherungsanspruch aus § 812 BGB. Bei diesen Ansprüchen sind die beiden Pfandrechtstheorien nur für die Begründung, nicht für das Ergebnis entscheidend:

▶ Anspruch aus § 823 Abs. 1 BGB:

– Nach der öffentlich-rechtlichen Theorie liegt eine rechtswidrige Eigentumsverletzung desjenigen vor, der die schuldnerfremde Sache versteigern lässt. Zwar entsteht infolge der wirksamen Verstrickung das Pfändungspfandrecht. Dies gewährt aber dem Vollstreckungsgläubiger kein Befriedigungsrecht an der schuldnerfremden Sache, so dass das Betreiben der Vollstreckung materiell rechtswidrig ist.

– Nach der gemischten Theorie entsteht an der schuldnerfremden Sache kein Pfändungspfandrecht und daher auch kein materielles Befriedigungsrecht.

Nach beiden Theorien liegt also eine rechtswidrige Eigentumsverletzung des Vollstreckungsgläubigers vor. Bei Verschulden haftet der Vollstreckungsgläubiger gemäß § 823 Abs. 1 BGB auf Schadensersatz.

▶ Anspruch aus § 812 Abs. 1 S. 1 BGB (Eingriffskondiktion):

Der Vollstreckungsgläubiger erlangt bei Auskehrung des Erlöses an ihn das Eigentum an dem Erlös durch staatlichen Hoheitsakt, und zwar „in sonstiger Weise". Der Eigentumserwerb geschieht „auf Kosten" des Dritten, da der vom Ersteigerer an den GV gezahlte Erlös beim GV auf Grund dinglicher Surrogation (entsprechend § 1247 S. 2 BGB) im Eigentum des früheren Eigentümers der Sache stand; dieser verliert sein Eigentum am Erlös unmittelbar durch die Auskehrung des Geldes an den Gläubiger.

Für das Merkmal „ohne Rechtsgrund" ist die Begründung unterschiedlich:

– Nach der öffentlichen Theorie begründet das mit der Verstrickung entstandene Pfändungspfandrecht an der schuldnerfremden Sache kein materielles Befriedigungsrecht.

– Nach der gemischten Theorie kann ein materielles Befriedigungsrecht nur aus dem Pfändungspfandrecht folgen, und ein solches bestand hier nicht.

Nach beiden Theorien hat somit der Vollstreckungsgläubiger den Erlös ohne Rechtsgrund erlangt. § 812 BGB ist gegeben.

Die Versteigerung einer schuldnerfremden Sache ist vielfach Gegenstand von **Examensklausuren**, *und zwar auch im Referendarexamen.*
In einer Klausur braucht in dem Fall, dass die beiden Theorien im Ergebnis übereinstimmen, der Theorienstreit nicht breit dargestellt zu werden, und man braucht sich auch nicht für eine der Theorien zu entscheiden. Bei der Frage „ohne Rechtsgrund" i. S. v. § 812 BGB genügen z. B. in einem Urteilsentwurf folgende Ausführungen:

„Die Bereicherung des Beklagten ist ohne Rechtsgrund eingetreten. Der Beklagte war dem Kläger gegenüber nicht berechtigt, sich aus Vermögensgegenständen zu befriedigen, die diesem – und nicht seinem Schuldner – gehörten. Durch die Pfändung einer schuldnerfremden Sache entstand nach der gemischten Theorie zum Pfändungspfandrecht zu Gunsten des Vollstreckungsgläubigers kein Pfändungspfandrecht und damit auch kein Befriedigungsrecht; das gleiche Ergebnis gilt auch für die öffentlich-rechtliche Theorie, da nach ihr bei der Pfändung einer schuldnerfremden Sache zwar infolge der öffentlich-rechtlichen Verstrickung ein Pfändungspfandrecht, nicht aber zugleich auch ein materielles Verwertungs- und Befriedigungsrecht für den Vollstreckungsgläubiger entsteht."

III) Die Pfändungspfandrechtstheorien können aber bei der **Bestimmung des Rangverhältnisses** von Bedeutung sein, wenn bei mehrfacher Pfändung derselben Sache für verschiedene Vollstreckungsgläubiger der Versteigerungserlös nicht ausreicht und deshalb im **Verteilungsverfahren** die Rangfolge der Gläubiger geklärt werden muss (dazu im Einzelnen unten).

2. Abschnitt: Die Rechtswirkungen der Pfändung

Zusammenfassende Übersicht zu den Rechtswirkungen der Pfändung

Verstrickung	▸ **Öffentlich-rechtliches Gewaltverhältnis** ▸ **Relatives Veräußerungsverbot** i.S.d. §§ 135, 136 BGB ▸ **Folge jeder wirksamen Pfändung**, auch wenn mit Erinnerung anfechtbar. Nur bei nichtigem Vollstreckungsakt keine Verstrickung. ▸ **Endet** mit Beendigung der Verwertung, wenn GV Pfdg. aufhebt; bei Freigabeerklärung des Gl. auch erst bei Aufhebung durch GV (str.): **nach h.M.** durch gutgl. lastenfreien Erwerb eines Dritten. ▸ Ist Sache nach Verstrickung in Gewahrsam eines Dritten gelangt, hat GV **Verfolgungsrecht** (str.).
Pfändungs-pfandrecht	Notwendige Voraussetzung ist **Verstrickung**. Ob **weitere Voraussetzungen** gegeben sein müssen, hängt von den **PfändungspfandR-Theorien** ab:

	Vorauss. für Entstehen PfdgspfdR	**Rechtswirkungen des PfdgspfdR**
▸ ö-r Th.	– Verstrickung	Mit Verstrickung entsteht PfdgspfdR. Es berechtigt zur weiteren Verwertung, sodass z.B. bei Versteigerung schuldnerfremder Sachen Ersteher originär Eigentum erwirbt. Aber: PfdgspfdR gibt keinen mater. Anspruch auf Befriedigung, daher z.B. Betreiben der Vollstr. in schuldnerfremde Sache kein Befriedigungsrecht. Daher Vollstr. in schuldnerfremde Sache materiell rechtswidrig, VollstrGl. erhält Erlös aus Versteigerung ohne Rechtsgrund.
▸ gemischte privatr. ö-r Th.	– Verstrickung – Pfdg unter Beachtung der wesentl. Vollstreckungsvorauss. (z.B. Zustellg, Klausel) – mater. Vorauss. für Entstehen eines PfdR (§§ 1204 ff. BGB): – Bestehen der zu sichernden Forderung – Pfdsache gehört Schuldner	PfdgspfdR hat privatr. Charakter. Grdlage der Verwertung ist die Verstrickg, sodass z.B. bei Versteigerung schuldnerfremder Sachen der Ersteher originär Eigentum erwirbt. Für die mater. Berechtig. des Vollstr.Gl. ist das PfdgspfdR entscheidend! Daher hat er an schuldnerfremder Sache kein Befriedigungsrecht. Daher Vollstr. in schuldnerfremde Sache materiell rechtswidrig, Vollstr.Gl. erhält Erlös aus Versteigerung ohne Rechtsgrund.

111

3. Abschnitt: Die Verwertung

1. Der Normalfall der Verwertung

Der Normalfall der Verwertung der gepfändeten Sache ist deren **öffentliche Versteigerung durch den GV, § 814**.
In dem Termin zur öffentlichen Versteigerung (§§ 814, 816) gibt der GV den gewöhnlichen Verkaufswert und das notwendige Mindestgebot (§ 817 a Abs. 1 S.1 = 1/2 des gewöhnlichen Verkaufswertes) bekannt. Gläubiger und Schuldner können mitbieten (§ 816 Abs. 4, § 1239 Abs. 1 S. 1 BGB). Der Meistbietende (der wenigstens das Mindestgebot bieten muss, § 817 a Abs. 1) erhält den Zuschlag. Nach dem Zuschlag erfolgt die Ablieferung der Sache durch den GV an den Ersteher gegen Barzahlung (§ 817 Abs. 2). Die Ablieferung ist nach heute h. M. **eine Eigentumszuweisung kraft Hoheitsaktes. Der Erwerber erwirbt originäres Eigentum an der Sache, unabhängig davon, ob die Sache dem Vollstreckungsschuldner oder einem Dritten gehört hatte. Auf eine Gut- oder Bösgläubigkeit des Erstehers kommt es nicht an.**

Rspr. und h.L.: RGZ 156, 395, 397; BGHZ 55, 20, 25[@]; 119, 75, 76[@] m.w.N.; Baur/Stürner Rdnr. 29.7; BL/Hartmann Einf. §§ 814–825 Rdnr. 1; Brox/Walker Rdnr. 411; Jauernig § 18 IV 1; StJ/Münzberg § 817 Rdnr. 21; Thomas/Putzo § 817 Rdnr. 9; MünchKomm/ZPO/Schilken § 817 Rdnr. 11 ff.; anders diejenigen, die vom Boden der privatrechtlichen Theorie aus einen Eigentumserwerb des Erstehers an der schuldnerfremden Sache nur dann annehmen, wenn der Ersteher gutgläubig i.S.d. § 1244 BGB ist.

Nach ganz h.M. sind daher – unabhängig davon, ob man der öffentlich-rechtlichen oder der gemischten Theorie folgt – **Voraussetzungen für den Eigentumserwerb des Erstehers kraft Hoheitsaktes:**

▶ **Ablieferung** der versteigerten Sache durch den GV, § 817 Abs. 2
   Der GV muss mit Eigentumszuweisungswillen grundsätzlich den unmittelbaren Besitz auf den Ersteher übertragen.

   Ausnahmsweise kann die Übertragung des mittelbaren Besitzes ausreichen.

   Entspr. § 929 S. 2 BGB bedarf es keiner Übergabe der Sache, wenn der Erwerber sie bereits in Besitz hat. In besonderen Ausnahmefällen kann zur Ablieferung auch die Zuweisung mittelbaren Besitzes an den Ersteher, etwa entspr. § 931 BGB, genügen, wenn der GV lediglich mittelbarer Besitzer ist, weil sich die zu versteigernde Sache nicht am Versteigerungsort befindet oder sonstige Transportprobleme entstehen würden (OLG Köln InVo 1996, 158, 159 m.w.N.).

▶ **Verstrickung** der versteigerten Sache
   Sie muss wirksam erfolgt sein und noch bestehen, denn sie bildet die Grundlage für die hoheitliche Eigentumszuweisung.

   Nach der öffentlich-rechtlichen Theorie ist Grundlage der Verwertung das Pfändungspfandrecht, das mit der Verstrickung entsteht. Nach der gemischten Theorie ist Grundlage der Verwertung die Verstrickung. Nach beiden Theorien muss daher eine wirksame Verstrickung vorliegen.

- Es müssen schließlich die **wesentlichen Verfahrensvorschriften eingehalten** worden sein:

  – öffentliche Versteigerung gemäß § 814

  > Dagegen sind die Bestimmungen über Zeit und Ort der Versteigerung (§ 816 Abs. 1 u. 2) und über die Pflicht zur öffentlichen Bekanntmachung (§ 816 Abs. 3) keine wesentlichen Verfahrensvorschriften, sodass ihre Verletzung nicht zur Unwirksamkeit der Eigentumszuweisung führt (BL/Hartmann § 816 Rdnr. 4 u. 9; StJ/Münzberg § 816 Rdnr. 3, 4).

  – Barzahlung vor oder spätestens bei der Ablieferung, § 817 Abs. 2

  > Wenn jedoch der Gläubiger selbst ersteigert, braucht er insoweit nicht bar zu zahlen, als ihm der Erlös gebührt, es sei denn, dass dem Schuldner nachgelassen ist, die Vollstreckung durch Sicherheitsleistung oder Hinterlegung abzuwenden, vgl. § 817 Abs. 4.

  – Einhaltung bekanntgegebener Mindestgebotsgrenzen

  > Keine zur Nichtigkeit der Eigentumszuweisung führenden Verfahrensfehler liegen dagegen vor, wenn ein Mindestgebot gar nicht bekanntgegeben wurde oder wenn der Bekanntgabe eine falsche Schätzung zu Grunde lag (StJ/Münzberg § 817 Rdnr. 23 FN 48 m.w.N.).

2. Der Verwertungsaufschub durch den GV, § 813 a, und durch das VollstrG, § 813 b

Bei der Vollstreckung wegen Geldforderungen durch den GV (und nur hier!) können der GV nach dem neugefassten § 813 a und das VollstrG nach § 813 b (bisher § 813 a a. F.) nach der jedenfalls teilweisen Durchführung der Pfändung einen Verwertungsaufschub gewähren

Dazu Schilken InVo 1998, 304, 311; David MDR 1998, 1083, 1086; Funke NJW 1998, 1029, 1032; Einzelheiten bei Wolf InVo 1/2000 E 3 u. 4; InVo 2/2000 E 3 u. 4.

2.1 Verwertungsaufschub durch den GV, § 813 a

Durch die mit der 2. Zwangsvollstreckungsnovelle eingeführte Regelung des § 813 a kann der GV einen mit Ratenzahlungen verknüpften Verwertungsaufschub gewähren. Der Gläubiger muss zustimmen; sein Schweigen gilt jedoch als (vorläufiges) Einverständnis. Bei Widerspruch des Gl. ist mit der Zwangsvollstreckung fortzufahren. Der GV kann, um einen gewissen Druck auszuüben, den Versteigerungstermin auf einen Zeitpunkt nach dem nächsten Zahlungstermin festlegen, § 813 a Abs. 1 S. 2.

Endet der Verwertungsaufschub nach § 813 a, kann noch eine Aussetzung der Verwertung nach § 813 b in Betracht kommen.

2.2 Verwertungsaufschub durch das VollstrG, § 813 b

Auf Antrag des Schuldners kann ihm das VollstrG Zahlungsfristen einräumen und die Verwertung aussetzen, jedoch nicht für einen längeren Zeitraum als ein Jahr nach der Pfändung. Der Antrag des Schuldners ist fristgebunden: er muss innerhalb von zwei Wochen nach der Pfändung bzw. nach Ende des Verwertungsaufschubes durch den GV erfolgen. Der Gläubiger ist vor der Entscheidung (des Rpflegers) anzuhören; der Verwertungsaufschub muss angemessen erscheinen und es dürfen keine überwiegenden Belange des Gläubigers entgegenstehen.

3. Besondere Formen der Verwertung

3.1 Gepfändetes Geld ist grds. dem Gläubiger abzuliefern, § 815 Abs. 1, ausnahmsweise (vgl. §§ 815 Abs. 2, 720) zu hinterlegen.

3.2 Gepfändete Wertpapiere sind grds. nach § 821 zu verwerten.

I) Zu den Wertpapieren i. S. d. § 821 gehören:

– Inhaberpapiere (z. B. Inhaberschuldverschreibung, Inhaberaktie, Inhaberscheck, auch ausländische Banknoten)

– Orderpapiere, die keine Forderung verbriefen (z. B. Namensaktie)

Für Orderpapiere, die Forderungen verbriefen (z. B. Wechsel, Scheck, kaufm. Orderpapiere des § 363 HGB), gilt die Sondervorschrift des § 831. Sie werden zwar wie körperliche Sachen gepfändet, die Verwertung der gepfändeten Forderung geschieht jedoch durch Überweisungsbeschluss des Rechtspflegers gemäß § 835.

– von den Rektapapieren Rektawechsel und Rektascheck

Für Hypotheken und Grundschuldbriefe (= Rektapapiere) gilt für Pfändung und Verwertung das Recht der Forderungspfändung, §§ 828 ff., mit der Besonderheit des § 830.

Qualifizierte Legitimationspapiere (z. B. Sparbuch) werden nicht selbstständig gepfändet und verwertet. Es gilt das Recht der Forderungspfändung. Das Legitimationspapier kann im Wege der sog. Hilfspfändung weggenommen werden.

II) Die Wertpapiere i. S. d. § 821 werden wie bewegliche Sachen gepfändet.

Bei der Verwertung ist zu differenzieren: wenn sie einen Börsen- oder Marktpreis haben, sind sie vom GV aus freier Hand zum Tageskurs zu verkaufen; wenn sie einen solchen Preis nicht haben, sind sie nach den allgemeinen Bestimmungen zu versteigern (§ 814) oder über § 825 zu verwerten.

Bei Namenspapieren, die zu den Wertpapieren i. S. d. § 821 zählen (z. B. Namensaktie), kann das VollstrG (Rpfleger) den GV ermächtigen, die Umschreibung auf den Namen des Käufers zu erwirken und die hierzu erforderlichen Erklärungen an Stelle des Schuldners abzugeben, § 822.

3.3 Bei Gold- und Silbersachen darf ein Zuschlag gemäß § 817 a Abs. 3 nur erfolgen, wenn das Gebot mindestens die Hälfte des Verkehrswertes beträgt und außerdem auch den Metallwert erreicht. Wird ein diese Höhe erreichendes Gebot nicht abgegeben, kann der GV aus freier Hand verkaufen, jedoch nicht unter dem Preis, zu dem ein Zuschlag möglich gewesen wäre.

3.4 Anordnung einer anderen Art der Verwertung, § 825

Um einen höheren Verwertungserlös zu erzielen, kann unter den Voraussetzungen des § 825 eine anderweitige Verwertung angeordnet werden, nämlich

▶ **an einem anderen Ort,**

▶ **zu anderer Zeit,**

▶ **durch eine andere Person,**

▶ **in sonstiger anderer Weise.**

Während nach § 825 a. F. die Anordnung insgesamt durch das VollstrG (Rpfleger) erfolgte, ist durch die 2. Vollstreckungsnovelle mit Wirkung ab 01.01.1999 die Zuständigkeit für die Entscheidung neu geregelt worden: Sie obliegt jetzt grds. dem GV (§ 825 Abs. 1). Nur über die Versteigerung einer gepfändeten Sache durch eine andere Person als den GV (z. B. durch einen Auktionator) entscheidet das VollstrG (§ 825 Abs. 2).

Hauptanwendungsfall der Verwertung in sonstiger anderer Weise ist die **Übereignung der gepfändeten Sache an eine bestimmte Person**.

Eine besondere Problematik ergibt sich im Zusammenhang mit dem Verbraucherkreditgesetz, wenn der **Gläubiger** eines unter Eigentumsvorbehalt verkauften Gegenstandes den Antrag auf **Zuweisung an sich selbst** stellt, was in der Praxis häufig geschieht.

Vgl. Hintzen, Vollstreckung durch den Gerichtsvollzieher, Rdnr 250; Wolf InVo 3/2000 E 4.

Dazu der folgende Fall, in dem wir die Daten vorverlegt haben, um mit der ab 01.10.2000 geltenden Fassung des VerbrKrG arbeiten zu können.

Fall 23: Antrag des Gläubigers auf Eigentumszuweisung nach § 825

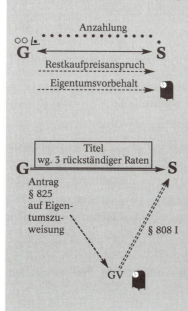

Antiquar G hat dem S am 15.12.2000 eine antike Uhr verkauft, die einen Barpreis von 9.890 DM hat. In einem schriftlichen Kaufvertrag, der den Formerfordernissen des § 4 Abs. 1 S. 4 Nr. 2 VerbrKrG entspricht und eine Widerrufsbelehrung gem. 361 a Abs. 1 S. 3–5, Abs. 3 BGB enthält, vereinbaren G und S eine Anzahlung von 1.500 DM, weitere Zahlungen auf den Restkaufpreis zzgl. Zinsen von je 2.000 DM am 01.03., 01.06., 01.09. und 01.12.2001 sowie von 570 DM am 01.03.2002. S zahlt am 15.12.2000 1.500 DM und erhält die Uhr ausgehändigt; G behält sich das Eigentum an der Uhr bis zur vollständigen Bezahlung des Kaufpreises vor. Nachdem S die Raten am 01.03., 01.06. und 01.09.2001 nicht bezahlt hatte, setzte G dem S eine zweiwöchige Frist zur Zahlung des rückständigen Betrages mit der Erklärung, dass er bei Nichtzahlung innerhalb der Frist die gesamte Restschuld (welche G ziffernmäßig angibt) verlange. G bot dem S ein Gespräch über die Möglichkeit einer

> einverständlichen Regelung an. S ließ nichts von sich hören und zahlte auch nichts. Nunmehr beschaffte sich G einen Vollstreckungsbescheid über 6.000 DM. Im Auftrage des G pfändete der GV die Uhr nach § 808 Abs. 1. G beantragt unter Schilderung des Sachverhaltes beim Gerichtsvollzieher, ihm die Uhr zu Eigentum zum Mindesgebot gem. § 817 a Abs. 1 zuzuweisen. Bei einer Versteigerung der antiken Uhr würden sich erfahrungsgemäß kaum Interessenten finden, sodass sich ein angemessener Preis so nicht erzielen lassen werde. Der Gerichtsvollzieher setzt den S von dem Antrag in Kenntnis und gibt ihm Gelegenheit zur Stellungnahme. S beantragt, den Antrag auf Zwangsüberweisung der Uhr zurückzuweisen, da seine Gegenansprüche aus dem Abzahlungskauf in unzulässiger Weise beeinträchtigt würden.
> Wie wird sich der GV verhalten?

Der Gläubiger G beantragt die Anordnung einer **anderweitigen Verwertung** der gepfändeten Sache **gemäß § 825**, und zwar auf **Zuweisung der Sache** an **ihn selbst**.

Voraussetzungen:

(I) **Antrag:** Erforderlich ist ein Antrag des Gläubigers oder des Schuldners, der inhaltlich bestimmt auf eine in § 825 vorgesehene Maßnahme gerichtet ist. Ein solcher Antrag liegt hier vor; denn die Übereignung der gepfändeten Sache an den Gläubiger selbst ist nach § 825 möglich.

Wolf InVo 3/2000 E 3; Hintzen, Vollstreckung durch den Gerichtsvollzieher, Rdnr. 250; Baur/Stürner Rdnr. 29.12; Brox/Walker Rdnr. 429.

Der Umstand, dass der Gläubiger – wie hier – bereits Eigentümer der gepfändeten Sache ist, steht einer Eigentumszuweisung an ihn nicht entgegen. Durch eine Zuweisung nach § 825 erhält der Gläubiger auf Grund eines originären Erwerbs durch Staatsakt Eigentum unbelastet von möglichen Rechten Dritter, insbesondere erlischt das Anwartschaftsrecht des Schuldners. Dem Eigentümer kann daher das Rechtsschutzinteresse für einen Antrag nach § 825 nicht abgesprochen werden (Noack MDR 1969, 181; Lüke JuS 1970, 629, 630; Brox/Walker Rdnr. 433; Hintzen/Wolf Teil C Rdnr. 269).

(II) **Zuständigkeit:**

Zuständig ist der Gerichtsvollzieher, der die Pfändung vorgenommen hat, § 825 Abs. 1 S. 1.

(III) **Wirksame Verstrickung der gepfändeten Sache** (s.o. 2. Teil, 2. Abschnitt 2.). Sie entsteht als Folge jeder wirksamen Pfändung.

(IV) **Unterrrichtung** des Antragsgegners über die Art der anderweitigen Verwertung durch den GV (§ 825 Abs. 1 S. 2). Ohne Zustimmung des Antragsgegners darf die Verwertung erst **zwei Wochen** nach der Zustellung der Unterrichtung erfolgen (§ 825 Abs. 1 S. 3).

Beruft sich der Schuldner im Verfahren nach § 825 auf die **Unpfändbarkeit** der Sache nach § 811 oder einen anderen Umstand, der zur **Anfechtbarkeit** der Pfändung berechtigt, so muss der GV dies wie bei der Regelverwertung beachten. Betreibt er das Verfahren nach § 825 trotz Unpfändbarkeit der Sache etc. weiter, so hat der Schuldner die Möglichkeit, dagegen mit der **Vollstreckungserinnerung gem. § 766** vorzugehen (Brox/Walker Rdnr. 437).

(V) **Erwartung eines höheren Versteigerungserlöses** als bei einer normalen Verwertung durch Versteigerung. Die für die Versteigerung nach § 817 a Abs. 1 S. 1 angeordnete **Mindestangebotsgrenze** darf bei der Anordnung nach § 825 nicht unterschritten werden. Diese Voraussetzungen sind lt. Sachverhalt gegeben.

(VI) Die **Rücktrittsfiktion des § 13 Abs. 3 VerbrKrG** darf der Eigentumszuweisung an den Gläubiger nicht entgegenstehen.

(1) Der zwischen G und S getätigte Kaufvertrag unterliegt als **Teilzahlungskauf** den Regeln des **VerbrKrG**: Der Käufer S ist als natürliche Person bei dem Kauf für private Zwecke Verbraucher i. S. d. §§ 13 BGB, 1 Abs. 2 S. 2 VerbrKrG. G ist Kreditgeber i. S. d. §§ 14 BGB, 1 Abs. 1 S. 1 VerbrKrG, da er in Ausübung seiner gewerblichen Tätigkeit einen Kredit gewährt, nämlich die Stundung des Kaufpreises gegen einen Zinsaufschlag. Dadurch wird ein entgeltlicher Kredit i. S. d. § 1 Abs. 2 VerbrKrG gewährt. Der Kreditvertrag ist wirksam zu Stande gekommen, da die Formvorschrift nach § 4 Abs. 1 S. 4 Nr. 2 VerbrKrG eingehalten worden ist und S nach rechtsgültiger Belehrung über sein Widerrufsrecht dieses nicht fristgerecht ausgeübt hat, § 7 VerbrKrG i. V. m. § 361 a BGB.

Zum VerbrKrG vgl. AS-Skript Schuldrecht BT 2, Juni 2000, S. 171 ff.

(2) Wenn bei einem Teilzahlungskauf i. S. d. VerbrKrG der Verkäufer die gelieferte Sache pfändet und verwertet, könnte dies als **Rücktritt** des Kreditgebers gem. § 13 VerbrKrG zu werten sein und es könnte sich der Kreditvertrag zwischen G und S in ein Rückgewährschuldverhältnis umgewandelt haben bzw. mit der beantragten Eigentumszuweisung an G umwandeln.

Nach § 13 Abs. 3 S. 1 VerbrKrG gilt die Wiederansichnahme der auf Grund des Kreditvertrages gelieferten Sache als **Ausübung des Rücktrittsrechts**. Diese Fiktion greift allerdings nur ein, wenn der Kreditgeber ein Rücktrittsrecht hat, d. h., wenn in dem Augenblick der Wiederansichnahme zugleich sämtliche Voraussetzungen des § 13 Abs. 1 VerbrKrG erfüllt sind, wenn also der Verbraucher mit der Bezahlung des in Nr. 1 des § 12 Abs. 1 genannten Betrages in Verzug ist und der Kreditgeber den Verbraucher vergeblich nach Nr. 2 des § 12 Abs. 1 VerbrKrG eine Nachfrist gesetzt hat.

Ganz h. M., vgl. OLG Oldenburg WM 1996, 19, 20; OLG Köln BB 1997, 2502; Graf von Westphalen/Emmerich/von Rottenburg § 13 Rdnr. 55 m.w.N.; andere sprechen von einer unwiderleglichen Vermutung, vgl. Staudinger/Kessal-Wulf, 13. Bearb. 1998, § 13 VerbrKrG Rdnr. 8 m.w.N.; siehe hierzu auch AS-Skript Schuldrecht BT 2, Juni 2000, S. 210.

Im vorliegenden Fall ist ein Rücktrittsrecht gem. § 13 Abs. 1 VerbrKrG gegeben. Die Fiktion der Rücktrittserklärung nach § 13 Abs. 3 VerbrKrG greift wegen des Schutzzweckes des VerbrKrG auch ein, wenn der Kreditgeber (= Vollstreckungsgläubiger) dem Verbraucher (= Vollstreckungsschuldner) die Sache durch Betreiben der Zwangsvollstreckung entzieht. Dabei spielt es keine Rolle, ob bei der Verwertung ein Dritter oder der Kreditgeber selbst als Vollstreckungsgläubiger die Sache erhält. Als Zeitpunkt der „Ansichnahme" i.S.d. § 13 Abs. 3 VerbrKrG wird allerdings nach h.M. nicht schon der Zeitpunkt der Pfändung, sondern erst der Zeitpunkt angesehen, in dem der Gegenstand in der Versteigerung dem Ersteher oder nach einer Entscheidung gem. § 825 dem Erwerber abgeliefert wird.

Brox/Walker Rdnr. 440; Walker in Schuschke/Walker I, Anhang zu § 825 Rdnr. 4 m.w.N.; s. dort auch die Nachweise zu den Meinungen, welche den Zeitpunkt des Rücktritts vorverlegen.

(c) Im vorliegenden Fall würde sich also nach h.M. mit der der Eigentumszuweisung nachfolgenden Ablieferung der Uhr durch den GV an G der Kaufvertrag zwischen G und S in ein Rückgewährschuldverhältnis umwandeln, auf das gem. § 13 Abs. 2 S. 1 VerbrKrG die §§ 346 ff. BGB Anwendung finden. Nach materiellem Recht dürfte daher dem G die Uhr nur Zug um Zug gegen Rückzahlung der von S geleisteten Anzahlung i.H.v. 1.500 DM ausgehändigt werden.

Umstritten ist, wie diese materielle Einwendung bei der Durchführung der vollstreckungsrechtlichen Verwertung Berücksichtigung finden kann.

Diese Frage wurde bereits unter der Geltung des AbzG diskutiert, das in § 5 AbzG ebenfalls – wie heute § 13 Abs. 3 VerbrKrG – beim Abzahlungskauf in der Wegnahme die Fiktion der Rücktrittserklärung sah.

Z.T. wurde zum früheren AbzG eine Verwertung nach § 825 abgelehnt, weil anderenfalls der Schutz des AbzG umgangen würde (vgl. LG Göttingen MDR 1953, 370; LG Mönchengladbach MDR 1960, 680; LG Krefeld MDR 1964, 1013).

Nach anderer Ansicht soll der Rechtspfleger bei der Entscheidung nach § 825 summarisch prüfen, ob die Schutzinteressen des Verbrauchers verletzt werden und ggf. die Eigentumszuweisung unterlassen (vgl. LG Bielefeld NJW 1970, 337; BL/Hartmann § 825 Rdnr. 9 m.w.N.).

Nach heute herrschender Ansicht, deren Gründe auch nach der ab 01.10.2000 geltenden Änderung des VerbrKrG Bestand haben, sind dagegen die Ansprüche des Verbrauchers (= Vollstreckungsschuldners) im Verfahren nach § 825 grundsätzlich nicht zu berücksichtigen, da der Schuldner diese Ansprüche nur gemäß **§§ 767, 769 (Vollstreckungsgegenklage)** geltend machen könne; gehe er nicht in dieser Weise vor, sei die Zwangsvollstreckung ohne Rücksicht auf etwaige Ansprüche des Schuldners durchzuführen.

OLG München MDR 1969, 60[@] m.w.N.; LG Berlin MDR 1974, 1025; Zöller/Stöber § 825 Rdnr. 14; MünchKomm/ZPO/Schilken § 825 Rdnr. 12; Walker in Schuschke/Walker I, Anhang zu § 825 Rdnr. 5; Brox/Walker Rdnr. 439; Hintzen, Vollstreckung durch den Gerichtsvollzieher Rdnr. 253; Wolf InVo 3/2000 E 4.

Mit der Erhebung der Klage und dem Antrag auf einstweiligen Rechtsschutz braucht der Schuldner nicht bis zur Ablieferung der Sache an den Gläubiger – dem Zeitpunkt, in welchem der Rücktritt erfolgt

(s. o. [b]) – zu warten. Er kann die Vollstreckungsgegenklage (§ 767) bereits vorher erheben und beantragen, dass die Eigentumszuweisung an den Gläubiger nur Zug um Zug gegen Erstattung der bereits geleisteten Zahlungen für zulässig erklärt wird. Hat er damit Erfolg, darf die Ablieferung der Sache an den Kreditgeber gem. § 756 nur Zug um Zug gegen Erstattung der Anzahlung und etwaiger geleisteter Raten erfolgen.

Brox/Walker Rdnr. 441; Walker in Schuschke/Walker I, Anhang zu § 825 Rdnr. 6 m.w.N.

Im vorliegenden Fall hat S keine Vollstreckungsgegenklage erhoben und auch keinen Antrag nach § 769 gestellt. Der Gerichtsvollzieher wird daher dem Antrag des G auf Eigentumszuweisung gem. § 825 stattgeben.

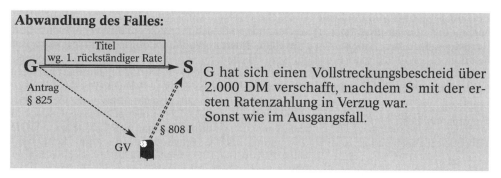

Abwandlung des Falles:

G hat sich einen Vollstreckungsbescheid über 2.000 DM verschafft, nachdem S mit der ersten Ratenzahlung in Verzug war.
Sonst wie im Ausgangsfall.

Hier liegen die Voraussetzungen für einen Rücktritt nach § 13 VerbrKrG nicht vor.

Wenn die Voraussetzungen der §§ 12, 13 VerbrKrG nicht erfüllt sind, darf der Kreditgeber die Sche nicht auf einem anderen Wege an sich bringen oder an sich nehmen.

Bruchner/Ott/Wagner-Wieduwilt, Verbraucherkreditgesetz, 2. Aufl. 1994, § 13 Rdnr. 35.

Die in der Pfändung und Verwertung liegende Wiederansichnahme löst somit – anders als im Ausgangsfall – nicht die Rücktrittsfolgen aus, sodass hier die materiellrechtlichen Voraussetzungen für den Titel nicht nachträglich entfallen sind. Fraglich ist, wie sich dies auf die Vollstreckung auswirkt.

Im vollstreckungsrechtlichen Schrifttum wird diese Frage, soweit ersichtlich, nicht erörtert. Vielmehr knüpft man bei der rechtlichen Beurteilung an die früher zu § 5 AbzG entwickelten Grundsätze an. Dort trat die hier aufgedeckte Schwierigkeit nicht ein; denn nach der damals auch für Kreditgeschäfte geltenden Auslegungsregel des § 455 BGB stand dem Abzahlungsverkäufer ein Rücktrittsrecht ohne Fristsetzung zu, wenn der Abzahlungskäufer mit nur einer Rate in Verzug war.

Nach der neuen durch das VerbrKrG geschaffenen Rechtslage ergibt sich jedoch eine Diskrepanz zwischen dem Rücktrittsgrund, §§ 13 Abs. 1, 12 Abs. 1 VerbrKrG, und der Rücktrittsfiktion, § 13 Abs. 3 VerbrKrG; denn das Rücktrittsrecht, dessen Ausübung kraft Gesetzes fingiert wird, wenn der Kreditgeber die Sache wieder an sich nimmt, besteht nur unter den einschränkenden Voraussetzungen des § 12 Abs. 1 S. 1 VerbrKrG (Bruchner/Ott/Wagner-Wieduwilt § 13 Rdnr. 32).

Eine Vollstreckung in die Abzahlungssache würde hier aber den Verbraucherschutz noch mehr unterlaufen als bei Vorliegen eines Rücktrittsrechts für den Kreditgeber, weil der Abzahlungsverkäufer bei Verzug des Abzahlungskäufers mit nur einer Rate gem. §§ 12, 13 VerbrKrG den Rücktritt nicht erklären kann. Um zu verhindern, dass der AbzVerkäufer ohne Vorliegen der Voraussetzungen des § 12 VerbrKrG die Kaufsache im Wege der Vollstreckung wieder an sich nimmt, wird man hier dem AbzKäufer die **Vollstreckungsgegenklage** geben müssen mit dem Antrag, die **Zwangsvollstreckung** aus dem Kaufpreistitel in die AbzSache **als zur Zeit unzulässig** zu erklären.

Auch in diesem Falle liegt der Grund für den Schutz des AbzKäufers im **materiellen Recht**, nämlich in den in § 12 VerbrKrG aufgestellten erschwerten Rücktrittsvoraussetzungen. Zwar richten sich hier die Einwendungen des AbzKäufers nicht gegen den Bestand und die Fälligkeit des Anspruchs, sondern der Einwand geht dahin, dass die **Vollstreckung** jedenfalls **zur Zeit noch nicht in die konkrete AbzSache** erfolgen dürfe. Die Vollstreckungsgegenklage nach § 767 ist zwar grds. für rechtshemmende und rechtsvernichtende Einwendungen und Einreden gegen den Anspruch vorgesehen. Mit der Vollstreckungsgegenklage kann der Schuldner aber auch andere Einwendungen erheben. So kann z. B. gemäß § 785 der Erbe seine beschränkte Erbenhaftung (also auch eine gegenständlich beschränkte Haftung!) im Wege der Vollstreckungsgegenklage geltend machen. Nach der Rspr. und einem Teil der Lit. (s. o. 1. Teil, 4. Abschnitt 2.) sind auch Vollstreckungsverträge, durch welche die Vollstreckung zeitlich und (oder) gegenständlich beschränkt werden, im Wege der Vollstreckungsgegenklage in analoger Anwendung des § 767 geltend zu machen (s. dazu Blomeyer AcP 165, 481, 495). Die Vollstreckungsgegenklage ist einer Erinnerung nach § 766 vorzuziehen, da hier keine vollstreckungsrechtlichen Verfahrensvorschriften verletzt worden sind und das Klageverfahren besser geeignet ist, die materiellrechtliche Frage, ob die Voraussetzungen des Rücktritts nach §§ 12, 13 VerbrKrG vorliegen, zu klären. Da die Einwendungen nicht den durch das Urteil festgestellten Anspruch betreffen, gilt die Einschränkung des § 767 Abs. 2 nicht.

– – –

Ein weiterer in der Praxis häufiger Fall der anderweitigen Verwertung ist die **Verwertung durch eine andere Person**, insbes. durch einen öffentlich bestellten Auktionator. Diese Art der Verwertung wird durch das **Vollstreckungsgericht** angeordnet, § 825 Abs. 2.

Fall 24: Versteigerung durch privaten, öffentlich bestellten Auktionator

E und die B-Bank streiten sich um das Eigentum an einem Kfz. S hatte den Wagen an die B-Bank sicherungshalber übereignet, der Bank den Kfz-Brief übergeben und das Fahrzeug in Besitz behalten. Bei S wurde der Wagen im Auftrage des G gepfändet. Das VollstrG ordnete auf Antrag des G die Versteigerung durch den öffentlich bestellten Auktionator A an. Vor Beginn der Versteigerung wies A darauf hin, dass der Kfz-Brief nicht vorliege. E ersteigerte das Fahrzeug und nahm es in Besitz. E verlangt von der B-Bank die Herausgabe des Kfz-Briefes.

E kann von der B-Bank nach § 985 BGB die Herausgabe des Kfz-Briefes verlangen, wenn er dessen Eigentümer ist. E hat das Eigentum an dem Kfz-Brief nach § 952 BGB erworben, wenn E in der Versteigerung das Eigentum an dem Pkw erlangt hat. Dies könnte deshalb unterblieben sein, weil die B-Bank auf Grund der Sicherungsübereignung Eigentümer des Pkw war und sie auch den Kfz-Brief in Besitz hatte.

(I) Die **Verwertung** einer gepfändeten Sache **durch einen privaten Auktionator oder einen freihändig verkaufenden Privatmann** auf der Grundlage des § 825 läuft in **privatrechtlichen Formen** ab, und zwar auch dann, wenn der Auktionator öffentlich bestellt ist.
BGHZ 119, 75, 78, 80@ m.w.N.

Die Rechtslage ist anders, wenn der **Gerichtsvollzieher** die gepfändete Sache auf der Grundlage von §§ 817 ff. versteigert oder gem. § 825 freihändig verkauft. Diese Maßnahmen erfolgen nach h.M. öffentlich-rechtlich. Der Gerichtsvollzieher weist – auch bei freihändigem Verkauf! – dem Erwerber das Eigentum kraft Hoheitsaktes zu und der Erwerber einer nicht dem Schuldner gehörenden Sache erlangt hierdurch das Eigentum unabhängig von seiner diesbezüglichen Bösgläubigkeit (BGHZ 119, 75, 78@ m.w.N.).

Ein originärer Eigentumserwerb des E kraft Hoheitsaktes als Folge der Versteigerung durch den Auktionator scheidet daher aus.

(II) Ein Eigentumserwerb des E nach §§ 929 ff. BGB scheidet schon deshalb aus, weil weder A noch G als Eigentümer des Kfz verfügt hat.

(III) E könnte das Eigentum an dem Pkw nach §§ 1243, 1244 BGB auf Grund einer Pfandveräußerung erlangt haben. Voraussetzung ist, dass G ein Pfandrecht an dem Pkw hatte oder dass das fehlende Pfandrecht durch guten Glauben des E entspr. § 1244 BGB überwunden wurde.

(1) Nach der öffentlich-rechtlichen Theorie (s.o. S. 107 f.) ist das Pfändungspfandrecht des G ohne weiteres und zugleich mit der vollstreckungsrechtlichen Beschlagnahme unabhängig vom Vorliegen der bürgerlich-rechtlichen Voraussetzungen für die Pfandbestellung entstanden. Danach kann auch an einer schuldnerfremden Sache ein Pfändungspfandrecht (§ 804) begründet werden. Die meisten Vertreter dieser Rechtsmeinung beschränken jedoch die Wirkungen des Pfändungspfandrechts inhaltlich: Gegenüber dem Eigentümer der gepfändeten Sache, der nicht zugleich Vollstreckungsschuldner ist, soll es nicht wie ein Faustpfandrecht wirken und keinen materiellen Rechtsgrund zum endgültigen Behaltendürfen des Erlöses bilden. Die Vorschriften des BGB über das Faustpfandrecht sind daher grundsätzlich nicht heranzuziehen. Es kann daher auch nicht die Grundlage für einen gutgläubigen Erwerb – etwa in sinngemäßer Anwendung von § 1244 BGB – bilden.
Vgl. die Darstellung u. Nachweise bei BGHZ 119, 75, 83 ff.@.

(2) Nach der Theorie von der sog. gemischt privat- und öffentlich-rechtlichen Natur des Pfändungspfandrechts (s.o. S. 108 f.) entsteht an einer schuldnerfremden Sache kein rechtswirksames Pfändungspfandrecht zu

Lasten des nichtschuldenden Eigentümers. Der Vollstreckungsgläubiger G hat somit nicht allein auf Grund der Pfändung des nicht seinem Schuldner gehörenden Pkw ein Pfändungspfandrecht erworben. Auch ein gutgläubiger Erwerb des Pfändungspfandrechts durch G scheidet aus: Gesetzliche Pfandrechte können – außerhalb von § 366 Abs. 3 HGB – grds. nicht gutgläubig erworben werden. Das gilt auch für das Pfändungspfandrecht.
BGHZ 119, 75, 89[@] m.w.N.

Der Vollstreckungsgläubiger G, der hier das Auto nach § 825 durch A versteigern ließ, hatte somit kein Pfandrecht. In Betracht kommt daher allenfalls ein gutgläubiger Eigentumserwerb des E entspr. § 1244 BGB. Voraussetzung ist u.a. guter Glaube des Erstehers an den Bestand des Pfandrechts. Ein solcher guter Glaube setzt hier voraus, dass der Ersteher E hinsichtlich der Schuldnerzugehörigkeit der Pfandsache gutgläubig war. Es musste somit der E ohne grobe Fahrlässigkeit (§ 932 Abs. 2 BGB) angenommen haben, dass der Vollstreckungsschuldner – S – Eigentümer des Pkw war.
BGHZ 119, 75, 89 ff.[@] m.w.N.

Hinsichtlich des Eigentums an dem Pkw war E jedoch bösgläubig, da der Auktionator A vor der Aufforderung zum Bieten auf das Fehlen des Kfz-Briefes hingewiesen und sich E nicht weiter anhand des Kfz-Briefes über das Eigentum des Vollstreckungsschuldners S vergewissert hat.
BGHZ 119, 75, 90/91[@].

Auch nach der gemischten privat- und öffentlich-rechtlichen Theorie hat somit E kein Eigentum an dem Pkw entspr. §§ 1243, 1244 BGB erworben.

Da hier beide Pfändungspfandrechts-Theorien nicht zu abweichenden Ergebnissen führen, hat der BGH zu den Theorien nicht weiter Stellung genommen (BGHZ 119, 75, 91[@]).

Ergebnis: E hat kein Eigentum an dem Pkw erlangt. Er hat keinen Anspruch gegen die Bank auf Herausgabe des Briefes, vielmehr kann die Bank von E nach § 985 Herausgabe des Pkw verlangen.

– – –

4. Abschnitt: Auskehr des Erlöses; Verteilungsverfahren

1. Auskehr des Erlöses

I) Der GV kehrt den Erlös nach Abzug der Versteigerungskosten in der Höhe, in der er dem Vollstreckungsgläubiger gebührt, an diesen aus. Einen eventuellen Überschuss erhält der Schuldner.

Bei einer Vollstreckung für mehrere Gläubiger (§ 827) werden die Gläubiger in der Reihenfolge ihres Ranges befriedigt. Der Rang bestimmt sich gemäß § 804 Abs. 3 nach dem Zeitpunkt der Pfändung. Reicht der Erlös zur Befriedigung aller Gläubiger nicht aus und verlangt ein Gläubiger, für den die Pfändung später erfolgt ist, eine andere Verteilung, als sie nach der Reihenfolge der Pfändungen vorzunehmen wäre, so hat der GV den Erlös zu hinterlegen und dies dem Vollstreckungsgericht anzuzeigen, § 827 Abs. 2. Es schließt sich dann das sog. Verteilungsverfahren an (s.u. 2.).

II) Die Rechtsverhältnisse am Erlös:

An dem vom GV in Empfang genommenen Erlös setzen sich kraft dinglicher Surrogation (analog § 1247 S. 2 BGB) die Rechte fort, die an der versteigerten Sache bestanden haben. Das bedeutet, dass der Eigentümer der Pfandsache Eigentümer des Erlöses ist und dass der Vollstreckungsgläubiger, der vorher ein Pfändungspfandrecht an der Sache hatte, nunmehr ein Pfändungspfandrecht an dem Erlös hat.

▶ Auszahlung des Erlöses an den Vollstreckungsgläubiger ist Eigentumszuweisung kraft Hoheitsaktes.

Im Falle der Versteigerung einer schuldnerfremden Sache fehlt jedoch für den Eigentumserwerb des Gläubigers am Erlös – unabhängig von seiner Gut- oder Bösgläubigkeit – der Rechtsgrund (§ 812 BGB), da für den Vollstreckungsgläubiger nach beiden Theorien ein materielles Befriedigungsrecht hinsichtlich der schuldnerfremden Sache nicht bestanden hat.

▶ Die Übergabe eines restlichen Erlöses an den Schuldner stellt keine Eigentumsübertragung dar, denn der Schuldner ist als früherer Eigentümer der Pfandsache bereits kraft dinglicher Surrogation Eigentümer des Geldes geworden.

III) Gefahrtragung, § 819

Obwohl der Schuldner (der Eigentümer der Pfandsache war) mit der Empfangnahme des Erlöses durch den GV Eigentümer des Erlöses geworden ist und der Vollstreckungsgläubiger das Eigentum daran erst erwirbt, wenn es ihm später durch den GV zugewiesen wird, trägt der Gläubiger nach § 819 die Gefahr dafür, dass der Erlös verlorengeht. Wenn daher z.B. der GV den empfangenen Erlös verliert oder unterschlägt, kann der Gläubiger vom Schuldner nicht erneute Zahlung verlangen.

2. Verteilungsverfahren

I) Wenn eine Sache von mehreren Gläubigern gepfändet wird, der Versteigerungserlös für alle Gläubiger nicht ausreicht und sich die Gläubiger über die Verteilung des Erlöses nicht einigen, dann hat der Gerichtsvollzieher den **Erlös zu hinterlegen** und die Sachlage dem Vollstreckungsgericht anzuzeigen, § 827 Abs. 2. Es wird dann von Amts wegen ein **gerichtliches Verteilungsverfahren** eingeleitet, §§ 872 ff. Es hat den Zweck, die Rangfolge der Gläubiger endgültig zu klären und über die Verteilung des Erlöses zu entscheiden.

II) Verteilungsgericht ist das zuständige AG, hier der Rpfleger (§ 873, § 20 Nr. 17 RpflegerG). Der Rpfleger stellt nach Anmeldung der Forderungen (§ 873) einen Teilungsplan auf (§ 874). Wird im Verteilungsverfahren (§ 875) gegen den Verteilungsplan kein Widerspruch erhoben, so wird er ausgeführt. Wird ein eingelegter Widerspruch von den übrigen beteiligten Gläubigern anerkannt, so ist der Teilungsplan entsprechend zu berichtigen (§ 876 S. 3). Soweit der Widerspruch nicht anerkannt wird, muss der widersprechende Gläubiger – falls er eine Abänderung des Teilungsplans zu seinen Gunsten erreichen will – gegen diejenigen beteiligten Gläubiger, die den Widerspruch nicht anerkannt haben, **Widerspruchsklage gemäß §§ 878 ff.** erheben. Soweit der Teilungsplan von dem Widerspruch nicht betroffen wird, wird er ausgeführt; im Übrigen unterbleibt die Ausführung, bis über die Widerspruchsklage entschieden worden ist.

Fall 25: Widerspruchsklage nach § 878; Rang der Pfändungspfandrechte bei Einwendungen gegen die titulierte Forderung

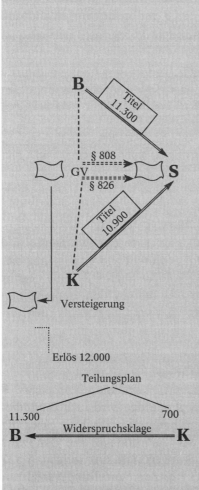

Der GV hatte zunächst für B und im Wege der Anschlusspfändung für K bei S einen Teppich gepfändet. Nach Abzug der Versteigerungskosten hinterlegte der GV den restlichen Erlös in Höhe von 12.000 DM, weil dieser Betrag nicht ausreiche, die Forderungen der beiden Pfändungsgläubiger – sie betragen für B 11.300 DM und für K 10.900 DM – zu befriedigen. Im Verteilungsverfahren vor dem AG Dortmund stellte der Rpfleger am 4. Februar einen Teilungsplan auf, wonach die 12.000 DM in Höhe von 11.300 DM an B und 700 DM an K ausgezahlt werden sollen. Im Verteilungstermin am 8. März legte K Widerspruch ein. Er begründete ihn damit, dass das von B erstrittene Urteil unrichtig sei, weil S sogleich nach Klageerhebung seine Schuld gegenüber B getilgt habe. Da B den Widerspruch nicht anerkannte, erhob K, vertreten durch RA R in Dortmund, am 13. April vor dem Landgericht Dortmund mit der gleichen Begründung Widerspruchsklage mit dem Antrag, seinen Widerspruch gegen den Teilungsplan des Amtsgerichts Dortmund vom 4. Februar ... (Akt.: ...) für begründet zu erklären und das Amtsgericht Dortmund anzuweisen, seine Forderung vorrangig zu berücksichtigen.
Der ebenfalls durch einen RA vertretene B beantragte,
    die Klage abzuweisen.
B begründete den Klageabweisungsantrag damit, die Zahlung des S habe eine ganz andere Forderung betroffen.

(I) Zulässigkeit der Klage

(1) **Zuständigkeit:** Gemäß § 879 ist für die Widerspruchsklage – ausschließlich (§ 802) – das Verteilungsgericht (Amtsgericht) oder bei sachlicher Zuständigkeit des Landgerichts (§§ 23 Nr. 1, 71 Abs. 1 GVG) das dem Verteilungsgericht übergeordnete Landgericht zuständig. Die sachliche Zuständigkeit richtet sich nach dem Streitwert, der sich gemäß § 3 nach dem Interesse des Klägers an der bevorrechtigten Befriedigung bestimmt.

Thomas/Putzo § 878 Rdnr. 9, § 879 Rdnr. 2.

Entscheidend ist der Wert der eigenen noch offenen Forderung des Klägers oder – falls geringer – der des Beklagten.

Im vorliegenden Fall beträgt die noch offene Forderung des K 10.200 DM (10.900 DM abzgl. der zuerkannten 700 DM), im Verhältnis von 10.200 DM begehrt K eine andere Verteilung. Es ist daher das Landgericht Dortmund sachlich zuständig.

(2) **Allgemeine Verfahrensvoraussetzungen** (wie Partei- und Prozessfähigkeit):
Hier keine Bedenken.

(3) **Richtige Parteien:** Klageberechtigt ist der dem Teilungsplan widersprechende Gläubiger, richtiger Beklagter ist der beteiligte Gläubiger, der von dem Widerspruch betroffen wird und ihn nicht als begründet anerkannt hat. Diese Parteistellung liegt hier vor.

Wenn mehrere Gläubiger von dem Widerspruch betroffen sind und ihn nicht anerkannt haben, muss der Widersprechende gegen alle diese Gläubiger Widerspruchsklage erheben. Sie bilden eine einfache Streitgenossenschaft.

(4) **Ordnungsmäßiger Klageantrag:** Er muss die begehrte Abänderung des Teilungsplanes genau bezeichnen. Dazu reicht es aus, wenn dem Antrag – im Zusammenhang mit der Begründung und dem Zweck der Klage – im Wege der Auslegung entnommen werden kann, dass der Kläger die Abänderung des Verteilungsplanes dahin verlangt, dass ihm der Erlös in Höhe von insgesamt 10.900 zuzuteilen ist.

(5) **Widerspruch:** Der klagende Gläubiger muss vor oder in dem Teilungstermin Widerspruch erhoben haben. Diese Voraussetzung ist hier erfüllt.

(6) Das **Rechtsschutzinteresse** für die Widerspruchsklage tritt ein, sobald der am Verfahren beteiligte Pfändungsgläubiger (spätere Kläger) Widerspruch erhoben hat, und fällt fort, sobald der Teilungsplan ausgeführt ist; nach Ausführung des Teilungsplanes – Verteilung des hinterlegten Betrages – ist nur noch die materiellrechtliche Klage aus besserem Recht (§ 812 BGB) zulässig. Im vorliegenden Fall ist das Rechtsschutzinteresse gegeben, da die Verteilung noch nicht durchgeführt worden ist.

(7) Keine Zulässigkeitsvoraussetzung ist die **Frist des § 878 Abs. 1**. Nach dieser Vorschrift muss der widersprechende Gläubiger innerhalb eines Monats vom Terminstag an dem Verteilungsgericht die Klageerhebung nachweisen. Im vorliegenden Fall wurde die Frist nicht gewahrt. Das hat nur Bedeutung für das Verteilungsverfahren (gegenüber dem Verteilungsgericht): Falls die Erhebung der Widerspruchsklage nicht rechtzeitig nachgewiesen wird, kann das Verteilungsgericht die Verteilung trotz des Widerspruchs – auch nach Klageerhebung – weiterführen; falls die Widerspruchsklage rechtzeitig nachgewiesen wird, muss dagegen die Verteilung unterbleiben. Die Widerspruchsklage als solche ist zulässig – unabhängig von der Fristwahrung –, solange die Verteilung noch nicht beendet ist (BGH NJW-RR 1987, 891). Falls während des Prozesses die Verteilung ausgeführt wird, muss die Widerspruchsklage auf eine Bereicherungsklage aus besserem Recht umgestellt werden (BL/Hartmann § 878 Rdnr. 4).

Die Bereicherungsklage ist im Übrigen auch noch möglich, wenn der Gläubiger die Widerspruchsklage versäumt hat und der Erlös verteilt worden ist, § 878 Abs. 2.

Die Klage ist somit zulässig.

(II) **Begründetheit der Klage**
Die Widerspruchsklage ist begründet, wenn der Kläger gegenüber dem Beklagten ein **besseres Recht an dem hinterlegten Betrag** hat. Abzustellen ist dabei auf die Sach- und Rechtslage im Zeitpunkt des Verteilungstermins. Die Klage kann daher nur auf Tatsachen gestützt werden, die zur Zeit des Verteilungstermins schon eingetreten waren.
BGH NJW 1974, 702; OLG Düsseldorf NJW-RR 1989, 599; Thomas/Putzo § 878 Rdnr. 6.

Ob der Kläger ein besseres Recht an dem Erlös hat, entscheidet sich grds. nach dem **Rang der Pfändungspfandrechte**. Nach § 804 Abs. 3 geht das durch die frühere Pfändung bewirkte Pfändungspfandrecht dem durch die spätere Pfändung begründeten Pfändungspfandrecht vor. Diese sich aus § 804 ergebende Rechtsfolge ist jedoch für das bessere Recht am Erlös nicht allein entscheidend. Eine bessere Rechtsposition des Klägers kann sich auch aus Gründen materieller Gerechtigkeit ergeben, so z.B., wenn die Ausübung des dem Beklagten zustehenden Vorrangs rechtsmissbräuchlich wäre.
BGHZ 57, 108, 110 ff.[@]: bei Erschleichung der öffentlichen Zustellung.

Im vorliegenden Fall begründet der Kläger sein angeblich besseres Recht mit der Behauptung, dass die Forderung des Beklagten schon vor dem Erlass des von B gegen S erstrittenen Urteils erloschen sei.

(1) Nach der **gemischten Theorie** ist das Pfändungspfandrecht akzessorisch, d.h. vom Bestand der titulierten Forderung abhängig. Zwar gilt für das Entstehen des Pfändungspfandrechts die Besonderheit, dass eine in einem rechtskräftigen Titel festgestellte Forderung ausreicht, selbst wenn sie materiellrechtlich nicht besteht. Aber ebenso, wie der Schuldner sich gemäß § 767 (unter Beachtung von Abs. 2) gegen die Forderung wehren kann, kann es auch der Pfändungsgläubiger. Der Kläger kann daher mit der Widerspruchsklage Einwendungen gegen die Forderung, die der Schuldner mit der Vollstreckungsgegenklage (§ 767) erheben könnte, geltend machen, jedoch nur in den Grenzen des § 767 Abs. 2.

Baur/Stürner Rdnr. 33.6; MünchKomm/ZPO/Eickmann § 878 Rdnr. 22; Walker in Schuschke/Walker I § 878 Rdnr. 7 m.w.N.

(2) Nach der **öffentlich-rechtlichen Theorie** besteht das Pfändungspfandrecht als Ausfluss der Verstrickung unabhängig vom Bestehen der titulierten Forderung. Danach berühren Einwendungen gegen die Forderung nicht den Bestand des Pfändungspfandrechts. Es wird daher z.T. die Ansicht vertreten, dass Einwendungen gegen die Forderung für die Klagebegründung im Widerspruchsverfahren nicht in Betracht kommen. Die meisten Vertreter der öffentlich-rechtlichen Theorie lassen zur Begründung der Widerspruchsklage jedoch auch Einwendungen gegen die titulierte Forderung in den Grenzen des § 767 Abs. 2 zu.
Zöller/Stöber § 878 Rdnr. 12; Thomas/Putzo § 878 Rdnr. 5.

Dies kann zwar nicht damit erklärt werden, dass solche Einwendungen das Pfändungspfandrecht und damit den Rang berührten; denn nach der öffentlich-rechtlichen Theorie hängt das Pfändungspfandrecht ja lediglich von der Verstrickung ab. Mit der Widerspruchsklage kann jedoch auch geltend gemacht werden, dass der Beklagte die erlangte formelle Rechtsposition nach den Maßstäben materieller Gerechtigkeit im Verhältnis zum Kläger zu Unrecht habe. Streiten sich im Verteilungsverfahren mehrere Gläubiger um den Erlös, so kann nicht unberücksichtigt bleiben, dass sie ihre Rechtsposition an dem Erlös von dem Schuldner herleiten, in dessen Sache vollstreckt wurde. Soweit der Schuldner die Rechtsposition eines Gläubigers im Wege einer Vollstreckungsgegenklage bekämpfen kann, muss daher auch ein Gläubiger bei einer Widerspruchsklage Einwendungen gegen die titulierte Forderung des anderen Gläubigers erheben können.

(3) Als Ergebnis zeigt sich, dass die überwiegenden Meinungen in beiden Theoriengruppen die Begründung der Widerspruchsklage durch Einwendungen gegen die Forderung des Beklagten zulassen, wenn der Schuldner selbst (unter Berücksichtigung des § 767 Abs. 2) eine Vollstreckungsgegenklage darauf stützen könnte.
Die Widerspruchsklage des K ist danach nicht schlüssig; denn nach seinem eigenen Vortrag liegt der Erlöschensgrund für die Forderung des B gegen S vor der letzten mündlichen Verhandlung im Prozess des B gegen S, sodass diese Einwendung nach § 767 Abs. 2 abgeschnitten ist.

(III) Die Klage ist somit **abzuweisen**.

(1) **Tenor:** Bei Erfolglosigkeit der Widerspruchsklage

- nach einer Meinung der **Widerspruch für unbegründet zu erklären**
  so BL/Hartmann § 878 Rdnr. 12, § 880 Rdnr. 2.

- nach einer anderen Ansicht lediglich die **Klage abzuweisen**
  so Thomas/Putzo § 880 Rdnr. 1; Walker in Schuschke/Walker I § 880 Rdnr. 1.

Eine zusätzliche Anordnung, dass es bei dem bisherigen Teilungsplan verbleibe, ist – entgegen dem Wortlaut des § 880 S. 2 – i.d.R. entbehrlich.

StJ/Münzberg § 880 Rdnr. 1; MünchKomm/ZPO/Eickmann § 880 Rdnr. 2.

(2) Die **Kosten** treffen nach § 91 den unterliegenden Kläger.

(3) **Vorläufige Vollstreckbarkeit:**
Im Hauptausspruch ist das Urteil erst nach Rechtskraft vollstreckbar; das ergibt sich aus § 882, wonach auf Grund des erlassenen Urteils die Auszahlung im Verteilungsverfahren erst nach Rechtskraft erfolgen kann. Das gilt auch für das klageabweisende Urteil, auf Grund dessen – nach Rechtskraft – die Verteilung nach dem ursprünglichen Teilungsplan durchgeführt wird. Daher ist das Urteil nur hinsichtlich der Kostenentscheidung für vorläufig vollstreckbar zu erklären.

Gemäß § 708 Nr. 11 ist das Urteil insoweit für die Beklagte ohne Sicherheitsleistung vorläufig vollstreckbar, weil der von ihr gegen die Klägerin zu vollstreckende Kostenbetrag unter 2.000 DM bleibt; gemäß § 711 ist der Klägerin von Amts wegen Vollstreckungsnachlass zu gewähren. Da die Beklagte bei einem Streitwert von 10.200 DM wegen eines Kostenbetrages von gut 1.589,20 DM (zwei RA-Gebühren mit Unkostenpauschale und MWSt) vollstrecken kann, ist ein Sicherheitsbetrag von 1.600 DM angemessen.

– – –

Daraus ergibt sich folgender Urteilsentwurf:

Landgericht Dortmund
... O ...

Urteil

Im Namen des Volkes!
In dem Rechtsstreit

des K ...

, Klägers

– Prozessbevollmächtigter: Rechtsanwalt ...

gegen

den B ...

, Beklagten

– Prozessbevollmächtigter: Rechtsanwalt ...

hat die ... Zivilkammer des Landgerichts Dortmund auf die mündliche Verhandlung vom ... unter Mitwirkung des Vorsitzenden Richters am Landgericht ..., des Richters am Landgericht ... und des Richters ... für Recht erkannt:

4. Abschnitt: Auskehr des Erlöses; Verteilungsverfahren

Die Klage wird abgewiesen.

Die Kosten des Rechtsstreits werden dem Kläger auferlegt.

Das Urteil ist hinsichtlich der Kostenentscheidung vorläufig vollstreckbar. Dem Kläger wird eingeräumt, die Zwangsvollstreckung wegen der Kosten gegen Sicherheitsleistung i. H. v. 1.600 DM abzuwenden, wenn nicht der Beklagte vor der Vollstreckung Sicherheit in gleicher Höhe leistet.

Tatbestand

...

...

Entscheidungsgründe

...

...

Unterschriften der Richter

– – –

Fall 26: Widerspruchsklage nach § 878; Rang der Pfändungspfandrechte bei mehrfacher Pfändung in eine schuldnerfremde Sache, die der Schuldner vor der Versteigerung erwirbt

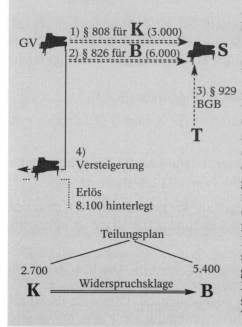

Der GV hatte zunächst für K und einige Tage später für B einen bei S stehenden Flügel gepfändet. Bei den Pfändungen gehörte der Flügel der Tante T des S. Noch vor der Versteigerung übereignete die T den Flügel an S. Da sich K und B um den Erlös stritten, hinterlegte der GV den auszukehrenden Erlös von 8.100 DM. Im Verteilungsverfahren meldete K eine Forderung von 3.000 DM, B eine von 6.000 DM an. Der Rpfleger, der gleichrangige Pfändungspfandrechte annahm, stellte im Teilungsplan entsprechend dem Verhältnis der Forderungen für K 2.700 DM und für B 5.400 DM ein. K legte im Verteilungstermin Widerspruch ein und verlangte „als erstrangiger Gläubiger" Berücksichtigung mit 3.000 DM. B erkannte diesen Widerspruch nicht an. K erhob vor dem AG Widerspruchsklage.

(I) **Zulässigkeit der Klage**

(1) Das AG (Verteilungsgericht) ist **zuständig**, da der Streitwert 300 DM beträgt, § 879 Abs. 1 (Umfang der von K begehrten Änderung).

(2) Bzgl. der **allgemeinen Verfahrensvoraussetzungen:** keine Bedenken.

(3) **Richtige Parteien:** K ist als widersprechender Gläubiger klageberechtigt. B ist der richtige Beklagte, da er von dem Widerspruch betroffen wird.

(4) Von einem **ordnungsgemäßen Klageantrag** ist auszugehen.

(5) K hat im Teilungstermin **Widerspruch** erhoben.

(6) Das **Rechtsschutzinteresse** folgt aus dem Widerspruch gegen den noch nicht ausgeführten Teilungsplan.

(II) **Begründetheit der Klage**
Für K bestand im Zeitpunkt des Verteilungstermins ein **besseres Recht**, wenn er ein **vorrangiges Pfändungspfandrecht** hatte.

(1) Nach der **öffentlich-rechtlichen Theorie** entsteht das Pfändungspfandrecht als Folge einer wirksamen Verstrickung. Da die Verstrickung auch bei der Pfändung einer schuldnerfremden Sache eintritt, entstanden die Pfändungspfandrechte für K und für B in der zeitlichen Reihenfolge der Pfändungen. Der bestehende Mangel (Schuldnerfremdheit der Sache) war bei beiden Gläubigern gleich; über den Rang ihrer Pfandrechte muss daher die Priorität entscheiden. Auf Grund seines Vorrangs hat K Anspruch auf 3.000 DM Versteigerungserlös; seine Widerspruchsklage ist begründet.

(2) Nach der **gemischten Theorie** entsteht bei der Pfändung einer schuldnerfremden Sache das Pfändungspfandrecht analog § 185 Abs. 2 S. 1 BGB in dem Augenblick, in dem der Schuldner Eigentümer der Sache wird, ex nunc.
Baur/Stürner Rdnr. 11.8 u. 27.17; Rosenberg/Gaul/Schilken § 50 III 3 b.

Danach sind die Pfändungspfandrechte für K und B gleichzeitig entstanden.

(a) Das RG und ein Teil der Lit. folgern daraus auch Gleichrangigkeit.
RGZ 60, 70, 73; Werner JR 1971, 278, 286; Pawlowski ZZP 90, 81, 85.

Danach waren K und B im Teilungsplan, wie geschehen, nach dem Verhältnis ihrer Forderungen zu berücksichtigen. Die Klage ist unbegründet.

(b) Ein anderer Teil der Lit. ist jedoch der Ansicht, dass trotz gleichzeitigen Entstehens der Pfändungspfandrechte die Reihenfolge der Pfändungen für die Rangbestimmung maßgeblich sei. Dies wird damit begründet, dass bei einer vertraglichen Verpfändung vor dem Eigentumserwerb die h.M. sich analog § 185 Abs. 2 S. 2 BGB für den Vorrang des früher bestellten Pfandrechts entscheide; diese Priorität müsse auch bei Pfändung gelten.

So Blomeyer § 71 IV 4 b, S. 337/338; Schmidt ZZP 87, 316, 325; vgl. auch Jauernig § 16 III C 4 c.

Danach hat K das vorrangige Pfändungspfandrecht; seine Widerspruchsklage ist begründet.

– – –

Fall 27: Widerspruchsklage nach § 878; Rang der Pfändungspfandrechte bei Heilung von formellen Mängeln

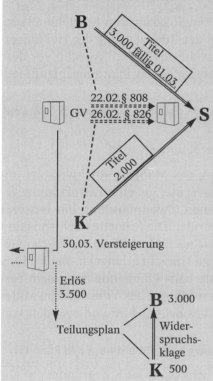

Auf Grund eines Zahlungstitels über 3.000 DM, fällig am 01.03., hat B bereits am 20.02. dem GV Vollstreckungsauftrag erteilt und um sofortige Zwangsvollstreckung gebeten. Der GV übersah das Fälligkeitsdatum und pfändete bei S am 22.02. einen Bücherschrank. Am 26.02. pfändete der GV für K, einen anderen Gläubiger des S, auf Grund eines Zahlungstitels über 2.000 DM ebenfalls den Bücherschrank. Der Bücherschrank brachte in der Versteigerung am 30.03. nach Abzug der Versteigerungskosten einen Erlös von 3.500 DM, den der GV hinterlegte, weil sich B und K um den Rang stritten. Der Rpfleger, der von einem Vorrang des B ausging, berücksichtigte im Teilungsplan B mit 3.000 DM und K mit 500 DM. Nach fruchtlosem Widerspruch erhob K vor dem AG (Verteilungsgericht) Widerspruchsklage mit der Begründung, B könne wegen des Verstoßes gegen § 751 Abs. 1 kein Pfändungspfandrecht erworben haben, sein eigenes Pfändungspfandrecht müsse daher vorrangig sein.

(I) Die vor dem zuständigen AG (Streitwert 1.500 DM) erhobene Klage ist zulässig. Das Rechtsschutzinteresse ist gegeben, da K gegen den Teilungsplan erfolglos Widerspruch erhoben hat und die Verteilung noch nicht durchgeführt ist.

(II) Die Klage ist **begründet**, wenn K ein besseres Recht am Erlös hat.

(1) Nach der **gemischten Theorie** erwarb B bei der Pfändung am 22.02. kein Pfändungspfandrecht: Da die Fälligkeit der titulierten Forderung kalendermäßig bestimmt war, durfte die Vollstreckung nach § 751 Abs. 1 vor Ablauf des 01.03. nicht beginnen. Das Fehlen der wesentlichen Vollstreckungsvoraussetzungen hindert das Entstehen eines Pfändungspfandrechtes. Die Heilung des Mangels trat erst mit Ablauf des 01.03. ein. Das zwischenzeitlich begründete Pfändungspfandrecht des K hat Vorrang. Seine Widerspruchsklage ist begründet.

Baur/Stürner Rdnr. 11.8 u. 27.17; Jauernig § 7 IV; Furtner MDR 1964, 460.

(2) Nach der **öffentlich-rechtlichen Theorie** erwarb B mit der Verstrickung des Schrankes am 22.02. ein Pfändungspfandrecht. Dieses war zunächst wegen des Mangels des Vollstreckungsaktes und der sich daraus ergebenden Anfechtbarkeit auflösend bedingt. Als durch den Zeitablauf die Heilung des Mangels eintrat und die Anfechtbarkeit entfiel, wurde der Schwebezustand beseitigt, und das zunächst auflösend bedingte Pfändungspfandrecht wurde ein unbedingtes Pfändungspfandrecht.

BL/Hartmann Einf. §§ 750, 751 Rdnr. 3; StJ/Münzberg vor § 704 Rdnr. 138 ff.

(a) Bei konsequenter Abstellung der Rangfolge auf den Entstehungszeitpunkt des Pfändungspfandrechts und der Rückwirkung der Heilung ergibt sich, dass das Pfändungspfandrecht des B den Vorrang vor dem durch die nachfolgende Pfändung entstandenen Pfändungspfandrecht des K hat.

So wohl BL/Hartmann Grundz. § 704 Rdnr. 58; vgl. auch LG München NJW 1962, 2306, 2307.

Danach ist die Widerspruchsklage des K unbegründet.

(b) Auch wenn man bei der Heilung des Mangels Rückwirkung annimmt, ist es nicht zwingend, dass die später geheilte Erstpfändung gegenüber der fehlerfrei vorgenommenen Zweitpfändung ein besseres Recht an dem hinterlegten Erlös begründet. Die formelle Rechtsposition gibt dann kein besseres Recht, wenn sie nach Maßstäben materieller Gerechtigkeit im Verhältnis zum Kläger zu Unrecht erlangt ist. Bei Heilung formeller Mängel soll der zuerst (fehlerhaft) Pfändende dann kein besseres Recht haben, wenn die formellen Mängel des Vollstreckungsaktes durch ihn beeinflussbar waren, wie dies bei der hier vorliegenden vorzeitigen Vollstreckung der Fall ist.

So Zöller/Stöber § 878 Rdnr. 11; StJ/Münzberg § 751 Rdnr. 14 u. § 878 Rdnr. 15.

Nach dieser Ansicht ist die Widerspruchsklage des K begründet.

— — —

Aufbauschema für die Widerspruchsklage nach § 878

Zulässigkeit der Klage	▸ Zuständigkeit	AG (Verteilungsgericht) oder übergeordnetes LG, § 879. Streitwert = Betrag, um den eine bessere Zuteilung verlangt wird
	▸ Allg. Verfahrensvorauss.	wie Partei- u. Prozessfähigkeit
	▸ Richtige Parteien	als Kl. der dem Teilungsplan widersprechende Gl.; als Bekl. der Gl., der vom Widerspruch betroffen wird
	▸ Antrag	Begehrte Abänderung des Teilungsplans genau bezeichnen
	▸ Widerspruch	des klagenden Gl. vor oder im Teilungstermin
	▸ Rechtsschutzinteresse	wenn Widerspruch erhoben + Teilungsplan nicht ausgeführt (Frist des § 878 I ist keine Zulassungsvorauss.)
Begründetheit der Klage	\multicolumn{2}{l}{**Besseres Recht** des Klägers an dem hinterlegten Betrag, **im Zeitpunkt des Verteilungstermins**. Grds. entscheidet **Rang der Pfändungspfandrechte**. Korrektur aus Gründen **materieller Gerechtigkeit**}

Klausurwichtige Fallgruppen

	▸ mat.-rechtl.-Einwendungen	gegen Forderung des Bekl., wenn Schuldner sie mit § 767 unter Beachtung des Abs. 2 geltend machen könnte
	▸ Schuldner erwirbt Sache erst nach Pfändung	– gemischte Theorie: Pfändungspfandrechte entstehen erst bei Eigentumserwerb des S analog § 185 Abs. 2 S. 1 BGB ex nunc. Rang aber str., z.T. gleichrangig, z.T. Vorrang des Erstpfänders § 185 Abs. 2 S. 2 BGB
		– öffentl. Theorie: Pfändungspfandrechte entstehen im Zeitpunkt der Pfändungen, Vorrang des Erstpfänders
	▸ Heilung formeller Mängel	z.B. § 751 Abs. 1, Frist
		– gemischte Theorie: Pfändungspfandrecht entsteht erst mit Heilung ex nunc, also besseres Recht des zwischenzeitlich mangelfrei Pfändenden
		– öffentlich-rechtliche Theorie: Pfändungspfandrecht zunächst auflösend bedingt, nach Heilung endgültig wirksam ex tunc. Rang aber str., z.T. Vorrang des Erstpfänders, z.T. Nachrang des Erstpfänders, wenn Mangel von ihm beeinflussbar
Kosten	▸ § 91	
vorl. Vollstreckbarkeit	▸ nur hinsichtlich der Kosten	wegen des Hauptanspruchs ist das Urteil erst nach Rechtskraft vollstreckbar

5. Abschnitt: Vollstreckung in eine schuldnerfremde Sache

*Die Vollstreckung in eine schuldnerfremde Sache ist wegen der sich dabei ergebenden Verknüpfung des Vollstreckungsrechts mit materiellrechtlichen Ansprüchen vielfach Gegenstand von **Examensklausuren**, und zwar nicht nur im Zweiten, sondern auch im Ersten Juristischen Staatsexamen.*

1. Ein Dritter ersteigert die schuldnerfremde Sache

Fall 28: Pfändung und Verwertung eines vom Schuldner geliehenen Rennrades

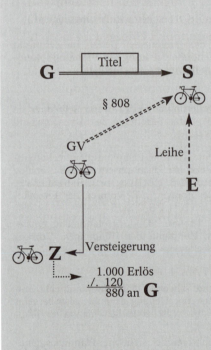

Der GV hatte für G auf Grund eines Zahlungstitels über 1.300 DM bei S ein Rennrad durch Wegnahme gepfändet. Das Rad gehörte – was G nicht wusste – nicht dem S, sondern dem E, der es dem S geliehen hatte. Der Verkehrswert des Rades betrug 1.500 DM. Demgemäß gab GV als Mindestgebot 750 DM an. Im Versteigerungstermin bot der Z mit, der infolge grober Fahrlässigkeit nicht erkannte, dass das Rad seinem Vereinskameraden E gehörte. Z erhielt auf Grund des Meistgebotes von 1.000 DM den Zuschlag. Dem Z wurde das Rad nach Barzahlung ausgehändigt. Den Erlös von 1.000 DM zahlte GV nach Abzug der Versteigerungskosten in Höhe von 120 DM an G aus. E erhebt Klage vor dem Amtsgericht

1. gegen Z mit dem Antrag, das Rennrad ... (genaue Bezeichnung) an E herauszugeben und zu übereignen,
2. gegen G mit dem Antrag, den Betrag von 880 DM nebst 4% Zinsen seit Klagezustellung an E zu zahlen.

Z und G beantragen, die Klage abzuweisen.

Die Lösung wird hier nicht ausformuliert, sondern nur skizzenhaft dargestellt.

Es liegt eine subjektive Klagehäufung – einfache Streitgenossenschaft auf der Beklagtenseite gemäß § 60 – vor. Es handelt sich um zwei Klagen, die nur aus Zweckmäßigkeitsgründen zusammengefasst sind. Zulässigkeit und Begründetheit sind für jede Klage selbstständig zu untersuchen.

(A) **Klage des E gegen Z – Ersteigerer der Sache –**

(I) **Zulässigkeit der Klage:** Keine Bedenken: Klageantrag ist hinreichend bestimmt. Das AG ist zuständig: Streitwert nicht über 10.000 DM.

(II) **Begründetheit der Klage**

(1) **§ 985 BGB** nicht, da Z kraft Hoheitsaktes – unabhängig von Gut- und Bösgläubigkeit – Eigentum erworben hat.

(2) **§ 1007 Abs. 1, 2 BGB** ist ausgeschlossen, da Z Eigentümer der Sache geworden ist (§ 1007 Abs. 2 S. 1, 2. Halbs. BGB).

(3) **§§ 869, 861 BGB** nicht, da keine verbotene Eigenmacht (§ 858 BGB) gegenüber dem unmittelbaren Besitzer S. Die Pfändung durch den GV bei S war rechtmäßig.

(4) **§ 687 Abs. 2 BGB** nicht, da Erwerb des Eigentums durch Z kein Geschäft des E.

(5) **§ 816 Abs. 1 BGB** nicht, da der originäre Eigentumserwerb des Z keine Verfügung über das Eigentum ist.

(6) **§ 816 Abs. 2 BGB** nicht, da der Ersteigerer nicht „Nichtberechtigter" ist.

(7) **§ 812 BGB** nicht, weil die Vermögensverschiebung mit Rechtsgrund erfolgte, denn der Zuschlagsbeschluss bedeutet bei der Versteigerung für den Ersteigerer den Rechtsgrund für die vom GV vorgenommene Eigentumsübertragung.

(8) **§ 823 Abs. 1 BGB** nicht, da der Eingriff durch Erwerb des Eigentums wegen des rechtmäßigen Hoheitsaktes nicht rechtswidrig ist.

(9) **§ 826 BGB** greift ein, wenn eine vorsätzliche und sittenwidrige Schadenszufügung gegeben ist. Für die Annahme der Sittenwidrigkeit gelten aber strenge Maßstäbe. Im vorliegenden Fall hat Z nicht vorsätzlich und sittenwidrig gehandelt.

Ergebnis: Gegen den Ersteher einer schuldnerfremden Sache – der nicht zugleich der Vollstreckungsgläubiger ist – kommt ein Schadensersatzanspruch des früheren Eigentümers **allenfalls** aus **§ 826 BGB** in Betracht. Hier nicht.

(B) **Klage des E gegen G – Vollstreckungsgläubiger –**

(I) **Zulässigkeit der Klage**

(1) Die Klage wäre unzulässig, wenn es sich um eine sog. eventuelle (bedingte) subj. Klagehäufung für den Fall handeln würde, dass die Klage gegen einen anderen Beklagten (hier: gegen Z) erfolglos bliebe. Hier ist jedoch auch die Klage gegen G unbedingt und uneingeschränkt erhoben.

(2) Der Klageantrag ist hinreichend bestimmt. Das AG ist zuständig.

(II) Begründetheit der Klage

(1) **§ 717 Abs. 2?** Nach dieser Vorschrift ist der Vollstreckungsgläubiger, der aus einem vorläufig vollstreckbaren und später abgeänderten Urteil – und damit im Ergebnis: unberechtigt – vollstreckt hat, dem Vollstreckungsschuldner zum Schadensersatz verpflichtet.
Eine entspr. Anwendung auf den hier vorliegenden Fall der unberechtigten Vollstreckung in einen schuldnerfremden Gegenstand wird allgemein abgelehnt, da § 717 Abs. 2 nur dem Vollstreckungsschuldner – nicht aber einem geschädigten Dritten – Ansprüche gewähre.
StJ/Münzberg § 771 Rdnr. 78; BL/Hartmann Einf. §§ 771–774 Rdnr. 4.

(2) **pVV wegen Verletzung eines gesetzlichen Schuldverhältnisses?** Aus der Vollstreckung in die schuldnerfremde Sache entsteht zwischen dem Vollstreckungsgläubiger und dem Eigentümer eine gesetzliche Sonderbeziehung. Daraus folgt eine Verpflichtung des Vollstreckungsgläubigers zur sorgfältigen Prüfung, ob Rechte Dritter bestehen. Bei einer schuldhaften Verletzung dieser Beziehung macht sich der Vollstreckungsgläubiger schadensersatzpflichtig.
BGHZ 58, 207, 214@; Schuschke in Schuschke/Walker I, Anhang zu § 771 Rdnr. 6.

Verschulden setzt voraus, dass der Vollstreckungsgläubiger das schuldnerfremde Eigentum kannte oder kennen musste (h. M.). Diese Voraussetzung ist hier nicht erfüllt. Ein Anspruch aus pVV scheidet daher aus.

(3) **§§ 989, 990 BGB?** Voraussetzung ist das Vorliegen eines Eigentümer-Besitzer-Verhältnisses z. Z. der Schädigungshandlung.
Hinsichtlich des ursprünglich dem E gehörenden Rennrades lag eine Vindikationslage, die dem E gegenüber G einen Herausgabeanspruch nach § 985 BGB hätte geben müssen, nicht vor, weil während der Vollstreckung § 985 BGB durch die Möglichkeit der Drittwiderspruchsklage nach § 771 ausgeschlossen wird.
RGZ 61, 430, 431/432; 108, 260, 263; BGHZ 58, 207, 214@; BL/Hartmann Einf. §§ 771–774 Rdnr. 4; Brox/Walker Rdnr. 465.

Entsprechend sind auch Folgeansprüche aus §§ 987 ff. BGB nicht gegeben.
So die wohl h. M.: RGZ 108, 260; BL/Hartmann Einf. §§ 771–774 Rdnr. 4; Schuschke in Schuschke/Walker I, Anhang zu § 771 Rdnr. 6; Brox/Walker Rdnr. 465.
A.A.: StJ/Münzberg § 771 Rdnr. 77; MünchKomm/ZPO/Schilken § 804 Rdnr. 37: Der nur verfahrensrechtliche Vorrang des § 771 könne nicht das materielle Recht modifizieren.

Folgt man der h. M., dann sind die §§ 987 ff. BGB bis zur Beendigung der Zwangsvollstreckung nicht nur hinsichtlich der gepfändeten Sache ausgeschlossen. Das Gleiche gilt dann für den Versteigerungserlös, den der GV von Z erhalten hat: Daran setzen sich kraft dinglicher Surrogation (analog § 1247 S. 2 BGB) die Rechte fort, die an der versteigerten

Sache bestanden haben. Der E wurde somit Eigentümer des Erlöses in der Hand des GV. Auch insoweit konnte E gegen G sein Recht nur nach § 771 geltend machen.

(4) **§ 823 Abs. 1 BGB**: Eine rechtswidrige Eigentumsverletzung liegt vor, da G – nach beiden Pfandrechtstheorien – kein materielles Befriedigungsrecht an der schuldnerfremden Sache hatte. Daher ist § 823 Abs. 1 BGB gegeben, wenn G schuldhaft gehandelt hat.

Ganz h.M., vgl. RGZ 156, 400; BGHZ 118, 201, 205 ff.@ m.w.N. = BGH JR 1993, 108 mit zust. Anm. Schubert S. 111 ff.; OLG Düsseldorf InVo 1998, 328@; BL/Hartmann Einf. §§ 771–774 Rdnr. 4; Baur/Stürner Rdnr. 29.18; Brox/Walker Rdnr. 467; Lüke JuS 1996, 185, 187.

BGHZ 118, 201, 205: „Auch wenn das Vollstreckungsverfahren als solches prozessordnungsgemäß durchgeführt worden ist, bedeutet die Pfändung und Verwertung einer Sache, die nicht im Eigentum des Schuldners, sondern eines Dritten steht, eine Verletzung des sachlichen Rechts. Das Betreiben der Zwangsvollstreckung in schuldnerfremdes Vermögen ist daher grundsätzlich rechtswidrig und verpflichtet, sofern es schuldhaft erfolgt, zum Schadensersatz."

Zwar indiziert grds. ein subjektiv rechtliches Verhalten in einem gesetzlich geregelten Rechtspflegerverfahren nicht schon durch die Beeinträchtigung von in § 823 BGB geschützten Rechtsgütern gleichzeitig seine Rechtswidrigkeit, da das schadensursächliche Verhalten angesichts seiner verfahrensrechtlichen Legalität zunächst die Vermutung der Rechtmäßigkeit genießt (vgl. dazu schon BGHZ 36, 18; 74, 9 ff. „Diese Grundsätze finden aber nur dort Anwendung, wo durch § 823 BGB geschützte Rechtsgüter desjenigen beeinträchtigt werden, der selbst (in der Regel als Gegner) an dem Verfahren förmlich beteiligt ist ... Wo dies nicht der Fall ist, muss es beim uneingeschränkten Rechtsgüterschutz verbleiben, den § 823 Abs. 1 BGB gewährt" (BGHZ 118, 201, 206@).

Der Grundsatz, dass die Einleitung eines gesetzlichen Verfahrens der Rechtspflege die Rechtswidrigkeit ausschließt, ist also auf das Verhältnis der Verfahrensbeteiligten untereinander zu beschränken. Bei der Vollstreckung in eine schuldnerfremde Sache gilt er also <u>nicht</u> gegenüber dem am Vollstreckungsverfahren nicht beteiligten Eigentümer der Sache.

Im vorliegenden Fall liegt kein Verschulden vor, § 823 Abs. 1 BGB scheidet daher aus.

(5) **§ 826 BGB** greift ein bei vors. oder sittenwidriger Schadenszufügung. Auch hier reicht allein die Kenntnis von der Schuldnerfremdheit der Sache nicht aus. Bei der im vorliegenden Fall gegebenen Gutgläubigkeit des G scheidet § 826 BGB erst recht aus.

(6) **§§ 687 Abs. 2, 678 BGB:** Das Betreiben der Vollstreckung in eine schuldnerfremde Sache zur Verwertung dieser Sache ist ein fremdes Geschäft; denn die Verwertung der Sache ist Angelegenheit des Eigentümers oder seines Gläubigers. Bei Kenntnis von der Schuldnerfremdheit haftet er gemäß §§ 687 Abs. 2, 678 BGB. Im vorliegenden Fall hatte G keine Kenntnis.

(7) **§ 816 Abs. 1 BGB** scheidet aus, weil die Pfandveräußerung keine Verfügung des vollstreckenden Gläubigers, vertreten durch den GV, darstellt,

sondern ein vom GV vorgenommener Hoheitsakt ist. Außerdem handelte der GV nicht als Nichtberechtigter.

(8) **§ 812 Abs. 1 S. 1 BGB** (Eingriffskondiktion)

(a) Voraussetzungen: G hat Eigentum am Erlös erlangt, und zwar bei Ablieferung des Erlöses an ihn durch Hoheitsakt des GV, also in sonstiger Weise. Dies geschah unmittelbar auf Kosten des E, da dessen Eigentum am Erlös (dingliche Surrogation) unterging. Da dem Gläubiger an der schuldnerfremden Sache und damit auch am Erlös kein Pfändungspfandrecht (gemischte Theorie) bzw. kein materielles Befriedigungsrecht (öffentlich-rechtliche Theorie) zustand, erwarb der Vollstreckungsgläubiger den Erlös ohne Rechtsgrund.

RGZ 156, 399, 400; BGHZ 100, 95, 99@; BGH JZ 1987, 777, 778 m. Anm. Brehm S. 780 f; Baur/Stürner Rdnr. 29.18; Brox/Walker Rdnr. 470; Lüke JuS 1996, 185, 187; Schuschke in Schuschke/Walker I, Anhang § 771 Rdnr. 2; BL/Hartmann Einf. vor § 771 Rdnr. 4; Thomas/Putzo § 819 Rdnr. 7.

(b) **Die Tatsache, dass der Drittberechtigte die Drittwiderspruchsklage nach § 771 versäumt hat, nimmt ihm nicht ohne weiteres die Schutzwürdigkeit.**

BGHZ 119, 75, 86@; Hintzen/Wolf Teil G Rdnr. 222; Zöller/Herget § 771 Rdnr. 23.

Zunächst hat der Dritte im Vollstreckungsverfahren die **Drittwiderspruchsklage**. Versäumt der Dritte die Klage aus § 771, steht ihm nach der Beendigung der Zwangsvollstreckung der Bereicherungsanspruch aus § 812 Abs. 1 S. 1, 2. Alt. BGB zu. Man spricht daher auch von einer **„verlängerten Drittwiderspruchsklage"**. Die **Bereicherungsklage** ist daher auch **nur begründet, wenn vor Beendigung der Zwangsvollstreckung eine Drittwiderspruchsklage erfolgreich gewesen wäre**:

Wäre eine Drittwiderspruchsklage daran gescheitert, dass der Dritte trotz eines die Veräußerung hindernden Rechts zur Duldung der Zwangsvollstreckung verpflichtet sei, so steht ihm auch nach Vollendung der Zwangsvollstreckung wegen des Verlustes des Zwangsvollstreckungsgegenstandes kein Bereicherungsanspruch zu (Schuschke in Schuschke/Walker I, Anhang zu § 771 Rdnr. 4).

Ein Übergang von der Drittwiderspruchsklage zur Bereicherungsklage ist nach § 264 Ziff. 3 zulässig (Baur/Stürner Rdnr. 46.26).

War die Drittwiderspruchsklage rechtskräftig abgewiesen worden, so steht einer Klage des Dritten die Rechtskraft der Vorurteils entgegen (RGZ 70, 25, 27/28; Baur/Stürner Rdnr. 46.26).

Im vorliegenden Fall hätte E mit einer Drittwiderspruchsklage gegen den Vollstreckungsgläubiger G Erfolg gehabt.

(c) Der Bereicherungsanspruch aus § 812 BGB geht nach h. M. nur auf **Herausgabe** des an den Vollstreckungsgläubiger ausgekehrten **Nettoerlöses**, nicht dagegen auch auf die vom GV vom Versteigerungserlös einbehaltenen Vollstreckungskosten.

BGHZ 66, 150, 155; BL/Hartmann Einf. §§ 771–774 Rdnr. 4; Brox/Walker Rdnr. 471; Schuschke in Schuschke/Walker I, Anhang zu § 771 Rdnr. 3. Die Voll-

streckungskosten seien als Aufwendungen anzusehen, die im wirtschaftlichen und rechtlichen Zusammenhang mit dem Empfang der Bereicherung stünden und daher bei der Ermittlung des Umfangs der Bereicherung abzuziehen seien.
Eine Mindermeinung gibt einen Bereicherungsanspruch auf den Bruttoerlös, weil der Vollstreckungsgläubiger gemäß §§ 3, 6 GvKostG von seiner Verpflichtung zur Kostenzahlung gegenüber der Staatskasse frei werde und daher auch insoweit bereichert sei (Nicklisch NJW 1966, 434; StJ/Münzberg § 771 Rdnr. 75; Lüke JuS 1996, 185, 187).

Im vorliegenden Fall kommt es auf den Streit nicht an, da der Kläger seinen Klageantrag von vornherein auf den Nettoerlös beschränkt hat.

(d) Ein Wegfall der Bereicherung, § 818 Abs. 3 BGB, liegt nicht vor, weil G seine Forderung gegen S nicht verloren hat. Denn die Vollstreckung in eine schuldnerfremde Sache führt nicht zur Befriedigung des Gläubigers, so dass auch die Vollstreckungsforderung nicht erlischt.
Brox/Walker Rdnr. 472; Lüke JuS 1996, 185, 188.

Wenn die vollstreckbare Ausfertigung des Titels nach § 757 dem Schuldner bereits ausgehändigt worden ist, kann sich der Gläubiger nach § 733 eine zweite vollstreckbare Ausfertigung erteilen lassen und daraus erneut gegen seinen Schuldner vollstrecken. Nur ausnahmsweise kann ein Wegfall der Bereicherung in Frage kommen, nämlich dann, wenn die an sich erhalten gebliebene Forderung wegen zwischenzeitlichen Vermögensverfalls des Schuldners wertlos geworden ist.

(9) Der **Zinsanspruch** ist begründet aus §§ 291, 288 Abs. 1 BGB.

Ergebnis: Die Klage des E gegen G ist wegen des Nettoerlöses (§ 812 BGB) und der Zinsen (§§ 291, 288 Abs. 1 BGB) begründet.

— — —

2. Der Vollstreckungsgläubiger selbst ersteigert die schuldnerfremde Sache

Bietet der Vollstreckungsgläubiger selbst mit und ersteigert er die schuldnerfremde Sache, so ist hinsichtlich der materiellen Ansprüche, die dem früheren Sacheigentümer gegen den Vollstreckungsgläubiger und gleichzeitigen Ersteigerer zustehen, zu unterscheiden, in welcher Eigenschaft der Vollstreckungsgläubiger in Anspruch genommen wird:

I) Seine **Stellung als Ersteigerer** ist grds. dieselbe, als hätte er als Dritter die Sache ersteigert. Insoweit kommt also allenfalls ein Anspruch aus **§ 826 BGB** in Betracht (s.o. Fall 28 [A]).
Insbesondere scheidet auch ein Anspruch aus §§ 985, 1007 BGB aus, da auch der Vollstreckungsgläubiger als Ersteigerer das Eigentum unabhängig von der Gut- oder Bösgläubigkeit kraft Hoheitsaktes erwirbt.

Etwas anderes würde dann gelten, wenn die Eigentumszuweisung wegen Verstoßes gegen eine wesentliche Verfahrensvorschrift unwirksam wäre. Das wäre der Fall bei einem Verstoß gegen die Barzahlungspflicht des § 817 Abs. 2.

Nach § 817 Abs. 4 ist der Gläubiger als Ersteher grundsätzlich von der Verpflichtung zur Barzahlung insoweit frei, als der Erlös nach Abzug der Kosten der Zwangsvollstreckung zu seiner

Befriedigung zu verwenden ist. Wenn daher der Vollstreckungsgläubiger eine **schuldnereigene** Sache selbst ersteigert, dann wird er bei zulässiger Verrechnung mit der Ablieferung Eigentümer.

Nach h. M. greift § 817 Abs. 4 auch dann ein, wenn eine **schuldnerfremde** Sache versteigert worden ist. Hier gebührt zwar materiellrechtlich dem Gläubiger nicht der „Erlös", denn ein solcher würde ja kraft dinglicher Surrogation in das Eigentum des früheren Eigentümers der Sache fallen, und der Vollstreckungsgläubiger hätte daran nach beiden Pfandrechtstheorien kein Befriedigungsrecht. Die h. M. versteht § 817 Abs. 4 aber nicht materiellrechtlich, sondern nur verfahrensrechtlich. § 817 Abs. 4 soll bei Personengleichheit von Ersteher und Gläubiger die Abwicklung erleichtern, indem das Hin- und Zurückzahlen von Geldbeträgen vermieden wird. Nach h. M. wird daher auch bei der Versteigerung in schuldnerfremde Sachen durch eine Verrechnung gemäß § 817 Abs. 4 nicht gegen das Barzahlungsverbot des § 817 Abs. 2 verstoßen (BGHZ 100, 95, 99@ = BGH JZ 1987, 777, 778 mit Anm. Brehm S. 780 f; Brox/Walker Rdnr. 474; a. A. Schmitz NJW 1962, 853 u. 2335 ff.).

II) Seine **Stellung als Vollstreckungsgläubiger** kann folgende Ansprüche gegen ihn auslösen:

1) auf Schadensersatz aus **pVV, §§ 823 Abs. 1, 826 BGB**, wenn Verschulden bzw. sittenwidrige Schadenszufügung gegeben ist.

Ein Schadensersatzanspruch kann gemäß § 249 BGB (Naturalrestitution) dahin gehen, dass der Vollstreckungsgläubiger die Sache dem früheren Eigentümer übereignen muss. (Ausnahme u. U. – nur Geldzahlung! – bei einem Mitverschulden des früheren Eigentümers, da sonst die Schadensminderung nicht berücksichtigt werden könnte.)

2) auf Wertersatz gem. **§ 812 Abs. 1 S. 1 BGB** (Eingriffskondiktion) i. V. m. § 818 Abs. 2 BGB.

Bei der Vollstreckung in schuldnerfremdes Vermögen, bei der der Vollstreckungsgläubiger das Vollstreckungsgut selbst ersteigert und der Versteigerungserlös gemäß § 817 Abs. 4 mit der titulierten Forderung verrechnet wird, ergibt sich ein **Zahlungsanspruch** des früheren Eigentümers des Vollstreckungsguts gegen den Vollstreckungsgläubiger aus **§ 812 Abs. 1 S. 1 BGB** (BGHZ 100, 95 ff.@).

Die Bereicherung des Vollstreckungsgläubigers (und gleichzeitigen Ersteigerers) besteht zwar nicht in dem Eigentumserwerb an dem Vollstreckungsgut – dieser erfolgt kraft vollstreckungsrechtlichen Hoheitsaktes und somit nicht rechtsgrundlos –, jedoch in der gemäß § 817 Abs. 4 S. 1 angeordneten Befreiung von der Barzahlungspflicht. Diesen Vorteil erlangt der Vollstreckungsgläubiger unmittelbar aus dem Vermögen des früheren Eigentümers des Vollstreckungsguts, also auf dessen Kosten, weil der frühere Eigentümer den Anspruch auf Zahlung des Versteigerungserlöses – der ihm kraft dinglicher Surrogation materiellrechtlich zustand, s. o. I) – durch die Verrechnung mit der titulierten Forderung des Vollstreckungsgläubigers verlor. Da der Vollstreckungsgläubiger materiellrechtlich keinen Anspruch auf Befriedigung aus schuldnerfremdem Vermögen und daher auch nicht auf die Verrechnung des Erlöses mit seiner Forderung gegen den Vollstreckungsschuldner hatte, erfolgte die Befreiung von der Barzahlungspflicht des Vollstreckungsgläubigers ohne Rechtsgrund. Die Zahlungsbefreiung kann ihrer Beschaffenheit wegen nicht herausgegeben werden, sodass gemäß § 818 Abs. 2 BGB ihr Wert zu ersetzen ist (BGH a. a. O.).

3. Teil: Die Zwangsvollstreckung wegen Geldforderungen in Forderungen und andere Vermögensrechte

1. Abschnitt: Die Zwangsvollstreckung wegen Geldforderungen in Geldforderungen

Die Zwangsvollstreckung wegen Geldforderungen **in Geldforderungen des Schuldners gegen einen Drittschuldner** (= Schuldner des Schuldners) erfolgt durch das VollstrG (AG, dort Rpfleger).

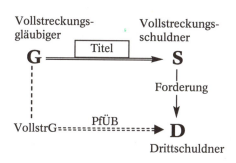

Bei der Zwangsvollstreckung in Geldforderungen geht es darum, dem Vollstreckungsgläubiger, der sich einen Titel gegen seinen Schuldner verschafft hat, ein Verfahren zu eröffnen, in welchem der Übergang einer Forderung des Vollstreckungsschuldners gegen einen Dritten auf den Vollstreckungsgläubiger bewirkt werden kann. Dies geht nicht ohne Einbeziehung des Dritten, des sog. Drittschuldners. Ihm ist daher der Pfändungs- und Überweisungsbeschluss (PfÜB) zuzustellen.

1. Der Pfändungs- und Überweisungsbeschluss – PfÜB

Die Pfändung und Verwertung der Forderung des Schuldners gegen den Drittschuldner erfolgt durch den Pfändungs- und Überweisungsbeschluss (= PfÜB).

I) Die Pfändung geschieht durch den **Pfändungsbeschluss, § 829**. Er enthält das gegen den Drittschuldner gerichtete Verbot, an den Schuldner zu leisten (sog. **arrestatorium**), und das Gebot an den Schuldner, sich jeder Verfügung über die Forderung zu enthalten (sog. **inhibitorium**). Die Verstrickung der Forderung tritt mit der Zustellung des Beschlusses an den Drittschuldner ein, § 829 Abs. 3; von diesem Augenblick an ist das Veräußerungsverbot i.S.d. §§ 135, 136 BGB wirksam. Durch den Pfändungsbeschluss erlangt der Gläubiger ein Pfändungspfandrecht an der gepfändeten Forderung.

Besonderheiten: Indossable Papiere (Wechsel, Scheck) werden wie körperl. Sachen gepfändet, § 831. Bei der Pfändung von Hypothekenforderungen ist nach § 830 außer dem Pfändungsbeschluss die Übergabe des Hypothekenbriefes an den Gläubiger erforderlich, bei der Buchhypothek die Eintragung des Pfändungsbeschlusses in das Grundbuch. Einzelheiten hierzu später.

II) Die Verwertung erfolgt durch den **Überweisungsbeschluss, § 835**. Die Überweisung kann gemäß § 835 Abs. 1 nach Wahl des Gläubigers zur Einziehung oder an Zahlungs Statt erfolgen.

▶ Bei einer **Überweisung zur Einziehung** bleibt der Schuldner Inhaber der gepfändeten Forderung. Der Gläubiger erwirbt aber die zur Einziehung der Forderung erforderlichen Rechte, die sich aus der Forderungsinhaberschaft gegenüber dem Drittschuldner ergeben. Der Gläubiger kann die Forderung kündigen und Leistung an sich verlangen oder mit einer eigenen Schuld gegenüber dem Drittschuldner aufrechnen. Er kann die Forderung im eigenen Namen (als gesetzlicher Prozessstandschafter) einklagen. Einen bereits zu Gunsten des Vollstreckungsschuldners erlassenen Titel kann er gem. § 727 auf sich als Rechtsnachfolger umschreiben lassen.

▶ Die **Überweisung an Zahlungs Statt** wirkt wie eine Abtretung der gepfändeten Forderung und führt – soweit die Forderung besteht – zur Befriedigung des Gläubigers (Untergang der Forderung, wegen der der Gläubiger vollstreckt). *[direkte]*

Da bei der Überweisung an Zahlungs Statt der Gläubiger das Risiko für die Bonität der gepfändeten Forderung trägt (vgl. auch § 364 Abs. 1 BGB), kommt sie in der Praxis kaum vor. In gewissen Fällen ist sie gar nicht zugelassen (vgl. z.B. § 839).

Soweit in einem Fall nur von einem „Pfändungs- und Überweisungsbeschluss" die Rede ist, ist davon auszugehen, dass es sich um eine Überweisung zur Einziehung handelt.

Das VollstrG kann jedoch auch ausnahmsweise durch Beschluss gemäß § 844 (Parallele zu § 825) eine andere Art der Verwertung anordnen.

III) In der Praxis ergehen **Pfändungs- und Überweisungsbeschluss (= PfÜB) grds. in einem Formular**, welches der Vollstreckungsgläubiger (sein Rechtsanwalt) als Antrag mit den notwendigen Angaben ausfüllt und dem Vollstreckungsgericht (Amtsgericht) mit den für die Vollstreckung erforderlichen Urkunden (z.B. vollstreckbarer Titel, Zustellungsurkunde) zur weiteren Vervollständigung und zum Erlass des PfÜB übergibt.

Das VollstrG erlässt auf Antrag des Gläubigers einen PfÜB.

Notwendig ist es jedoch nicht, den Pfändungs- und Überweisungsbeschluss zusammen zu erlassen. In gewissen Fällen kann überhaupt nur ein Pfändungsbeschluss erlassen werden, weil nur die Pfändung möglich ist, so z.B. bei der Sicherungsvollstreckung (§ 720 a) und bei der Arrestpfändung (§ 930). Bei der Vollstreckung in indossable Papiere ist dagegen nur ein Überweisungsbeschluss möglich, weil diese Papiere durch Wegnahme seitens des GV gepfändet und durch Überweisung verwertet werden (§ 831). Darüber hinaus bleibt es dem Gläubiger unbenommen, aus Zweckmäßigkeitserwägungen zunächst nur den Pfändungsbeschluss und erst später den Überweisungsbeschluss zu beantragen.

In Vorbereitung der zweiten Vollstreckungsrechtsnovelle war ursprünglich ein § 829 Abs. 4 vorgesehen, wonach das Bundesjustizministerium ermächtigt werden sollte, durch Rechtsverordnung mit Zustimmung des Bundesrates zur Vereinfachung der Vollstreckung verbindliche Vordrucke für die Forderungspfändung einzuführen. Dies ist jedoch nicht Gesetz geworden, weil es den Bestrebungen zuwiderliefe, im Bereich der Gesetzgebung Bürokratie abzubauen. Es werden daher weiterhin die von Verlagen angebotenen Vordrucke (vgl. z.B.Gross/Diepold/Hintzen Musteranträge für Pfändung und Überweisung) oder die vom Gläubiger oder seinen Verfahrensbeteiligten selbst mit dem PC hergestellten Vordrucke verwendet. Einen mittels eines solchen Vordrucks erstellten PfÜB finden Sie auf den folgenden Seiten.

RASCH und RICHTIG
Rechtsanwälte

Amtsgericht Lüdinghausen
Seppenrader Str. 3

59348 Lüdinghausen

Sehr geehrte Damen und Herren,

es wird beantragt, den nachstehend entworfenen Beschluss zu erlassen und die Zustellung zu vermitteln, an den Drittschuldner mit der Aufforderung nach § 840 ZPO.

Vollstreckungsunterlagen und Gerichtskosten (Gebühr Nr. 1640 Kost. Verz. GKG) anbei.

Hochachtungsvoll

Rasch, Rechtsanwalt

AMTSGERICHT   Geschäfts-Nr.: _____

PFÄNDUNGS- und ÜBERWEISUNGSBESCHLUSS

In der Zwangsvollstreckungssache

Günter Gerbach, Sonnenstraße 7, 48301 Nottuln
vertr. d. Rechtsanwälte Rasch und Richtig, Vordergasse 6, 48136 Münster
– Gläubiger –

g e g e n

den Schlossermeister Siegfried Saftig, Sandstraße 31, 59348 Lüdinghausen
– Schuldner –

wird wegen der in nachstehendem Forderungskonto näher bezeichneten und berechneten Forderung(en) in Höhe von insgesamt
8.709,84 zuzüglich

1. etwaiger weiterer Zinsen gemäß nachstehendem Forderungskonto
2. der Zustellungskosten dieses Beschlusses

die Forderung des Schuldners auf

Zahlungen und Leistungen jeglicher Art aus der laufenden Geschäftsverbindung, insbesondere gegenwärtig und zukünftig entstehende Guthaben bzw. gegenwärtig und zukünftig zu seinen Gunsten entstehende Salden, sowie Auszahlung des bei einem Rechnungsabschluss sich zu seinen Gunsten ergebenden Guthabens,

insbes. bez. des Kontos 370 62849,
an den Drittschuldner: Direktbank Filiale Lüdinghausen
                      Rathausplatz 7, 59348 Lüdinghausen

und insbes. bez. des Kontos 397 210,
an den Drittschuldner: Volksbank Lüdinghausen,
                      Marktplatz 7, 59348 Lüdinghausen

einschließlich etwaiger künftig fällig werdender Ansprüche aus dem gleichen Rechtsgrund hiermit gepfändet und dem Gläubiger zur Einziehung überwiesen. Der Drittschuldner darf, soweit die Forderung gepfändet ist, an den Schuldner nicht mehr leisten. Der Schuldner darf insoweit über die Forderung nicht verfügen, insbesondere sie nicht einziehen. Der Drittschuldner hat die gepfändete Forderung an den Gläubiger zu leisten.

1. Abschnitt: Die Zwangsvollstreckung wegen Geldforderungen in Geldforderungen

FORDERUNGSKONTO 7435/00   Stand: 23.08.00

Gläubiger:
Günter Gerbach, Sonnenstraße 7, 48301 Nottuln
vertr. d. Rechtsanwälte Rasch und Richtig, Vordergasse 6, 48136 Münster

Schuldner:
Schlossermeister Siegfried Saftig, Sandstraße 31, 59348 Lüdinghausen
Anspruch / Titel:
Anerkenntnisurteil vom 25.07.2000, Az. 15 O 331/00 LG Münster
Hauptforderung : 8.473,73 DM

Nr.	Datum	Betrag	Text	K.Zinsen	Kosten	H.Zinsen	H.Forderg
1	23.08.00	216,11	PF-Geb.§ 57 BRAGO	0,00	216,11	0,00	8.473,73
2	23.08.00	20,00	PF-Gerichtskosten	0,00	236,11	0,00	8.473,73

Zusammensetzung der vorstehend gebuchten RA-Gebühr für diesen Antrag

Kostennote

Gegenstandswert		**8.473,73 DM**
Vollstreckungsgebühr §§ 11, 57 BRAGO	3/10	162,00 DM
Post- /Telekommunikationsentgelte § 26 BRAGO		24,30 DM
16 % Mehrwertsteuer	(15,24 EUR)	29,81 DM
Summe RA-Gebühren	(110,50 EUR)	216,11 DM

GESAMTFORDERUNG: 8.709,84 DM

SUMMEN:
Zahlungen:	0,00 DM	Kostenzinsen:	0,00 DM
Kosten:	236,11 DM	Hauptf.zinsen:	0,00 DM

.....................(Rechtspfleger)

III) Der PfÜB wird auf Betreiben des Gläubigers sowohl dem Schuldner als auch dem Drittschuldner zugestellt. **Die Wirksamkeit der Pfändung und auch der Überweisung hängt jedoch allein von der Zustellung an den Drittschuldner ab (§ 829 Abs. 3).**

Steht auf der Drittschuldnerseite eine Gesamthandsgemeinschaft, muss der PfÜB, damit er gegen alle **Gesamtschuldner** wirkt, jedem Gesamtschuldner zugestellt werden. Mit der Zustellung des PfÜB an einen Gesamtschuldner wird nur die gegen diesen Gesamtschuldner gerichtete Forderung gepfändet. Das ergibt sich aus § 425 Abs. 1 BGB, wonach mangels einer anderweitigen gesetzlichen oder vertraglichen Regelung eine Tatsache nur für und gegen den Gesamtschuldner wirkt, in dessen Person Sie eintritt (BGH InVo 1998, 321[@]).

Handelt es sich bei der Gesamthandsgemeinschaft um eine **Gesellschaft bürgerlichen Rechts**, kann die Pfändung alternativ dadurch bewirkt werden, dass dem geschäftsführenden Gesellschafter ein PfÜB zugestellt wird, in welchem der Gesellschaft und den Gesellschaftern in ihrer gesamthänderischen Gebundenheit verboten wird, an den Schuldner zu zahlen. Zur Pfändung der Forderung gegen den einzelnen auch persönlich haftenden BGB-Gesellschafter bedarf es – wie im Falle des OHG-Gesellschafters – der Zustellung eines PfÜB an ihn (BGH InVo 1998, 321, 322[@]; dazu Karsten Schmidt JuS 1998, 1160 f.).

IV) Mit der zweiten Vollstreckungsnovelle wurde § 829 Abs. 1 S. 3 eingefügt. Danach soll – aus Gründen des Datenschutzes – die **Pfändung mehrerer Geldforderungen gegen verschiedene Drittschuldner** (s. oben Muster eines PfÜB) in einem Beschluss ausgesprochen werden, soweit dies für Zwecke der Vollstreckung geboten erscheint und nicht schutzwürdige Interessen der Drittschuldner, z. B. Geheimhaltungsinteressen entgegenstehen.

2. Voraussetzungen der Zwangsvollstreckung

Damit der Rpfleger den beantragten PfÜB erlassen kann, müssen zunächst die **Voraussetzungen der Zwangsvollstreckung** (s. o. 1. Teil) gegeben sein. Bei den an 1. Stelle zu prüfenden **allgemeinen Verfahrensvoraussetzungen für das Vollstreckungsverfahren** ergeben sich für die Zwangsvollstreckung aus Zahlungstiteln in Geldforderungen folgende Besonderheiten:

2.1 Der Antrag

Der Antrag auf Erlass eines PfÜB muss schriftlich oder zu Protokoll der Geschäftsstelle gestellt werden (entsprechend § 496). Der Antrag muss die Angaben enthalten, die für den Inhalt des zu erlassenden PfÜB wesentlich sind.

I) Zu diesen Angaben gehört die **Angabe der Parteien und ihrer gesetzlichen Vertreter**. Es werden allerdings nicht die an eine Klageschrift gestellten strengen Anforderungen (vgl. BGHZ 102, 232) auf den PfÜB übertragen. Im Zwangsvollstreckungsverfahren ist vor allem wesentlich, dass die Identität der Parteien, auch die des Gläubigers, sichergestellt ist.

KG FamRZ 1995, 311: „Der Schuldner muss davor geschützt werden, dass er nicht von einem Dritten unberechtigterweise mit einer Zwangsvollstreckung überzogen wird. Für die Feststellung der Identität kann die Anschrift des Gläubigers von Bedeutung sein... Indes ist es nicht rechtsgrundsätzlich ausgeschlossen, dass die Identität des Gläubigers für die Antragstellung auch ohne Angabe der Anschrift festgestellt werden kann ...". Vgl. ferner BGH NJW-RR 1991, 1197, 1198[@].

II) Es muss **die zu pfändende Forderung** hinreichend bestimmt bezeichnet werden. Der Gläubiger muss ausreichende Tatsachen vortragen, aus denen das VollstrG auf das Bestehen und die Pfändbarkeit der zu pfändenden Schuldnerforderung schließen kann. Auslegungsgrundlage ist allein der objektive Inhalt des Pfändungsbeschlusses, weil auch für andere Personen als die unmittelbar Beteiligten – insbesondere für weitere Gläubiger – allein aus dem Pfändungsbeschluss erkennbar sein muss, welche Forderung gepfändet worden ist.

BGH Rpfleger 2000, 221@ m.w.N.

So ist z.B. die Forderungsbezeichnung „Anspruch des Schuldners gegen den Drittschuldner auf Schadensersatz wegen Nichterfüllung" eines notariellen Kaufvertrages falsch, wenn damit die Kaufpreisforderung gemeint sein sollte. Der PfÜB erfasst daher nicht den Anspruch des Schuldners gegen den Drittschuldner auf Zahlung des Kaufpreises aus dem notariellen Kaufvertrag (BGH Rpfleger 2000, 221@).

Aus der Wendung „Forderungen aus Lieferungen und sonstigen Leistungen" ist der Rechtsgrund der Forderung, auf die der Gläubiger Zugriff nehmen möchte, nicht hinreichend bestimmt (OLG Karlsruhe NJW 1998, 549@).

Anders als bei der GV-Vollstreckung genügt bei der Forderungspfändung also kein „Generalauftrag". Die zu pfändende Forderung muss vielmehr nach Gläubiger und Schuldner sowie Schuldgrund so genau bezeichnet sein, dass ihre Identität bei verständiger Auslegung des Vollstreckungsgesuches (§ 133 BGB) feststeht (BGH ZIP 1994, 222, 223). Hinreichende Bestimmtheit liegt vor, wenn die Forderung ihrem Rechtsgrund nach so umrissen ist, dass auch für Dritte erkennbar ist, welche Forderung des Schuldners gegen den Drittschuldner Gegenstand der Zwangsvollstreckung sein soll. Das erfordert die zumindest auf allgemeine Umrisse beschränkte Angabe des Rechtsverhältnisses, aus dem die Forderung hergeleitet wird. Ungenauigkeiten bei der Bezeichnung der gepfändeten Forderung sind jedoch unschädlich, wenn sie keinen Zweifel begründen, welche Forderung des Schuldners gegen den Drittschuldner bei der Pfändung gemeint ist.

Für die Pfändung von Arbeitslohn ist nach h.M. ein Bruttolohntitel bestimmt genug.

An der erforderlichen Bestimmtheit fehlt es jedoch bei der Pfändung der Forderungen „aus jedem Rechtsgrund" oder „aus Verträgen oder sonstigen Rechtsgründen" oder „Anspruch auf Zahlungen jeglicher Art aus der laufenden Geschäftsverbindung", da hier die verschiedensten Entstehungszeiten und -gründe gemeint sein können (BGHZ 13, 42, 43; BGH NJW 1975, 980, 981; ZIP 1994, 222, 223; Geißler JuS 1986, 614, 615 m.w.N.).

Dem Bestimmtheitserfordernis ist Genüge getan, wenn aus einem konkreten Schuldverhältnis alle Ansprüche des Gläubigers ohne weitere Bezeichnung im Einzelnen gepfändet werden.

So ist z.B. die Pfändung „aller Guthaben aus Konten bzw. Salden, insbesondere aus der in laufender Rechnung (Kontokorrent) bestehenden Geschäftsverbindungen ..." im Hinblick auf eine Bank als Drittschuldnerin hinreichend bestimmt und erfasst auch das Guthaben aus einem bei dieser Bank bestehenden Festgeldkonto (OLG Köln MDR 1999, 1221@).

Es müssen auch gewisse Ungenauigkeiten hingenommen werden, insbes. wenn dem Vollstreckungsgläubiger die Verhältnisse des Vollstreckungsschuldners nicht genau bekannt sind und weitere Nachforschungen nicht zumutbar sind.

So hat OLG Frankfurt (OLG Report 1998, 53@) einen PfÜB, durch welchen angebliche Ansprüche des Schuldners gegen die Drittschuldnerin auf Zahlung von rückständigem, gegenwärtigem und zukünftigem Entgelt aus Arbeitsvertrag, Werkvertrag und/oder selbstständiger Tätigkeit gepfändet wurden, als hinreichend bestimmt beurteilt.

Streit besteht über die Bestimmtheit des Antrages bei bereits erfolgten Teilleistungen.

Beispiel: Pfändung nach Teilleistung

Auf die titulierte Forderung des G über 10.000 DM nebst 4% Zinsen seit dem 01.01. hat der Schuldner S am 17.09. eine Teilleistung von 3.978 DM erbracht. Nunmehr beantragt G wegen der titulierten Forderung von 10.000 DM nebst 4% Zinsen abzüglich am 17.09. gezahlter 3.978 DM die Pfändung und Überweisung der dem S angeblich gegen D zustehenden Forderung aus Verkauf des Pkw BMW 528. –

Nach einer Ansicht ist eine Vollstreckungsrestforderung nach Hauptsache, Zinsen und Kosten zu bezeichnen. Der Gläubiger muss also ausrechnen und im Antrag angeben, welcher Betrag noch wegen Hauptforderung, Zinsen und Kosten geschuldet wird. Für die Bestimmtheit reicht insoweit die Angabe der durch den Schuldtitel ausgewiesenen Gesamtforderung sowie der Hinweis auf geleistete Teilzahlungen nicht aus (LG Berlin Rpfleger 1974, 30; LG Braunschweig Rpfleger 1974, 29; Zöller/Stöber § 753 Rdnr. 6; Stöber Rdnr. 466). Nach dieser Meinung liegt hier kein ordnungsgemäßer Antrag vor.

Nach der Gegenmeinung braucht der Gläubiger die noch offenstehenden Posten hinsichtlich Kosten, Zinsen und Hauptforderung nicht anzugeben, da sich mangels besonderer Angaben die Verrechnung in der genannten Reihenfolge aus § 367 BGB ergebe. Nach dieser Ansicht muss also der Drittschuldner, der zahlen will, die Berechnung vornehmen (so LG Bochum Rpfleger 1966, 146 mit abl. Anm. Berner; LG Essen Rpfleger 1967, 113 mit abl. Anm. Stöber; LG Berlin Rpfleger 1992, 30).

Lebhaft umstritten ist auch die Frage, ob ein Antrag auf Pfändung des „Anspruchs auf Rückübertragung aller gegebenen Sicherheiten" hinreichend bestimmt ist.

Während das LG Berlin (Rpfleger 1976, 223, 224) und das LG Bielefeld (Rpfleger 1987, 116) eine solche Pfändung für hinreichend bestimmt halten, weil sich die Pfändung auf alle Rückübertragungsansprüche beziehe und der Gegenstand der Pfändung somit feststehe, halten das LG Bochum (WM 1986, 1395), das LG Limburg (WM 1986, 1395) sowie das OLG Koblenz (WM 1989, 159) eine solche Pfändung für mit dem Bestimmtheitsgrundsatz unvereinbar (zustimmend Stöber Rdnr. 514). Denn die Pfändung aller Rückübertragungsansprüche lässt nicht erkennen, aus welchem Rechtsverhältnis sich jeder einzelne Anspruch ergeben soll.

III) Dem Antrag **beizufügen** sind

- der **Titel in vollstreckbarer Anfertigung** (s. o. 1. Teil, 2. Abschnitt 2.)

Ob der Zwangsvollstreckung ein wirksamer Titel zu Grunde liegt, beurteilt sich nicht nach den Angaben im Pfändungsbeschluss, sondern nach den tatsächlichen Umständen. Die fehlende oder falsche Bezeichnung des Titels im Pfändungsbeschluss ist unschädlich, sofern eine Verwechslung ausgeschlossen werden kann.

- der **Zustellungsnachweis** (s. o. 1. Teil, 2. Abschnitt 3.)

- der Nachweis über das Vorliegen der jeweiligen **besonderen Vollstreckungsvoraussetzungen** des konkreten Titels (s. o. 1. Teil, 3. Abschnitt).

2.2 Zuständigkeit

I) **Sachlich** zuständig für den Erlass des PfÜB ist – ausschließlich, § 802 – das Amtsgericht als Vollstreckungsgericht.

Ausnahmsweise bei der Pfändung aus einem Arrest (bei der nur ein Pfändungsbeschluss in Betracht kommt) das Arrestgericht.

II) **Funktionell** zuständig ist der Rechtspfleger (§ 20 Nr. 16 u. 17 RpflG)

Wird der Pfändungsbeschluss gleichzeitig mit dem Arrestbefehl erlassen, ist der Richter zuständig (Gottwald Einstweiliger Rechtsschutz in Verfahren nach der ZPO, 1998, § 930 ZPO, Rdnr. 5).

III) **Örtlich** zuständig ist das Amtsgericht als Vollstreckungsgericht, bei dem der Schuldner seinen allgemeinen Gerichtsstand hat (§§ 12 ff.) sowie das Amtsgericht, bei dem nach § 23 Klage erhoben werden kann (§ 828 Abs. 2).

Die Zuständigkeit des Vollstreckungsorgans ist Voraussetzung für den Erlass eines PfÜB (Thomas/Putzo § 829 Rdnr. 5). Das unzuständige Gericht muss die Pfändung ablehnen, wenn der Gläubiger nicht die Abgabe beantragt; dieser Antrag kann schon hilfsweise im Pfändungsantrag gestellt werden. Nach der durch die zweite Zwangsvollstreckungsnovelle erfolgten Ergänzung des § 828 durch Abs. 3 ist die Abgabe an das für zuständig gehaltene Gericht nicht bindend, eine weitere Abgabe ist somit zulässig (s. dazu David MDR 1998, 1083, 1086; s. auch OLG Zweibrücken NJW-RR 2000, 929[@]).

2.3 Rechtsschutzbedürfnis

I) Vor der Entscheidung ist der Schuldner grds. nicht anzuhören, § 834. Der Drittschuldner ist nie anzuhören. Dadurch soll eine Vollstreckungsvereitelung verhindert werden. Der Antrag ist aber mangels Rechtsschutzbedürfnisses zurückzuweisen, wenn dem VollstrG positiv bekannt ist, dass die behauptete Forderung nicht besteht, bereits an den Vollstreckungsgläubiger wirksam abgetreten oder unpfändbar ist.

II) Das Rechtsschutzbedürfnis für den Erlass eines PfÜB ist nicht vom Gegenstandswert abhängig. Dies gilt auch dann, wenn nur noch wegen einer Restforderung vollstreckt wird und die anfallenden Kosten den Wert der beizutreibenden Forderung erheblich übersteigen.

III) Erfasst ein bereits erlassener PfÜB eine – künftige – Forderung, so besteht für einen weiteren PfÜB, mit dem unter einem Synonym die gleiche – künftige – Forderung erfasst werden würde, kein Rechtsschutzbedürfnis.

So besteht z. B. nach LG Osnabrück (FamRZ 1999, 527[@]) neben einem PfÜB, welcher die Pfändung des zukünftigen Rentenanspruchs anordnet, kein Rechtsschutzinteresse für einen weiteren PfÜB, welcher „den künftigen Anspruch auf Zahlung des Altersrentegeldes" erfassen soll, da die begehrte Pfändung der Rentenanwartschaft notariellrechtlich keinen weitern Inhalt habe als die bereits erreichte Pfändung der zukünftigen Rentenansprüche.

3. Der Zugriffsbereich für die Forderungspfändung

3.1 Pfändung der angeblichen Forderung

Zugriffsobjekt ist eine zum Schuldnervermögen gehörende pfändbare Forderung gegen den Drittschuldner.
Gepfändet wird aber immer nur die **angebliche Forderung** des Schuldners gegen einen Drittschuldner. Das Vollstreckungsgericht prüft nicht die Existenz der zu pfändenden Forderung. Es geht vom Vorbringen des Gläubigers aus. Deshalb findet auch eine Schlüssigkeitsprüfung des Gläubigervortrags nicht statt. Dem Antrag auf Forderungspfändung ist also schon dann stattzugeben, wenn das zu pfändende Recht auf Grund der Behauptungen des Gläubigers dem Schuldner zustehen kann. Nur wenn dem VollstrG das Nichtbestehen der Forderung bekannt ist, muss die Pfändung der Forderung unterbleiben (s.o.: fehlendes Rechtsschutzinteresse).

3.2 Pfändung einer nicht existenten oder nicht dem Schuldner zustehenden Forderung

Wenn die Forderung nicht existiert (z.B. schon getilgt ist) oder nicht dem Schuldner, sondern einem Dritten zusteht, geht die Pfändung **ins Leere**. Steht die Forderung einem Dritten zu, so bewirkt sie auch keine Verstrickung. Dadurch unterscheidet sich die Forderungspfändung von der Pfändung einer schuldnerfremden beweglichen Sache. Bei der Forderungspfändung braucht sich der wahre Rechtsinhaber auch nicht etwa mit der Drittwiderspruchsklage, § 771, zu wehren; allerdings ist ihm das Rechtsschutzbedürfnis für eine Drittwiderspruchsklage nicht zu versagen.

BGH NJW 1988, 495@; Brox/Walker Rdnr. 615; Zöller/Stöber § 829 Rdnr. 4; Schuschke in Schuschke/Walker I § 771 Rdnr. 12 m.w.N.

3.3 Pfändung einer abgetretenen Forderung

I) Eine **vor der Pfändung vereinbarte Abtretung** der Forderung ist rechtlich wirksam. Die Forderung ist dadurch gem. § 398 BGB auf den Zessionar übergegangen. Die gegen den Zedenten ausgebrachte Forderungspfändung ist grds. wirkungslos, ein **Schlag ins Leere**.

II) Umstritten ist, ob eine ins Leere gehende Forderungspfändung nach dem Gedanken des § 185 Abs. 2 BGB dadurch wirksam wird, dass der **Schuldner die bei der Pfändung abgetretene Forderung von dem Zessionar zurückabgetreten erhält**.

Fall 29: Rückabtretung nach Pfändung

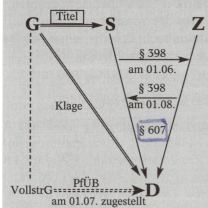

G hat gegen S einen Vollstreckungstitel i.H.v. 30.000 DM. Auf Grund dieses Titels erwirkt G einen PfÜB, der dem Drittschuldner D am 01.07. zugestellt wird. Danach wird die angebliche (fällige) Darlehensforderung des S gegen D über 40.000 DM i.H.v. 30.000 DM gepfändet und dem G zur Einziehung überwiesen. Da D nicht zahlt, erhebt G Klage gegen D auf Zahlung von 30.000 DM. In dem Prozess stellt sich heraus, dass S seine Darlehensforderung gegen D am 01.06. an Z abgetreten hatte, dass Z aber die Forderung am 01.08. zurückabgetreten hat.

(I) **Zulässigkeit der Klage** des G gegen den D

(1) **Parteien**

Mit dem PfÜB, in dem die Forderung des Schuldners gegen den Drittschuldner dem Gläubiger zur Einziehung überwiesen wird, erhält der Gläubiger kraft Hoheitsaktes ein Einziehungsrecht. Der Gläubiger ist befugt, die gepfändete Forderung gegenüber dem Drittschuldner im eigenen Namen geltend zu machen. Dazu gehört das Recht des Vollstreckungsgläubigers, die Forderung des Vollstreckungsschuldners gegen den Drittschuldner im eigenen Namen einzuklagen. Es handelt sich um einen Fall der **gesetzlichen Prozessstandschaft**.

BGHZ 82, 31; Brox/Walker Rdnr. 640; Jauernig § 19 VII 2; MünchKomm/ZPO/ Smid § 835 Rdnr. 13; Karsten Schmidt JuS 1994, 80.

(2) **Zuständigkeit**

Zuständig ist das Gericht, das auch bei einer Klage des Vollstreckungsschuldners gegen den Drittschuldner zuständig sein würde, hier also das Landgericht beim Wohnsitz des D.

(3) **Antrag**

Der Antrag lautet auf Zahlung einer bestimmten Geldsumme, hier auf Zahlung von 30.000 DM.

(II) **Begründetheit der Klage** des G gegen D

Die Klage des G gegen D ist aus § 607 BGB i.V.m. §§ 835 Abs. 1, 836 Abs. 1 begründet, wenn die fällige und pfändbare Darlehensforderung des Schuldners S gegen den Drittschuldner D durch den am 01.07. zugestellten PfÜB wirksam gepfändet worden ist. Infolge der am 01.08. erfolgten Rückabtretung von Z an S besteht die Darlehensforderung des S gegen D. Sie ist fällig und pfändbar.

Fraglich ist jedoch, ob diese Forderung wirksam gepfändet worden ist, weil sie im Zeitpunkt der Zustellung des PfÜB am 01.07. von S an Z abgetreten war und erst nach dem 01.07. wieder an S zurückabgetreten wurde.

(1) Nach der früher vom RG und heute noch vertretenen Auffassung wird die Forderung in dem Augenblick, in dem der Schuldner sie von seinem Erwerber zurückerlangt, automatisch von der vorangegangenen Pfändung erfasst und mit einem Pfändungspfandrecht belastet, ohne dass es einer erneuten Pfändung bedarf (analog § 185 Abs. 2 BGB).

Tiedtke JZ 1993, 73 ff.; ders. ZIP 1993, 1452 ff.; s. auch Brox/Walker Rdnr. 615.

Nach dieser Auffassung ist die Klage des G gegen D begründet.

(2) Nach der heute h. M. ist für eine analoge Anwendung des § 185 Abs. 2 BGB kein Raum. Wenn die abgetretene Forderung, deren Pfändung der Gläubiger erfolglos versucht hat, vom Zessionar nach der Pfändung an den Zedenten (Schuldner) zurückübertragen wird, wird die Forderung nicht von selbst von der Pfändung erfasst. Der Gläubiger muss den Anspruch seines Schuldners nach der Rückabtretung erneut pfänden.

BGHZ 56, 339, 350/351@; BAG NJW 1993, 2699, 2700; BL/Hartmann § 829 Rdnr. 3; Baur/Stürner Rdnr. 30.16; Schuschke in Schuschke/Walker I § 829 Rdnr. 47; Stöber Rdnr. 769 m.w.N.

Achtung: Anders ist es bei der Pfändung fortlaufender Bezüge! S. dazu unten Fall 31.

Nach h. M. ist somit die Klage des G gegen D nicht begründet.

— — —

III) Der gleiche Meinungsstreit besteht für den Fall, dass die (angebliche) Forderung, die der Gläubiger gepfändet hat, im Zeitpunkt der Pfändung einem Dritten zusteht, dieser aber später auf Grund der **vom Gläubiger erhobenen Anfechtungsklage** verurteilt wird, die Zwangsvollstreckung in die gepfändete Forderung zu dulden.

Fall 30: Anfechtungsklage nach Pfändung

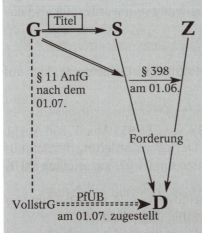

G hat gegen S einen Vollstreckungstitel i.H.v. 30.000 DM. Aufgrund dieses Titels erwirkt G einen PfÜB, der dem Drittschuldner D am 01.07. zugestellt wird. Danach wird die angebliche Forderung des S gegen D über 40.000 DM i.H.v. 30.000 DM gepfändet und dem G zur Einziehung überwiesen. D erklärt in der Drittschuldnererklärung (§ 840), dass S die Forderung bereits am 01.06. an seinen Sohn Z abgetreten habe. G erhebt gegen Z eine Anfechtungsklage nach dem AnfG, mit der er den Abtretungsvertrag zwischen S und Z erfolgreich anficht.
Muss Z die Zwangsvollstreckung dulden, wenn er die Forderungen bei D noch nicht eingezogen hat?

Entscheidend ist, ob die von G am 01.07. ausgebrachte Pfändung der Forderung des S gegen D wirksam ist.

Vor der Pfändung am 01.07. war bereits am 01.06. die **Abtretung** der Forderung an Z erfolgt. Damit war die Forderung am 01.06. auf Z übergegangen. Die gegen den früheren Gläubiger, den Vollstreckungsschuldner S, ausgebrachte Forderungspfändung konnte daher diesen Anspruch nicht mehr erfassen und ging **ins Leere, es sei denn, dass sich hier auf Grund der erfolgreichen Anfechtungsklage des G gegen den Zessionar Z etwas anderes ergibt**.

Anknüpfungspunkt ist **§ 11 Abs. 1 AnfG**

„(1) Was durch die anfechtbare Rechtshandlung aus dem Vermögen des Schuldners veräußert, weggegeben oder aufgegeben ist, muss dem Gläubiger zur Verfügung gestellt werden, soweit es zu dessen Befriedigung erforderlich ist. Die Vorschriften über die Rechtsfolgen einer ungerechtfertigten Bereicherung, bei der dem Empfänger der Mangel des rechtlichen Grundes bekannt ist, gelten entsprechend."

Die Neufassung des Anfechtungsgesetzes ist – zusammen mit der Insolvenzordnung – am 01.01.1999 in Kraft getreten. Dem heutigen § 11 AnfG entspricht der frühere § 7 AnfG a. F.

„(1) Der Gläubiger kann, soweit es zu seiner Befriedigung erforderlich ist, beanspruchen, dass dasjenige, was durch die anfechtbare Handlung aus dem Vermögen des Schuldners veräußert, weggegeben oder aufgegeben ist, als noch zu demselben gehörig von dem Empfänger zurückgewährt werde."

Trotz der sprachlichen Fassung entspricht die Regelung in § 11 Abs. 1 S. 1 AnfG der in § 7 Abs. 1 AnfG a. F.; auch hinsichtlich der Rechtsfolgen ist eine sachliche Änderung nicht eingetreten.

Huber, Komm. zum Anfechtungsgesetz, 9. Aufl. 2000, § 11 Rdnr. 4; Lackmann Rdnr. 632.

Die zu § 7 Abs. 1 AnfG a. F. entwickelten Grundsätze sind daher auch heute (noch) anwendbar.

(1) Das RG und ein Teil der Lit. haben daraus gefolgert, dass es nach erfolgreicher Anfechtung der Abtretung keiner erneuten Forderungspfändung gegenüber dem Anfechtungsgegner bedürfe.

RGZ 61, 150, 152; Karsten Schmidt JuS 1970, 545, 549; Tiedtke ZIP 1993, 1452 ff.

Danach hat die erfolgreiche Anfechtung die zunächst ins Leere gegangene Pfändung wirksam gemacht.

(2) Die heute h. M. lehnt eine solche Wirkung der Gläubigeranfechtung ab, da die Anfechtung die Wirksamkeit der Rechtshandlung nicht berührt. Der alte Gläubiger wird nicht rückwirkend auf den Zeitpunkt der Abtretung wieder Forderungsinhaber. Die Rechtsfolge des § 11 Abs. 1 S. 1 AnfG ist – wie bei § 7 AnfG a. F. – nicht die Rückführung des anfechtbar Weggegebenen in das Gläubigervermögen, vielmehr muss der Anfechtungsgegner dem Gläubiger den Gegenstand „zur Verfügung stellen", d. h., er ist zur **Duldung der Zwangsvollstreckung** in den weggegebenen Gegenstand verpflichtet.

Huber a.a.O. § 11 Rdnr. 17.

Bei einer anfechtbaren Forderungsabtretung ist zu unterscheiden,

▶ Hat der Anfechtungsgegner die Forderung noch nicht eingezogen, so geht der Anfechtungsanspruch auf Duldung der Zwangsvollstreckung. Der Klageantrag in der Anfechtungsklage geht also auf Duldung der Zwangsvollstreckung.

▶ Hat der Anfechtungsgegner die Forderung eingezogen, so geht der Anspruch auf Wertersatz.

Huber a.a.O. Rdnr. 18; Brox/Walker Rdnr. 263.

Im vorliegenden Fall hatte Z die Forderung gegen D noch nicht eingezogen. G hat daher einen – titulierten – Anspruch gegen Z auf Duldung der Zwangsvollstreckung.

Damit kann aber das an den früheren Anspruchsinhaber G als Vollstreckungsschuldner erlassene gerichtliche Veräußerungsverbot (am 01.07. zugestellter PfÜB) nicht allein auf Grund der Anfechtung als ein an den Anfechtungsgegner Z als neuen Gläubiger gerichtetes Veräußerungsverbot aufgefasst werden. Umgekehrt kann das an den Drittschuldner D erlassene Verbot, an den Vollstreckungsschuldner G zu leisten, nicht als Verbot der Leistung an den Anfechtungsgegner behandelt werden. Die Wirkung, dem Anfechtungsgegner Z als neuen Anspruchsinhaber die Einziehungsberechtigung zu entziehen, kann nur ein **PfÜB** äußern, den der **Vollstreckungsgläubiger** auf Grund des gegen den Anfechtungsgegner ergangenen Urteils **gegen den Anfechtungsgegner als Vollstreckung** erwirkt.

BGHZ 100, 36, 44@; Stöber Rdnr. 770; StJ/Münzberg § 829 Rdnr. 110; Brox/Walker Rdnr. 275; Huber a.a.O. § 11 Rdnr. 18 m.w.N.

– – –

3.4 Pfändung einer künftigen Forderung

I) Eine **künftige Forderung** ist pfändbar, wenn schon eine **Rechtsbeziehung** zwischen Schuldner und Drittschuldner besteht, aus der die künftige Forderung nach ihrem Inhalt und der Person des Drittschuldners bestimmt werden kann (BGHZ 53, 29, 32). Eine für die Pfändung einer künftigen Forderung notwendige Rechtsbeziehung ist jedenfalls dann gegeben, wenn es sich um vertragliche Dauer- oder Rahmenvereinbarungen handelt (OLG Köln OLGZ 1987, 206, 208 m.w.N.). Nach Stöber (Rdnr. 27) ist eine Rechtsgrundlage für das Entstehen einer künftigen Forderung aber auch dann anzunehmen, wenn zwischen Schuldner und Drittschuldner seit geraumer Zeit in häufiger Wiederkehr jeweils durch besondere Rechtsgeschäfte selbstständige Forderungen begründet wurden und keine Anhaltspunkte für die Beendigung dieses Zustandes ersichtlich sind.

Bloß erhoffte Ansprüche und Rechte, für die zur Zeit der Pfändung noch keine Rechtsbasis besteht (z.B. der mögliche Abschluss eines zukünftigen Kaufvertrages), können noch nicht gepfändet werden (Stöber Rdnr. 28 mit weiteren Beispielen).

Beispiel: Zukünftige Ansprüche aus der gesetzlichen Rentenversicherung sind pfändbar (§ 829 i.V.m. § 54 Abs. 4 SGB I), wenn bereits eine Rechtsgrundlage für die Möglichkeit des Entstehens der zukünftigen Forderung vorhanden ist, die ihre Bestimmung ermöglicht. Dagegen genügt es für die Pfändung nicht, dass die künftige Entstehung der Forderung nur denkbar erscheint. Es muss nach den tatsächlichen Gegebenheiten der künftige Eintritt der Anspruchsvoraussetzungen möglich und bereits bestimmbar sein. Als pfändbar gilt daher bei Vollstreckung gegen einen berufstätigen Schuldner die künftige Altersrente in der gesetzlichen Altersrente (OLG Celle OLG-Report 1999, 77, 78@ m.w.N.; s. auch OLG Celle InVo 1999, 329@).

II) Ein **künftiger Anspruch** wird grds. nur bei **ausdrücklichem Hinweis im Pfändungsbeschluss** von der Pfändung und Überweisung erfasst. Anderenfalls ergreift die Pfändung nur die dem Schuldner bereits zustehenden Ansprüche.
OLG Karlsruhe WM 1992, 748, 750; Brox/Walker Rdnr. 630.

Bei der wirksamen Pfändung einer künftigen Forderung tritt die **Beschlagnahme** der Forderung und ein **Pfändungspfandrecht** an der Forderung **erst** dann ein, **wenn die Forderung entsteht**. Der Schuldner ist somit nicht gehindert, nach der Pfändung und vor der Entstehung der Forderung diese im voraus abzutreten. Es entsteht dann die Forderung nicht (mehr) in der Person des Schuldners, sondern des Zessionars. Die vorangegangene Pfändung hat keine Beschlagnahme der Forderung zur Folge, der Gläubiger erwirbt kein Pfändungspfandrecht daran.
BAG WM 1994, 176, 178; LG Münster Rpfleger 1991, 378, 380; Brox/Walker Rdnr. 509 u. 616.

III) Eine Besonderheit besteht bei der **Pfändung fortlaufender Bezüge** (§ 832).

Fall 31: Pfändung von fortlaufendem Arbeitseinkommen

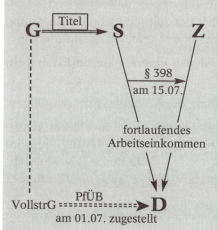

G hat gegen S einen Vollstreckungstitel i.H.v. 30.000 DM. Das VollstrG erlässt wegen dieser Forderung antragsgemäß einen PfÜB bezüglich des pfändbaren gegenwärtigen und künftigen Arbeitseinkommens des S gegen seinen Arbeitgeber D als Drittschuldner. Der PfÜB wird dem D am 01.07. zugestellt. Am 20.07. legt Z dem D eine vom 15.07. datierte Abtretungsvereinbarung vor. Danach hat S am 15.07. seine Lohnansprüche gegen D in voller Höhe an Z abgetreten. D weigert sich daher, im August oder in der Folgezeit Zahlungen an G vorzunehmen. D ist der Ansicht, die Pfändung sei wegen der Vorausabtretung an Z wirkungslos.

G kann gegen D einen Zahlungsanspruch aus §§ 611, 614 BGB i.V.m. §§ 835 Abs. 1, 836 haben. Es müsste dann eine fällige und pfändbare Lohnforderung des S gegen D durch den PfÜB vom 01.07. wirksam gepfändet und dem G zur Einziehung überwiesen worden sein. Dies könnte im Hinblick auf die nach dem 15.07. neu entstehenden Forderungen zweifelhaft sein, weil S am 15.07. seine Gehaltsansprüche gegen D an Z abgetreten hat.

(I) Künftige Lohnansprüche gegen den Arbeitgeber können abgetreten werden, wenn der Umfang der Abtretung genügend bestimmt oder zumindest bestimmbar ist.

BAGE 32, 159, 162 f; BAG NJW 1993, 2699, 2700.

(II) Die Abtretung ist auch nicht deshalb unwirksam, weil sie nicht auf den pfändbaren Teil der Gehaltsansprüche des S beschränkt ist. Zwar ist die Abtretung gem. § 400 BGB unwirksam, soweit die Forderung nach §§ 850 ff. unpfändbar ist. Gem. § 139 BGB führt die Teilunwirksamkeit aber i.d.R. nicht zur Gesamtnichtigkeit der Abtretung. Soweit die Abtretungsfreigrenzen des § 850 c überschritten sind, bleibt die Abtretung wirksam.

BAG NJW 1993, 2699, 2700; dazu Karsten Schmidt JuS 1994, 80.

(III) Der Rechtserwerb des Abtretungsempfängers wird erst mit der Entstehung der Forderung vollendet. Bei Forderungen, für die bereits ein Grund gelegt ist, wird dem Zessionar zugleich eine bestehende Rechtsposition des Zedenten, eine „Anwartschaft auf den künftigen Erwerb" des Rechts übertragen. Die Entstehung der Forderung hängt in diesen Fällen nur noch davon ab, dass die Zeit abläuft, eine Bedingung eintritt oder der Zedent die Gegenleistung (bei der Abtretung des künftigen Arbeitseinkommens die Arbeit für die Lohnforderung) erbringt. Ist dies der Fall, entsteht die Forderung unmittelbar in der Person des Zessionars. Durch die Abtretung der künftigen Forderung ist der Zedent gebunden. Spätere Verfügungen sind daher nach h.M. unwirksam.

Larenz, SchuldR I, 14. Aufl. 1987, § 14 III; MünchKomm/Roth, 3. Aufl. 1994, § 398 Rdnr. 75.

Es ist daher auch eine Pfändung gegenüber der zeitlich früheren Abtretung ohne Wirkung. Die Vorausabtretungen gehen der späteren Pfändung vor.

An einer abgetretenen Forderung kann durch einen späteren PfÜB kein Pfändungspfandrecht begründet werden.

(IV) Im vorliegenden Fall war jedoch die Pfändung der Abtretung vorausgegangen. Nach dem allgemein geltenden Grundsatz ist der Schuldner nicht gehindert, nach der Pfändung und vor der Entstehung der Forderung diese im voraus abzutreten. Die vorrangige Pfändung hat dann keine Beschlagnahme der Forderung zur Folge, und es entsteht kein Pfändungspfandrecht (s.o. [II]).

Etwas anderes gilt bei der **Pfändung fortlaufender Bezüge nach § 832:**

(1) § 832 ist anwendbar bei einer einheitlichen Rechtsbeziehung, aus der fortlaufende Leistungen fällig werden. Das ist bei dem aus einem Arbeitsverhältnis entstehenden fortlaufenden Arbeitseinkommen der Fall.

(2) Die Pfändung erstreckt sich auch auf künftig fällig werdende Raten, auch wenn sie im Pfändungsausspruch nicht ausdrücklich aufgenommen worden sind.

BAG NJW 1993, 2699, 2700; Thomas/Putzo § 832 Rdnr. 2.

(3) Die im Rahmen eines Arbeitsverhältnisses nach bestimmten Zeiträumen entstehenden Forderungen werden durch einen einzigen PfÜB erfasst. Aus § 832 ergibt sich, dass das Gesetz für die zum Zeitpunkt der Pfändung noch nicht fälligen Beträge auf die gegenwärtige Existenz der Forderung verzichtet.

Daraus folgt:

▶ Geht die Vorausabtretung der Pfändung voraus und wird die Forderung nach der Pfändung wieder an den Vollstreckungsschuldner zurückabgetreten, so erstreckt sich der PfÜB auf die Forderung, und es erwächst bei Entstehung der Forderung ein Pfandrecht daran.
BAG NJW 1993, 2699, 2700; anders ist es bei der Rückabtretung „normaler" Forderungen nach der Pfändung, s. o. Fall 29!

▶ Geht die Pfändung der künftigen Forderung der Abtretung voraus, so erstrecken sich die Beschlagnahme und das Pfandrecht auch auf die erst nach der Pfändung fällig werdenden Beträge.
BAGE 3, 199, 200 f = BAG NJW 1957, 439.

Die unterschiedliche rechtliche Bewertung von Pfändungen in einmalige Forderungen gegenüber Pfändungen von fortlaufenden Bezügen rechtfertigt sich aus der Besonderheit fortlaufender künftiger Bezüge.
OLG Celle OLG-Report 1998, 212@.

Im vorliegenden Fall sind somit durch den am 01.07. zugestellten PfÜB auch die nach dem 15.07. fällig werdenden Lohnansprüche wirksam gepfändet worden. Diese Pfändung geht der späteren Abtretung vor. D muss daher den pfändbaren Teil der Lohnansprüche des S auch für den Monat August und die Folgemonate bis zum Betrag von 30.000 DM zahlen.

– – –

IV) Nach dem **neuen § 833 Abs. 2** erstreckt sich eine bestehende Lohnpfändung, wenn ein Arbeits- oder Dienstverhältnis beendet wird, auch auf ein innerhalb von neun Monaten zwischen dem Schuldner und dem gleichen Arbeitgeber neu begründetes Arbeits- oder Dienstverhältnis.
Brox/Walker Rdnr. 630; David MDR 1998, 1083, 1086.

3.5 Forderungen, auf die sich bei einem Grundstück die Hypothek erstreckt (§§ 1120 ff. BGB), unterliegen der Zwangsvollstreckung in das bewegliche Vermögen nur so lange, wie ihre Beschlagnahme im Wege der Immobiliarvollstreckung noch nicht erfolgt ist, § 865 Abs. 2 S. 2.
Beispiel: Über das Grundstück des Schuldners S ist am 03.01.2000 die Zwangsverwaltung zu Gunsten des Hypothekengläubigers H angeordnet worden. G, ein Gläubiger des S, will am 03.03.2000 die noch ausstehenden Mietzinsforderungen des S gegen D für die Monate Oktober 1998 bis einschl. Februar 2000 pfänden. –

Auf Miet- und Pachtzinsforderungen erstreckt sich die Hypothek (§ 1123 Abs. 1 BGB), es sei denn, es handelt sich um Rückstände, die bereits ein Jahr vor ihrer Beschlagnahme zu Gunsten des Hypothekengläubigers fällig geworden waren (§ 1123 Abs. 2 S. 1 BGB). Die Mietzinsforderungen für die Zeit von Oktober bis einschl. Dezember 1998 können daher von G gepfändet werden. Die Mietzinsforderungen ab Januar 1999 werden dagegen von der Grundstücksbeschlagnahme zum Zwecke der Zwangsverwaltung nach § 148 ZVG erfasst (nicht erfasst worden wären sie dagegen bei Anordnung der Zwangsversteigerung, § 21 Abs. 2 ZVG). Sie unterliegen daher nicht mehr der Forderungspfändung.

3.6 Pfändbar sind auch **bedingte und befristete sowie von einer Gegenleistung (Zug um Zug) abhängige Forderungen**. Die Bedingung, Befristung oder die Einrede des Zurückbehaltungsrechtes werden erst erheblich, wenn der Gläubiger aus der gepfändeten und ihm überwiesenen Forderung gegen den Drittschuldner vorgeht.

3.7 Unpfändbarkeit infolge Unübertragbarkeit

Eine unübertragbare Forderung ist nach § 851 Abs. 1 auch unpfändbar, es sei denn, dass ihre Pfändbarkeit ausdrücklich angeordnet ist oder aus anderen Gründen Ausnahmen eingreifen.

3.7.1 Ausschluss der Übertragbarkeit durch Gesetz

I) Das Gesetz kann die Unübertragbarkeit anordnen. Grds. sind die Ansprüche dann auch nicht pfändbar.

Beispiel: Ansprüche, die den Gesellschaftern einer BGB-Gesellschaft aus dem Gesellschaftsverhältnis gegeneinander zustehen, sind grds. nicht übertragbar, § 717 S. 1 BGB. Sie sind daher gem. § 851 Abs. 1 nicht pfändbar. Das Gleiche gilt gem. § 664 Abs. 2 BGB für den Anspruch auf Ausführung eines Auftrages.

II) Honorarforderungen von Rechtsanwälten, Ärzten und Zahnärzten sind ohne Zustimmung des Mandanten bzw. Patienten nach heute gefestigter Rechtsprechung nicht abtretbar.

Ohne Zustimmung des Mandanten ist die Abtretung der Honorarforderung eines Rechtsanwalts wegen der damit nach § 402 BGB verbundenen umfassenden Pflicht, dem Zessionar die zur Geltendmachung der abgetretenen Forderung nötigen Auskünfte zu erteilen, i. d. R. wegen Verstoßes gegen § 203 Abs. 1 Nr. 3 StGB (Verletzung von Privatgeheimnissen) nichtig, § 134 BGB (BGH NJW 1993, 1638; 1996, 775 m.w.N.). Das Gleiche gilt für die Abtretung einer ärztlichen oder zahnärztlichen Honorarforderung, z.B. an eine gewerbliche Verrechnungsstelle wegen eines Verstoßes gegen § 203 Abs. 1 Nr. 1 StGB (BGHZ 115, 123).

Dennoch wird die Pfändbarkeit derartiger Forderungen bejaht.

OLG Stuttgart NJW 1994, 2838; Stöber Rdnr. 14 a; Diepold MDR 1993, 835; Berger NJW 1995, 1584. Die Pfändung schließe eine Mitwirkung des zur Verschwiegenheit Verpflichteten und damit einen Verstoß gegen das Verbotsgesetz des § 203 StGB aus, da sie keine Offenbarung des Mandanten- bzw. Patientengeheimnisses fordere.

3.7.2 Ausschluss der Übertragbarkeit bei Inhaltsänderung, § 399, 1. Alt. BGB

I) Eine Forderung kann nicht abgetreten werden, wenn die Leistung an einen anderen als den ursprünglichen Gläubiger nicht ohne Veränderung ihres Inhalts erfolgen kann. Die **Unabtretbarkeit kraft Leistungsinhalts** kann sich bei höchstpersönlichen Ansprüchen daraus ergeben, dass sie an einen anderen Gläubiger nicht in gleicher Weise beurteilt werden kann, weil die Leistung wirtschaftlich eine andere würde, wenn sie einem anderen gewährt werden müsste. Die Unübertragbarkeit kann sich aber auch aus der Natur des Schuldverhältnisses ergeben. In der Praxis werden diese beiden Übertragungserfordernisse vielfach miteinander in Verbindung gebracht.

Staudinger/Busche, 13. Bearb. 1999, § 399 Rdnr. 4 ff.

Ein Anspruch auf Gewährung eines **Prozesskostenvorschusses** (z.B. aus § 1360 a Abs. 4 BGB) kann zu Gunsten des Anwaltes gepfändet werden, nicht aber zu Gunsten anderer Gläubiger (LG Berlin FamRZ 1971, 173).

Unterhaltsansprüche sind höchstpersönlich. Vollstreckt z.B. ein Elternteil aus einem gemäß § 1629 Abs. 3 BGB erwirkten Titel, so stehen die beigetriebenen Unterhaltsleistungen dem Kind zu. Der dem Kind gebührende Unterhalt darf nicht dem Zugriff persönlicher Gläubiger des für das Kind handelnden Elternteils ausgesetzt sein (BGHZ 113, 90, 94/95[@]).

Wenn ein Versicherter gegenüber seinem Versicherer einen **Anspruch auf Schuldbefreiung** hat, so kann er diesen sog. Freistellungsanspruch nicht an einen anderen abtreten; der Anspruch ist dann auch nicht pfändbar, z.B.: G hat eine titulierte Schadensersatzforderung gegen S, weil dieser seine Streupflicht verletzt und G sich deshalb ein Bein gebrochen hat. S ist bei der V-Versicherung haftpflichtversichert. Da S nicht zahlt und auch kein sonstiges pfändbares Vermögen besitzt, beantragt G, den Anspruch des S gegen die V-Versicherung auf Versicherungsschutz zu pfänden und ihm zur Einziehung zu überweisen. –
Der Haftpflichtversicherungsanspruch (§§ 149 ff. VVG) des Schuldners S als Versicherungsnehmer gegen die Versicherungsgesellschaft ist nicht auf Zahlung, sondern auf Befreiung des Versicherten S von der Schuld gegenüber G gerichtet (BGHZ 7, 244, 245 f; 15, 154, 157). Dieser Schuldbefreiungsanspruch ist grds. nach § 399, 1. Alt. BGB an Dritte nicht übertragbar, weil sich durch die Abtretung eine Inhaltsänderung ergäbe (BGHZ 12, 136, 141). Der Anspruch auf Befreiung von einer Schuld ist daher grds. nicht pfändbar (BGHZ 7, 244; 12, 136; Stöber Rdnr. 92 u. 148 m.w.N.).
Eine Ausnahme gilt aber für den Gläubiger, dessen Forderung gerade durch die Leistung des Drittschuldners getilgt werden soll; an diesen Gläubiger kann der Schuldbefreiungsanspruch abgetreten werden, wobei sich dann der Schuldbefreiungsanspruch in einen Zahlungsanspruch umwandelt (RGZ 128, 365, 370; BGHZ 12, 136, 141). Mit der Pfändung und Überweisung setzt sich in der Hand des Verletzten der Schuldbefreiungsanspruch in einen Anspruch auf Zahlung an ihn als Einziehungsberechtigten um (RGZ 158, 6 ff.; BGHZ 7, 244; Stöber Rdnr. 148). Da hier G selbst der Verletzte ist und gerade wegen der Forderung pfändet, hinsichtlich der der Befreiungsanspruch des S gegen die Versicherungsgesellschaft besteht, ist die Pfändung hier zulässig.

Eine **Baugeldforderung** (Anspruch auf Auszahlung eines Darlehens, das zweckgebunden für die Durchführung eines Bauvorhabens gewährt wird) kann nur von Baugläubigern, nicht aber von anderen Gläubigern gepfändet werden (Brox/Walker Rdnr. 522; Stober Rdnr. 79).

Im Schrifttum ist umstritten, ob es sich bei den **Mietnebenkosten** um pfändbare Forderungen oder um einen unpfändbaren Anspruch handelt. Die wohl h.M. bejaht die Unpfändbarkeit. Dieser Ansicht hat sich OLG Celle (NJW-RR 2000, 460, 461[@]) angeschlossen.

Umstritten ist auch, ob der **Anspruch auf Urlaubsentgeltung** der Pfändung unterworfen ist. Der eigentliche Urlaubsanspruch ist höchstpersönlicher Natur und daher nicht pfändbar. Nach einer Ansicht verliert der Urlaubsanspruch seinen höchstpersönlichen Charakter auch dann nicht, wenn er abgegolten wird (so Stöber Rdnr. 988 m.w.N.). Demgegenüber ist nach Ansicht des LG Münster (MDR 1999, 1284) der Anspruch auf eine Geldzahlung für nicht genommenen Urlaub der Pfändung unterworfen, da der Arbeitnehmer mit dem Urlaubsentgeltbetrag nicht einen Urlaub finanzieren müsse, sondern ihn z.B. auch für Anschaffungen verwenden könne (zustimmend Hintzen EWiR § 850 a ZPO 1/99, 975).

II) Umstritten ist, inwieweit **vereinbarte Zweckbindungen** zur Unpfändbarkeit der Forderung führen.

Nach einer in Rspr. und Lit. vertretenen Meinung führen vereinbarte Zweckbindungen stets zur Unpfändbarkeit der Forderung. Der Verwendungszweck gehöre hier zum Inhalt der zu erbringenden Leistung. Zweckwidrige Verwendung verändere demzufolge den Leistungsinhalt i.S.d. § 399, 1. Alt. BGB. Die daraus folgende Unübertragbarkeit bewirke gem. § 851 Abs. 1 Unpfändbarkeit. Nach der strengeren Ansicht sind zweckgebundene Forderungen nur dann unpfändbar, wenn die **Zweckbindung treuhänderischen Charakter** habe.

Vgl. dazu BGH NJW 2000, 1270@ mit Nachweisen zu den unterschiedlichen Ansichten.

Beispiele für treuhänderische Zweckbindungen:

Eine zur Unpfändbarkeit führende treuhänderische Zweckbestimmung liegt vor, wenn der Käufer eines Grundstücks oder dessen finanzierende Bank nach der Vereinbarung im notariellen Kaufvertrag den Kaufpreis nur auf ein bestimmtes **Notaranderkonto** zahlen darf, damit der Notar aus dem Kaufpreis Grundpfandrechte ablöst. Hier wird der **Notar als Treuhänder** eingeschaltet, um eine zweckgerechte Verwendung des Kaufpreises sicherzustellen. Eine derartige Vereinbarung hätte der Verkäufer – Gläubiger und Vollstreckungsschuldner – nicht einseitig ändern können. Deswegen müsse auch ein Pfandgläubiger eine solche vertraglich vereinbarte (nicht nur einseitig begründete!) Forderungsbindung gegen sich gelten lassen (BGH ZIP 1998, 294@; dazu Hintzen EWiR § 851 ZPO 1/98, 143).

Vereinbaren die Parteien eines Kaufvertrages, dass der Käufer zur Ablösung von Rechten einer Bank an dem Kaufgegenstand den **Kaufpreis nur auf ein debitorisches Konto** bei der betreffenden Bank einzahlen darf, so unterliegt der Kaufpreisanspruch einer treuhänderischen Zweckbindung, die ein Gläubiger des Verkäufers, der den Anspruch pfänden will, gegen sich gelten lassen muss (BGH NJW 2000, 1270@; dazu Derleder EWiR § 851 ZPO 1/2000, 603).

3.7.3 Abtretungsausschluss durch Vereinbarung mit dem Schuldner, § 399, 2. Alt. BGB

I) Nach **§ 399, 2. Alt. BGB** sind Forderungen nicht übertragbar, wenn die **Abtretung durch Vereinbarung zwischen Gläubiger und Schuldner ausgeschlossen** ist.

II) **Solche Forderungen unterliegen jedoch nach § 851 Abs. 2 der Pfändung und Überweisung zur Einziehung, wenn der geschuldete Gegenstand der Pfändung unterworfen ist.** Die Vorschrift des § 851 Abs. 2 soll vermeiden, dass der Schuldner durch vertragsmäßige Ausschließung der Abtretung seiner Forderung diese Forderung dem Zugriff seiner Gläubiger entzieht (BGHZ 56, 228, 232). § 851 Abs. 2 ist daher entgegen seinem zu weiten Wortlaut nur bei der 2. Alt. des § 399 BGB anzuwenden (vertragliches Abtretungsverbot), nicht auch bei der 1. Alt. (Inhaltsänderung).

Walker in Schuschke/Walker I § 851 Rdnr. 9; StJ/Brehm § 851 Rdnr. 28 m.w.N.

Beispiel: Vereinbartes Abtretungsverbot

Bauunternehmer S hat von G 1 Fensterrahmen bezogen, wobei ein verlängerter Eigentumsvorbehalt vereinbart wurde. S baute die Fensterrahmen auf Grund eines Werkvertrages im Hause des D ein, wobei zwischen D und S ein Abtretungsverbot hinsichtlich der Werklohnforderung vereinbart wurde. G 2, ein anderer Gläubiger des S, der einen titulierten Zahlungsanspruch gegen S hat, möchte in die Werklohnforderung vollstrecken. –

(1) Der Antrag auf Erlass des Pfändungsbeschlusses wäre mangels Rechtsschutzinteresses zurückzuweisen, wenn sich aus dem Vorbringen des Antragstellers G 2 ergäbe, dass die angebliche Forderung, die gepfändet werden soll, gar nicht dem Schuldner, sondern einem Dritten zusteht. Das wäre hier aber nur dann der Fall, wenn die Werklohnforderung infolge des verlängerten Eigentumsvorbehaltes bereits vor der Pfändung an G 1 gefallen wäre. Da jedoch zwischen S und D schon vor Entstehung der Werklohnforderung deren Unabtretbarkeit vereinbart worden ist (§ 399, 2. Alt. BGB), hinderte dieses Übertragungsverbot, dass die Werklohnforderung mit ihrer Entstehung auf G 1 überging (BGHZ 30, 176, 178/179). Die Werklohnforderung stand daher nach wie vor im Vermögen des S.
(2) Die Unabtretbarkeit einer Forderung führt grds. auch zur Unpfändbarkeit, § 851 Abs. 1. Hiervon macht jedoch im Falle der vereinbarten Unabtretbarkeit § 851 Abs. 2 insoweit eine Ausnahme, als der geschuldete Gegenstand pfändbar ist. Da es sich bei der Werklohnforderung um eine Geldforderung handelt und Geld pfändbar ist, kann nach § 851 Abs. 2 die Werklohnforderung gepfändet werden (vgl. auch BGHZ 70, 299, 301). Der von G 2 beantragte Pfändungsbeschluss ist somit zu erlassen.

III) Eine **Ausnahme von § 851 Abs. 2** ergibt sich **nach § 357 HGB für Vollstreckungen in ein Kontokorrent**.

Das Kontokorrent (laufende Rechnung) bedeutet, dass die sich aus einer Geschäftsverbindung mit einem Kaufmann ergebenden wechselseitigen Ansprüche zunächst nur in Rechnung gestellt und dann in regelmäßigen Zeitabschnitten durch Verrechnung und Feststellung des sich für den einen oder anderen Teil ergebenden Überschusses (Saldo) ausgeglichen werden (§ 355 HGB). Die in Rechnung gestellten Einzelposten verlieren ihre Selbstständigkeit und haben die Bedeutung bloßer Rechnungsposten. In der Kontokorrentabrede liegt die Vereinbarung der Unübertragbarkeit der einzelnen in das Kontokorrent eingestellten Forderungen. Bezüglich der Vollstreckung sind zu unterscheiden:

▶ Rechnungsposten

Die einzelne in das Kontokorrent eingestellte Forderung ist nicht pfändbar.

BGHZ 80, 172, 175; Brox/Walker Rdnr. 525; Stöber Rdnr. 158 m.w.N.

Die Unpfändbarkeit ergibt sich nicht allein aus der vereinbarten Unübertragbarkeit der einzelnen Rechnungsposten, denn grds. wäre die einzelne Forderung nach § 399, 2. Alt. BGB, § 851 Abs. 2 pfändbar, weil der Ausschluss der Abtretung auf einer Vereinbarung zwischen Gläubiger und Schuldner der Forderung beruht (s.o.). Aber aus § 357 HGB, der die Pfändung des Kontokorrentsaldos behandelt, ergibt sich, dass die einzelne in das Kontokorrent eingestellte Forderung nicht pfändbar ist: § 357 HGB geht nur von der Pfändbarkeit des Saldos aus und verdrängt daher den § 851 Abs. 2 (Canaris in Großkomm. HGB, 3. Aufl., § 357 Anm. 2 m.w.N.). „Die Kontokorrentzugehörigkeit einer Forderung hat nach § 357 HGB die Unabtretbarkeit und die Unpfändbarkeit der Forderung zur Folge" (BGH ZIP 1994, 222, 224).

▶ Saldoforderung

Die Pfändung des **gegenwärtigen** Saldos und der **künftigen** Salden ist zulässig.

– Gepfändet werden kann der **gegenwärtige Saldo**, d.h. der Anspruch auf Zahlung des Überschusses (Guthabens), der sich bei einer Saldoziehung im Augenblick der Pfändung ergibt.

Stöber Rdnr. 157; Schlegelberger/Hefermehl, HGB, 5. Aufl., § 357 Rdnr. 4; Canaris a.a.O. § 357 Anm. 7; BGHZ 80, 172, 176@ m.w.N., sog. „Zustellungssaldo".

Dies gilt auch dann, wenn dieser Zeitpunkt in die laufende Kontokorrentperiode fällt und eine Saldierung erst später fällig wird. Die Pfändung in das laufende Kontokorrent bewirkt, dass das Konto lediglich buchungstechnisch und auch nur im Verhältnis zwischen Bank oder Sparkasse und dem Gläubiger auf den Zeitpunkt der Pfändung vorläufig abgeschlossen wird (BGHZ 80, 172, 176). Die Pfändung des gegenwärtigen Saldos bewirkt, dass sich die Höhe des von der Pfändung ergriffenen Betrags durch weitere Kontenbewegungen nicht mehr ändern kann. Künftige Schuldenposten können nicht zu Lasten des Pfändungsgläubigers gehen (§ 357 HGB), künftige Habenposten sind durch die Pfändung des gegenwärtigen Saldos nicht erfasst (BGHZ 80, 172, 175 ff.@). Die Auszahlung des gepfändeten und überwiesenen Saldos kann der Pfändungsgläubiger allerdings erst zum Abschluss der Rechnungsperiode verlangen.

Brox/Walker Rdnr. 526; Stöber Rdnr. 162; Schlegelberger/Hefermehl § 357 Rdnr. 8; Canaris a.a.O. § 357 Anm. 17.

– Zulässig ist auch die Pfändung des **künftigen Saldos** oder **aller zukünftigen Salden** bis zur vollständigen Befriedigung des Vollstreckungsgläubigers.

BGHZ 80, 172, 178@; Brox/Walker Rdnr. 526; Stöber Rdnr. 165.

Die Pfändung des künftigen Kontokorrentsaldos bestimmt sich nach den allgemeinen Vorschriften über die Pfändung und Überweisung einer Geldforderung (§§ 829 ff.). Nach h.M. ist auf die Pfändung künftiger Forderungen aus einem Bank- oder Sparkassenkontokorrent § 357 HGB nicht anzuwenden. Die Pfändung erfasst also erst den Saldo, der beim Ablauf der vereinbarten Rechnungsperiode besteht. Der Schuldner ist demnach bis zum jeweiligen Rechnungsabschluss in der Verfügung über sein Kontokorrentkonto nicht beschränkt.

Die Pfändung künftiger Salden erstreckt sich nach h.M. nicht nur auf den ersten Habensaldo nach der Zustellung, sondern auch auf spätere Saldenforderungen, bis der Gläubiger befriedigt ist (BGH WM 1981, 542 ff.; OLG Oldenburg WM 1979, 591; Gleisberg WM 1980, 865 ff.; Stöber Rdnr. 164 m.w.N.).

Nach der Gegenmeinung ist die Pfändung auf den ersten Habensaldo zeitlich begrenzt (OLG Oldenburg MDR 1952, 549; OLG München WM 1974, 957).

Auf den künftigen Saldo erstreckt sich die Pfändung nur, wenn dies im Beschluss ausdrücklich angeordnet ist.

Stöber Rdnr. 163. Insoweit gilt das gleiche wie bei der Pfändung einer künftigen Forderung, s.o. 3.4.

In der Praxis wird üblicherweise die Pfändung des gegenwärtigen Saldos nach § 357 HGB mit der Pfändung der zukünftigen Salden verbunden, sog. Doppelpfändung.

Von der Pfändung von Salden aus dem Bankkontokorrent ist die **Pfändung von Ansprüchen aus dem Girovertrag** zu unterscheiden.

Der Girovertrag ist der Vertrag zwischen der Bank oder Sparkasse mit ihrem Kunden über den bargeldlosen Zahlungsverkehr. Durch den Girovertrag wird die Bank bzw. Sparkasse verpflichtet, Einzahlungen für den Kunden entgegenzunehmen und auf Weisung des Kunden Auszahlungen vorzunehmen.

Das Girokonto wird regelmäßig als Kontokorrent geführt. Es sind daher einmal die Salden aus dem Kontokorrent nach den obigen Ausführungen pfändbar. Davon zu unterscheiden ist die Pfändung der **Ansprüche aus dem Girovertrag:**

▶ **Tagesguthaben**

Aus dem Girovertrag hat der Kunde gegen die Bank bzw. Sparkasse einen Anspruch auf fortlaufende Auszahlung des sich jeweils ergebenden Guthabens; der Kunde kann den jeweiligen Guthabenbetrag jederzeit fordern, und er kann durch Abhebung von Bargeld oder durch Überweisung über ihn verfügen.

BGHZ 50, 277, 282; Stöber Rdnr. 166.

Dieser Anspruch des Bankkunden aus dem Girovertrag auf Auszahlung des sich zwischen den Rechnungsabschlüssen ergebenden Tagesguthabens ist nach h. M. eine Geldforderung (und nicht ein Anspruch auf eine Dienstleistung im bargeldlosen Zahlungsverkehr). Er unterliegt nach h. M. der Pfändung gemäß § 829 Abs. 1, und zwar auch dann, wenn das Konto als Kontokorrentkonto geführt wird.

BGHZ 84, 325, 328 ff.; 371, 373 ff.@, s. dort auch die Nachweise zur Gegenmeinung; BFH NJW 1984, 1115; OLG Frankfurt WM 1994, 684, 686 = NJW-RR 1994, 878; Canaris a.a.O. § 357 Anm. 24; Brox/Walker Rdnr. 527; Stöber Rdnr. 166 b.

▶ **Neueingänge**

Pfändbar gemäß § 829 ist ebenfalls der Anspruch auf Gutschrift aller Neueingänge mit der Maßgabe, dass diese auch tatsächlich dem Konto des Schuldners gutgeschrieben werden, der Gläubiger also keinen Anspruch auf unmittelbare Auszahlung an sich erhält.

Brox/Walker Rdnr. 528; StJ/Brehm § 829 Rdnr. 12; Stöber Rdnr. 166 e m. w. N.

Diese Pfändung geht aber ins Leere, wenn und solange trotz der Gutschrift das Girokonto des Schuldners wegen früherer Belastungen debitorisch bleibt und nur ein vorhandenes Debet gemindert wird.

▶ **offene Kreditlinie**

Der Kunde kann auf Grund einer Vereinbarung mit seiner Bank einen Anspruch auf Einräumung eines Kredits haben, den er in Anspruch nehmen kann, aber nicht in Anspruch nehmen muss (Dispositionskredit, auch offene Kreditlinie genannt).

Zur Unterscheidung zwischen Dispositionskredit und Überziehungskredit (dazu weiter unten) sowie generell zur Pfändbarkeit des Kontokorrentkredits vgl. im Einzelnen Wagner WM 1998, 1657 ff.

Im Hinblick auf die Pfändbarkeit des Dispositionskredits sind zwei Fälle zu unterscheiden:

– Soweit der Dispositionskredit einem bestimmten Verwendungszweck dienen soll, ist der Anspruch auf Auszahlung des Kredits nicht pfändbar, da sonst der spezielle Verwendungszweck vereitelt würde.

– Umstritten ist, ob die Pfändung in eine offene Kreditlinie zulässig ist, wenn der Kredit ohne Zweckbestimmung zugesagt worden ist. Der BGH hat diese Frage ausdrücklich offengelassen.
BGHZ 93, 315 = JZ 1985, 487 mit Anm. Grunsky S. 490 ff.

Ein Teil der Rspr. und Lit. lehnt die Pfändung in eine offene Kreditlinie ab. Denn vor Abruf des Kredits bestünde lediglich ein allgemeiner Anspruch des Schuldners auf Kreditgewährung.

Die Entscheidung, ob und in welcher Höhe er den Kredit in Anspruch nehmen und damit Schulden machen wolle, sei ein höchstpersönliches Recht und damit unpfändbar. Nach Abrufung des Kredits durch den Schuldner steht einer Pfändung dieser Forderung jedoch nichts im Wege.
OLG Schleswig NJW 1992, 579, 580; LG Dortmund NJW 1986, 997; LG Wuppertal WM 1990, 119; Baur/Stürner Rdnr. 30.7; Brox/Walker Rdnr. 529; MünchKomm/ZPO/Smid § 851 Rdnr. 9; Schuschke in Schuschke/Walker I Anhang zu § 829 Rdnr. 4; Stöber Rdnr. 119.

Dagegen wird von einem anderen Teil der Rspr. und der Lit. die Pfändung in eine offene Kreditlinie für zulässig gehalten. Der Pfändbarkeit stehe insbesondere die Höchstpersönlichkeit des Darlehensverhältnisses nicht entgegen; denn ein grundlegender Unterschied zu Eingriffen durch Pfändungen in sonstige Schuldverhältnisse – z. B. bei Pfändung eines Kaufpreisanspruches bei fortbestehender Lieferverpflichtung des Schuldners – sei nicht ersichtlich.
So im Ergebnis z. B.: OLG Köln ZIP 1983, 810; LG Düsseldorf JurBüro 1985, 470 mit zust. Anm. Schroeder; LG Itzehoe WM 1988, 230; BL/Hartmann Grundz. § 704 Rdnr. 89; Grunsky ZZP 95, 264; ders. JZ 1985, 490, 491 f; Wagner JZ 1985, 718 ff.

▶ **Überziehungskredit**

Unter dem Überziehungskredit ist die bloße Duldung einer infolge mangelnder Deckung an sich unberechtigten Verfügung des Bankkunden eingetretenen Kontoüberziehung seitens der Bank zu verstehen. Da die bloße Duldung einer Überziehung dem Kunden der Bank dieser gegenüber keinen Anspruch gibt, liegt kein pfändbarer Anspruch vor
LG Münster MDR 1996, 1069 ; OLG Frankfurt OLG-Report 1997, 286.

▶ Problematisch ist auch die **Pfändung in Konten, die mehreren Personen gemeinschaftlich zustehen**.

Man kann insoweit die „Und-Konten" und die „Oder-Konten" unterscheiden. Von „Oder-Konten" spricht man, wenn zwar mehrere Personen Kontoinhaber sind, jede Person aber gegenüber der Bank uneingeschränkte Einzelverfügungsmacht über das Konto hat. Bei diesen Konten genügt für die Pfändung des gesamten Kontoinhalts ein Titel gegen einen der Kontoinhaber.

Fraglich ist jedoch, ob sich ein anderer Kontoinhaber gegen die Pfändung seines Anteils mit der Drittwiderspruchsklage wehren kann (vgl. dazu Wagner WM 1991, 1145 ff.; Behr InVo 1999, 129 ff.

„Und-Konten" sind solche Konten mehrerer Personen, bei denen die Inhaber über den Kontoinhalt nur gemeinsam verfügen können. Im Innenverhältnis liegt entweder eine Gesamthandsgemeinschaft oder eine Bruchteilsgemeinschaft vor (vgl. Stöber Rdnr. 342). Bei der Bruchteilsgemeinschaft ist der Anteil des einzelnen Mitinhabers wegen § 747 BGB gesondert pfändbar. Bei der Gesamthandsgemeinschaft muss der Gesamthandsanteil durch Vollstreckungstitel gegen alle Gemeinschafter gepfändet werden (Stöber Rdnr. 342).

3.8 Unpfändbarkeit trotz Übertragbarkeit; eingeschränkte Pfändbarkeit

Forderungen, die übertragbar sind, sind nach dem Wortlaut des Gesetzes ausnahmsweise nicht pfändbar, wenn die Pfändbarkeit kraft Gesetzes ausgeschlossen ist. Dazu gehören z. B. nach § 852:

▶ der Pflichtteilsanspruch (§ 2303 BGB),
▶ der Anspruch des Pflichtteilsberechtigten gegen einen Beschenkten (§ 2329 BGB, § 852 entspr.),
▶ der Rückforderungsanspruch des Schenkers (§ 528 BGB),
▶ der Ausgleichsanspruch eines Ehegatten auf Zugewinnausgleich (§ 1378 BGB),

solange nicht durch Vertrag anerkannt oder rechtshängig geworden.

Der BGH hat jedoch das Pfändungsverbot bzgl. eines Pflichtteilsanspruchs erheblich eingeschränkt:
Der Pflichtteilsanspruch (§ 2303 BGB) ist unbeschränkt abtretbar (§ 2317 Abs. 2 BGB), aber nach § 852 Abs. 1 der Pfändung nur unterworfen, wenn er durch Vertrag anerkannt oder rechtshängig geworden ist. Dadurch soll gewährleistet werden, dass mit Rücksicht auf die familiäre Verbundenheit von Erblasser und Pflichtteilsberechtigten allein diesen die Entscheidung überlassen bleibt, ob der Anspruch gegen den Erben durchgesetzt werden soll. § 852 Abs. 2 hat dagegen nicht zum Ziel, den Pflichtteilsanspruch den Gläubigern des Pflichtteilsberechtigten zu entziehen oder einzelne Gläubiger zu benachteiligen. Wäre die Pfändung des Pflichtteilsanspruchs vor Eintritt der in § 852 Abs. 1 genannten Voraussetzungen unzulässig, hätte es der Pflichtteilsberechtigte wegen der in § 2317 Abs. 2 BGB vorgesehenen unbeschränkten Abtretbarkeit des Pflichtteilsanspruchs in der Hand, bestimmte Gläubiger durch die Einräumung vertraglicher Pfandrechte zu bevorzugen.

Um dies zu verhindern, **bejaht der BGH vor vertraglicher Anerkennung oder Rechtshängigkeit des Pflichtteilsanspruchs dessen eingeschränkte Pfändbarkeit: Gepfändet wird der in seiner zwangsweisen Verwertbarkeit aufschiebend bedingte Anspruch.** Der Pfändungsgläubiger erwirbt mit Eintritt der Bedingung – vertragliche Anerkennung oder Rechtshängigkeit des Pflichtteilsanspruchs – ein vollwertiges Pfändungspfandrecht. Dessen Rang bestimmt sich nach dem Zeitpunkt der Pfändung, es erfolgt also eine Rückbeziehung des vollen Pfändungspfandrechts auf den Zeitpunkt der eingeschränkten Pfändung. Es gilt also das Prioritätsprinzip.

BGHZ 123, 183@; s. dazu Kuchinke NJW 1994, 1769 ff.; OLG Düsseldorf InVo 2000, 62; Schubert JR 1994, 419 f; Greve ZIP 1996, 699 ff.; Brox/Walker Rdnr. 530; Stöber Rdnr. 271.

Der BGH hat in seiner Entscheidung nur auf den in § 852 Abs. 1 genannten Pflichtteilsanspruch abgestellt. Auf der Grundlage dieser Entscheidung wird man aber auch eine eingeschränkte Pfändbarkeit der in § 852 Abs. 2 genannten Ansprüche auf Schenkungsrückforderung (§ 528 BGB) und auf Zugewinnausgleich (§ 1378 BGB) bejahen müssen.

3.9 Pfändungsschutz von Arbeitseinkommen (§ 850) und diesen gleichgestellten Bezügen (§ 850 b) und Vergütungen (§§ 850 h, i)

I) Der Begriff **Arbeitseinkommen** ist weit auszulegen. § 850 Abs. 2 gibt keine abschließende Definition, sondern nur eine beispielhafte Aufzählung. Unter den Begriff Arbeitseinkommen i. S. d. §§ 850–850 h fallen daher ohne Rücksicht auf arbeitsrechtliche Verhältnisse (gleichgültig, ob Arbeitnehmer oder selbstständig) alle wiederkehrenden Vergütungen, die dem Schuldner aus seiner Arbeits- oder Dienstleistung zustehen oder an ihn als Nachwirkung eines früheren Arbeits- oder Dienstverhältnisses zu zahlen sind.

Beispiele für Arbeitseinkommen i. S. d. §§ 850 ff.:

Arbeits- u. Dienstlöhne aus unselbstständiger Arbeit, und zwar aus Arbeiter-, Angestellten-, Ausbildungs- oder Volontärverhältnis, unabhängig davon, ob das Arbeitsverhältnis für dauernd, kurze Zeit, zur Probe oder Aushilfe besteht.

Dienst- u. Versorgungsbezüge der Beamten u. Richter, auch im Vorbereitungsdienst, wie z. B. der Unterhaltszuschuss des Referendars.

Ersatzansprüche (z. B. Schadensersatzansprüche) als Ausgleich einer entgangenen oder zu Unrecht vorenthaltenen Arbeitsvergütung; auch Streik- und Aussperrungsunterstützung, die während eines Arbeitskampfes von einer Gewerkschaft gezahlt werden (Stöber Rdnr. 883).

Provisionsanspruch des Handelsvertreters (Treffer MDR 1998, 384 ff.).

Wiederkehrende Vergütung für Dienstleistungen, die jemand als Selbstständiger erlangt, z. B. der Anspruch eines freien Handels- oder Versicherungsvertreters auf Fixum und Provision (Stöber Rdnr. 886), und zwar auch dann, wenn er seine Provision bei den Kunden des Drittschuldners auf Grund einer Inkassovollmacht selbst kassiert (Stöber Rdnr. 899).

Arbeitseinkommen der Kellner, Friseure, Taxichauffeure usw. unter Einschluss der Trinkgelder, auch wenn diese sofort vom Kellner etc. einbehalten werden.

Ruhegelder, Hinterbliebenenbezüge, wenn sie vom Arbeitgeber, von einer Pensionskasse, einem Gemeinschaftsfonds oder dergleichen gewährt werden. (Nicht aber die Sozialleistungen; für diese gilt § 54 SGB I.)

Auch eine Sozialplanabfindung ist Arbeitseinkommen i. S. d. § 850 (BAG BB 1992, 358, 359).

II) Der Pfändungsschutz im Einzelnen:

Die ZPO sieht z. T. Pfändungsfreigrenzen vor.

▶ Die in § 850 a genannten Bezüge (z. B. Weihnachtsgeld in bestimmter Höhe, § 850 a Nr. 4) sind schlechthin unpfändbar. Sie dürfen auch nicht bei der Berechnung des pfändbaren Arbeitseinkommens mitberücksichtigt werden (§ 850 e Nr. 1).

▶ Die in § 850 b Abs. 1 genannten Einkünfte sind unter den Voraussetzungen des § 850 b Abs. 2 bedingt pfändbar.
Der **Taschengeldanspruch** des Ehegatten als Teil der Unterhaltsleistung (§§ 1360, 1360 a BGB) gehört zu den nach § 850 b Abs. 1 Nr. 2 bedingt pfändbaren Einkünften (KG OLG-Report 2000, 14@ m.w.N.; OLG München OLG-Report 1999, 307@; OLG Nürnberg FamRZ 1999, 505; Hintzen/Wolf InVo 10/1997 E 3 f. m.w.N.)

▶ § 850 c legt die sog. Freibeträge fest. Bei Berechnung des pfändbaren Teils ist vom Nettoeinkommen auszugehen (Abzug von Lohnsteuer etc., auch der nach § 850 a unpfändbaren Bezüge). Berechnungsvorschrift im Einzelnen ist § 850 e. Nach Abzug der Freibeträge ergibt sich der pfändbare Betrag.

▶ § 850 d begründet ein Pfändungsvorrecht Unterhaltsberechtigter.

Der Unterhaltsberechtigte, der wegen gesetzlicher Unterhaltsansprüche in Geldforderungen des Unterhaltsverpflichteten gegen einen Drittschuldner vollstreckt, hat gem. § 850 d eine Besserstellung gegenüber der Vollstreckung anderer Titel.

▶ § 850 f lässt eine Änderung des unpfändbaren Betrages durch das VollstrG zu.

§ 850 f wird als ein geeignetes Instrument begriffen, dem Auseinanderklaffen von Pfändungsfreigrenzen und sozialhilferechtlichen Existenzminima zu begegnen.

§ 859 f Abs. 1 lit. a findet auch im Rahmen der Unterhaltsvollstreckung Anwendung.
OLG Frankfurt InVo 2000, 209, 210 m.w.N.

▶ Nach § 850 g kann das VollstrG auf Antrag den PfÜB nachträglich abändern, wenn sich die ursprünglichen Bemessungsgrundlagen geändert haben.

▶ § 850 h soll Lohnschiebungen und der Verschleierung von Arbeitseinkommen entgegenwirken.

▶ § 850 i regelt die Unpfändbarkeit bei einmaliger Arbeitsvergütung.

▶ Im Zusammenhang mit § 835 Abs. 3 S. 2 bezweckt § 850 k einen Pfändungsschutz für wiederkehrende Einkünfte i. S. d. §§ 850–850 b, die dem Konto des Arbeitnehmers gutgeschrieben worden sind.

3.10 Der Pfändungsschutz für Sozialleistungen ist in §§ 54, 55 SGB I geregelt.
S. dazu Hintzen/Wolf InVo 11/1997 E 3 f.

Die Vorschriften haben das Ziel, Ansprüche aus Sozialleistungen vollstreckungsrechtlich wie Arbeitseinkommen zu behandeln.

- Ansprüche auf Dienst- und Sachleistungen können nicht gepfändet werden (§ 54 Abs. 1 SGB I).
- Ansprüche auf einmalige Geldleistungen können gepfändet werden, soweit dies der Billigkeit entspricht (§ 54 Abs. 2 SGB I).
- Unpfändbar sind (§ 54 Abs. 3 SGB I): Erziehungsgeld, unter bestimmten Voraussetzungen Mutterschaftsgeld sowie Geldleistungen zum Ausgleich eines durch Körper- oder Gesundheitsschaden bedingten Mehraufwandes.
  Unter § 54 Abs. 3 SGB I fällt z. B. das gesetzliche Pflegegeld (für das vertragliche Pflegegeld ergibt sich die Unpfändbarkeit aus § 850 b Abs. 2 mit dem Rechtsgedanken des § 54 Abs. 3 Nr. 3 SGB I; Sauer/Meiendresch NJW 1996, 765).
- Im Übrigen können Ansprüche auf laufende Geldleistungen wie Arbeitseinkommen gepfändet werden (§ 54 Abs. 4 SGB I).
- Ansprüche auf Geldleistungen für Kinder unterliegen einem besonderen Pfändungsschutz (§ 54 Abs. 5 SGB I).
- § 55 SGB I erweitert den Pfändungsschutz in zeitlicher Hinsicht:
  - Bei einer Zahlung auf das Konto des Berechtigten ist die Forderung für die Dauer von 7 Tagen seit der Gutschrift der Überweisung unpfändbar (§ 55 Abs. 1 S. 1 SGB I).
  - Nach Ablauf der Sieben-Tage-Frist gibt § 55 Abs. 4 SGB I bei laufenden (nicht einmaligen!) Geldleistungen einen verlängerten Schutz.

4. Der weitere Ablauf der Forderungspfändung

Auf den Antrag des Gläubigers prüft der Rpfleger beim VollstrG, ob die Voraussetzungen der Zwangsvollstreckung vorliegen und ob die angebliche Forderung pfändbar ist. Dabei geht er nur von den Behauptungen des Gläubigers in dem Antrag aus; der Schuldner ist grds. nicht zu hören, § 834.

Die in § 850 b Abs. 3 vorgesehene Anhörung des Schuldners stellt eine Ausnahme zu dem in § 834 geregelten Grundsatz dar.

I) Der PfÜB wird wirksam mit der **Zustellung an den Drittschuldner**, §§ 829 Abs. 3, 835 Abs. 3 S. 1. Die Zustellung muss gemäß §§ 270 Abs. 1, 829 Abs. 2 S. 2 vom Gläubiger im Parteibetrieb (§§ 166–207) bewirkt werden. Dabei kann sich der Gläubiger der Vermittlung der Geschäftsstelle bedienen.

1) Haften dem Schuldner mehrere Drittschuldner als **Gesamtschuldner**, so werden diese Forderungen des Schuldners gegen seine Gesamtschuldner getrennt behandelt. Ein PfÜB ist immer nur gegenüber dem Gesamtschuldner wirksam, der als Drittschuldner bezeichnet ist und dem der PfÜB zugestellt worden ist.

2) Der PfÜB braucht nicht dem Drittschuldner persönlich zuzugehen. Die Zustellung kann unter den besonderen Voraussetzungen der §§ 181–184 auch als **Ersatzzustellung** erfolgen (Stöber Rdnr. 530).

Gegen die mit der Ersatzzustellung verbundenen Gefahren ist der Drittschuldner insofern geschützt, als der Vollstreckungsgläubiger die Zahlungen gegen sich gelten lassen muss, die der Drittschuldner in Unkenntnis der durch die Ersatzzustellung wirksam gewordenen Pfändung an den Schuldner leistet. Dieser Schutz des Drittschuldners ist zwar nicht ausdrücklich bestimmt, ergibt sich aber aus dessen Schutzwürdigkeit und der insoweit gebotenen Gleichstellung des Drittschuldners mit einem Schuldner bei Abtretung oder rechtsgeschäftlicher Verpfändung (§§ 1275, 404 ff. BGB; vgl. Stöber Rdnr. 566; zur analogen Anwendung des § 407 Abs. 1 BGB).

3) Streitig ist, ob eine **Ersatzzustellung an den Schuldner** zulässig ist.
Dem könnte die analoge Anwendung des § 185 entgegenstehen. Diese Vorschrift verbietet die Ersatzzustellung an den Gegner der Partei, an welche die Zustellung erfolgen soll.

Nach einer Ansicht ist die Ersatzzustellung an den Schuldner nicht analog § 185 ausgeschlossen.
Stöber Rdnr. 530; StJ/Brehm § 829 Rdnr. 56; jeweils m.w.N.

Die h.M. hält eine Ersatzzustellung des PfÜB durch Übergabe an den Vollstreckungsschuldner analog § 185 für unzulässig.
BAG NJW 1981, 1399; Brox/Walker Rdnr. 608; Thomas/Putzo § 185 Rdnr. 2; Schuschke in Schuschke/Walker I § 829 Rdnr. 43; Hamme NJW 1994, 1035 m.w.N.

II) Nach der Zustellung an den Drittschuldner **stellt der GV** (bzw. die Geschäftsstelle des VollstrG) ohne weiteren Antrag des Gläubigers den PfÜB samt dem Nachweis der Zustellung an den Drittschuldner **dem Schuldner zu**. Die Zustellung an den Schuldner ist aber keine Wirksamkeitsvoraussetzung für den Pfändungs- und Überweisungsbeschluss.

5. Die Rechtswirkungen der Pfändung

Folgen des PfÜB →

5.1 Die Verstrickung

Jede wirksame Pfändung hat die Verstrickung der Forderung (rel. Veräußerungsverbot zu Gunsten des Gläubigers, §§ 135, 136 BGB) zur Folge. Nur bei nichtiger Pfändung erfolgt keine Verstrickung. Die Verstrickung kann nur eintreten, wenn die gepfändete „angebliche Forderung" im Zeitpunkt der Pfändung zumindest als künftige Forderung wirklich besteht und sie dem Schuldner zusteht.

5.2 Das Pfändungspfandrecht

Es entsteht nach der öffentlich-rechtlichen Theorie als Folge der Verstrickung. Nach der gemischten Theorie muss hinzukommen, dass die wesentlichen Vollstreckungsvoraussetzungen (z.B. Zustellung, Klausel) vorlagen und dass die

BGB-Voraussetzungen für das Entstehen eines Pfandrechts an einer Forderung (mit Ausnahme der Verpfändungserklärung, die durch den Pfändungsbeschluss ersetzt wird) vorliegen.

Das Pfändungspfandrecht bestimmt den Rang an der Forderung, ist also insbesondere von Bedeutung, wenn die Forderung mehrfach gepfändet wird.

Fraglich ist, ob Verstrickung und Pfändungspfandrecht die gepfändete Forderung nur in Höhe der titulierten Forderung ergreifen, sodass – wenn die gepfändete Forderung höher ist – von vornherein ein pfändungsfreier Teil bleibt (sog. Teilpfändung), oder ob Verstrickung und Pfändungspfandrecht die gesamte gepfändete Forderung erfassen (sog. Vollpfändung).

Beispiel: G hat gegen S eine titulierte Forderung über 400 DM. Auf Grund dieses Titels hat G die angebliche Kaufpreisforderung des S gegen D gepfändet. Der PfÜB enthält die Formulierung: „Wegen dieser Ansprüche ... wird die angebliche Forderung des S an den Bauunternehmer D, Drittschuldner, aus dem Kaufvertrag vom 6. März 2000 über einen gebrauchten Betonmischer gepfändet". Der PfÜB wird dem D zugestellt. Die gepfändete Kaufpreisforderung beträgt z. Zt. der Pfändung 4.000 DM. Als S von der Pfändung erfährt, verlangt er von D die sofortige Zahlung i. H. v. 3.600 DM.

▶ Nach einem Teil des Schrifttums ergreift die Pfändung immer nur einen der beizutreibenden Forderung entsprechenden Teil der Forderung; es handelt sich also stets um eine **Teilpfändung**, falls die beizutreibende Forderung niedriger ist als die gepfändete Forderung. Das wird aus dem Verbot der Überpfändung (§ 803 Abs. 1 S. 2) hergeleitet.

Jauernig § 19 V 4; Baur/Stürner Rdnr. 30.21.

Danach besteht im obigen **Beispiel** das Pfändungspfandrecht des G an der Kaufpreisforderung nur in Höhe von 400 DM. Nur dieser Teil wird von der Pfändung ergriffen. S kann daher von D Zahlung i. H. v. 3.600 DM verlangen.

▶ Nach Rspr. und h.M. ergreift, wenn im PfÜB nichts anderes gesagt ist, die Pfändung die gepfändete Forderung grds. in vollem Umfang, sog. **Vollpfändung**. Dass der Gläubiger dann auf Grund der Überweisung die an sich von der Pfändung voll ergriffene Forderung nur in Höhe des beizutreibenden Betrages einziehen darf, folgt aus § 1282 Abs. 1 S. 2 BGB, wonach die Einziehung einer Geldforderung dem Pfandgläubiger nur insoweit zusteht, als dies zu seiner Befriedigung erforderlich ist.

BGH NJW 1975, 738@; Stöber Rdnr. 756; Brox/Walker Rdnr. 631; Zöller/Stöber § 829 Rdnr. 11; Schuschke in Schuschke/Walker § 829 Rdnr. 55; Thomas/Putzo § 829 Rdnr. 32.

Steht die Überpfändung im Einzelfall fest, kann der Schuldner sie mit der Erinnerung, § 766, geltend machen.

Brox/Walker Rdnr. 631; Schuschke in Schuschke/Walker § 829 Rdnr. 55; Stöber Rdnr. 757.

Im obigen **Beispiel** ergreift daher der PfÜB die Kaufpreisforderung des S gegen D im vollen Umfang. Eine Erinnerung des S wird auch nur dann Erfolg haben, wenn Gewissheit besteht, dass die Befriedigungsaussichten des G nicht geschmälert werden, z. B., dass D keine Minderung geltend machen kann.

5.3 Die Drittschuldnererklärung, § 840

Bereits mit der Pfändung (also auch, wenn die Pfändung allein ohne Überweisung erfolgt) hat der **Drittschuldner** auf Verlangen des Gläubigers nach § 840 darüber **Auskunft** zu geben („3 Fragen an der Tür"):

1) ob und inwieweit er die Forderung als begründet anerkenne und Zahlung zu leisten bereit sei,

2) ob und welche Ansprüche andere Personen an der Forderung geltend machen,

3) ob und wegen welcher Ansprüche die Forderung bereits für andere Gläubiger gepfändet sei.

Einzelheiten zur Drittschuldnerauskunft bei Hintzen/Wolf InVo 6/97 E 3 f. u. 7/97 E 3 f.; Hintzen OLG-Report Kommentar 10/2000 K 21 f.; Foerste NJW 1999, 904 ff.

Der Auskunftsanspruch nach § 840 Abs. 1 entsteht mit Zustellung eines wirksamen PfÜB. Ob die gepfändete Forderung tatsächlich besteht, ist für den Anspruch aus § 840 Abs. 1 unerheblich. Bei dem Auskunftsanspruch des Pfandgläubigers gemäß § 840 gegen den Drittschuldner handelt es sich um einen eigenständigen gesetzlichen Anspruch, der allerdings nicht einklagbar ist.

So die h.M., vgl. BGHZ 91, 126, 128@ = BGH JZ 1984, 673 m. insoweit zust. Anm. Brehm S. 675 f; Brox/Walker Rdnr. 624; Schuschke in Schuschke/Walker I § 840 Rdnr. 1; Hintzen/Wolf InVo 7/97 E 3, jeweils m.w.N.

Es handelt sich nur um eine **Obliegenheit** des Drittschuldners, deren Verletzung allerdings eine **Schadensersatzpflicht** auslösen kann (§ 840 Abs. 2 S. 2). Die Haftung des Drittschuldners für den dem Gläubiger durch die Nichterfüllung der Auskunftsverpflichtung entstandenen Schaden setzt **Verschulden** voraus; der Drittschuldner hat zu beweisen, dass ihn an der Nichterfüllung seiner Auskunftspflicht kein Verschulden trifft.

BGHZ 79, 275; 98, 291, 293@; BL/Hartmann § 840 Rdnr. 15; Thomas/Putzo § 840 Rdnr. 17; Schuschke in Schuschke/Walker I § 840 Rdnr. 10.

Der Gläubiger ist im Falle einer schuldhaft falsch abgegebenen Drittschuldnererklärung gem. § 249 BGB so zu stellen, wie er bei richtiger Auskunft des Drittschuldners gestanden hätte. Es sind auch solche Schäden zu ersetzen, die dadurch entstanden sind, dass der Gläubiger – vertrauend auf die Auskunft des Drittschuldners – es unterlassen hat, andere Vollstreckungsmöglichkeiten wahrzunehmen.

BGHZ 69, 328, 333; OLG Düsseldorf InVo 1996, 184, 185.

Erfüllt der Drittschuldner durch die Verletzung seiner Erklärungspflicht zugleich den Tatbestand des § 826 BGB, bestimmt sich insoweit der Umfang seiner Haftung nach dieser Vorschrift.
BGHZ 98, 291 ff.@ = BGH JR 1987, 195 ff. m. Anm. Smid S. 197 ff. = JZ 1987, 46 ff. m. Anm. Brehm S. 47 f = JZ 1987, 46 ff. m. Anm. Brehm S. 47 f.

Wenn der Drittschuldner die Frage, ob er die Forderung anerkenne, bejaht, so handelt es sich nach h.M. weder um ein abstraktes Schuldanerkenntnis i.S.d.

171

§ 781 BGB noch um ein deklaratorisches Anerkenntnis, sondern um eine bloße Wissenserklärung mit Umkehr der Beweislast (BGHZ 69, 328@ mit ausführl. Nachweisen der einzelnen Meinungen). Der Drittschuldner kann daher trotz Abgabe der Erklärung Einwendungen gegen das Entstehen oder den Fortbestand der Forderung noch geltend machen.

Nicht gesetzlich geregelt ist die Frage, wer für die Kosten der Auskunftserteilung aufzukommen hat. Die überwiegende Rechtsprechung verneint einen Kostenerstattungsanspruch des Drittschuldners. Der BGH hat die Frage unentschieden gelassen.
BGH BB 1999, 1520; Einzelheiten hierzu bei Marly (BB 1999, 1990 ff.); welcher einen Erstattungsanspruch ablehnt.

6. Die Rechtsstellung der Beteiligten auf Grund des PfÜB

Bei der in der Praxis üblichen Überweisung zur Einziehung ergeben sich für die Beteiligten auf Grund des PfÜB folgende Rechte:

6.1 Die Rechtsstellung des Vollstreckungsgläubigers

I) Die Rechtsstellung des Vollstreckungsgläubigers im Verhältnis zum Vollstreckungsschuldner:

Zwar wird der Vollstreckungsgläubiger durch die Überweisung der Forderung zur Einziehung nicht zum Inhaber der Forderung; diese bleibt vielmehr im Vermögen des Vollstreckungsschuldners. Der Vollstreckungsgläubiger erhält aber ein eigenes Einziehungsrecht. Die Überweisung ermächtigt ihn zu allen im Recht des Schuldners begründeten, der Befriedigung dienenden Maßnahmen. Er darf deshalb im eigenen Namen die Forderung kündigen, einziehen, mit ihr aufrechnen und vor allem auf Leistung an sich klagen (BGHZ 82, 28, 31 m.w.N.).

Der Vollstreckungsgläubiger kann keine Verfügungen über die Forderung vornehmen, die dem Befriedigungszweck zuwiderlaufen (z.B. Erlass, Stundung). Dem Vollstreckungsschuldner gegenüber ist der Vollstreckungsgläubiger verpflichtet, für die Beitreibung der ihm zur Einziehung überwiesenen Forderung Sorge zu tragen. Verzögert der Vollstreckungsgläubiger die Beitreibung und entsteht dadurch dem Vollstreckungsschuldner ein Schaden (z.B. Drittschuldner ist inzwischen zahlungsunfähig), so haftet der Vollstreckungsgläubiger dem Vollstreckungsschuldner auf Schadensersatz, § 842.
Wenn der Vollstreckungsgläubiger die ihm überwiesene Forderung gegen den Drittschuldner einklagt, ist er verpflichtet, dem Vollstreckungsschuldner den Streit zu verkünden (§ 841), damit auch der Vollstreckungsschuldner selbst sich an diesem Prozess beteiligen kann.

II) Die Rechtsstellung des Vollstreckungsgläubigers im Verhältnis zum Drittschuldner:

Zwar wird der Vollstreckungsgläubiger nicht zum Inhaber der Forderung (s. o.). Dennoch steht er dem Drittschuldner nicht als unbeteiligter Dritter gegenüber. Die Überweisung ermächtigt ihn vielmehr zu allen im Recht des Schuldners begründeten, der Befriedigung dienenden Maßnahmen. Dabei genießt der Drittschuldner den besonderen umfassenden Schutz des § 836 Abs. 2. Der PfÜB ist aber kein Titel des Vollstreckungsgläubigers gegen den Drittschuldner. Zahlt der Drittschuldner nicht, muss sich der Vollstreckungsgläubiger, um gegen den Drittschuldner vollstrecken zu können, erst einen Zahlungstitel gegen den Drittschuldner verschaffen. Aufgrund der Überweisung zur Einziehung ist der Gläubiger befugt, die Forderung im eigenen Namen einzuklagen. Für diesen Prozess gelten die allgemeinen Regeln (bei einer Lohnpfändung muss daher vor dem ArbeitsG geklagt werden).

Wenn allerdings die Forderung des Schuldners gegen den Drittschuldner im Zeitpunkt der Überweisung bereits rechtshängig ist (der Schuldner klagt bereits gegen den Drittschuldner auf Zahlung), so liegt nach § 265 die Weiterführung des Prozesses in der Hand des Schuldners, der seinen Antrag auf Zahlung an den Pfandgläubiger umstellen muss. Der Pfandgläubiger kann ihm als Streithelfer beitreten. Ist die überwiesene Forderung schon für den Schuldner vollstreckbar (er muss im Titel als Gläubiger genannt sein), so kann der Gläubiger den Titel als Rechtsnachfolger für sich allein ausfertigen lassen (§ 727 Abs. 2).

6.2 Die Rechtsstellung des Vollstreckungsschuldners

Auch nach der Überweisung zur Einziehung ist die Forderung im Vermögen des Vollstreckungsschuldners geblieben. Der Vollstreckungsschuldner kann daher alle Rechtshandlungen vornehmen, die nicht im Widerspruch zu der Rechtsstellung des Vollstreckungsgläubigers stehen. Er kann z. B. gegen den Drittschuldner auf Leistung an den Vollstreckungsgläubiger klagen.

Der Vollstreckungsschuldner ist aber mit der Pfändung der Forderung nicht mehr berechtigter Zahlungsempfänger (§ 829 Abs. 1). Die mit der Pfändung eingetretene Verfügungsbeschränkung wirkt gem. §§ 135, 136 BGB nur zu Gunsten des Pfändungsgläubigers; nur ihm gegenüber ist eine etwaige Erfüllung der gepfändeten Forderung durch Leistung an den Vollstreckungsschuldner unwirksam.

Auf Grund der Überweisung ist der Vollstreckungsschuldner verpflichtet, dem Vollstreckungsgläubiger die für die Geltendmachung der Forderung nötige Auskunft zu erteilen und ihm die über die Forderung vorhandenen Urkunden herauszugeben (§ 836 Abs. 3). Die Auskunft kann (im Gegensatz zur Auskunft des Drittschuldners nach § 840) vom Vollstreckungsgläubiger durch Klage erzwungen werden. Für den Anspruch des Vollstreckungsgläubigers gegen den Vollstreckungsschuldner auf Herausgabe der Urkunden ist ein besonderer Vollstreckungstitel nicht mehr notwendig; dafür ist bereits der PfÜB Vollstreckungstitel (§ 836 Abs. 3).

6.3 Die Rechtsstellung des Drittschuldners

6.3.1 Die Wirkung des Verbots nach § 829 Abs. 1 S. 1 (arrestatorium)

Mit Wirksamwerden des Pfändungsbeschlusses besteht das Verbot, an den Schuldner zu leisten (arrestatorium, vgl. § 829 Abs. 1 S. 1). Leistet der Drittschuldner dennoch verbotswidrig an den Schuldner, so ist diese Zahlung dem Pfändungsgläubiger gegenüber unwirksam (§§ 135, 136 BGB); dieser kann nach Erlass des Überweisungsbeschlusses (nochmalige) Zahlung an sich verlangen (BGHZ 86, 337, 338/339@).

Der Drittschuldner darf bei der Pfändung aber nicht schlechter gestellt werden als der Schuldner einer Forderung bei Forderungsübergang oder einer Verpfändung (§ 1275 BGB). Zum Schutz des Drittschuldners gilt daher § 407 BGB analog.

I) Analoge Anwendung des § 407 Abs. 1 BGB bei Zahlung nach Pfändung

Der Drittschuldner wird durch Zahlung an den Vollstreckungsschuldner analog § 407 Abs. 1 BGB auch dem Vollstreckungsgläubiger gegenüber frei, wenn er die Pfändung bei Zahlung nicht kennt.

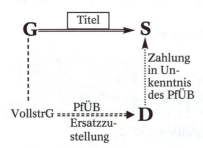

Beispiel: G hat einen Zahlungstitel gegen S. G erwirkt einen PfÜB, in dem eine Forderung des S gegen D gepfändet und dem G zur Einziehung überwiesen wird (§§ 829, 835). Es erfolgt eine Ersatzzustellung des PfÜB an D (§§ 181 ff.). Ohne Kenntnis von der Pfändung zahlt D an S. D wird analog § 407 Abs. 1 auch dem G gegenüber frei.

Fraglich ist, ob sich der Drittschuldner auch dann auf § 407 Abs. 1 BGB analog berufen kann, wenn er die Leistungshandlung in Unkenntnis des Pfändungsbeschlusses vornimmt, er jedoch noch vor Eintritt des Leistungserfolges von dem Pfändungsbeschluss Kenntnis erlangt.

In der Lit. wird die Auffassung vertreten, der Drittschuldner könne sich in diesem Fall nur dann auf § 407 Abs. 1 BGB analog berufen, wenn er nach Kenntnis alles zur Abwendung von Nachteilen für den Gläubiger Erforderliche getan hat, der Leistungserfolg mithin nur deshalb eintritt, weil ihn der Drittschuldner nicht mehr verhindern konnte.

Stöber Rdnr. 567; Seibert WM 1984, 521, 523 f.

Der BGH steht dagegen auf dem Standpunkt, dass den Drittschuldner keine Pflicht treffe, den Eintritt des Leistungserfolges durch aktives Tun zu verhindern.

BGH JZ 1989, 299, 300 m. Anm. Brehm JZ 1989, 300; vgl. auch die Besprechung von Kohler Jura 1989, 638 ff.

II) Analoge Anwendung des § 407 Abs. 2 BGB bei Rechtshängigkeit nach Pfändung

Der Drittschuldner wird durch rechtskräftige Abweisung der Klage des Vollstreckungsschuldners gegen den Drittschuldner auch dem Vollstreckungsgläubiger gegenüber frei, wenn der Drittschuldner die Pfändung bei Eintritt der Rechtshängigkeit nicht kennt.

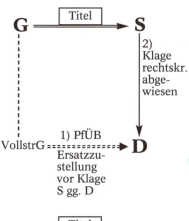

Beispiel: G hat einen Zahlungstitel gegen S. G erwirkt einen PfÜB, in dem eine Forderung des S gegen D gepfändet und dem G zur Einziehung überwiesen wird (§§ 829, 835). Es erfolgt eine Ersatzzustellung des PfÜB an D (§§ 181 ff.). Danach erhebt S gegen D Klage auf Erfüllung der Forderung. D, der von der Pfändung nichts weiß, beruft sich wirksam auf Verjährung. Die Klage wird rechtskräftig abgewiesen. D braucht analog § 407 Abs. 2 nicht an G zu zahlen.

Beachte: § 407 Abs. 2 BGB gilt nur, wenn nach erfolgter Pfändung die Forderung im Streit zwischen Schuldner und Drittschuldner rechtshängig wird!

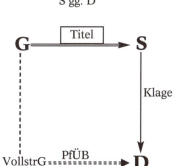

Gegenbeispiel: Die Rechtshängigkeit der Klage S gegen D war schon vor der Pfändung eingetreten. Ein im Streit zwischen S und D ergehendes Urteil wirkt gem. § 325 für und gegen G, der die streitige Forderung während des Rechtsstreits gepfändet hat.

„Rechtsnachfolger" i.S.d. § 325 Abs. 1 ist auch der Pfändungspfandgläubiger (BGHZ 86, 337, 339).

Fraglich ist, welche Bedeutung der Rechtskrafterstreckung nach § 325 zukommt, wenn in dem Rechtsstreit des Schuldners mit dem Drittschuldner der Schuldner es versäumt hat, seinen Klageantrag auf Leistung an den Vollstreckungsgläubiger zu ändern, und auch der beklagte Drittschuldner den Wegfall der Aktivlegitimation des klagenden Schuldners nicht eingewandt hatte und das Gericht daraufhin – materiellrechtlich fehlerhaft – den Drittschuldner rechtskräftig zur Zahlung an den Schuldner verurteilt.

Fall 32: Pfändung einer rechtshängigen Forderung

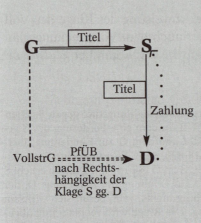

G hat einen Titel gegen S. G lässt eine angebliche Forderung des S gegen D pfänden und sich zur Einziehung überweisen. Der PfÜB wird dem D zugestellt. Im Zeitpunkt der Zustellung war die Forderung des S gegen D bereits rechtshängig. In dem Rechtsstreit zwischen S (Kläger) und D (Beklagter) wurde das Gericht weder von S noch von D von dem zwischenzeitlich zugestellten PfÜB in Kenntnis gesetzt. Es erging ein Urteil, das den D zur Zahlung an S verurteilte. Nach Rechtskraft zahlte D an S. Nunmehr verlangt G von D Zahlung auf Grund des PfÜB. D weigert sich unter Hinweis auf die bereits erfolgte Zahlung an S, zu der er nach dem rechtskräftigen Urteil verpflichtet gewesen sei. G verklagt D auf Zahlung. (Fall nach BGHZ 86, 337 ff.@)

(I) Zulässigkeit der Klage

(1) Prozessführungsbefugnis

Bei der hier erfolgten Überweisung der gepfändeten Forderung zur Einziehung (§§ 835 Abs. 1, 1. Alt., 836) blieb zwar der S Forderungsinhaber, der Vollstreckungsgläubiger G kann jedoch das fremde Forderungsrecht (hier die Forderung des S gegen D) im eigenen Namen geltend machen, Fall der ges. Prozessstandschaft.

(2) Rechtsschutzbedürfnis

Für die Klage des G würde das Rechtsschutzbedürfnis fehlen, wenn eine Umschreibung des von S gegen D erwirkten Vollstreckungstitels nach § 727 möglich wäre.

Liegt für die dem Vollstreckungsgläubiger überwiesene Forderung schon ein vollstreckbarer Titel zu Gunsten des Vollstreckungsschuldners vor, so kann der Vollstreckungsgläubiger diesen Titel gemäß § 727 auf sich umschreiben lassen, da er Rechtsnachfolger des Vollstreckungsschuldners i.S.d. § 727 ist. Da aber der D bereits an den S geleistet hat, war dessen Titel für eine erneute Verwendung für den G unbrauchbar geworden. Selbst wenn sich die vollstreckbare Ausfertigung noch in den Händen des S befand, hätte D auf Grund der geleisteten Zahlung bei einer (erneuten) Vollstreckung aus diesem Titel mit einer Vollstreckungsgegenklage nach § 767 auch gegenüber G Erfolg gehabt. Für G war somit ein erneuter Prozess unvermeidbar, sodass hier das Rechtsschutzbedürfnis und damit die Zulässigkeit der Klage des G gegen D ausnahmsweise bejaht werden kann.

(II) Begründetheit der Klage

Die Zahlungsklage des Vollstreckungsgläubigers gegen den Drittschuldner ist begründet, wenn der gepfändete Anspruch des Vollstreckungsschuldners gegen den Drittschuldner besteht und eine wirksame Pfändung und Überweisung dieses Anspruchs vorliegt.

Der PfÜB war mit der Zustellung bei D wirksam geworden. Fraglich ist allerdings, ob der von G gepfändete und an ihn überwiesene Anspruch bei der Klagezustellung überhaupt noch bestanden hat. Der Anspruch könnte zwischenzeitlich durch Erfüllung gemäß § 362 BGB erloschen sein, als D an S zahlte.

(1) **Grundsätzlich wird der Drittschuldner durch eine Zahlung an den Schuldner nach Zustellung des Pfändungs- und Überweisungsbeschlusses nicht frei, da die Forderungspfändung ein relatives Verfügungsverbot zu Gunsten des Vollstreckungsgläubigers beinhaltet.** Infolge des Zahlungsverbotes ist der Drittschuldner nicht mehr verpflichtet, an den Schuldner zu zahlen. Zahlungen an den Schuldner sind ihm vielmehr gemäß § 829 Abs. 1 S. 1 verboten (sog. arrestatorium, s.o.). Leistet der Drittschuldner dennoch an den Schuldner, so kann sich der Drittschuldner dem Vollstreckungsgläubiger gegenüber gem. §§ 136, 135 BGB grundsätzlich nicht auf Erfüllung (§ 362 BGB) berufen, obgleich die Forderung im Verhältnis zum Schuldner erloschen ist.

Vgl. zu dem vorliegenden Fall BGHZ 86, 337 ff.@; BGH JR 1983, 318 m. Anm. Kubis S. 319 f; Karsten Schmidt JuS 1983, 471; Brehm JZ 1983, 644 ff.; Rosenthal Jura 1985, 368 ff.

(2) Fraglich ist, ob hier für D eine **Ausnahme** besteht.

(a) In analoger Anwendung des § 407 Abs. 1 BGB muss der Vollstreckungsgläubiger die Zahlung an den Schuldner gegen sich gelten lassen, wenn der Drittschuldner in Unkenntnis des Pfändungsbeschlusses an den Vollstreckungsschuldner zahlt (s.o.). Diese Ausnahmesituation ist hier nicht gegeben, da der PfÜB dem D zugestellt worden ist und ihm bekannt war.

(b) In Betracht kommen könnte eine Berufung des D auf die Rechtskraft des Urteils, das ihn zur Zahlung an S verpflichtete.
Eine analoge Anwendung des § 407 Abs. 2 BGB scheidet aus, denn diese Vorschrift gilt nur, wenn **nach** erfolgter Pfändung die Forderung im Streit zwischen Schuldner und Drittschuldner rechtshängig wird (BGHZ 86, 337, 339).
War – wie hier – die Rechtshängigkeit schon vor der Pfändung eingetreten, so wirkt ein in diesem Rechtsstreit ergehendes Urteil gemäß § 325 Abs. 1 auch für und gegen den Gläubiger, der die streitige Forderung während des Rechtsstreits gepfändet hat (BGHZ 86, 337, 339).
Diese Rechtskrafterstreckung bezieht sich aber nur auf den **Inhalt** der Leistungspflicht, also die Frage, ob der Drittschuldner zur Zahlung verpflichtet ist oder nicht. Dagegen bezieht sich die Rechtskrafterstreckung nicht auf den **richtigen Leistungsempfänger**, also nicht auf die Frage, an wen der Drittschuldner zu zahlen hat. Insoweit verbleibt es bei der

Regel des § 407 Abs. 1 BGB, dessen Wirkung durch § 325 nicht beseitigt ist. Trotz der Rechtskrafterstreckung wird daher der Drittschuldner, der gemäß dem Inhalt des rechtskräftigen Urteils an den Schuldner zahlt, dem Pfändungsgläubiger gegenüber nicht frei, wenn ihm – wie hier – bei der Zahlung die Pfändung und Überweisung der Forderung an den Pfändungsgläubiger bekannt ist

BGHZ 86, 337, 340@; vgl. dazu auch Stöber Rdnr. 667.

Die Klage des G gegen D auf Zahlung ist somit begründet.

D muss daher zweimal zahlen.
Er hat auch keinen Bereicherungsanspruch gegen S auf Rückzahlung des an S gezahlten Betrages. Vgl. dazu Kubis JR 1983, 319, 320: „Eine Leistung an den Schuldner nach erfolgter Pfändung ist im Verhältnis zum Gläubiger gemäß § 829 Abs. 1 ZPO, §§ 136, 135 BGB zwar unwirksam, jedoch nicht rechtsgrundlos. Selbst wenn man das Gegenteil annähme, stünde das rechtskräftige Urteil des Vorprozesses, in dem die Schuldnerin als aktivlegitimiert bezeichnet wird, einer Geltendmachung der Rechtsgrundlosigkeit im Sinne des § 812 Abs. 1 S. 1 BGB entgegen."
Die doppelte Inanspruchnahme des D ist nicht unbillig. Ihm war der PfÜB bekannt, und es hätte an ihm gelegen, den Erlass des PfÜB im Prozess vorzutragen.
Es wäre dann die Klage des S gegen D abgewiesen oder – nach einer Umstellung des Antrages durch S – der D zur Zahlung an G verurteilt worden.
Fraglich ist allerdings, ob D, nachdem das rechtskräftige Urteil des S gegen ihn vorlag, die Zahlung an S hätte unterlassen können. Eine Vollstreckungsgegenklage konnte D wegen § 767 Abs. 2 nicht erheben; denn der PfÜB war dem D ja schon vor dem Schluss der mündlichen Verhandlung zugestellt worden. Der BGH sieht eine Möglichkeit der Hinterlegung durch D zu Gunsten des S und des G (BGHZ 86, 337, 340). Im Schrifttum wird allerdings bezweifelt, ob die Voraussetzungen des § 372 BGB hier vorliegen (vgl. Brehm JZ 1983, 644, 649).

– – –

6.3.2 Schutz des Drittschuldners nach § 836 Abs. 2

Nach § 836 Abs. 2 gilt ein zu Unrecht erlassener Überweisungsbeschluss zu Gunsten des Drittschuldners dem Schuldner gegenüber so lange als wirksam, bis er aufgehoben wird und der Drittschuldner hiervon Kenntnis erlangt.

I) Der Schutz greift ein bei einem (nur) anfechtbaren Überweisungsbeschluss.

Beispiel: Wegen einer Forderung des G gegen S wurde dem G ein PfÜB erteilt, durch den ein Zahlungsanspruch des S gegen D gepfändet und dem G zur Einziehung überwiesen wurde. Bei Erlass des PfÜB hatte der Rpfleger übersehen, dass der Zahlungstitel des G gegen S dem S noch nicht zugestellt war. Der PfÜB wird dem D zugestellt. D zahlt an G. Als S hiervon erfährt, will er diese Zahlung nicht gegen sich gelten lassen. –

Die fehlende Zustellung des Vollstreckungstitels ist ein Verfahrensverstoß, der nicht die Unwirksamkeit, sondern nur die **Anfechtbarkeit des PfÜB** begründet (BGHZ 66, 79; Zöller/Stöber § 829 Rdnr. 24). Wenn der PfÜB – wie hier – nur fehlerhaft ist, wird der Drittschuldner in seinem Vertrauen auf die Wirksamkeit des PfÜB nach § 836 Abs. 2 geschützt. Die Leistung des D an G ist daher unter den Voraussetzungen des § 836 Abs. 2 wirksam (Zöller/Stöber § 836 Rdnr. 7). S muss die Zahlung gegen sich gelten lassen.

II) Fraglich ist, ob der Drittschuldner auch dann den Schutz des § 836 Abs. 2 genießt, wenn er auf Grund eines **nichtigen Überweisungsbeschlusses** an den Vollstreckungsgläubiger gezahlt hat.

Der BGH hat zunächst einen Schutz generell abgelehnt.

Nichtigen Rechtsakten komme keine Wirkung zu. Nichtige Überweisungsbeschlüsse könnten daher keine Grundlage eines Vertrauensschutzes nach § 836 Abs. 2 sein (BGHZ 121, 98; ebenso BL/Hartmann § 836 Rdnr. 3; a. A. ein Teil der Lit.; kritisch z. B. Walker JZ 1994, 990, 996; ablehnend StJ/Brehm § 836 Rdnr. 2).

Nach einer neueren Entscheidung ist **bei der Nichtigkeit des Überweisungsbeschlusses im Einzelfall zu fragen, ob der Drittschuldner schutzwürdig ist oder nicht**.

BGHZ 127, 146, 153 ff.@ = BGH Rpfleger 1995, 119 m. Anm. Riedel = NJW 1994, 3225; dazu Hintzen/Wolf Rpfleger 1995, 94 ff.; Karsten Schmidt JuS 1995, 168 f.

▸ Ein Schutzbedürfnis des Drittschuldners fehlt, wenn er die Tatsachen kennt, welche die Unwirksamkeit des Überweisungsbeschlusses begründen, und aus ihnen in vergleichbarer Eindeutigkeit wie bei einer Aufhebung auf die Rechtsfolge der Unwirksamkeit schließen muss.

„Wenn sich dem Drittschuldner schon aus dem bekannten Sachverhalt ohne weiteres wenigstens ernsthafte Zweifel an der Rechtswirksamkeit der hoheitlichen Beschlagnahme aufdrängen müssen, ist ihm zuzumuten, diese Zweifel von einem Rechtskundigen ausräumen oder beseitigen zu lassen. Ein Drittschuldner, der auf der Hand liegenden Bedenken nicht nachgeht, sondern sich rechtsblind stellt, wird nicht geschützt ...

So wird der Fall häufig liegen, wenn der Überweisungsbeschluss wegen eines offenkundigen schweren Fehlers nichtig ist" (BGHZ 127, 146, 153@).

Beispiel: Einer Bank wird als Drittschuldnerin ein PfÜB zugestellt, der als zu Grunde liegenden Titel einen Arrestbefehl nennt. –

Die Vollziehung des dinglichen Arrestes kann nach § 930 Abs. 1 S. 1 nur durch Pfändung geschehen, wodurch der Gläubiger ein Pfandrecht an der Forderung erwirkt. Da der Arrest aber nur der Sicherung und nicht der Befriedigung des Gläubigers dient, ist der Gläubiger an der Verwertung des Pfandes gehindert; erst wenn der Gläubiger in der Hauptsache obsiegt, wird aus dem bisherigen Arrestpfandrecht ein Vollstreckungspfandrecht, das zur Verwertung berechtigt (BGHZ 66, 394, 395; Brox/Walker Rdnr. 1542). Der Zweck des Arrestbefehls schließt somit eine Überweisung der Forderung aus (Brox/Walker Rdnr. 1548). Eine Überweisung der Forderung gem. § 835 auf Grund des Arrestbefehls ist daher unzulässig. Hier ist – da der der Bank zugestellte PfÜB als zu Grunde liegenden Vollstreckungstitel den Arrestbefehl nennt – die Nichtigkeit des Überweisungsbeschlusses offenkundig. § 836 Abs. 2 findet keine Anwendung (BGHZ 121, 98; insoweit bestätigt durch BGHZ 127, 146, 153@).

▸ Ist dagegen der dem Drittschuldner zugestellte Überweisungsbeschluss nicht offensichtlich unwirksam, so verdient der Drittschuldner auch bei einem nichtigen Überweisungsbeschluss den gleichen Schutz des § 836 Abs. 2 wie bei einem nur anfechtbaren Überweisungsbeschluss.

Beispiel: Es wird eine durch eine Buchhypothek gesicherte Forderung gepfändet und zur Einziehung überwiesen. Die Pfändung wird jedoch nicht in das Grundbuch eingetragen. Dem Drittschuldner wird der PfÜB zugestellt. Er zahlt an den Vollstreckungsgläubiger. –

Die für die Pfändung einer durch eine Buchhypothek gesicherten Forderung neben dem Pfändungsbeschluss erforderliche Eintragung der Pfändung in das Grundbuch (§ 830 Abs. 1 S. 1, 3; dazu im Einzelnen unten unter 9.2) fehlte. Bei Nichtbeachtung des Publizitätserfordernisses liegt ein „Mangel am Tatbestand" vor, der die Entstehung eines Pfändungspfandrechtes ausschließt. Solange die Grundbucheintragung nicht hinzukommt, bleibt die Pfändung wirkungslos (BGHZ 127, 146, 151@; Hintzen/Wolf Rpfleger 1995, 94).

Ungeachtet der Unwirksamkeit des PfÜB wird jedoch nach Ansicht des BGH das Vertrauen des Drittschuldners auf den rechtlichen Bestand des PfÜB gem. § 836 Abs. 2 geschützt, da hier der dem Drittschuldner zugestellte PfÜB nicht erkennen lässt, dass er unwirksam ist (BGHZ 127, 146, 153 f.@). Selbst wenn der Drittschuldner wisse, dass die gepfändete Forderung hypothekengesichert sei, sei er überfordert, die sich aus der Akzessorietät ergebenden rechtlichen Konsequenzen zu ziehen; er müsse deshalb auch noch nicht Rechtsrat einholen (BGHZ 127, 146, 155@). Der Drittschuldner kann daher hier trotz des nichtigen Überweisungsbeschlusses nach Ansicht des BGH den Vertrauensschutz des § 836 Abs. 2 in Anspruch nehmen.

Der BGH-Entscheidung folgen: Brox/Walker Rdnr. 649; Lüke JuS 1995, 202; Jauernig § 19 VII 1 a.

Stöber (Rdnr. 618 b; NJW 1996, 1180 ff.) hält an der Ansicht fest, dass auf einen nichtigen Überweisungsbeschluss § 836 Abs. 2 keine Anwendung findet, und zwar auch dann, wenn – wie im obigen Beispiel – die Unwirksamkeit des Überweisungsbeschlusses auf einem „Mangel am Tatbestand" beruht.

III) **Die Regelung des § 836 Abs. 2, die den Drittschuldner bei Unkenntnis schützt, gilt entsprechend auch dann, wenn der Pfändungsgläubiger die (alleinige) Empfangszuständigkeit durch einstweilige Einstellung der Zwangsvollstreckung verloren hat.**
BGHZ 140, 253, 256@.

So wird ein PfÜB durch die vorläufige Einstellung der Zwangsvollstreckung nicht aufgehoben, sondern er bleibt bestehen (vgl. §§ 775 Nr. 2, 776). Infolge der Einstellung darf die Zwangsvollstreckung jedoch nicht fortgeführt werden. Die – erst – zur Befriedigung des Pfändungsgläubigers führende Leistung des Drittschuldners ist noch Teil der Vollstreckung. Deshalb darf nach vorläufiger Einstellung der Zwangvollstreckung der Drittschuldner nicht mehr an den Pfändungsgläubiger allein, sondern, solange der PfÜB andererseits nicht aufgehoben ist, nur noch an den Gläubiger und den Vollstreckungsschuldner gemeinsam leisten oder die geschuldete Leistung zu Gunsten beider hinterlegen. Zu Gunsten des Drittschuldners gilt § 836 Abs. 2 entsprechend.
BGHZ 140, 253, 255 f.@.

IV) Stand die Forderung in Wahrheit nicht dem Schuldner, sondern **einem Dritten** zu, gilt § 836 Abs. 2 nicht. Eine Schutzwirkung für den zahlenden Drittschuldner kann sich dann aber aus § 408 Abs. 2 BGB i.V.m. § 407 BGB ergeben.

Beispiel: S hatte die ihm gegen D zustehende Forderung an Z abgetreten. Später pfändete G, ein Gläubiger des S, die angebliche Forderung des S gegen D und ließ sie sich zur Einziehung überweisen. D zahlte auf Grund des ihm zugestellten PfÜB an G. Von der vorangegangenen Abtretung an Z hatte D keine Kenntnis. Nunmehr verlangt Z Zahlung von D. –
(1) Z war durch die Abtretung Inhaber der Forderung geworden. Der spätere PfÜB ging ins Leere.
(2) Durch Zahlung an G kann Z die Forderung verloren haben, wenn er diese Zahlung gegen sich gelten lassen muss. § 836 Abs. 2 greift nicht ein, weil diese Vorschrift nur gilt, wenn die überwiesene Forderung dem Schuldner zusteht (vgl. Thomas/Putzo § 836 Rdnr. 10). In Frage kommt jedoch ein Schutz über §§ 408 Abs. 2, 407 BGB. Diese Vorschriften des BGB ergänzen den Schutz des Drittschuldners. Nach § 408 Abs. 2 BGB findet § 407 BGB Anwendung, wenn eine bereits abgetretene Forderung durch gerichtlichen Beschluss einem Dritten über-

wiesen wird. Nach § 408 Abs. 2 i.V.m. § 407 BGB muss der Abtretungsempfänger die Leistung des Drittschuldners an den Überweisungsbegünstigten dann gegen sich gelten lassen, wenn der Drittschuldner zur Zeit der Leistung die Berechtigung des Abtretungsempfängers nicht kannte (BGHZ 66, 394, 396@). D braucht nicht mehr an Z zu zahlen.

V) Entgegen dem Wortlaut des § 836 Abs. 2 („zu Gunsten des Drittschuldners dem Schuldner gegenüber") wird in erweiternder Auslegung dem Drittschuldner der Vertrauensschutz auch hinsichtlich des Ranges eines Pfändungsgläubigers zugebilligt (BGHZ 66, 394, 397@).

6.3.3 Die Verteidigungsmöglichkeit des Drittschuldners im Einziehungsverfahren

Leistet der Drittschuldner nicht, kann der Gläubiger auf Grund des PfÜB den Drittschuldner auf Zahlung verklagen, um einen Vollstreckungstitel gegen den Drittschuldner zu erlangen. In diesem **Einziehungsverfahren (= Prozess)** kann der Drittschuldner nicht die titulierte Forderung, die dem PfÜB zu Grunde liegt, bekämpfen; denn Einwendungen gegen die titulierte Forderung als solche können nur vom Schuldner geltend gemacht werden (Einspruch, Berufung, Vollstreckungsgegenklage etc.).

Im Einziehungsverfahren hat der Drittschuldner dem Gläubiger gegenüber aber folgende Verteidigungsmöglichkeiten:

▶ Der Drittschuldner kann die **Unwirksamkeit des PfÜB** (Nichtigkeitsgründe, z. B. Fehlen des arrestatoriums, mangelnde Zustellung, späterer Wegfall des PfÜB) geltend machen.

Dagegen kann der Drittschuldner nach h. M. die **bloße Anfechtbarkeit** des **PfÜB im Einziehungsverfahren nicht** geltend machen.

Vgl. BGH NJW 1976, 851. Das Prozessgericht hat so lange von der Geltung des PfÜB auszugehen, bis dieser im Wege der **Erinnerung gem. § 766** aufgehoben worden ist, wobei auch der Drittschuldner die Erinnerungsbefugnis hat (BGHZ 69, 144, 148; Zöller/Stöber § 766 Rdnr. 16).

▶ Der Drittschuldner kann geltend machen, dass die – gepfändete und dem Gläubiger zur Einziehung überwiesene – **Forderung nicht besteht oder nicht durchsetzbar** ist. Er kann aus den Rechtsbeziehungen zu dem Schuldner (seinem Gläubiger) alles vorbringen, was er zur Zeit der Zustellung des Pfändungsbeschlusses hätte geltend machen können, wenn der Schuldner gegen ihn vorgegangen wäre. Die Lage entspricht der, wie sie bei der Abtretung einer Forderung besteht, § 404 BGB.

▶ Der Drittschuldner kann auch **alle Einwendungen und Einreden** geltend machen, die ihm **aus dem Rechtsverhältnis zum Pfändungsgläubiger (Kläger)** zustehen.

Der Drittschuldner kann auch mit eigenen Forderungen gegenüber dem überwiesenen Anspruch gegen den Gläubiger **aufrechnen**.

StJ/Münzberg § 835 Rdnr. 34; Baur/Stürner Rdnr. 30.35; Zöller/Stöber § 836 Rdnr. 6; Thomas/Putzo § 836 Rdnr. 4; Brox/Walker Rdnr. 660.

7. Mehrfache Pfändung

Eine Forderung kann mehrfach gepfändet werden. Auch bei mehrfacher Pfändung erfolgen Pfändung und Überweisung stets in Form der §§ 829, 835. Der Rang der Pfändungspfandrechte bestimmt sich nach § 804 Abs. 3 (Prioritätsprinzip). Bei mehrfacher Pfändung hat der Drittschuldner die Möglichkeit, den Schuldbetrag zu Gunsten aller Pfändungsgläubiger mit befreiender Wirkung zu hinterlegen, § 853. Jeder Pfändungsgläubiger kann diese Hinterlegung vom Drittschuldner verlangen. Ist der Betrag zu Gunsten der mehreren Pfändungsgläubiger hinterlegt, müssen diese anschließend ihre Rechte im Verteilungsverfahren, §§ 872 ff., geltend machen.

8. Bereicherungsausgleich

8.1 Bereicherungsausgleich bei Zahlung nach Abtretung

Fall 33: Die übersehene Abtretung

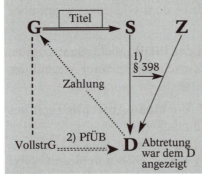

Durch PfÜB waren dem G Lohnansprüche des S gegen D gepfändet und zur Einziehung überwiesen worden. Bereits vor Zustellung dieses PfÜB hatte S den pfändbaren Teil seiner Lohnansprüche an die Z-Bank abgetreten und dies auch dem D angezeigt. Irrtümlich überwies D den pfändbaren Teil der Lohnansprüche an G. Nach Aufklärung des Irrtums verlangt D den überwiesenen Betrag von G zurück. (Fall nach LG Bremen NJW 1971, 1366@)

Anspruchsgrundlage kann **§ 812 Abs. 1 S. 1 BGB (Leistungskondiktion)** sein.

(I) Die Gutschrift des überwiesenen Betrages auf dem Konto des G hat das Vermögen des G vermehrt. G hat daher „etwas" i. S. d. § 812 BGB **erlangt**.

(II) G könnte die Gutschrift **durch Leistung** des Drittschuldners D erlangt haben. Leistung i. S. d. § 812 BGB ist nach h. M. jede ziel- und zweckgerichtete Vermehrung fremden Vermögens. Da hier bei der Zahlung des Drittschuldners an den Vollstreckungsgläubiger auf Grund eines von diesem erwirkten PfÜB mehr als zwei Personen beteiligt sind, fragt es sich, zwischen welchen Personen eine Leistung stattfindet. Einigkeit besteht dahin, dass der zahlende **Drittschuldner Leistender** i. S. d. § 812 BGB ist, da er – jedenfalls auch – mit der Zahlung an den Vollstreckungsgläubiger seine (vermeintliche) eigene Verbindlichkeit (den gegen ihn gerichteten Anspruch des Vollstreckungsschuldners) tilgen will. Streitig ist aber, wer als Leistungsempfänger anzusehen ist.

Die Pfändung und Überweisung zur Einziehung ähnelt einer Abtretung. Zwar bleibt trotz der Pfändung und der Überweisung der Forderung zur Einziehung die Forderung im Vermögen des Vollstreckungsschuldners. Der Vollstreckungsgläubiger erhält aber ein eigenes Einziehungsrecht. Der Drittschuldner verfolgt daher mit der Zahlung an den Vollstreckungsgläubiger nicht nur den Zweck, seine Verbindlichkeit gegenüber dem Vollstreckungsschuldner zu erfüllen, sondern auch den Zweck, das Einziehungsrecht des Vollstreckungsgläubigers zum Erlöschen zu bringen. Es liegt daher eine Leistung des Drittschuldners an den Vollstreckungsgläubiger vor. Der Bereicherungsanspruch des Drittschuldners richtet sich daher gegen den **Vollstreckungsgläubiger als Leistungsempfänger**.

LG Bremen NJW 1971, 1366, 1367 mit zust. Anm. Medicus; BGHZ 78, 201, 204; BGH NJW 1982, 173, 174; Stöber Rdnr. 612 a.

(III) Die Leistung erfolgte **ohne Rechtsgrund**: Der PfÜB konnte den bereits abgetretenen Teil der Lohnansprüche nicht mehr erfassen, weil diese Ansprüche nicht mehr dem S zustanden. Der PfÜB ging ins Leere, war somit unwirksam. Damit wurde der Zweck der Zahlung des D an G, das (vermeintliche) Einziehungsrecht des G zum Erlöschen zu bringen, verfehlt. Danach kann D von G die geleisteten Zahlungen als ungerechtfertigte Bereicherung nach § 812 Abs. 1 S. 1 BGB zurückverlangen.

— — —

Beachte aber auch die Entscheidung BGHZ 66, 150, die einem Zessionar gegen den Vollstreckungsgläubiger einen Anspruch aus **Eingriffskondiktion** gibt.

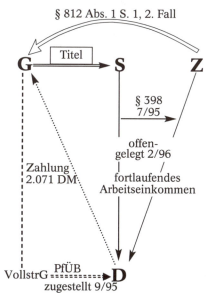

Beispiel (nach BGHZ 66, 150):

Die Z-Bank gewährte dem S einen Kredit, der in Raten zurückgezahlt werden sollte. Zur Sicherung der Ansprüche der Z-Bank trat S im Juli 1995 den pfändbaren Teil seines gegenwärtigen und künftigen Arbeitseinkommens an die Z-Bank im Wege der stillen Zession ab. Die Z-Bank durfte die Abtretung dem Arbeitgeber des S, dem D, erst mitteilen, wenn S mit der Rückzahlung des Kredites in Verzug geriet.

Im September 1995 erwirkte der Gläubiger G des S einen PfÜB, durch den Lohnansprüche, soweit ges. zulässig, gepfändet und ihm zur Einziehung überwiesen wurden. D zahlte an G bis Januar 1996 insgesamt 2.071 DM.

Als S mit der Rückzahlung des Kredites an die Z-Bank in Verzug geraten war, legte diese im Februar 1996 die Lohnabtretung dem D gegenüber offen. Die Z-Bank verlangt nunmehr von G die an ihn ausgezahlten 2.071 DM heraus.

Der BGH hat in dem als Beispiel nachgebildeten Fall einen Anspruch der Z gegen G aus **Eingriffskondiktion** bejaht. Dabei hat er die Frage, ob zwischen D und G ein Leistungsverhältnis besteht (s. Fall 33), welches nach dem von der h.M. im Bereicherungsrecht vertretenen Subsidiaritätsgrundsatz einen Anspruch gegen G aus Eingriffskondiktion ausschließen könnte, nicht angesprochen.

Die Besonderheit des hier im Beispiel geschilderten Falles besteht darin, dass D von der wirksamen Abtretung an Z bei der Zahlung an G keine Kenntnis hatte. D ist daher nach § 408 Abs. 2 BGB i.V.m. § 407 BGB durch Zahlung an G der Z gegenüber frei geworden, während Z die Zahlung des D an G gegen sich gelten lassen muss (s.o. 6.3.2). Der Vermögensvorteil des G hatte hier – anders als in Fall 33 – somit nicht zu einem Nachteil des D, sondern (nur) der Z geführt. Hier ergibt die im „Dreiecksverhältnis" erforderliche Wertung, dass ein Rückforderungsanspruch gegen G nicht dem D, sondern der Z zusteht.

8.2 Bereicherungsausgleich bei mehrfacher Forderungspfändung

Fall 34: Die übersehene Vorpfändung

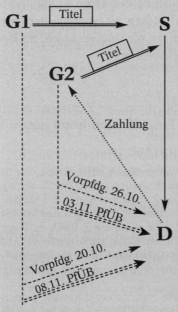

S hatte eine Werklohnforderung gegen D in Höhe von 6.822 DM. Als S in Zahlungsschwierigkeiten geriet, wollten dessen Gläubiger G1 und G2 auf diese Forderung zugreifen. Am 20. Oktober ließ G1 dem D gemäß § 845 ein vorläufiges Zahlungsverbot zustellen mit der Ankündigung, er werde innerhalb von drei Wochen den Werklohnanspruch des S pfänden lassen. Am 26. Oktober ging dem D ein gleiches Zahlungsverbot auf Antrag des G2 zu. Der nachfolgende PfÜB des G2 wurde dem D am 3. November zugestellt, der PfÜB des G1 wurde dem D am 8. November zugestellt. D zahlte 6.822 DM an G2. In der Folge wurde D auch von G1 in Anspruch genommen, verklagt und schließlich rechtskräftig zur Zahlung von 6.822 DM an G1 verurteilt. Über das Vermögen des S ist inzwischen das Insolvenzverfahren eröffnet worden. D möchte den Betrag von 6.822 DM von G2 zurückhaben. (Fall nach BGH NJW 1982, 173@)

Der Rückforderungsanspruch des D gegen G2 kann sich aus **§ 812 Abs. 1 S. 1 BGB (Leistungskondiktion)** ergeben.

(I) G2 hat die Gutschrift von 6.822 DM **erlangt**.

(II) **Durch Leistung** des D?
D, der bei Zahlung an G2 die Vorpfändung des G1 nicht beachtet hatte, verfolgte – wie in Fall 33 – den Zweck, das Einziehungsrecht des G2 zum Erlöschen zu bringen. Es ist daher das bereicherungsrechtliche Leistungsverhältnis zwischen D und G2 begründet worden (BGH WM 1981, 1338). Es liegt somit eine Leistung des D an G2 vor.

(III) Die Leistung müsste **ohne Rechtsgrund** erlangt sein. Zwar bestand die Forderung S gegen D und G2 hatte daran auch ein Pfändungspfandrecht erlangt. Dieses Pfandrecht war aber wegen der früher erfolgten wirksamen Vorpfändung durch G1 (§§ 829, 845, 930 Abs. 1, 804 Abs. 3; zur Vorpfändung noch später) nur zweitrangig: Bei mehrfacher Pfändung derselben Forderung ist der Rang der jeweiligen Pfändung bzw. Vorpfändung maßgebend. Das eigene Einziehungsrecht des nachrangigen Vollstreckungsgläubigers reicht nur so weit, als ihm nicht das Einziehungsrecht des vorrangigen Vollstreckungsgläubigers vorgeht. Da das Pfändungspfandrecht des G2 nur zweitrangig war, wurde der Zweck der Zahlung an G2, einer weiteren Inanspruchnahme durch Vollstreckungsgläubiger zu entgehen, verfehlt (BGH NJW 1982, 174[@]). Damit fehlt es an dem für die Zahlung festgelegten Rechtsgrund (BGH a.a.O.).

D kann daher von G2 aus Leistungskondiktion Rückerstattung der 6.822 DM verlangen.

– – –

9. Besonderheiten bei der Pfändung von Geldforderungen, die in indossablen Papieren verkörpert oder hypothekarisch gesichert sind

9.1 Die **Pfändung** von in **indossablen Papieren** verkörperten Forderungen (Hauptfall: Wechsel) erfolgt nach § 831 durch den GV. Sie geschieht durch Wegnahme des Papieres. Es gelten die §§ 808, 809. Eine Anschlusspfändung geschieht nach § 826.

Mit der Inbesitznahme des Papieres durch den GV entsteht das Pfändungspfandrecht an der verkörperten Forderung. Der GV darf das Papier aber erst an den Gläubiger aushändigen, wenn die Verwertung durch Überweisungsbeschluss (§ 835) oder in anderer Weise (§ 844) angeordnet ist. Zwischenzeitlich hat der GV die zur Erhaltung der gepfändeten Forderung notwendigen Maßnahmen (z.B. Präsentation, Protest) von sich aus durchzuführen.

Die **Verwertung** erfolgt auf Grund des Überweisungsbeschlusses, § 835, des VollstrG oder – bei noch nicht fälligen Wechseln sehr häufig – durch Beschluss zur anderweitigen Verwertung, § 844.

9.2 Pfändung und Verwertung einer hypothekarisch gesicherten Forderung

Die Zwangsvollstreckung wegen Geldforderungen in andere Vermögensrechte, §§ 857–859 (s. dazu unten 3. Teil 2. Abschnitt 2.) ist nur bei selbstständigen Vermögensrechten möglich. Akzessorische Rechte können nicht gesondert gepfändet werden, sondern werden von der Vollstreckung in das Hauptrecht erfasst.

Eine Hypothek kann daher nur zusammen mit der Forderung gepfändet werden.

I) Pfändung

Für die Pfändung einer hypothekarisch gesicherten Forderung gilt § 830. Die Bestimmung zieht die vollstreckungsrechtliche Konsequenz aus den materiellrechtlichen Bestimmungen der §§ 1153 ff. BGB, wonach Forderung und Hypothek nur zusammen übertragen und verpfändet werden können. Für die Pfändung der Forderung bei einer Buchhypothek ist notwendig der Pfändungsbeschluss und die Eintragung der Pfändung in das Grundbuch. Für die Pfändung der Forderung bei einer Briefhypothek ist notwendig der Pfändungsbeschluss und die Übergabe des Hypothekenbriefes an den Gläubiger.

1) Der Pfändungsbeschluss

Er wird, wie auch sonst, vom Vollstreckungsgericht erlassen und muss die gesicherte Forderung und die Hypothek genau bezeichnen.

Im Gegensatz zu § 829 Abs. 3 wird allein mit der Zustellung des Pfändungsbeschlusses an den Drittschuldner der Pfändungsbeschluss nicht wirksam, weil die Grundbucheintragung oder Briefübergabe hinzukommen muss (s.o. I); allein die Zustellung des Pfändungsbeschlusses begründet daher noch keinen Pfändungsrang (OLG Köln Rpfleger 1991, 241; Brox/Walker Rdnr. 675). Mit der Zustellung des Pfändungsbeschlusses vor der Briefübergabe oder der Eintragung gilt allerdings die Pfändung dem Drittschuldner gegenüber als bewirkt, § 830 Abs. 2. Dadurch sind Verfügungen des Drittschuldners, die er nach Zustellung (wenn auch vor Eintragung oder Briefübergabe vornimmt), dem Vollstreckungsgläubiger gegenüber unwirksam, falls die Briefübergabe oder Grundbucheintragung später nachfolgt (BGHZ 127, 146, 151@ m.w.N.).

2) Grundbucheintragung oder Briefübergabe

Ohne Grundbucheintragung oder Briefübergabe liegt ein „Mangel am Tatbestand" vor, der die Entstehung eines Pfändungspfandrechts ausschließt; die Pfändung ist unvollständig und kann durch Hinzutreten des fehlenden Tatbestandselements noch vervollständigt (nicht: geheilt) werden. Solange dies nicht geschehen ist, bleibt die Pfändung wirkungslos (BGHZ 127, 146, 151@).

a) Die Grundbucheintragung erfolgt auf Grund des Pfändungsbeschlusses, § 830 Abs. 1 S. 3.

Die Eintragung erfolgt auf Antrag des Gläubigers durch das Grundbuchamt.

Die Eintragungsvoraussetzungen ergeben sich aus der GBO. Die nach § 19 GBO erforderliche Eintragungsbewilligung wird durch den Pfändungsbeschluss ersetzt. Fehlt die Voreintragung des Vollstreckungsschuldners (§ 39 GBO), muss der Vollstreckungsgläubiger zunächst die Berichtigung des Grundbuchs betreiben.

b) Bei der Briefhypothek muss der Vollstreckungsgläubiger oder sein Besitzmittler (z.B. der GV) den unmittelbaren Besitz an dem Brief erlangen, der Schuldner muss ihn verlieren.

Von dem Schuldner kann sich der Gläubiger den Brief im Wege der Hilfspfändung verschaffen, § 830 Abs. 1 S. 2.

II) Verwertung

Die Verwertung erfolgt im Regelfall durch Überweisung zur Einziehung, § 837. Hierzu ist ein Überweisungsbeschluss erforderlich. Zur Wirksamkeit genügt sowohl bei der Brief- als auch bei der Buchhypothek die Aushändigung des Überweisungsbeschlusses an den Vollstreckungsgläubiger, § 837 Abs. 1 S. 1.

Anders ist es, wenn eine durch Buchhypothek gesicherte Forderung an Zahlungs Statt überwiesen wird. Hier ist wegen des Inhaberwechsels eine Grundbucheintragung erforderlich, § 837 Abs. 1 S. 2.

Umstritten ist, wann der Überweisungsbeschluss ergehen kann:

▶ Grundsätzlich werden Pfändungs- und Überweisungsbeschluss zusammen erlassen. Dieses Verfahren ist nach Ansicht des BGH bei der Pfändung einer durch eine Hypothek gesicherten Forderung unzulässig: Die Überweisung setze das Bestehen eines voll entstandenen Pfändungspfandrechtes voraus. Die Überweisung einer nicht gepfändeten Forderung sei eine Verwertung ohne Verwertungsrecht und daher unwirksam.

BGHZ 127, 146, 152@ m.w.N.

Zur Wirksamkeit der Pfändung einer hypothekarisch gesicherten Forderung müsse zu dem Pfändungsbeschluss die Briefübergabe oder Grundbucheintragung hinzukommen (s.o.). Die Übergabe des Briefes oder die Eintragung der Pfändung in das Grundbuch könne aber zwangsläufig erst erfolgen, nachdem der Überweisungsbeschluss dem Drittschuldner zugestellt worden sei.

BGHZ 127, 146, 154@; Thomas/Putzo § 837 Rdnr. 1; Lüke JuS 1995, 202, 204; zu den Konsequenzen vgl. Hintzen/Wolf Rpfleger 1995, 94, 97.

▶ Die Ansicht des BGH widerspricht der bisher im Schrifttum einhellig vertretenen Ansicht. Auch nach Erlass der BGH-Entscheidung hält ein Großteil des Schrifttums an der Auffassung fest, dass auch bei einer hypothekarisch gesicherten Forderung der gleichzeitige Erlass von Pfändungs- und Überweisungsbeschluss zulässig sei. Der Überweisungsbeschluss werde allerdings erst wirksam, wenn Briefübergabe oder Grundbucheintragung erfolgt seien.

Riedel Rpfleger 1995, 121 f; Stöber NJW 1996, 1180 ff.; Stöber Rdnr. 1837 a; Hintzen/Wolf Rpfleger 1995, 94 ff.; Jauernig § 20 I; Brox/Walker Rdnr. 685.

2. Abschnitt: Die Zwangsvollstreckung wegen Geldforderungen in andere als Geldforderungen

1. Vollstreckung in Ansprüche auf Herausgabe oder Leistung körperlicher Sachen, §§ 846–849

1.1 Die Vollstreckung in einen Anspruch des Schuldners auf Herausgabe oder Leistung einer **beweglichen Sache** bezweckt die Verwertung der Sache selbst. Die Anspruchspfändung ist gewissermaßen die Vorstufe dafür, dass die Sache in die Hand des später die Verwertung durchführenden GV kommt.

I) Die Pfändung des Anspruchs auf Herausgabe (nämlich auf Besitzverschaffung) oder Leistung (nämlich auf Übereignung) geschieht gemäß § 846 durch

Pfändungsbeschluss nach § 829. Zuständig ist das AG (Rpfleger) als VollstrG. Verstrickt wird dadurch aber nur der Anspruch, nicht die herauszugebende Sache als solche.

Neben dem Pfändungsbeschluss ist durch das VollstrG anzuordnen, dass die Sache an einen vom Gläubiger zu beauftragenden GV herauszugeben sei, § 847 Abs. 1.

Die Herausgabe an den GV, die notfalls auf Grund eines neuen Titels gegen den Drittschuldner über § 883 zu erzwingen ist, führt dazu, dass sich Verstrickung und Pfändungspfandrecht an dem Herausgabeanspruch im Wege dinglicher Surrogation an der Sache selbst fortsetzen.

II) Die Verwertung der an den GV herausgegebenen Sache erfolgt dann so, wie wenn die Sache beim Schuldner gepfändet worden wäre, also durch den GV nach §§ 814 ff.

1.2 Die Vollstreckung in einen Anspruch des Schuldners auf Herausgabe oder Leistung einer **unbeweglichen Sache** erfolgt nach §§ 846, 848, 849. Von praktischer Bedeutung ist hier die Vollstreckung in einen **Auflassungsanspruch**.

I) Zur Pfändung des Auflassungsanspruchs ergeht durch das VollstrG ein Pfändungsbeschluss gemäß § 829 und daneben die Anordnung, dass die Auflassung an einen Sequester als Vertreter des Schuldners zu erfolgen habe. Der Sequester wird dann auf Antrag des Gläubigers vom AG der belegenen Sache bestellt. Sobald der Schuldner mit der Eintragung als Eigentümer im Grundbuch Eigentümer des Grundstücks wird, entsteht kraft Gesetzes (außerhalb des Grundbuchs) eine Sicherungshypothek für den Gläubiger (§ 848 Abs. 2 S. 2).

II) Die Verwertung des Grundstücks durch Zwangsversteigerung oder Zwangsverwaltung geschieht nach den Regeln des ZVG (§ 848 Abs. 3).

III) Die **Auflassungsvormerkung** ist ein unselbstständiges Nebenrecht der gesicherten Forderung. Sie kann weder selbstständig übertragen noch gepfändet werden. Sie wird aber gem. §§ 401, 402 BGB von der Vollstreckung in den Hauptanspruch miterfasst. Es kann dann die Pfändung des durch die Vormerkung gesicherten Anspruchs im Wege der Grundbuchberichtigung (§ 22 GBO) bei der Vormerkung in das Grundbuch eingetragen werden.

Stöber Rdnr. 1785, 2048; Brox/Walker Rdnr. 770.

Beispiel: S hat von D in einem notariellen Kaufvertrag ein Hausgrundstück gekauft. Die Auflassung ist erklärt. Zu Gunsten des S ist eine Auflassungsvormerkung in das Grundbuch eingetragen worden. G hat eine titulierte Geldforderung gegen S. G erwirkt gegen S einen PfÜB, durch den der Eigentumsverschaffungsanspruch und das Anwartschaftsrecht des S gepfändet werden. Die (wirksame) Pfändung des Eigentumsübertragungsanspruchs kann auf Antrag des G (§ 13 Abs. 1 GBO) im Wege der Grundbuchberichtigung (§ 22 GBO) bei der Vormerkung eingetragen werden.

Die Eintragung der Pfändung im Wege der Grundbuchberichtigung kommt aber nur dort in Betracht, wo alle Möglichkeiten ausgeräumt sind, welche der Richtigkeit der begehrten neuen Eintragung entgegenstehen können.

Beispiel: Im vorangegangenen Beispiel war schon vor Erlass des PfÜB im Grundbuch eingetragen worden, dass der Käufer S seinen Eigentumsverschaffungsanspruch und sein Anwartschaftsrecht auf seine Tochter T übertragen habe. Bei dem Vertrag zwischen S und seiner Tochter T war ein Dritter als vollmachtloser Vertreter aufgetreten. Es steht nicht fest, dass die T die Genehmigung des Vertrages verweigert hat oder dass sie ihn nicht genehmigen wird.

Die Genehmigung hat zur Folge, dass der Vertrag S -T mit rückwirkender Kraft (§§ 177 Abs. 1, 184 Abs. 1 BGB) wirksam wird. § 184 Abs. 2 BGB würde der Rückwirkung nicht entgegenstehen, da der PfÜB keinen der dort angeführten Fälle darstellt (OLG Frankfurt OLG-Report 1997, 38@). Besteht die Möglichkeit, dass die T den Vertrag S - T inzwischen genehmigt hat, so wäre die gegen S ausgebrachte Pfändung gegenstandslos und unwirksam. Dann hat G die Unrichtigkeit des Grundbuches (§ 22 GBO) nicht in der Form des § 29 GBO nachgewiesen.

Im Übrigen fehlt es auch an der Voreintragung des Betroffenen gem. § 39 Abs. 1 GBO, welche auch für die Berichtigung des Grundbuches gilt. Betroffen ist hier der S. Er ist aber nicht mehr als Berechtigter der Vormerkung eingetragen, bei welcher die Pfändung zu Gunsten des G vermerkt werden soll.

Die Pfändung kann somit bei der Auflassungsvormerkung nicht vermerkt werden (OLG Frankfurt OLG-Report 1997, 38@).

2. Die Zwangsvollstreckung wegen Geldforderungen in andere Vermögensrechte, §§ 857–859

„Andere Vermögensrechte" i.S.d. § 857 sind alle zum bewegl. Vermögen des Schuldners gehörenden **Vermögensobjekte**, die **nicht** als körperliche Sachen (§§ 808 ff.), Geldforderungen (§§ 828 ff.) oder Ansprüche auf Herausgabe oder Leistung körperlicher Sachen (§§ 846 ff.) dem Vollstreckungszugriff unterliegen. Es muss ein **selbstständiges Recht** sein; bloß akzessorische Rechte fallen nicht hierunter, solche Rechte werden von der Zwangsvollstreckung in das Hauptrecht erfasst.

Für die Hypothek vgl. oben; Pfandrecht und Bürgschaft werden gem. §§ 412, 401 BGB von der Zwangsvollstreckung in die gesicherte Forderung erfasst.

Diese selbstständigen „anderen Vermögensrechte" werden nach § 857 Abs. 1 grds. entsprechend den für die Forderungspfändung geltenden Vorschriften (§§ 829 ff.) gepfändet und verwertet.

2.1 Grundsätzlich gilt Folgendes:

2.1.1 Es muss sich um **Vermögensrechte** handeln. Rein tats. Chancen (z.B. die Erwartung, demnächst als Alleinerbe zu erben) genügen nicht. Bei künftigen Vermögensrechten muss das Rechtsverhältnis, aus dem das Recht demnächst erwächst, vorhanden sein. Zugriffsobjekt kann nur ein **Vermögens**recht sein. Persönlichkeitsrechte (z.B. Namensrecht) scheiden selbst dann aus, wenn sie z.B. als Bestandteil einer Firma einen wirtschaftlichen Wert haben.

▶ Die Vermögensrechte müssen grds. **selbstständig** und **übertragbar** sein (§ 857 Abs. 1 i.V.m. § 851 Abs. 1).

▶ Eine nach § 399 BGB nicht übertragbare Forderung kann insoweit gepfändet und zur Einziehung überwiesen werden, als der **geschuldete Gegenstand der Pfändung unterworfen** ist (§ 857 Abs. 1 i. V. m. § 851 Abs. 2).

S. dazu schon oben: vereinbartes Abtretungsverbot.

Die Überlassung der Ausübung eines Nießbrauchs kann vertraglich mit dinglicher Wirkung ausgeschlossen werden. Dieser vertragliche Ausschluss steht in Anwendung des § 851 Abs. 2 der Pfändung nicht entgegen (BGHZ 95, 99, 102@; KG OLGZ 1992, 241, 242; dazu im Einzelnen noch unten: Grundstücksnießbrauch).

▶ Unveräußerliche Rechte sind insoweit pfändbar, als die **Ausübung** der Rechte einem anderen übertragen werden kann (§ 857 Abs. 3 u. 4).

S. dazu Grundstücksnießbrauch.

▶ Zum Teil trifft das **Vollstreckungsrecht eigenständige Regelungen** darüber, inwiefern Rechte, die nach materiellem Recht an sich nicht übertragbar sind, dennoch der Verwertung durch Gläubiger des Vollstreckungsschuldners unterliegen.

Der Gesellschafter einer BGB-Gesellschaft kann über seinen Anteil an dem Gesellschaftsvermögen nicht verfügen, § 719 Abs. 1 BGB. Dennoch bestimmt § 859 Abs. 1 S. 1, dass ein solcher Anteil der Pfändung unterworfen ist.

▶ Umgekehrt kann trotz Übertragbarkeit kraft Gesetzes die **Pfändbarkeit eingeschränkt** sein.

S. dazu: Unpfändbarkeit trotz Übertragbarkeit; eingeschränkte Pfändbarkeit.

2.1.2 Die Pfändung von Vermögensrechten geschieht durch Pfändungsbeschluss, § 829, der grds. mit Zustellung an den Drittschuldner wirksam wird, § 829 Abs. 3. Der Begriff „Drittschuldner" ist hier weit zu fassen. Es ist jeder Dritte, dessen Rechtsstellung durch die Pfändung berührt wird.
Fehlt ein Drittschuldner (z. B. Patent- o. Urheberrechte), so wird der Pfändungsbeschluss mit der Zustellung (des in dem Pfändungsbeschluss enthaltenen Verfügungsverbots) an den Schuldner wirksam, § 857 Abs. 2.
Auf die Zwangsvollstreckung in eine Reallast, eine Grundschuld oder Rentenschuld sind die Vorschriften über die Zwangsvollstreckung in eine hypothekarisch gesicherte Forderung (§ 830) entsprechend anzuwenden, § 857 Abs. 6.

2.1.3 Die Verwertung – für die die §§ 835, 844 entsprechend gelten – hängt weitgehend von der Art des gepfändeten Rechts ab.
Die Überweisung zur Einziehung ist statthaft, wenn der Gläubiger an die Stelle des Schuldners treten kann. Eine Überweisung an Zahlungs Statt zum Nennwert kommt nur bei Rechten in Frage, die einen Nennwert haben (z. B. Grundschuld).
Die Anordnung anderweitiger Verwertung, § 844, ist nur bei veräußerlichen Rechten zulässig, § 857 Abs. 5. Bei Pfändung der Ausübung eines unveräußerlichen Rechts kann das VollstrG besondere Anordnungen erlassen, z. B. Verwaltung anordnen (§ 857 Abs. 4).

2.2 Die Anwendung dieser Grundsätze soll anhand von **examensrelevanten Fällen** dargestellt werden:

▶ **Miteigentumsanteil an einer beweglichen Sache**

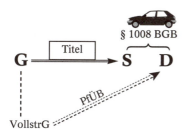

Der Schuldner S ist zusammen mit D Miteigentümer (§ 1008 BGB) eines Pkw zu je 1/2. G beantragt auf Grund eines Zahlungstitels gegen S die Pfändung des Miteigentumsanteils des S an dem Pkw und die Überweisung zur Einziehung.

(1) Ein Rechtsschutzinteresse des G auf Pfändung und Überweisung des Miteigentumsanteils des S an dem Pkw besteht, denn ein unmittelbarer Zugriff auf den Pkw selbst nach § 808 könnte durch eine Drittwiderspruchsklage des Miteigentümers D verhindert werden. Im Vermögen des S steht lediglich der ideelle Anteil an der Bruchteilsgemeinschaft, §§ 1008 ff., 741 BGB.

(2) Der Miteigentumsanteil des S an dem Pkw ist ein sonstiges Vermögensrecht i.S.d. § 857 Abs. 1. Da der Miteigentumsanteil übertragbar ist (§ 747 S. 1 BGB, vgl. BGHZ 115, 1, 8), ist er pfändbar (§ 851), und zwar gemäß § 857 Abs. 1 entsprechend §§ 829 ff. Auch die Überweisung zur Einziehung ist entsprechend § 835 möglich, da der Gläubiger bzgl. des Miteigentumsanteils an die Stelle des S treten kann. Der PfÜB kann daher nach Antrag ergehen (vgl. Stöber Rdnr. 1548; BGH NJW 1993, 935, 937).
Die Pfändung u. Überweisung des Miteigentumsanteils an einer bewegl. Sache erfasst auch die Ansprüche auf Aufhebung der Gemeinschaft, Teilung des Erlöses und Auszahlung des anteiligen Erlöses, ohne dass dies im PfÜB besonders ausgesprochen zu sein braucht. In der Praxis wird dies zur Klarstellung im PfÜB jedoch vielfach mit ausgesprochen (Stöber Rdnr. 1548).

(3) Drittschuldner ist hier der Miteigentümer D; denn bei Pfändung eines Miteigentumsanteils an einer bewegl. Sache werden die übrigen Miteigentümer in ihrer Rechtsstellung berührt. Der PfÜB wird daher erst wirksam, wenn ihn G – im Parteibetrieb – dem D zugestellt hat.

(4) Auf Grund der Pfändung und Überweisung zur Einziehung kann G die Rechte geltend machen, die S aus der Bruchteilsgemeinschaft gegenüber dem Miteigentümer D zustehen. G kann daher von D nach Maßgabe der §§ 749 ff. BGB die Aufhebung der Gemeinschaft, Teilung des Erlöses und Auszahlung des anteiligen Erlöses verlangen.

▶ **Miteigentumsanteil an einem Grundstück**

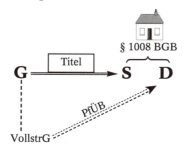

S und D sind Miteigentümer (§ 1008 BGB) eines Hausgrundstücks zu je 1/2. Sie haben vertraglich die Auseinandersetzung für dauernd ausgeschlossen (§ 749 Abs. 2 BGB). G, ein Gläubiger des S, will auf Grund eines Zahlungstitels in den Miteigentumsanteil des S vollstrecken. Welche Möglichkeiten bestehen für ihn?

(1) Der Miteigentumsanteil an einem Grundstück (§§ 741 ff., 1008 BGB) unterliegt der Immobiliarzwangsvollstreckung, § 864 Abs. 2. Er kann also nicht über § 857 gepfändet werden (Stöber Rdnr. 1543).

(2) Im Wege der Rechtspfändung (§§ 857 Abs. 1, 829) kann aber der schuldrechtliche Aufhebungsanspruch zusammen mit dem künftigen Anspruch auf eine den Anteilen entsprechende Teilung und Auskehrung des Versteigerungserlöses gepfändet und überwiesen (§ 835) werden: Der Miteigentümer eines Grundstücks nach Bruchteilen (§ 1008 BGB) kann gemäß § 749 Abs. 1 BGB jederzeit die Aufhebung der Gemeinschaft, insbes. die Versteigerung des unteilbaren Grundstücks gemäß § 753 Abs. 1 BGB und §§ 180 ff. ZVG verlangen (BGHZ 63, 348, 351@; 90, 207, 214@) und die Zustimmung zu einer den Miteigentumsanteilen entsprechenden Teilung und Auszahlung des außerhalb des Zwangsversteigerungsverfahrens zu verteilenden Erlöses (BGH NJW 1983, 2449, 2451; BGHZ 90, 207, 214@). Der Anspruch auf Aufhebung der Gemeinschaft ist zwar allein ohne den Miteigentumsanteil nicht abtretbar, also nach §§ 857 Abs. 1, 851 Abs. 1 nicht pfändbar. Der Anspruch auf Auseinandersetzung kann jedoch demjenigen zur Ausübung überlassen werden (§ 857 Abs. 3), dem auch das übertragbare künftige Recht auf den dem Miteigentumsanteil entsprechenden Teil des Versteigerungserlöses abgetreten worden ist. Deshalb kann der Aufhebungsanspruch zwar nicht allein, aber zusammen mit dem künftigen Anspruch auf eine den Anteilen entsprechende Teilung und Auskehrung des Versteigerungserlöses gepfändet und überwiesen werden (h.M., vgl. z.B. BGHZ 90, 207, 215@; OLG Hamm NJW-RR 1992, 665, 666; Brox/Walker Rdnr. 804; Stöber Rdnr. 1544; jeweils m.w.N.; a.A. MünchKomm/Karsten Schmidt, 2. Aufl., § 749 Rdnr. 21, 23; Staudinger/Langhein, 13. Bearb. 1996, § 749 Rdnr. 58). Drittschuldner sind die übrigen Miteigentümer.

(3) Eine Vereinbarung über den Ausschluss des Aufhebungsanspruchs steht der Pfändung nicht im Wege (§ 751 S. 2 BGB, vgl. Stöber Rdnr. 1545).

▶ **Grundstück im Miteigentum von Eheleuten**

Steht das Grundstück im Miteigentum von Eheleuten, die im gesetzlichen Güterstand der Zugewinngemeinschaft leben, und stellt der Anteil (nahezu) das ganze Vermögen des als Vollstreckungsschuldner in Anspruch genommenen Ehepartners dar, so kann nach h.M. ein Ehegatte den Antrag auf Teilungsversteigerung (§ 180 ZVG) gemäß § 1365 BGB nur mit Einwilligung des anderen Ehegatten stellen .

Die Einschränkung des § 1365 BGB gilt aber nicht, wenn ein Gläubiger eines Ehegatten in den Miteigentumsanteil vollstrecken will (OLG Köln NJW-RR 1989, 325@; KG OLGZ 1992, 241; Brox/Walker Rdnr. 804).

▶ **Grundstücksnießbrauch**

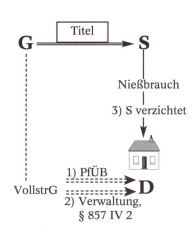

Am Hausgrundstück des D besteht zu Gunsten des S ein Nießbrauch (§§ 1030 ff. BGB). G, ein Gläubiger des S, erwirkt einen PfÜB, wonach das für den S im Grundbuch eingetragene Nießbrauchsrecht gepfändet und dem G zur Einziehung überwiesen wird. Der PfÜB wird dem D zugestellt. Etwas später ordnet auf Antrag des G das VollstrG nach § 857 Abs. 4 die Verwaltung des Grundstücks an und bestellt einen Verwalter, der die Grundstücksnutzungen in Geld umsetzen und diesen Erlös an den Gläubiger bis zur Befriedigung seines Anspruchs abliefern soll. Nunmehr verzichtet S gegenüber D auf seinen Nießbrauch und bewilligt dessen Löschung im Grundbuch. Der Nießbrauch wird im Grundbuch gelöscht. Daraufhin weigert sich D, das Grundstück zu Gunsten des G verwalten zu lassen, weil er der Ansicht ist, dass durch den Verzicht des S auf den Nießbrauch die Vollstreckung in die Ausübung des Nießbrauchs gegenstandslos geworden sei. Muss D die Verwaltung des Grundstücks dulden? (Fall nach BGHZ 62, 133[@]).

Der Nießbrauch als solcher (§§ 1030 ff. BGB) ist zwar unveräußerlich (§ 1059 S. 1 BGB), jedoch kann die Ausübung einem anderen überlassen werden (§ 1059 S. 2 BGB). Insoweit ist der Nießbrauch gem. § 857 Abs. 3 der Pfändung unterworfen.

(1) Z.T. wird angenommen, dass die Pfändung nicht den Nießbrauch als solchen (das Stammrecht) ergreift, sondern nur das Recht auf Ausübung des Nießbrauchs (Palandt/Bassenge, 55. Aufl., § 1059 Rdnr. 6 m.w.N.). Nach dieser Ansicht kann der Nießbrauchsberechtigte trotz Pfändung wirksam auf den Nießbrauch verzichten. Es wird dann das gepfändete Ausübungsrecht gegenstandslos. Danach braucht D die angeordnete Grundstücksverwaltung nicht (mehr) zu dulden.

(2) Nach h.M. ist der Nießbrauch als dingliches Recht, also das „Stammrecht" selbst gepfändet (BGHZ 62, 133, 136[@]; BayObLG InVo 1998, 163; Staudinger/Frank, 13. Bearb. 1994, § 1059 Rdnr. 27; Stöber Rdnr. 1710; jeweils m.w.N.). Danach schränkt § 857 Abs. 3 nur den Umfang der Pfändungswirkung ein. Die durch die Pfändung bewirkte Verfügungsbeschränkung erfasst den Nießbrauch selbst. Nach der Pfändung kann der Nießbraucher den Nießbrauch somit nicht mehr wirksam aufheben.
Der Verzicht des S auf den Nießbrauch ist danach dem G gegenüber unwirksam. D muss daher die Verwaltung des Grundstücks dulden.

▶ **Beschränkte persönliche Dienstbarkeit**

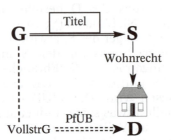

Am Hausgrundstück des D ist zu Gunsten des S ein Wohnungsrecht nach § 1093 BGB eingetragen. D und S haben vereinbart, ohne dass insoweit eine Eintragung im Grundbuch erfolgt ist, dass S das Wohnungsrecht zur Ausübung auch Dritten überlassen kann. G, ein Gläubiger des S, möchte im Wege der Zwangsvollstreckung auf das Wohnungsrecht des S zugreifen.

Bei dem Wohnungsrecht nach § 1093 BGB handelt es sich um eine beschränkte persönliche Dienstbarkeit. Sie ist als solche nicht übertragbar, § 1092 Abs. 1 S. 1 BGB, kann aber zur Ausübung an Dritte überlassen werden, wenn die Überlassung gestattet ist, § 1092 Abs. 1 S. 2 BGB.

(1) Danach kann sich eine Pfändbarkeit nach § 857 Abs. 3 ergeben.

(a) Eine Ansicht nimmt Pfändbarkeit nur an, wenn die Überlassungsgestattung Inhalt des dinglichen Geschäfts geworden ist, also nur dann, wenn auch die Gestattung im Grundbuch eingetragen ist (so z.B. KG MDR 1968, 760; RGRK/Rothe, ab 12. Aufl., § 1092 Rdnr. 5). Nach dieser Ansicht ist im vorliegenden Fall mangels Eintragung der Gestattung keine Pfändbarkeit gegeben.

(b) Nach BGH (NJW 1962, 1392) reicht für die Pfändbarkeit nach § 857 Abs. 3 auch die bloß schuldrechtliche Vereinbarung der Gestattung aus. Da D die Gestattung mit S vereinbart hat, liegen die Voraussetzungen der Pfändbarkeit nach § 857 Abs. 3 vor.

(2) Die Pfändung des Wohnrechts berechtigt nach Überweisung der Ausübungsbefugnis den Gläubiger, das Wohnrecht auszuüben. Die Ausübung kann das VollstrG (Rpfleger, § 20 Nr. 17 RpflG) durch nähere Anordnungen regeln, § 857 Abs. 4.

Die Überweisung der Ausübungsbefugnis ermächtigt G dazu, die Befugnisse aus dem Wohnungsrecht einem Dritten gegen Entgelt zu überlassen und so seine Befriedigung zu suchen (Stöber Rdnr. 1522).

▶ **Fremdgrundschuld**

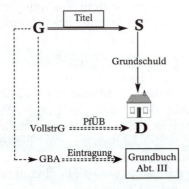

Zu Gunsten des S ist im Grundbuch des dem D gehörenden Grundstücks eine Grundschuld eingetragen. G hat einen vollstreckbaren Titel gegen S. G möchte in die Grundschuld des S vollstrecken.

Die Grundschuld (§ 1191 BGB) ist – anders als die akzessorische Hypothek – ein selbstständiges Vermögensrecht. Sie kann daher auch selbstständig gepfändet werden. So wie bei der rechtsgeschäftlichen Übertragung der Grundschuld eine formgerechte Abtretung der Grundschuld erforderlich ist (vgl. §§ 1192 Abs. 1, 1154 BGB), so ist auch für die Pfändung der Grundschuld nicht allein der Pfändungsbeschluss ausreichend, sondern es wird die Fremdgrundschuld gem. § 857 Abs. 6 wie eine hypothekarisch gesicherte Forderung gepfändet und verwertet.

Für die Pfändung muss also gem. § 830 zu dem Pfändungsbeschluss bei der Buchgrundschuld die Eintragung der Pfändung in das Grundbuch, bei der Briefgrundschuld die Übergabe des Grundschuldbriefes hinzukommen.

▶ **Offene Eigentümergrundschuld**

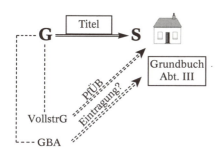

G will mit einem Titel gegen S in eine für S eingetragene Eigentümergrundschuld vollstrecken.

(1) Pfändung

Bei der Eigentümergrundschuld besteht Identität von Grundstückseigentümer und Inhaber der Grundschuld. Ein Drittschuldner ist nicht vorhanden.

(a) Z.T. wird daher für die Pfändung § 857 Abs. 2 angewandt: Die Pfändung ist bereits wirksam mit Zustellung des PfÜB an S (Baur/Stürner Rdnr. 32.20; Jauernig § 20 III 3).

(b) Die Rspr. u. h. M. wendet § 857 Abs. 6 an. Es gilt also dasselbe wie bei der Fremdgrundschuld (vgl. BGH NJW 1961, 601; OLG Celle NJW 1968, 682, 683; Brox/Walker Rdnr. 738; Thomas/Putzo § 857 Rdnr. 11).

(2) Verwertung:

Umstritten ist, ob für den Pfändungsgläubiger die Vorschrift des § 1197 Abs. 1 BGB gilt, wonach bei einer Eigentümergrundschuld die Zwangsvollstreckung nicht vom Eigentümer zum Zwecke seiner Befriedigung betrieben werden kann. Nach der heutigen Rspr. und h. M. steht § 1197 Abs. 1 BGB einer Zwangsvollstreckung durch den Pfandgläubiger der Eigentümergrundschuld nicht entgegen (BGHZ 103, 30, 37@ m.w.N.).

▶ **Verdeckte Eigentümergrundschuld**

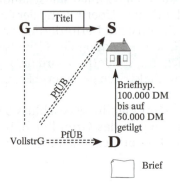

Das Grundstück des S ist zu Gunsten des D mit einer Briefhypothek über 100.000 DM belastet. S hat die gesicherte Forderung bis auf 50.000 DM getilgt. G, ein Gläubiger des S, will in die für S nach §§ 1163 Abs. 1 S. 2, 1177 BGB entstandene Teileigentümergrundschuld vollstrecken. Der Hypothekenbrief über 100.000 DM ist noch im Besitz des D.

Für die Vollstreckung in die sog. verdeckte Teileigentümergrundschuld (nach außen hin ist hier das Entstehen der Eigentümergrundschuld nicht ersichtlich) gelten die gleichen Grundsätze wie bei der offenen Eigentümergrundschuld.

(1) Nach der Ansicht, die § 857 Abs. 2 anwendet, bestehen keine Schwierigkeiten: Gepfändet wird die angebliche Teileigentümergrundschuld. Die Pfändung wird wirksam mit Zustellung des Pfändungsbeschlusses an den Schuldner (Grundstückseigentümer).

(2) Die h. M., die § 857 Abs. 6 i.V.m. § 830 anwendet, muss einen dornigen Weg gehen, da hier die für die Wirksamkeit der Pfändung erforderliche Übergabe des Briefes Schwierigkeiten bereitet; denn ein Brief über die dem Eigentümer zustehende Teileigentümergrundschuld ist noch gar nicht vorhanden. Gepfändet werden müssen deshalb nach h.M. (vgl. Stöber Rdnr. 1935, 1936):

– die angebliche Teileigentümergrundschuld,

– das nach § 952 BGB entstandene Miteigentum des S an dem Hypothekenbrief,

– der Anspruch des S nach § 749 Abs. 1 BGB auf Aufhebung der Gemeinschaft am Hypothekenbrief,

– der Anspruch des S nach § 1152 BGB auf Vorlage des Briefes an das Grundbuchamt oder einen Notar zur Bildung eines Teilbriefes und sein Anspruch auf Aushändigung des Teilbriefes,

– der angebliche Anspruch des S nach §§ 894, 896 BGB auf Berichtigung des Grundbuches und Erteilung (Aushändigung) der für diese Grundbuchberichtigung notwendigen Urkunden in grundbuchmäßiger Form.

Erst mit der Bildung des Teilgrundschuldbriefes und dessen Übergabe an G entsteht das Pfändungspfandrecht für G an der (jetzt offenen) Eigentümergrundschuld des S.

▶ **Miterbenanteil**

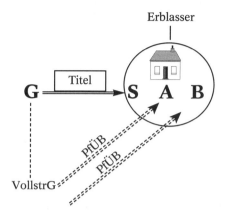

S ist zu 1/3 Miterbe der ungeteilten Erbengemeinschaft S, A, B. In dem Nachlass befindet sich als wesentlicher Wert ein Hausgrundstück. Wie kann G, ein Gläubiger des S, vollstrecken?

(1) Zugriffsobjekt ist der Anteil des Miterben an dem Nachlass, § 859 Abs. 2 (das ist die vollstreckungsrechtliche Konsequenz aus § 2033 BGB). Der Anteil des Miterben an dem Nachlass wird nach § 857 Abs. 1 gepfändet. Drittschuldner sind die übrigen Miterben. An sie ist daher der PfÜB zuzustellen.

(2) Mit Wirksamwerden der Pfändung entsteht ein Pfändungspfandrecht an dem Anteil des Schuldners am Nachlass. Auf dieses Pfändungspfandrecht sind die Vorschriften des BGB (§§ 1273–1296) über das Pfandrecht an Rechten anzuwenden. Nach § 1276 Abs. 2 BGB ist der Miterbe, an dessen Anteil ein Pfandrecht besteht, in seiner Befugnis, über den Erbanteil zu verfügen, beschränkt: Zu Verfügungen, die den Erbanteil aufheben oder das daran bestehende Pfandrecht beeinträchtigen, bedarf der Miterbe, an dessen Anteil das Pfandrecht besteht, der Zustimmung des Pfandgläubigers.
Die durch die Pfändung des Erbanteils eingetretene Verfügungsbeschränkung über den Erbanteil wirkt sich auch auf Verfügungen der Miterben über einzelne Nachlassgegenstände aus, obgleich an diesen selbst ein Pfändungspfandrecht nicht begründet wurde. Die einzelnen Nachlassgegenstände sind Gegenstände, die von dem gepfändeten Anteilsrecht ergriffen werden und diesem Anteilsrecht erst Inhalt und Wert verleihen. Werden Nachlassgegenstände durch Verfügung dem Anteilsrecht entzogen, wird daher das Anteilsrecht selbst mit beeinträchtigt. Verfügungen über einzelne Nachlassgegenstände sind daher i.S.d. § 1276 Abs. 2 BGB als Änderung des Erbanteils anzusehen, sodass solche Verfügungen ebenfalls der Zustimmung des Pfandgläubigers bedürfen.
Bei einem zum Nachlass gehörenden Grundstück wirkt sich die gegenüber dem Pfändungspfandgläubiger des Erbanteils bestehende (relative) Verfügungsbeschränkung auch über einzelne Nachlassgegenstände als „Verfügungsbeschränkung über ein im Grundbuch eingetragenes Recht" aus, § 892 Abs. 1 S. 2 BGB. Einem Erwerber des Grundstücks gegenüber wirkt die Verfügungsbeschränkung daher nur dann, wenn sie aus dem Grundbuch ersichtlich oder dem Erwerber bekannt ist. Der Pfändungspfandgläubiger des Erbanteils kann sich schützen, indem er die Pfändung des Erbanteils im Grundbuch eintragen lässt (vgl. dazu OLG Köln InVo 1997, 78).
Der Pfändungspfandgläubiger hat für die Grundbucheintragung ein eigenes Antragsrecht. Voraussetzung ist die Voreintragung der Miterben als Grund-

stückseigentümer in ungeteilter Erbengemeinschaft, § 39 GBO. Falls noch der Erblasser eingetragen ist, kann diese Grundbuchberichtigung der Pfändungsgläubiger als unmittelbar Berechtigter nach § 13 Abs. 2 GBO beantragen. Der nach § 22 GBO hierfür erforderliche Unrichtigkeitsnachweis kann mit Hilfe eines Erbscheins geführt werden, den der Pfändungsgläubiger nach § 792 erhalten kann.

(3) Die Verwertung des gepfändeten Erbanteils kann nach §§ 857, 835 Abs. 1 geschehen, allerdings nur durch Überweisung zur Einziehung und nicht an Zahlungs Statt, da der Erbanteil keinen auf die Forderung des Gläubigers anrechenbaren Nennwert hat. Der Erbanteil kann auch nach § 844 (z. B. durch Anordnung seiner Versteigerung) verwertet werden.
Die Überweisung zur Einziehung gibt dem Gläubiger die Befugnis, das Recht des Schuldners (§ 2042 Abs. 1 BGB) auf Aufhebung der Erbengemeinschaft zu verfolgen, und zwar selbst dann, wenn der Erblasser die Auseinandersetzung ausgeschlossen hat.

▶ **Anwartschaftsrecht auf Eigentumserwerb an einer beweglichen Sache**

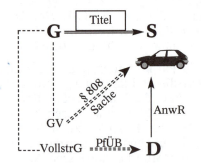

G hat einen Zahlungstitel über 4.000 DM gegen S. S hat bei D einen Pkw auf Abzahlung unter Eigentumsvorbehalt gekauft. Auf den Kaufpreis in Höhe von 10.000 DM hat S bereits 8.500 DM bezahlt. Da S kein sonstiges pfändbares Vermögen hat, möchte G seine Befriedigung aus dem Pkw suchen.

Der Pkw gehört noch nicht zum Schuldnervermögen; zum Schuldnervermögen gehört jedoch das Anwartschaftsrecht auf Eigentumserwerb an dem Pkw. Wie in ein Anwartschaftsrecht vollstreckt wird, ist umstritten:

(1) Nach der **Theorie der Sachpfändung** wird das Anwartschaftsrecht an einer beweglichen Sache (weil das Anwartschaftsrecht wie das Vollrecht übertragen wird!) wie die Sache selbst gepfändet. (Raiser, Dingliche Anwartschaften, 1961, S. 91 ff.; Kupisch JZ 1976, 419, 425, 427; Kuchinke JZ 1964, 145, 146 f). Die Pfändung des Anwartschaftsrechts an einer beweglichen Sache erfolgt also dadurch, dass der GV die Sache in Besitz nimmt.

Der Schluss aus der Übertragungsform auf die Pfändungsform ist jedoch nicht zwingend. Es ist z. B. allgemein anerkannt, dass ein Miteigentumsanteil an einer beweglichen Sache im Wege der Rechtspfändung nach § 857 Abs. 1 gepfändet wird (s.o.), obgleich die Übertragung des Miteigentumsanteils an einer beweglichen Sache nach §§ 929 ff. BGB erfolgt.

(2) Nach der **Theorie der Rechtspfändung** ist das Anwartschaftsrecht als „anderes Vermögensrecht" i.S.d. § 857 Abs. 1 anzusehen. Die Pfändung erfolgt nach §§ 857, 828, 829 durch Pfändungsbeschluss des VollstrG. Drittschuldner ist der Vorbehaltseigentümer. Das Pfändungspfandrecht am Anwartschaftsrecht verwandelt sich mit Bedingungseintritt, d. h. mit dem Eigentumserwerb an der Sache durch den Schuldner, analog §§ 1287 BGB, 847 ZPO in ein Pfändungspfandrecht an der Sache selbst (Baur in Baur/Stürner, SachenR, 17. Aufl., § 59 Rdnr. 41; Baur/Stürner Rdnr. 32.17; vgl. auch Flume AcP 161, 385, 404; Medicus, BR, 18. Aufl., Rdnr. 486).

Die h.M. lehnt das automatische Entstehen eines Pfändungspfandrechts bei Bedingungseintritt an der Sache selbst ab. Es widerspreche dem Publizitätsprinzip, dass an einer beweglichen Sache ein Pfändungspfandrecht entstehen solle, ohne dass dies kenntlich gemacht worden sei bzw. ohne dass der GV Besitz an der Sache ergriffen habe.

(3) Die **h.M.** vertritt die **Theorie der Doppelpfändung**, nämlich eine Kombination von Rechts- und Sachpfändung. Das Anwartschaftsrecht als solches wird durch die Rechtspfändung gemäß §§ 857 Abs. 1, 829 erfasst. Bei Bedingungseintritt setzt sich jedoch das Pfändungspfandrecht am Anwartschaftsrecht nicht automatisch an der Sache selbst fort. Daher muss der Gläubiger zur Sicherung seiner Rechtsposition zugleich die Sache selbst nach § 808 pfänden (so z.B. BGH NJW 1954, 1325@; Brox/Walker Rdnr. 812; BL/Hartmann Grundz. § 704 Rdnr. 60; Zöller/Stöber § 857 Rdnr. 6; MünchKomm/ZPO/Smid § 857 Rdnr. 22 m.w.N.).

Der Pfändungsgläubiger hat ein Interesse daran, dass durch Bedingungseintritt der Vorbehaltskäufer (sein Schuldner) das Eigentum an der Kaufsache erwirbt, damit das Pfändungspfandrecht an der Kaufsache entsteht und er diese verwerten kann. Die Pfändung des Anwartschaftsrechts gibt dem Pfändungsgläubiger die Möglichkeit, gemäß § 840 vom Vorbehaltsverkäufer (Drittschuldner) Auskunft über die Höhe des noch zu zahlenden Restkaufpreises zu verlangen. Er kann diesen noch ausstehenden Betrag dann selbst zahlen. Eine sonst gemäß § 267 Abs. 2 BGB mögliche Zurückweisung der Zahlung durch den Vorbehaltsverkäufer (Dritten) bei Widerspruch des Vorbehaltskäufers (Schuldners) ist durch die Pfändung des Anwartschaftsrechts ausgeräumt, denn auf Grund der Pfändung und Überweisung des Anwartschaftsrechts hat der Pfändungspfandgläubiger die Befugnis erlangt, die Rechte des Vorbehaltskäufers (Schuldners) aus der bedingten Übereignung geltend zu machen. Weist der Eigentumsvorbehaltsverkäufer (Drittschuldner) die ihm angebotene Zahlung trotzdem zurück, so gilt nach § 162 BGB die Bedingung als eingetreten. Mit Eintritt der Bedingung – durch Zahlung des Restbetrages oder über § 162 BGB – erstarkt das Anwartschaftsrecht an der Sache zum Vollrecht, d.h. der Vorbehaltskäufer (Schuldner) wird Eigentümer. Aufgrund der bereits erfolgten Sachpfändung entsteht an der schuldnereigenen Sache das Pfändungspfandrecht, und der Gläubiger ist jetzt zur Verwertung der Sache selbst berechtigt. Der Gläubiger kann dann den von ihm gezahlten Restkaufpreis als Kosten der Zwangsvollstreckung mit beitreiben (h.M., vgl. BL/Hartmann Grundz. § 704 Rdnr. 60 m.w.N.).

▶ **Anwartschaftsrecht auf Eigentumserwerb an einem Grundstück**

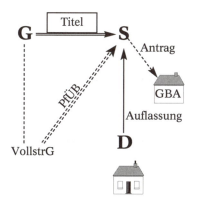

S hat von D durch notariellen Kaufvertrag ein Grundstück gekauft. Die Auflassung ist bereits erklärt. S hat bei dem Grundbuchamt den Antrag auf Eigentumsumschreibung gestellt. Dieser Antrag ist noch nicht erledigt. G, ein Gläubiger des S, will in das Anwartschaftsrecht des S vollstrecken.

(1) Nach der Rspr. und h. M. hat der Auflassungsempfänger ein Anwartschaftsrecht, wenn er selbst den Umschreibungsantrag beim Grundbuchamt gestellt hat und dieser Antrag nicht durch Zurückweisung erledigt ist oder wenn eine Auflassungsvormerkung vorliegt.

(2) Die Pfändung des Anwartschaftsrechts geschieht nach h. M. im Wege der Rechtspfändung nach § 857. Dabei ist der Grundstücksveräußerer nicht als Drittschuldner anzusehen (weil seine Mitwirkung zum Eigentumserwerb des Schuldners nicht mehr erforderlich ist), sodass für die Pfändung die Zustellung des Pfändungsbeschlusses an den Schuldner (Auflassungsempfänger) genügt (BGHZ 49, 197, 203@ m.w.N.).

Mit der Eigentumsumschreibung auf den Schuldner entsteht für den Pfändungsgläubiger kraft Gesetzes eine Sicherungshypothek an dem Grundstück entsprechend § 848 Abs. 2 i.V.m. § 857 Abs. 1 (BGHZ 49, 197, 206@ m.w.N.).

▸ **Pfändung eines Anspruchs auf Abtretung einer Forderung**

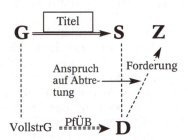

G hat gegen S eine titulierte Geldforderung. S hat gegen D einen Anspruch auf Abtretung eines Anspruchs, den D gegen Z hat.

Die Pfändung erfolgt durch PfÜB, der dem D zuzustellen ist. Die Pfändung eines Anspruchs auf Abtretung und seine Überweisung zur Einziehung räumen dem Vollstreckungsgläubiger jedoch nicht das Recht ein, die Abtretung an sich selbst zu verlangen, sondern er kann nur die Abtretung an den Vollstreckungsschuldner S fordern. Die Abtretung an den Vollstreckungsschuldner (= Gläubiger des gepfändeten Anspruchs) kann der Vollstreckungsgläubiger ohne Mitwirkung des Vollstreckungsschuldners erreichen. Auch die Bestellung eines Sequesters entsprechend § 847 ff. ist dazu nicht erforderlich, da Rechte – anders als bei Sachen – nicht „in Besitz genommen" werden können. Mit der Abtretung erwirbt der Vollstreckungsgläubiger an der Forderung ohne weiteres ein Pfandrecht (BGH InVo 1999, 22, 23@)

3. Abschnitt: Die Vorpfändung, § 845

▸ Die Möglichkeit der Vorpfändung besteht bei der **Zwangsvollstreckung wegen Geldforderungen**

– in Geldforderungen (§§ 829 ff.),

– in Ansprüche auf Herausgabe oder Leistung körperl. Sachen (§§ 846 ff.),

– in andere Vermögensrechte (§§ 857 ff.),

 nicht dagegen in körperl. Sachen (§§ 808 ff.).

3. Abschnitt: Die Vorpfändung, § 845

Auch wenn der Vollstreckungsgläubiger bereits einen vollstreckbaren Schuldtitel in Händen hat, ist die sofortige Herbeiführung des gerichtlichen Pfändungsbeschlusses nicht immer möglich. Durch Verfügungen des Schuldners über die Forderung oder durch Zugriffe anderer Gläubiger kann sich die Vollstreckungsmöglichkeit verschlechtern. Die Vorpfändung **bezweckt**, diese **Gefahr abzuwenden**.

▶ Die Vorpfändung hat **erleichterte Vollstreckungsvoraussetzungen:**

Von den allgemeinen Vollstreckungsvoraussetzungen können hier fehlen:

1) Klausel, 2) Zustellung, 3) Sicherheitsleistung
(Soweit nach § 720 a Forderungen ohne Sicherheitsleistung gepfändet werden dürfen, ist auch eine Vorpfändung ohne Sicherheitsleistung zulässig, vgl. Zöller/Stöber § 845 Rdnr. 2; Thomas/Putzo § 845, Rdnr. 2).

▶ **Die Vorpfändung geschieht dadurch**, dass der Gläubiger den Schuldner und Drittschuldner durch den GV von der bevorstehenden Pfändung benachrichtigt und dadurch dem Drittschuldner untersagt, an den Schuldner zu leisten, und dem Schuldner gebietet, sich einer Verfügung zu enthalten.

▶ Die Vorpfändung wird **mit der Zustellung an den Drittschuldner wirksam**. Sie hat die **Wirkung eines Arrestes** (§ 930), sofern die Pfändung innerhalb eines Monats ab Zustellung der Vorpfändung nachfolgt, § 845 Abs. 2. (Für diese nachfolgende Pfändung müssen alle Vollstreckungsvoraussetzungen im Zeitpunkt dieser Pfändung gegeben sein, insbesondere müssen jetzt auch die bisher fehlenden Voraussetzungen vorliegen.) Nach h. M. ist in der Zwischenzeit zwischen Vorpfändung und Pfändung ein auflösend bedingtes Arrestpfandrecht entstanden. Folgt die reguläre Pfändung nach, entsteht das Pfändungspfandrecht, und zwar rückbezogen (Rang!) auf den Zeitpunkt der Vorpfändung. Erfolgt die reguläre Pfändung nicht wirksam innerhalb der Dreiwochenfrist, dann verliert die Vorpfändung ihre Wirkung.

▶ Eine Vorpfändung kann **wiederholt** werden. Ab Wiederholung läuft eine neue Monatsfrist.

Rechtsanwalt Dr. Thomas Rasch, Vordergasse 6, 48143 Münster, Postfach 3007, 48001 Münster

VORLÄUFIGES ZAHLUNGSVERBOT

In Sachen

des Schlossermeisters Karl Segger, Alter Sandweg 17, 48161 Münster,

– Gläubiger –

vertreten durch: Rechtsanwalt Dr. Thomas Rasch, Vordergasse 6, 48143 Münster

gegen

den Bauunternehmer Ferdinand Radig, Sandstraße 31, 48151 Münster

– Schuldner –

steht auf Grund des vollstreckbaren Versäumnisurteils des Amtsgerichts Münster vom 23.07.2000 (Gesch-Nr. 14 C 113/2000)

wegen folgender Forderungen des Gläubigers gegen den Schuldner

- Hauptforderung   3.112,20 DM
  nebst 9% Zinsen seit dem 02.09.1999
- voraussichtliche weitere Zwangsvollstreckungskosten,   200,00 DM

die **Pfändung** aller Rechte und Forderungen bevor, die dem oben genannten Schuldner gegen

den Landwirt Franz Melchers, Steingasse 7, 48161 Münster-Roxel

– Drittschuldner –

aus Werklohnforderung für Instandsetzungsarbeiten am Bauernhaus des Drittschuldners zustehen.

Gemäß § 845 ZPO werden Schuldner und Drittschuldner hiermit von der bevorstehenden Pfändung in Kenntnis gesetzt.

An den Drittschuldner ergeht die Aufforderung, die oben bezeichnete Forderung nicht an den Schuldner zu zahlen oder sonstwie zu leisten. Der Schuldner wird aufgefordert, sich jeder Verfügung über die bezeichnete zu pfändende Forderung, insbesondere ihrer Einziehung zu enthalten.

Das Zahlungsverbot wirkt wie ein dinglicher Arrest (§§ 845, 930 ZPO)

Nach der Zustellung des angekündigten gerichtlichen Pfändungsbeschlusses hat der Drittschuldner zu erklären,

1. ob und inwieweit er die Forderung als begründet anerkennt und Zahlung zu leisten bereit ist,
2. ob und welche Ansprüche andere Personen an die Forderung stellen,
3. ob und wegen welche Ansprüche die Forderung bereits für andere Gläubiger gepfändet ist.

Es wird gebeten, diese Frage binnen 2 Wochen zu beantworten.

Münster, den 19.08.2000

Rasch

Herrn Obergerichtsvollzieher über
Amtsgericht
Verteilerstelle –

übersandt mit der
Bitte um sofortige Zustellung an:
1. Drittschuldner
2. Schuldner

STICHWORTVERZEICHNIS

Die Zahlen verweisen auf die Seiten.

Abgabe einer Willenserklärung 25, 59
Ablieferung der
   versteigerten Sache 112
Abtretung .... 182 ff.
Abtretungsverbot 161
Abtretungsvereinbarung .... 160 f.
Alleingewahrsam eines Dritten .... 93 ff.
Allg. Vollstreckungshindernisse ..... 66 ff., 71
Allg. Voraussetzungen d. Zwangs-
   vollstreckung .... 6, 12 ff., 71, 146 ff.
     Klausel .... 6, 12, 19 ff., 71
     Titel .... 6, 13 ff., 71, 148
     Zustellung .... 6, 12, 53 ff., 71
Amtsperson 74
Amtstheorie 74
Andere Vermögensrechte
   i. S. d. § 857 .... 189 ff.
Anfechtbarkeit
   der Pfändung 89, 105
   des PfÜB 181
Anfechtung nach dem AnfG 69
Anfechtungsklage nach Pfändung ..... 152 ff.
Anhörung des Titelschuldners 33
Annahme einer Ersatzleistung 74
Annahmeverzug .... 23, 27, 62 f.
Anordnung anderweitiger
   Verwertung .... 115 ff., 190
Anschlusspfändung 103, 185
Anspruch auf Herausgabe oder Leistung
   körperlicher Sachen .... 187 ff.
Antrag des
   Gläubigers 7, 21, 71, 72, 146, 168
Anwaltsvergleich 14
Anwartschaftsrecht .... 80 f., 198 f.
Arbeitseinkommen ... 68, 147, 155 ff., 166 ff.
Arrest 54, 201
arrestatorium .... 141, 172 ff.
Aufbau des 8. Buches der ZPO .... 2 f.
Aufhebung
   der Verstrickung s. Entstrickung
Auflassungsanspruch 188
Auktionator .... 120 ff.
Auskehr des Erlöses .... 110, 122 ff.
Auskunftsanspruch
   des Pfandgläubigers .... 171 f.
Auskunftspflicht
   des Drittschuldners .... 171 f.
Ausländischer Titel 16
Austauschpfändung 98

Bankbeleg 67
Bankbürgschaft .... 57 ff.
Barzahlung 113
Baugeldforderung 159
Bedingte Forderung 158
Befriedigung des Gläubigers 67
Befristete Forderung 158
Bereicherungsausgleich bei
   der Pfändung .... 182 ff.
   bei mehrf. Forderungspfändung ..... 184 f.
   nach Zahlung an Pfändungsgl. ...... 182 ff.
Berufungsurteil 66
Beschlagnahme .... 81 ff., 155
Beschluss der Beschwerdekammer 47
Beschränkung der Vollstreckung .... 66 ff.
Beschwerde
   des Gläubigers nach § 54 BeurkG ... 39, 47
   gegen Rechtspflegerentscheidung 40
   nach § 567 .... 40, 51
Beschwerdekammer
   Beschluss der - 47
   Zuständigkeit 44
Besondere Formen der Verwertung ... 114 ff.
Besondere Vollstreckungshindernisse 66
Besondere
   Vollstreckungsvorauss. .... 56 ff., 71
   Eintritt eines Kalendertages 56, 71
   vorherige Sicherheitsleistung ..... 57 ff., 71
   Zug-um-Zug-Gegenleistung ...... 62 ff., 71
Bestandteile .... 84 ff., 88
Bestimmtheit der Forderung .... 147 f.
Bewegliche Sache .... 75 ff.
BGB-Gesellschaft 18, 71, 190
Briefhypothek 186
Briefübergabe 186
Bruchteilsgemeinschaft 191
Bruttolohntitel 17, 147
Buchgrundschuld 195
Buchhypothek 186
Bürgschaft .... 57 ff.

Computerhardware .... 76 f.
Computersoftware .... 76 f.

Deutsche Gerichtsbarkeit 7
Dienstbarkeit 194
Dingliche Surrogation 123, 136, 138
Dispositionskredit .... 163 f.
Doppelvollstreckung 32

Drittgewahrsamsinhaber .... 93 f., 102
Dritter ersteigert schuldner-
  fremde Sache .... 134 ff.
Drittschuldner .... 141, 168, 171, 174 ff.
  Auskunftspflicht .... 171 f.
  Begriff 141, 190
  Haftung 168
  Leistungsempfänger 183
  Rechtsstellung .... 174 ff.
  Schutz .... 178 ff.
  Verteidigungsmöglichkeit im
    Einziehungsverfahren 181
Drittwiderspruchsklage 66, 138, 150
Durchführung der Pfändung .... 72 ff.
Durchschreiten
  fremden Gewahrsams 102, 104
Durchsuchung .... 99 f., 104, 106
Durchsuchungsanordnung,
  richterliche .... 99 ff., 104

Eheähnliche Gemeinschaften 92
Eigentümergrundschuld
  offene 195
  verdeckte 196
Eigentumserwerb
  des Erstehers 112
  kraft Hoheitsakts 112, 123, 135, 138
Eigentumsvermutung des § 1362 BGB . 91 f.
Eigentumszuweisung nach § 825 .... 115 ff.
Einfache Beschwerde 41, 51
Einfache Klausel .... 20 ff., 71
Eingriffskondiktion 183
Einschränkung des Zugriffsbereichs ... 78 ff.
Einstellung der Vollstreckung .... 66 ff.
Einstweilige Verfügung 54
Eintritt eines Kalendertages 56, 71
Einwendungen gegen
  titulierte Forderung .... 124 ff., 133, 176 f.
Einwendung nach § 767 Abs. 2 127
Einzelvollstreckung .... 2, 69 f.
Einziehungsverfahren .... 181 f., 186
Einzugsermächtigung 12
Empfangsbekenntnis 61
Endurteile 13
Enthaftung n. §§ 1121, 1122 BGB   81 ff., 88
Entscheidung des Rechtspflegers 42
Entstrickung .... 106 f., 111
Erinnerung
  des Gläubigers, § 576 41
  des Gläubigers, § 766 .. 5, 44 , 58 ff., 61 f.,
    .... 66, 72, 101, 116, 181
  des Schuldners, § 732 .... 40, 53
  s. auch Rechtspflegererinnerung
Erlös der Versteigerung .... 122 f.
Ermächtigung des Gerichtsvollziehers zur
  Empfangnahme freiwilliger Leistung 74

Ersatzanspruch gegen Dritte 109
Ersatzzustellung 169
Erweiterung des Zugriffsbereichs 89
Erzeugnisse .... 84 f., 88

Fahrnisvollstreckung .... 72 ff.
Folgen wirksamer Pfändung .... 105 f., 111
Forderungen
  auf die sich beim Grundstück
    die Hypothek erstreckt .... 157 f.
  bedingte, befristete 158
  hypothekarisch gesicherte .... 185 f.
  in indossablen Papieren verkörperte .. 185
  künftige .... 154 ff.
  von einer Gegenleistung abhängige ... 158
Forderungspfändung s. Pfändungs- u.
  Überweisungsbeschluss
Fortlaufende Bezüge .... 155 f.
Freigabeerklärung des Gläubigers .. 106, 111
Freihändiger Verkauf 114
Freiwillige Leistung des Schuldners ..... 73 f.
Fremdgrundschuld .... 194 f.
Früchte auf dem Halm 89

Geld 114
Gemischte
  Theorie .... 108 f., 111, 126 f., 130, 131
Generalauftrag 147
Gerichtsvollzieher
  als Drittgewahrsamsinhaber 94
  als Sequester 94
  Verfolgungsrecht 107, 111
  Zuständigkeit 4, 75, 88, 94, 112, 188
Gesamtvollstreckung 2, 69, 71
Gesetzliches Schuldverhältnis 136
Geständnisfiktion 33
Gewahrsam .... 75, 89 ff., 98, 102
  der juristischen Person 91
  des Besitzdieners 90
  des fiktiven Erbschaftsbesitzers 90
  des Gerichtsvollziehers 94
  des gesetzlichen Vertreters 91
  des Kommanditisten 91
  des Schuldners .... 89 ff., 99
  eines Dritten .... 93 ff., 102
Gewahrsamsvermutung
  bei Ehegatten .... 91 f.
Gewaltanwendung .... 99 f., 106
Gewaltverhältnis, öffentl.-rechtl. ... 105, 111
Girovertrag .... 163 ff.
Gold- und Silbersachen 114
Grabstein 75
Grundbuchamt 4
Grundbuchberichtigung .... 35 f.
Grundbucheintragung 186
Grundschuld .... 194 f.

Grundschuldbrief 78
Grundstück im Miteigentum
    von Eheleuten 192
Grundstücksbeschlagnahme .... 81 ff., 88
Grundstücksnießbrauch 193
Grundstückszubehör .... 78 ff., 81 ff., 88
Gutgläubig lastenfreier Erwerb 107
Gutglaubenserwerb
    bei Beschlagnahme .... 86 f.

Haftungsverband
    der Hypothek .... 75, 78 f., 88
Haftpflichtversicherungsanspruch 159
Hardware 76
Haustier 97
Heilung von formellen Mängeln 131, 133
Herausgabeanspruch 109, 188
Herausgabebereitschaft des Dritten ..... 93 ff.
Hilfspfändung 78, 186
Hinterlegung 67
Hoheitsakt 112, 133
Honorarforderung 158
Hypothek .... 75, 78 ff., 185 ff.
Hypothekenbrief 78

Immobiliarvollstreckung .... 78 ff., 157
Inbesitznahme .... 98 f., 104
Individualzwangsvollstreckung 69
Indossable Papiere 142, 185
Inhaberpapiere 77, 114
inhibitorium 141
Insolvenz 1, 69
Insolvenzordnung 1
Insolvenzplan 16
Insolvenztabelle 16
Insolvenzverfahren 1, 70

Kenntlichmachung .... 98 f., 104
KG 18, 91, 96
Klage
    auf Erteilung der Vollstreckungs-
        klausel nach § 731 .... 40, 47 ff.
    gegen Vollstreckungsklausel
        nach § 768 .... 40, 52 f.
Klageantrag 125, 133
Klagehäufung
    subjektive 134
Klausel .... 19 f., 71
    Arten 20, 71
    bei Annahmeverzug 23
    bei Vorleistungspflicht 23
    bei Zug-um-Zug-Verurteilung 23
    einfache 20, 41, 51, 71
    qualifizierte .... 51 f., 71
    titelergänzende .... 20, 24 ff., 61
    titelumschreibende .... 20, 28 ff., 45, 71

Klauselerinnerung .... 51 f.
Klauselerteilung
    Rechtsbehelfe gegen - .... 40 ff.
    Verfahren .... 40 ff.
    Voraussetzungen .... 43 f.
Klauselklage
    des Gläubigers, § 731 .... 40, 47 ff.
    des Schuldners, § 768 .... 40, 52 f.
    und s. Gesamtvollstreckung
Klauselumschreibung 32
Kollusion 94
Kontokorrent .... 161 f.
Kostenentscheidung 46, 50
Kostenfestsetzungsbeschluss 13
Kreditlinie, offene .... 163 f.
Kreditvertrag .... 117 f.
Künftige Forderung .... 154 ff.

Legitimationspapiere 78
Leistungsanspruch .... 187 f.
Leistungsaufforderung vor Beginn
    der Zwangsvollstreckung .... 73 f.
Leistungsempfänger 183
Leistungskondiktion .... 182 f.
Leistungsurteil 16
Leistung
    Zug um Zug ..21 f., 23 f., 56, 62 ff., 71, 158
Lohnpfändung
    s. Pfändung des Arbeitseinkommens

Mehrfache Forderungspfändung 182
Mindestgebot 113
Miteigentumsanteil .... 191 ff.
    an bewegl. Sachen 191
    an Grundstück .... 191 f.
    von Eheleuten 192
Miterbenanteil .... 197 f.
Mitgewahrsam Dritter 102, 104
Mitverschluss
    am Behältnis .... 102 f., 104
Mobiliarvollstreckung .... 78 ff.

Nachlass 19, 197
Nachweis
    der Befriedigung 67
    der Einzahlung 67
    der Sicherheitsleistung .... 56 ff., 67, 71
    der Stundung 67
Namenspapiere 114
Neueingänge 163
Nichtigkeit
    bei Verstoß gegen § 865 Abs. 2 88
    der Vollstreckungs-
        maßnahme 73, 88, 105, 111
Nießbrauch 193
Normalfall der Verwertung .... 112 f.

Oder-Konten 164
Öffentliche Bekanntmachung 112
Öffentlich-rechtl. Pfändungspfandrechts-
  theorie .... 107 f., 111, 127, 130, 132, 133
Offene Eigentümergrundschuld 195
Offene Kreditlinie .... 163 f.
OHG 18, 91, 96
Orderpapiere 77, 114
Organbesitz 91

Parteifähigkeit .... 8 f., 71
Persönliche Dienstbarkeit 194
Personengesellschaft 18
Personenhandelsgesellschaft 91
  s. auch OHG, KG
Pfändbarkeit der Forderung .... 150 ff.
Pfandsiegel 98
Pfändung
  abgetretener Ansprüche .... 153 f.
  anderer Vermögensrechte .... 189 ff.
  bei fehlender Herausgabebereitschaft
    des Dritten .... 93 ff.
  bei Mitverschluss .... 102 f.
  der künftigen Salden .... 161 f.
  des Anwartschaftsrechts .... 80 f.
  des Arbeitseinkommens 68, 166, 173
  des Auflassungsanspruchs 188
  des Dispositionskredits .... 163 f.
  des gegenwärtigen Saldos .... 161 f.
  des Grundstücksnießbrauchs 193
  des Zubehörs .... 78 ff.
  Durchführung .... 72 ff.
  einer abgetretenen Forderung .... 150 ff.
  einer angeblichen Forderung 150
  einer beschränkt persönlichen
    Dienstbarkeit 194
  einer Eigentümergrundschuld .... 195 f.
  einer hypothekarisch gesicherten
    Forderung .... 185 ff.
  einer im Gewahrsam eines Dritten
    stehenden Sache .... 93 ff., 106
  einer in das Kontokorrent einge-
    stellten Forderung .... 161 f.
  einer künftigen Forderung 154
  einer nicht dem Schuldner
    zust. Forderung 150
  einer nicht existenten Forderung 150
  einer rechtshängigen
    Forderung .... 176 ff.
  eines Anwartschaftsrechts auf
    Eigentumserwerb an beweglichen
    Sachen/Grundstück .... 198 ff.
  eines Grabsteins 75
  eines Miteigentumsanteils
    (Bruchteils) an beweglicher
    Sache/Grundstück .... 191 ff.
  eines Miterbenanteils .... 197 f.
  fortlaufender Bezüge .... 155 f.
  indossabler Papiere 142, 185
  in Konten mehrerer Personen 164
  in offene Kreditlinie 163
  in Orderpapiere 77
  in schuldnerfremde
    Sache .... 109 f., 111, 129 f., 133
  ins Leere 150
  in Überziehungskredit 164
  nach Teilleistungen 148
  Rechtswirkungen der - .... 105 ff., 111
  von Ansprüchen aus dem
    Girovertrag .... 163 ff.
  von Arbeitseinkommen .... 155 f.
  von Computerhardware 76
  von Computersoftware .... 76 ff.
  von Forderungen .... 141 ff.
  von Früchten auf dem Halm 89
  von Geld 114
  von Geldforderungen, die hypothe-
    karisch gesichert sind .... 185 ff.
  von Geldforderungen, die in indos-
    sablenPapieren verkörpert sind 185
  von getrennten Grundstücks-
    erzeugnissen 84
  von Gold- und Silbersachen 114
  von Grundstückszubehör 78
  von Hypothekenforderungen 142
  von Salden aus dem Bankkonto-
    korrent .... 161 f.
  von Sicherheitsrückgewähr-
    ansprüchen 148
  von Wertpapieren 114
  Zugriffsbereich der - ...... 75 f., 89, 150 ff.
  Zugriffsobjekt der - .... 75 ff., 150
Pfändungsakt .... 98 ff., 104
Pfändungsaufhebung 106
Pfändungsbeschluss 142, 169, 190
Pfändungspfandrecht .... 107 ff., 111, 169
  am Nachlass .... 197 f.
  Entstehungs-
    zeitpunkt .... 107 f., 141, 169, 186
  Rang .... 110, 124 ff., 170, 185
  Rechtswirkungen 111
  Voraussetzungen .... 107 ff., 111
Pfändungspfandrechtstheorien
  gemischte ...108 ff., 111, 126, 130, 131, 133
  öffentl.-
    rechtl. 107, 111, 127, 130, 131, 133
  privatrechtl. 107
Pfändungsrang 110
Pfändungsschutz
  Arbeitseinkommen etc. 166
  Sozialleistungen 168
  Verzicht 97

Pfändungs- u. Überweisungsbeschluss
- Anfechtbarkeit 181
- Antrag 146
- Muster 144/145
- Unwirksamkeit .... 178 f.
- Verfahrensablauf .... 168 f.
- Wirksamkeit .... 177 f.

Pfändungsverbot
- des § 803 .... 103, 106
- nach § 865 .... 78 ff., 80, 84 ff., 88
- nach § 811 .... 75, 95 ff., 106

Pflichtteilsanspruch 166

PfÜB s. Pfändungs- und Überweisungsbeschluss

Prioritätsprinzip 182

Privatrechtliche Pfändungspfandrechtstheorie 107

Privatrechtlich-öffentlich-rechtliche Pfändungspfandrechtstheorie .... 107 ff., 111, 126, 130, 131, 133

Protokoll 105
Prozessfähigkeit 9
Prozessführungsbefugnis 9, 176
Prozessgericht 4
Prozesskostenvorschuss 159

Prozessstandschaft
- gesetzliche .... 10, 30 ff., 151, 176
- gewillkürte .... 10 f.

Prozessvergleich 13
Prüfungsstoff 5
pVV 136, 140

Qualifizierte Klausel .... 20, 48 ff., 71
- Rechtsbehelfe gegen - ... 40, 41, 48 ff., 51 f.
- Zustellung 54
- s. auch Klausel

Qualifizierte Legitimationspapiere 78
Quittung 73

Rang der Pfändungspfandrechte .... 110, 124 ff., 170, 185
- bei Einwendungen gegen titulierte Forderung .... 124 ff., 133
- bei Heilung von formellen Mängeln .... 131 f., 133
- bei mehrfacher Pfändung in eine schuldnerfremde Sache .... 129 f., 133
- Prioritätsprinzip 2, 182

Räumungsfrist nach § 721 56

Rechtsbehelfe 5
- des Zwangsvollstreckungsverfahrens 40
- im Klauselerteilungsverfahren ..... 40 ff.
- Übersicht 5

Rechtshängigkeit .... 28 ff., 175 ff.
Rechtskrafterstreckung 28
- auf den Besitzer 28
- auf Dritte 175, 178

Rechtsnachfolge .... 29 ff.
- auf Gläubigerseite 29, 32
- auf Schuldnerseite 29, 33

Rechtspfleger (Zuständigkeit) 42, 50, 115, 149, 188

Rechtspflegererinnerung, § 11 RpflegerG .. 42

Rechtsschutzinteresse .... 12, 53, 116, 125, .. 133, 149 f., 176, 191

Rechtsstellung der Beteiligten aufgrund
- des PfÜB .... 172 ff.
- des Vollstreckungsgläubigers ..... 172 f.
- des Vollstreckungsschuldners 173
- des Drittschuldners .... 174 ff.

Rechtsweg 8
Rechtswirkungen der Pfändung .... 105 ff.
Rektapapiere 77, 114
Relevanztheorie 30
Rentenschuldbrief 78

Richterliche Durchsuchungsanordnung .... 99 ff., 106

Rückabtretung nach Pfändung .... 151 f.

Rückschlagsperre nach § 88 InsO 67

Rücktrittsfiktion des § 13 Abs. 3 VerbrKrG 117

Sache, bewegliche .... 75 ff.
Saldo .... 161 f.
Schiedssprüche 14
Schuldbefreiungsanspruch 159

Schuldner des Schuldners
s. Drittschuldner

Schuldnerfremde Sache ..... 108, 109 f., 112, ... 123, 129 ff., 134 ff., 139 ff.
- von Dritten ersteigert .... 134 ff.
- von Vollstreckungsgläubiger selbst ersteigert .... 139 ff.

Schutz des Drittschuldners .... 174 ff., 178 ff.
Sequester 94, 188
Sicherheitsleistung .... 21 f., 56 ff., 66
Sicherheitsrückgewähranspruch 148
Sicherungshypothek 200
Sicherungsvollstreckung 55, 57
Silbersachen 114
Software .... 76 f.
Sondervermögen .... 18 f., 71
Sozialleistungen 168
Sparkassenbeleg 67
Spar(kassen)buch 78, 114
Streitgenossenschaft 134
Streithelfer 173
Stundung 67

Tagesguthaben 163
Teileigentümergrundschuld 196

207

Teilleistungen 148
Teilpfändung 170
Teilzahlungskauf .... 117 ff.
Testamentsvollstreckung 197
Theorie
    der Doppelpfändung 199
    der Rechtspfändung 198
    der Sachpfändung 198
Tier 97
Titel
    Arten .... 13 ff., 71
    außergerichtliche 15
    außerhalb ZPO .... 15 f., 71
    ausländischer 16
    bei Vollstreckung in
        Sondervermögen .... 18 f., 71
    Form 105
    gerichtliche 13
    Inhalt .... 16 f., 71
    Urteile .... 13 f., 16
    Vollstreckungsfähigkeit .... 16 f.
Titelergänzende Klausel .... 24 ff., 71
Titelumschreibende Klausel .... 28 ff., 45, 71
Titelumschreibung
    auf den Besitzer .... 37 f.
    auf den Erben .... 29 f.
    auf Gläubigerseite 28
    auf Schuldnerseite 28
    bei Rechtsnachfolge .... 35 f., 176
    gegen Besitzmittler .... 36 f.
    gegen Einzelrechtsnachfolger .... 33 f.
    gegen Erben .... 37 f.

Überpfändungsverbot 103, 106, 170
Überweisung
    an den Gläubiger 172
    an Zahlungs Statt 142, 190
    zur Einziehung 142, 186, 190
Überweisungsbeschluss 142, 185, 186
    anfechtbarer 181
    nichtiger 181
Überziehungskredit 164
Umgehung des VerbrKrG .... 117 ff.
Unabtretbarkeit der Forderung .... 159 ff.
Und-Konten 164
Unpfändbarkeit von Forderungen
    gemäß § 399 BGB .... 159 f.
    infolge Unübertragbarkeit .... 158 ff.
    kraft Gesetzes .... 165 f.
    trotz Übertragbarkeit .... 165 f.
Unpfändbarkeit von Sachen .... 95 ff., 106
    bei einer OHG, KG 96
    im persönlichen Gebrauch 96
    nach der Pfändung .... 96 f.
    wenn erkennbar nicht zum Schuldner-
        vermögen gehörig 90
    zur Fortsetzung der persönlichen
        Erwerbstätigkeit 96
Unterlassungstitel 17
Unübertragbarkeit der Forderung .... 158 ff.
Urkunden .... 59 f.
    Beweis 62
    öffentliche .... 59 f., 63
    vollstreckbare 14
    Zustellung 62
Urkundsbeamter der Geschäftsstelle
    (Zuständigkeit) 20, 40, 52
Urteil
    auf Abgabe einer WE 25
    auf Leistung Zug um Zug .... 25, 62 ff.
    ausländisches 16
    Endurteile 13
    Leistungsurteile 16
Urteilsentwurf 110

Veräußerungsverbot 88, 105, 111, 169
Verbraucherkreditgesetz
    (Umgehung) .... 117 ff.
Verdeckte Eigentümergrundschuld 196
Verein 19
Vereinfachtes Verfahren über
    den Unterhalt Minderjähriger .... 13 f.
Verfahrensablauf bei PfÜB .... 168 ff.
Verfolgungsrecht des Gerichts-
    vollziehers 107, 111
Vergleich 13
    Anwalts- 14
    Prozess- 13
Vermögensrechte .... 189 f.
Versteigerung
    an anderem Ort 115
    durch andere Person als GV 115
    durch Auktionator .... 120 ff.
    öffentliche 113
    schuldnereigener Sachen 140
    schuldnerfremder
        Sachen ... 108, 109 f., 112, 129 ff., 139 f.
Verstrickung .... 105 ff., 112, 116, 141, 169
Verteidigungsmöglichkeit des
    Drittschuldners 181
Verteilungsgericht 124, 129, 133
Verteilungsverfahren .... 123 ff., 133
Vertretertheorie 74
Verwertung
    anderer Art .... 115 ff.
    anderer Vermögensrechte .... 189 ff.
    der gepfändeten Forderung ... 141 f., 185 f.
    der gepfändeten Sache .... 112 ff.
    des Grundstücks 188
    Verfahrensvorschriften 113
    von gepfändetem Geld 114
    von gepfändeten Wertpapieren 114

von Gold- und Silbersachen 114
Verwertungsaufschub
 gemäß § 813 a, b .... 113 f.
Verzicht auf Pfändungsschutz 97
Vollpfändung 170
Vollstreckbare Aus-
 fertigung ...... 19, 20, 26 f., 27 f., 47, 73, 139
Vollstreckbare Urkunden 14
Vollstreckbarerklärung
 von Schiedssprüchen 14
Vollstreckung
 an Sonn- und Feiertagen 101, 104
 in einen Herausgabeanspruch .... 187 f.
 in einen Leistungsanspruch .... 187 f.
 in körperliche Sache des beweglichen
  Vermögens 72
 in Kontokorrent .... 161 f.
 in schuldnereigene Sache 140
 in schuldnerfremde Sache .... 134 ff.
 in Sondervermögen .... 18 f., 71
 zur Nachtzeit 101, 104
 s. auch Zwangsvollstreckung
Vollstreckungsbeschränkung .... 66 ff.
Vollstreckungseinstellung .... 66 f.
Vollstreckungserinnerung
 s. Erinnerung nach § 766
Vollstreckungsgegen-
 klage, § 767 .... 50, 66, 68, 126 f., 176
Vollstreckungsgericht ... 4, 115, 142, 149, 190
Vollstreckungsgläubiger .... 172 f., 181
Vollstreckungshindernde
 Entscheidungen 66, 67
Vollstreckungshindernis
 nach § 811 .... 75, 95 ff.
 nach § 775 .... 66 ff., 71
Vollstreckungsklausel
 Ablehnung (Verweigerung) .... 41 ff.
 Ausnahmen 20
 Erteilung 45, 55
 s. auch Klausel
Vollstreckungskosten .... 138 f.
Vollstreckungsorgan 4, 55, 67, 72
Vollstreckungsschuldner
 (Rechtsstellung) .... 173 f.
Vollstreckungsstandschaft .... 9 ff.
 isolierte .... 10 f., 61
Vollstreckungstitel s. Titel
Vollstreckungsverbot 70
Vollstreckungsvereinbarungen .... 67 f., 71
Vollstreckungsvoraussetzungen
 allgemeine .... 12 ff., 71, 146
 besondere 56, 71
 erleichterte 201
Vorbehaltsverkäufer 96

Vorläufiges Zahlungsverbot 202
Vorläufige Vollstreckbarkeit 128
Vorleistungspflicht .... 23 f.
Vorpfändung .... 184 f., 201

Wechsel 185
Wegfall der Verstrickung .... 106 f., 111
Wertpapiere 77
 i.S.d. § 821 114
Wertsicherungsklausel 17
Widerspruchsklage nach § 878 .. 124 ff., 129

Zahlung nach Pfändung der Forderung ... 174
Zahlungsverbot, vorläufiges 202
Zeugenzuziehung 100, 106
Zubehörstücke .... 78 ff.
Zugewinnausgleichsanspruch 165
Zugriffsbereich für die
 Pfändung .... 75 ff., 89, 150 ff.
Zugriffsobjekt der Pfändung .... 75 ff., 150
Zug-um-Zug-Verurteilung
 (-Leistung) 17, 21 f., 27 f., 56, 62 ff., 71, 158
 bei Annahmeverzug .... 62 ff.
 bei Unmöglichkeit der
  Gegenleistung .... 64 ff.
 zur Abgabe einer WE .... 25, 27 f.
Zuschlag 112, 114
Zuständigkeit des Vollstreckungs-
 organs 7, 71, 72, 105, 149, 188
Zustellung .... 53 ff., 71
 an Drittschuldner 169, 201
 im Parteibetrieb 55
 von Amts wegen 55
 von Anwalt zu Anwalt 60
 vorherige 54, 71
 Wartefrist 54
Zustellungsempfänger 55
Zustellungsmängel 55
Zwangshypothek 4
Zwangsüberweisung der Sache
 an Gläubiger 115
Zwangsversteigerung 83, 188
Zwangsverwaltung 83, 188
Zwangsvollstreckung
 wegen Geldforderungen
  bei Leistung Zug um Zug 62
 in andere Vermögensrechte .... 189 ff.
 in Ansprüche auf Herausgabe oder
  Leistung körperlicher Sachen ...... 187 f.
 in bewegliches Vermögen .... 72 ff.
 in Geldforderungen .... 141 ff.
 in körperliche Sache .... 72 ff.
 s. auch Vollstreckung
Zwecklose Pfändung 103, 104, 106

– – –

Unser Skriptenangebot:
Alles was Recht ist

ALPMANN SCHMIDT

Juristische Lehrgänge

Kurse

Kursunterlagen

Zivilrecht
BGB AT 1@	Ende 10/2000	DM 32,00
BGB AT 2@	Ende 10/Anf. 11/2000	DM 32,00
SchuldR AT 1@	1999	DM 39,80
SchuldR AT 2@	1999	DM 36,50
SchuldR BT 1@	2000	DM 37,90
SchuldR BT 2@ (Vertr. Schuldverh., Verbrauchersch.)	2000	DM 44,60
SchuldR BT 3	1998	DM 29,80
SchuldR BT 4@	2000	DM 37,50
SachenR 1@	1999	DM 28,80
SachenR 2	1998	DM 29,50
SachenR 3@	2000	DM 27,80
Familienrecht@	2000	DM 27,50
Erbrecht	1999	DM 29,80

Klausuren

Strafrecht
StrafR AT 1@	1999	DM 39,50	StrafR BT 2@ (höchstpers. Re.-güter)	1999	DM 32,80
StrafR AT 2@	1999	DM 39,80	*StrafR BT 3@* (Re.-güter d. Gemeinsch.)	2000	DM 39,90
StrafR BT 1@ (Vermögensdelikte)	1999	DM 46,00			

Grundstrukturen

Öffentliches Recht
Verfassungsrecht@	1999	DM 39,80	VerwaltungsR BT 1@	1999	DM 33,50
Grundrechte@	2000	DM 45,80	VerwaltungsR BT 2	1998	DM 44,80
Europarecht@	2000	DM 38,00	PolizeiR und Allg. OrdnungsR@	1999	DM 34,80
VerwaltungsR AT 1@	2000	DM 39,80	KommunalR NW	1998	DM 32,50
VerwaltungsR AT 2	in Überarbeitung		*Bayerisches Kommunalrecht@*	2000	DM 35,90

Kassetten

Nebengebiete, Wahlfachgruppen
Handelsrecht@	2000	DM 32,80	StPO@	in Überarbeitung	
Gesellschaftsrecht@	1999	DM 45,80	Kriminologie	1998	DM 29,50
Arbeitsrecht@	2000	DM 46,50	*Beamtenrecht@*	2000	DM 20,80
Wertpapierrecht@	2000	DM 32,50	Kartell- und WettbewerbsR@	2000	DM 29,50
ZPO@	2000	DM 39,50			

Rechtsprechungs Übersicht

Grundlagen
Grundstrukturen Zivilrecht (Ringbuch)	2000	DM 39,80	*Studium und Referendariat*	2000	DM 9,80
Grundstrukturen StrafR (Ringbuch)	2000	DM 39,80	*Studium und Referendariat BW*	2000	DM 9,80
Grundstrukturen Öff. Recht (Ringbuch)	2000	DM 39,80	Introduction to English Civil Law I	1999	DM 39,50
Staats- u. Verwaltungsrecht (Grundlagen)	1995	DM 32,50	*Introduction to English Civil Law II*	2000	DM 35,90
Rechtsgeschichte	2000	DM 45,60			
Rechtsphilosophie	in Überarbeitung				

RÜ-CD-ROM

Assessorexamen
Vollstreckungsrecht 1@	Ende 10/2000	DM 39,90	*Die zivilgerichtl. Assessorkl.@*	2000	DM 49,50
Vollstreckungsrecht 2	in Überarbeitung		*Die strafrechtl. Assessorkl. 1@*	2000	DM 39,00
Insolvenzrecht@	1999	DM 26,50	*Die strafr. Assessorkl. 2@*	2000	DM 34,50
Zivilprozess – Stagen und Examen@	1999	DM 49,80	Die öffentl.-rechtl. Assessorklausur	1997	DM 48,50
Die zivilrechtliche Anwaltsklausur im Assessorexamen	1998	DM 48,50			

Memo-Check

Memo-Check CD-ROM

Steuerrecht
Allgemeines Steuerrecht	1998	DM 48,50
Umsatzsteuerrecht	1997	DM 49,80
Einkommensteuerrecht@	1999	DM 46,00
Erbschaftsteuerrecht@	2000	DM 39,90
Steuerstrafrecht	1999	DM 29,50
Bilanzsteuerrecht@	2000	DM 49,80
Steuertipps	2000	DM 9,80

AS-Online

Erhältlich im Buchhandel!
Stand: 15. Oktober 2000

ALPMANN SCHMIDT
Postfach 1169
48001 Münster
Annette-Allee 35
48149 Münster

Tel.: 0251-98109-0
(Zentrale)

Tel.: 0251-98109-33
(Verkauf Verlagsprodukte)

Tel.: 0251-98109-36
(Klausurenkurse / RÜ / JP)

Fax: 0251-98109-62

AS-Online: www.alpmann-schmidt.de

Kurse Mündliche Kurse in folgenden Städten:
Aktuelle Kursinformationen bitte anfordern!

* hier auch Kleingruppenkurse ** hier auch Assessorkurse

ALPMANN SCHMIDT
Juristisches Repetitorium

Augsburg:
AS-Bayern, RAe Bäumer, Hufgard, Roßmann, Holtmann, Knemeyer u. Pechstein
Am Exerzierplatz 4 1/2, 97072 Würzburg
Tel.: 0931/52681 (Fax: 17706)
e-mail: AS-Bayern@alpmann-schmidt.de

Bayreuth: *
AS-Bayern, RAe Bäumer, Hufgard, Roßmann, Holtmann, Knemeyer u. Pechstein
Am Exerzierplatz 4 1/2, 97072 Würzburg
Tel.: 0931/52681 (Fax: 17706)
e-mail: AS-Bayern@alpmann-schmidt.de
2. Examen: zusammen in Nürnberg

Berlin: RAe Dr. Schwemer u. Partner
Dahlem (FU): **
Thielallee 1-3, 14195 Berlin
Tel.: 030/8326175, Internet: http://jura-rep.de
Mitte (HU): *
Große Hamburger Str. 28-29, 10115 Berlin
Tel.: 030/2810196, Internet: http://jura-rep.de

Bielefeld: nur*/
RAe Pieper, Dr. Schneider, Raschat u. Haack
Breul 1-3, 48143 Münster
Tel.: 0251/51617 u. 519248 (Fax: 40519)

Bochum: **
RAe Müller & Müller Alter Steinweg 22,
48143 Münster Tel.: 0251/82014 (Fax: 88395)

Bochum: nur*
RA Dr. Heescher u. Partner
Ahstr. 2-4, 45879 Gelsenkirchen
Info Tel.: 02302/972189

Bonn:
Pohligstr. 1, 50969 Köln
Tel.: 0221/9361282 (Fax: 9361283)

Bonn: nur**
RA u. Notar Dr. Lieder
Westfalenstr. 36, 58135 Hagen
Tel.: 0172/2113497 (Fax:02331- 49711)

Bremen:
RAe Müller & Müller
Alter Steinweg 22, 48143 Münster
Tel.: 0251/82014 (Fax: 88395)
2. Examen: zusammen in Oldenburg

Dresden:
RA Wagner (1. Examen)
RA Hillig (2. Examen)
Augsburger Str. 1, 01309 Dresden
Tel.: 0351/44848-45 (Fax: 44848-88)

Düsseldorf:
Pohligstr. 1, 50969 Köln
Tel.: 0221/9361282 (Fax: 9361283)

Düsseldorf: nur**
RA u. Notar Dr. Lieder
Westfalenstr. 36, 58135 Hagen
Tel.: 0172/2113497 (Fax:02331- 49711)

Erfurt: nur**
RA Martin Kupfrian
Espachstr. 3, 99094 Erfurt
Tel.: 0361/22041-0 (Fax: 22041-19)
e-mail: RA-Martin-Kupfrian@t-online.de

Erlangen/Nürnberg:*
RAe Bäumer, Hufgard, Roßmann, Holtmann, Knemeyer u. Pechstein
Am Exerzierplatz 4 1/2, 97072 Würzburg
Tel.: 0931/52681 (Fax: 17706)
e-mail: AS-Bayern@alpmann-schmidt.de

Essen: nur*
RAe Seber, Dr. Kreutz u. Roßmüller
Engelbert-Humperdinck-Str. 16, 46509 Xanten
Tel.: 02801/77100 (Fax: 771010)

Frankfurt/Main: */**
Dr. von Mannstein & Kollegen
F.-W.-von-Steuben-Str. 90 (Dessauer Haus)
60488 Frankfurt-Hausen
Tel.: 069/97843047 (Fax: 06131/384946)

Frankfurt/Oder:
RAe Ziebeil & Kollegen
Soerstr. 87, 14050 Berlin
Tel.: 030/30614377

Freiburg: **
Friedrichring 1, 79098 Freiburg
Tel.: 0761/2020404 oder 06327/961826
(Fax: 06327/969797)
ab WS 00 auch Kleingruppen-Examenskurs

Gießen:
RAe Köhl & Giesen
Alter Steinweg 24, 48143 Münster
Tel.: 0251/4828260 (Fax: 88395)

Göttingen:
RAe Köhl & Giesen
Alter Steinweg 24, 48143 Münster
Tel.: 0251/4828260 (Fax: 88395)

Göttingen: nur*
RAe Dr. Giessen u. Kollegen
Königsplatz 59, 34117 Kassel
Tel.: 0561/103031 (Fax: 103033)

Greifswald:
Lutherhof (Lutherstr.), 17489 Greifswald
Tel.: 0431/541185

Halle/Saale:
RA Wagner
Augsburger Str. 1, 01309 Dresden
Tel.: 0351/44848-45 (Fax: 0351/44848-88)

Hamburg: **
RAe Dr. Schwemer u. Partner
Grindelallee 43, 20146 Hamburg
Tel.: 040/4105464 (Fax 040/445146),
Internet: http://jura-rep.de

Hannover: */**
RAe Müller & Müller
Alter Steinweg 22, 48143 Münster
Tel.: 0251/82014 (Fax: 88395)

Heidelberg: */**
Dr. von Mannstein & Kollegen,
Bienenstr. 10, 69117 Heidelberg
Tel.: 06221/165622 (Fax: 06131/384946)

Jena:
RA Martin Kupfrian
Espachstr. 3, 99094 Erfurt
Tel.: 0361/22041-0 (Fax: 0361/22041-19)
e-mail: RA-Martin-Kupfrian@t-online.de

Kiel: **
AS-Schulungszentrum
Olshausenstr. 77, 24106 Kiel
Tel.: 0431/541185

Köln:
Pohligstr. 1, 50969 Köln
Tel.: 0221/9361282 (Fax: 9361283)

Köln: nur*
RA u. Notar Dr. Lieder
Westfalenstr. 36, 58135 Hagen
Tel.: 0172/2113497 (Fax: 02331- 49711)

Konstanz: **
RA Dr. Weber
Karlstr. 38, 88045 Friedrichshafen
Tel.: 07541/38 77-0

Leipzig: **
RA Wagner (1. Examen)
RA Hillig (2. Examen)
Augsburger Str. 1, 01309 Dresden
Tel.: 0351/44848-45 (Fax: 44848-88)

Mainz: */**
Dr. von Mannstein & Kollegen
Staudinger Weg 21, 55128 Mainz
Tel.: 06131/383699 (Fax: 06131/384946)

Magdeburg: nur*
RA Wagner
Augsburger Str. 1, 01309 Dresden
Tel.: 0351/44848-45 (Fax: 44848-88)

Marburg:
RAe Köhl u. Giesen
Alter Steinweg 24, 48143 Münster
Tel.: 0251/4828260 (Fax: 88395)

Marburg: nur**
RAe Dr. Giessen u. Kollegen
Königsplatz 59, 34117 Kassel
Tel.: 0561/103031 (Fax: 103033)

München:
AS-Bayern, RAe Bäumer, Hufgard, Roßmann, Holtmann, Knemeyer u. Pechstein
Am Exerzierplatz 4 1/2, 97072 Würzburg
Tel.: 0931/52681 (Fax: 17706)
e-mail: AS-Bayern@alpmann-schmidt.de

Münster: **
Annette-Allee 35, 48149 Münster
Tel.: 0251/98109-0 (Fax: 98109-60)
Schulungszentrum Tel.: 0251/527830
e-mail: as.info@alpmann-schmidt.de

Münster: nur*
RAe Pieper, Dr. Schneider, Raschat u. Haack
Breul 1-3, 48143 Münster
Tel.: 0251/51617 u. 519248 (Fax: 40519)

Oldenburg: nur**
RAe Müller & Müller
Alter Steinweg 22, 48143 Münster
Tel.: 0251/82014 (Fax: 88395)

Osnabrück: **
RAe Müller & Müller
Alter Steinweg 22, 48143 Münster
Tel.: 0251/82014 (Fax: 88395)

Passau:
AS-Bayern, RAe Bäumer, Hufgard, Roßmann, Holtmann, Knemeyer u. Pechstein
Am Exerzierplatz 4 1/2, 97072 Würzburg
Tel.: 0931/52681 (Fax: 17706)
e-mail: AS-Bayern@alpmann-schmidt.de
2. Examen: zusammen in Regensburg

Potsdam: **
Apollonia-Haus, Großbeerenstraße 109,
14482 Potsdam
Tel.: 0331/7408240 (Fax: 7408241)

Regensburg: */**
AS-Bayern, RAe Bäumer, Hufgard, Roßmann, Holtmann, Knemeyer u. Pechstein
Am Exerzierplatz 4 1/2, 97072 Würzburg
Tel.: 0931/52681 (Fax: 17706)
e-mail: AS-Bayern@alpmann-schmidt.de

Rostock: **
Doberaner Str. 6, 18057 Rostock
Tel.: 0381/2002560

Saarbrücken: **
RAe Dr. Embacher
Neikesstraße 3, 66111 Saarbrücken
Tel.: 0681/375104 (Fax: 0681/36513)
e-mail: DrEmbacher@aol.com

Trier:
RAe Dr. Embacher
Neikesstraße 3, 66111 Saarbrücken
Tel.: 0681/375104 (Fax: 0681/36513)
e-mail: DrEmbacher@aol.com
2. Examen: zusammen in Saarbrücken

Tübingen:
Dr. Edgar Deplewski
Gablenberger Hauptstr. 75, 70186 Stuttgart
Tel.: 0711/46079010 (Fax: 460790150)

Tübingen: nur*
Postfach 210562, 72028 Tübingen
Tel.: 07071/551454 (Fax: 551451)

Würzburg: */**
AS-Bayern, RAe Bäumer, Hufgard, Roßmann, Holtmann, Knemeyer u. Pechstein
Am Exerzierplatz 4 1/2, 97072 Würzburg
Tel.: 0931/52681 (Fax: 17706)
e-mail: AS-Bayern@alpmann-schmidt.de

Nähere Information: Alpmann und Schmidt, Annette-Allee 35, 48149 Münster, Telefon 02 51/98 109-0
oder in den angegebenen Büros · Internet: http://www.alpmann-schmidt.de